현대형법이론
[총론]

권 영 법 지음

세창출판사

Modern Dogmatics on Criminal Law

[General Theory]

by

Attorney At Law, Ph. D. Young-Bub Kweon

2014

Sechang Publishing Co.

Seoul, Korea

"그 여자에게는 죄가 없습니다. 자기가 무슨 짓을 했는지 모르고 있습니다."

- 톨스토이의 「부활」 중에서 -

　법 규범은 평가 규범으로서 인간의 행태를 평가하며 아울러 결정 규범으로서 인간의 행태를 유도하고 저지한다. 형법 역시 평가 규범인 동시에 의사결정 규범이다. 형법은 행위 규범임과 동시에 재판 규범으로서 일반 국민에게 일정한 행위를 금지 또는 명령함으로써 행위의 준칙으로 삼도록 하고 있다. 그러므로 평가 규범으로서의 형법은 무엇이 형법에 저촉되는 범죄 행위인지 명확하게 하여야 하고, 의사결정 규범으로서의 형법은 형벌 법규의 수범자인 일반 시민들에게 무엇이 범죄 행위에 해당하는지 여부를 판단할 수 있도록 해 주어야 한다. 그러나 형법을 둘러싼 해석과 관련하여 그동안 매우 다양한 문제 상황들이 함께 논의되었고, 또 상이한 이해의 방식이 존재하였을 뿐 아니라 지나친 규범적 표지로 인하여 법학자조차 윤곽을 그려보는 것을 어렵게 하고 있다. 더구나 「국민의 형사 재판 참여에 관한 법률」이 제정되어 시행 중에 있는데, 동 법률에 따르면 배심원들은 사실 관계에 대하여 평의하고, 재판장은 공소 사실의 요지와 적용 법조 등에 관하여 설명하여야 한다. 그러므로 유·무죄를 다투는 사안에서 배심원들은 당해 사안이 범죄가 되는지 여부에 대한 판단을 함에 있어 재판장의 설명을 들어야 하는데, 과연 배심원들이 형법 이론에서 내세우고 있는 척도들을 제대로 이해하고 규범적으로 올바른 평가를 내릴 수 있을지 의문이

든다. 그동안 형법에 대한 해석론을 살펴보더라도 이러한 평가 규범이나 의사결정 규범으로서의 성격에 대한 충분한 이해나 이를 토대로 한 논의는 찾아보기 어렵다. 법이 통일적인 체계를 구성하지 못하는 경우에는 수범자에게 올바른 행위 규준을 제공할 수 없다. 이 점에서 체계 중심적 사고가 요청된다. 그러나 법이란 분쟁을 예방·해결하고 그 해결 방안을 강구하는 데 궁극적인 목적이 있고, 형법학 역시 형사 사건을 전제로 하여 여기에 대한 해결 방안을 제공하는 데 그 임무가 있다. 즉 구체적인 사안에 있어 적절한 해결 방안을 모색하는 문제 중심적 사고가 요청된다. 형법 이론을 논함에 있어서도 이러한 양 사고를 통합하여 실천이성을 통한 합리적 논의를 전개해야 함에도 그동안의 논의는 체계 중심적 논의가 지배적이었다. 형법 이론에서 논의되었던 사례들은 이른바 '교과서 사례'들이 많았고, 실제 형사 재판에서 문제가 된 사례들을 토대로 논의를 진전한 글은 많지 않았다. 형법 해석론을 전개함에 있어서는 이러한 체계적이고, 문제 중심적 사고를 통합하여야 한다. 체계 내지 관념에 치우친 논의는, 형법 이론을 실제와 동떨어진 이론으로 받아들여지게 한다. 이론이 적절하게 구성된 것이라면 그 이론은 실제적인 상황, 인간 행동, 사태에 대한 것이어야 하고, 그 이론을 통하여 기존의 사안이나 사태들을 올바르게 이해하고 평가할 수 있어야 한다. 이와 같은 통합적 방법에 따라 구축된 형법 이론이 구체적인 사례에서 타당하게 적용되고 있는지를 중심으로 사례별로 검토하고 이를 통해 형법의 목적에 부합하고 사리에 합당한 법리를 도출해야 하며, 형법 이론은 이러한 '체계적이고, 문제 중심적인 사고'를 종합하여 실용적인 진화를 거듭하여야 한다. 이와 아울러 고려해야 할 점은 형법이 제정되거나 개정된 직후부터 형법이 규율하는 생활 세계가 끊임없이 변화한다는 사실이다. 이렇게 변화하는 생활 세계에 맞추어 형법 이론 역시 새롭게 점검되고 검토되어야 한다. 형법학이 비록 규범을 다루는 학문이지만 형법을 다루는 학자나 실무가는 규범이라는 장막을 치고 독단이라는 잠에 빠져들어서는 안 된다. 그러므로 형법학이라는 학문을 다룸에 있어서는 인접 분과인 형사소송법, 형사정책 등 뿐만 아니라 의학, 과학, 심리학, 사회학, 철학, 경제학, 정치학 등 관련 학문의 동향과 그 변화에 대하여 늘 관심과 주의를 기울일 필요가 있다. 그렇다고 하여 이들 분야의 성과가 아무런 검증 없이 형법으로 흘러들어오게 해서는 안 되며, 이들 이론이 형법이 받아들일 만한 신뢰도와 타당도에 이르렀는지 점검해야 한다.

이 책은 이러한 문제 의식에 따라 필자가 그동안 학술지에 발표한 "형법상 행위론에 대한 비판적 고찰─종래의 행위론에 대한 검토와 통합적 행위론의 제안을 중심으로─"(저스티스 2013.10), "형법 제17조와 인과 관계"(인권과 정의, 2012.12), "형벌의 기능론적 분석과 그 형사정책적 함의"(법조, 2014.3), "대안 제재로서의 수치감 형벌에 관한 연구" (인권과 정의, 2014.8), "주거방위법리 및 그 수용 가능성의 검토"(형사법의 신동향, 2014.6), "형법 제10조 제2항에 대한 비판적 고찰─비교법적 고찰을 통한 현행 제도에 대한 분석과 입법안의 검토 및 제안을 중심으로"(형사법 연구, 2013·겨울호), "공동정범의 구성요건과 본질적 기여에 대한 새로운 검토"(안암법학, 제44호, 2014)를 정리하고, "국가 형벌권의 목적과 원칙에 관한 비판적인 고찰"의 내용을 보완하여 출간한 것이다. 이 책은 행위론, 인과 관계론, 형벌 이론(형벌의 정당화 근거─형벌의 목적과 원칙─형벌의 기능), 정당방위론, 책임론, 공범론 등 형법 총론에서 가장 중요하고 핵심적인 이론에 대한 법리를 설명하여 독자들로 하여금 형법 이론에 대한 체계적이고 심층적인 이해 및 현행 제도에 대한 비판적 시각을 갖게 하는 데 주안점을 두고 있다.

이 책 제1장에서는 행위론을 다룬다. 독일에서 논의된 행위론은 우리 형법학계에 수용되었고, 우리 형법학계에서도 인과적 행위론과 목적적 행위론 간 논쟁을 거쳐 오늘날 다수의 학자들이 사회적 행위론을 지지하고 있다. 그러나 어느 행위론을 택하든 큰 차이가 없다고 보거나 오늘날 행위 개념에 있어 유용성과 실용성이 남아 있는 것은 소극적 한계 기준의 역할이라고 보는 견해도 있으며, 인지과학의 성과에 따라 인지 행위론을 지지하는 견해도 있다. 사회과학에서는 인간 행위에 대한 탐구가 1950년대에 시작되어 오늘날 '행위철학'이라는 분과를 이루고, 인간의 행위에 내한 쫀새론적·규범론적 분석과 해석에 있어 많은 진전을 이루었다. 그러나 정작 '행위'를 주된 대상으로 하는 형법학에서 이러한 학문적 성과를 수용하지 못한 측면이 있었다. 나아가 인간의 행위는 오늘날 신경과학, 심리학, 인지과학 등의 다학제적 방법에 의해 그 내면의 의사 결정 과정이 점차 규명되고 있다. 따라서 이러한 학문적 성과에 따라 형법상의 행위론에 있어서도 인간의 의사 결정에 따른 행위에 대한 새로운 이해와 접근을 하여야 할 것이다. 이와 같이 종래의 행위론이 사회과학의 발전의 성과를 일부 수용하여 행위론을 전개하였지만 극히 편면적인 접근 방법을 취함으로써 인간의 행위에 대한 종합적이고 체계적인 이해 내지 결론에 도달하지 못하였다. 행위론의 핵심은 과연 인간이 자유의사를 지니고 인과 과정을 조종 내지 지배할 수 있는지의 '인과성'의 문제와 오늘날 인지과학 등의 성과에 의할 때 행위론이 전제로 하고 있는 인간 행위에 있어 '합리성'이 있느냐의 문제로 요약할 수 있다. 행위에 있어 '합리성'과 '인과성'을 전제로 해야 하지만 '합리성'에 있어서는 인간 행위의 '제한적 합리성'을 인식해야 하고, 이러한 경우에도 형법은 법 규범으로서 행위자가 형법에 순응하도록 요구해야 한다. 자발적인 의도가 없는 행위에 대해서 형벌의 목적인 범죄 예방의 효과를 기대할 수 없기 때문에 인간의 자발적 의도에 의한 행위만이 형법상의 행위라고 평가될 수 있다고 보아야 한다. 이 책에서는 행위철학이 이룬 이론적 성과와 인지과학 등의 이론을 수렴하고 이를 통합하여 행위론의 전개에 있어서 인식론적·존재론적·해석론적 토대를 검토하고, 이러한 토대 위에서 통합적인 행위론("의도적 행위론")을 제안한다. 나아가 한계 사례에 대한 대법원 판결을 검토하고, 한계 사례에 대하여 각 행위론에 따른 결론이 어떻게 달라지는지에 대하여 검토함으로써 행위론에 있어서의 실천적인 문제도 다룬다.

이 책 제2장에서는 인과 관계론을 다룬다. 그동안 형법 제17조를 중심으로 한 인과 관계론에서 인과 관계의 본질에 대한 이해와 인과 관계의 평가 규범과 의사결정 규범에 대한 이해 내지 이를 전제로 한 실질적인 논의의 전개가 없었다. 이에 이 책에서는 인과 관계의 본질론에 대하여 검토하였으며, 문제 중심적으로 접근하는 영국과 미국에서의 인과 관계론을 검토하였다. 영미에서도 객관적 귀속 이론과 유사하게 인과 관계에 있어 사실 관계와 규범 관계로 나누어 검토하고 있고, 상당설 내지 객관적 귀속 이론과 유사한 척도인 '상당성', '예견 가능성', '개입 원인의 실질성' 등을 기준으로 삼고 있다. 객관적 귀속 이론이 인과 관계론에 있어 사실 관계와 규범 관계로 나누고 있고, 구체적인 척도를 제시하고 있지만 이 이론은 제시된 척도들이 지나치게 추상적이고 규범적이어서 구체적인 사안에서 평가 규범과 의사결정 규범으로 적용되기 어렵다는 난점이 있다. 형법 제17조에서는 '객관적 귀속'이라는 상위 개념을 두고 있지 않으므로 동조를 해석함에 있어서 독일의 객관적 귀속 이론을 그대로 수용할 것이 아니라 입법자의 객관적인 의지를 통해 추론해 낸 위험 개념인 '법익 침해' 내지 '결과 야기에 대한 위험'을 핵심 개념으로 하여 인과 관계론을 전개하여야 한다. 이에 의할 때 인과 관계는 사실 관계와 규범 관계로 나누어 볼 수 있고, 규범 관계에서 행위 당시의 객관적인 사정을 종합할 때의 기대 가능성, 원인 행위의 결과 야기에 대한 상당성, 개입 행위의 실질성을 기준으로 하여 인과 관계 단절 여부를 판단하여야 함을 논증한다.

이 책 제3장에서는 국가 형벌권의 목적과 원칙에 관하여 살펴본다. 그동안 형벌 이론이라는 범주 안에서 매우 다양하고 광범위한 논의가 전개되어 왔다. 형벌이라는 제도가 궁극적으로 지향하는 가치인 목적, 형벌에 대한 정책의 수립과 형벌을 적용하고 집행함에 있어 일관되게 지켜야 할 규칙인 형벌의 원칙은 구분되어 논의가 이루어져야 한다. 이러한 형벌의 '목적-원칙론'은 형벌이라는 국가권력의 근거에 대한 '정당화 근거', '제한 원리'와도 구분되어야 한다. 또한 형법의 목적과 형벌의 목적이 전혀 달리할 수 있는 것이 아니라 형법 목적의 연장선상에서 형벌의 목적론이 전개되어야 한다. 법의 이념인 정의, 법적 안정성 내지 법적 평화, 합목적성에서 법익의 보호와 사회질서의 유지, 법적 평화라는 형벌의 목적이 도출된다. 응보란 동해보복이 아닌 규범의 위반의 정도에 상응하는 사회 공동체의 가치체계에 따른 비난 가능성으로 이해하여야 하며, 형벌 원칙을 분배함에 있어서 인간의 자유의사를 전제로 하고, 사회 공동체에서 형법이 가지는 규범 효력을 승인하는 응보 원칙을 우선으로 하되, 형벌 기능의 공과를 고려하여 형벌 원칙을 분배하여야 한다. 형벌의 목적, 원칙과 기능이 서로 영향을 주고받고 있고, 형벌 기능이 형벌 정책의 수립, 형벌의 적용과 집행에 있어 준칙이 되는 형벌의 원칙과 함께 중요한 역할을 담당하고 있으므로 형벌의 기능에 대한 실증적인 연구도 이루어져야 함을 논증한다.

이 책 제4장에서는 형벌의 기능론적 분석을 한다. 그동안 형벌 기능에 대하여 형법학자, 범죄학자, 사회학자, 심리학자들이 그들 나름대로 검토하였지만 형벌 기능의 전체에 대한 조망과 분석에는 이르지 못하였다. 이 책에서는 형벌 기능에 대한 전체적인 조망과 아울러 형벌 기능에 대한 형벌 이론적 검토뿐만 아니라 사회학적 · 심리학적 검토도 한다. 이에 의할 때 형벌의 순기능으로 특별억제, 일반억제, 무해화, 재활, 교육, 응징과 비난, 속죄, 보복 방지, 회복과 사회통합 기능이 있고, 형벌의 역기능으로 낙인 기능과 수감의 역기능이 있음을 보게 된다. 형벌의 기능은 범죄과학의 차원에서 다학제적 방법으로 논의되고 검토되어야 한다. 최근의 엄벌주의 사조와 이에 입각한 중형주의 입법은 형벌의 순기능을 약화시키고 형벌의 역기능만 불러올 뿐이라고 평가된다. 중형주의에 입각한 이들 제도들이 억제 · 응징 · 무해화 · 재활 기능을 제고할 것이라는 막연한 기대에 의해 도입되었지만, 새로운 형벌제도의 도입에 있어서는 형벌 기능의 전체적인 조망과 검토가 선행되어야 한다. 따라서 형벌 기능에 대한 연구와 이에 따른 형벌정책의 검토는 이러한 형벌 이론의 틀 속에서 이루어져야 한다. 아울러 응보 원칙에 따라 형을 부과하되 특별예방과 일반예방을 고려하며, 형벌의 역기능을 최소화하고 순기능이 발휘될 수 있는 형사정책이 수립되어야 함을 논증한다.

이 책 제5장에서는 대안 제재로서의 수치감 형벌에 관하여 살펴본다. 미국에서 1980년대 이후 수감에 대한 대안 제재로서 수치감 형벌이 부상하였고, 그 후 학계와 실무계 그리고 정치권에서 광범위한 지지를 얻게 되었으며, 지금은 구금에 버금하는 대안 형벌로 자리잡고 있다. 이에 이 책에서는 수치감 형벌의 의의와 유형을 살펴보고, 수치감 형벌에 대한 형벌 이론적 검토를 하며, 제도의 도입 가능성에 대하여 검토한다. 수치감 형벌은 범죄인의 위법 행위를 공개함으로써 사회규범이 그러한 행위를 용납하지 않음을 알리고 범죄자에게 불쾌한 감정을 유발케 하는 형벌이다. 수치감 형벌은 수치감, 죄책감, 굴욕감을 조정하는 것을 핵심으로 삼고 있다. 형벌 이론적으로 볼 때, 수치감 형벌에 응보 · 억제 · 재활 · 무해화 · 교육 기능이 있음이 긍정되고 있다. 다만 수치감 형벌이 보편적 제재로 자리매김되기 위해서는 비례성의 원칙에 따라 조율될 필요가 있고, 수치감의 여러 모델들이 소통, 낙인, 인간의 존엄성의 측면에 위배됨이 없는지 면밀하게 검토할 필요가 있다. 수감이 장기간, 또 너무 많은 범죄자를 다루고 있으므로 수감을 대신하는 대안 제재로서 수치감 형벌의 필요성은 긍정되고 있다. 나아가 수치감 형벌은 경제적이고, 개별적이며, 소통적인 형벌을 가능하게 한다는 장점도 있다. 다만 이러한 장점이 과장되고 정확하지 않은 추정에 입각하고 있지 않은지 경계해야 하며, 이러한 제도의 도입은 규범통제에 영향을 주는 우리 사회의 문화에 대한 정교하고 정확한 평가에 의해 이루어져야 할 것으로 본다. 우리나라에서는 성폭력범죄 등의 경우 신상공개제도를 도입하여 실시하고 있는데, 이는 실제 수치감 형벌의 일종으로 평가된다. 따라서 이중처벌금지 원칙에 따라 신상공개가 갖는 형벌적 성질을 감안하여 당사자의 동의에 따라 형벌과 신상공개를 택일하도록 하거나, 그 형벌적 성격을 감안한 형의 선고가 이루어져야 함을 살펴본다. 죄형법정주의 원칙에 따라 현행법하에서는 '형벌'이라고 할 수치감 형벌을 선고할 수는 없다고 본다. 수치감 형벌에서는 대중의 참여가 필수적이며, 해당 사회의 문화적 양상이나 행동 규범이 대중의 참여 여부와 그 의미를 규정한다. 따라서 이러한 제도의 도입에 앞서 우리 사회의 문화 내지 법문화와 관련된 연구가 필요하며, 추후 각 모델별로 심층적이고 구체적인 연구가 뒤따라야 함을 논증한다.

이 책 제6장에서는 주거방위법리 및 그 수용 가능성을 검토한다. 주거방위법리는 영국 보통법에서 유래하였지만 그 법리는 미국에 계수되었고, 최근에는 강력 주거방위법리로 나아가고 있다. 강력 주거방위법리에서는 거주자의 입장에 서서 치명적 폭력의 사용도 용이하게 하고 있고, 보호되는 주거의 범위도 확대하고 있으며, 주거탈환 직후의 재진입도 허용하고 있다. 강화된 주거방위법리는 현재 미국의 대부분의 주에서 채택하고 있고, 여러 나라의 입법에도 영향을 미치고 있으며, 최근 독일 판례도 사실상 주거방위법리를 수용하고 있다고 평가되고 있다. 이러한 시대적 흐름은 주거방위법리를 바라보는 인식에 있어서 패러다임적인 전환이 필요함을 시사하고 있다. 이에 이 책에서는 이러한 주거방위법리의 수용 가능성을 검토한다. 주거와 관련된 정당방위에 대한 판례를 검토할 때 지금까지 판례가 지속해 온 정당방위에 있어 '상당성'의 태도가 너무 엄격하여 부당할 뿐 아니라 방어자의 입장을 염두에 두지 않아 주거방위 상황의 긴박성을 고려할 때 현실성도 없다고 평가된다. 이 책에서는 주거방위법리에 대한 여러 태도 중 온건한 형태의 주거방위법리의 수용 가능성에 대하여 살펴본다. '주거'에 대한 헌법과 형법의 규정에 의할 때 주거침입은 거주자에 대한 중대한 위협으로 간주될 수 있고, 경우에 따라서는 치명적 폭력의 사용도 허용될 수 있다고 본다. 주거방위에 있어 주거는 원칙적으로 형법상 주거침입죄에 의해 보호되는 '주거'의 개념에 따르되 경우에 따라서는 이

보다 더 넓게 이해될 필요가 있다. 주거침입의 적용 대상자에는 점유자, 동거인도 포함된다. 현행법상 자구행위는 금지되어 있으므로 주거탈환 직후의 재진입과 자력에 의한 회수는 허용되지 않는다고 본다. 이상의 검토를 통해 필자는 현행법하에서도 강력 주거법리는 아니더라도 온건한 형태의 주거방위법리는 해석론적으로 수용될 수 있음을 논증한다. 이러한 온건한 주거방위법리에서 강력 주거방위법리로 나아가는 것은 해석의 한계를 유월한 것으로 본다.

이 책 제7장에서는 인간의 자유의사를 전제로 하여 책임능력이 미약한 경우 형을 감경하는 현행 형법 제10조 제2항에 대하여 살펴본다. 이러한 고찰에 앞서 독일에서의 해석론의 전개 상황과 여기에 대한 판례를 분석하고, 심신미약에 따른 책임능력 제한과 유사한 미국의 한정능력제도를 살펴보고, 영국의 한정책임제도를 검토한다. 이러한 검토를 통하여 '유연한' 책임감경이 필요하다는 결론에 이른다. 이러한 이해를 토대로 하여 심신장애의 개념을 살펴보고 심신미약 사유를 검토한다. 정신의학계에서의 정신장애 분류에 변화가 있었음에도 대법원은 여전히 종래의 입장을 고수하여 성격이상 등을 정신장애에 포함시키지 않고 있다. 그러나 성격이상, 충동조절장애, 반사회적 인격장애 모두 심신장애로 분류되어야 한다. 게임중독은 충동조절장애에 포함된다고 볼 것이고, 알코올중독과 마약중독도 질병으로 이해하여 심신미약의 사유로 삼아야 한다. 격정 행위의 경우 심리적인 분석을 통해 행위 당시 흥분된 상태에 있었는지 여부를 판단하여 심신미약 여부를 가려야 한다. 감정인의 판단과 법관의 판단은 근접되어야 하고, 이를 위한 판단 기준과 범행 당시에 대한 판단 기준을 포함하여 합리적인 방법에 의해 구체적인 진단과 평가 기준이 마련되어야 한다. 실증적인 연구에 의하면 심신미약 주장은 재판에서 강력한 편견을 야기한다. 따라서 국민참여재판에서 판사는 이러한 사실에 대하여 배심원들에게 자세히 설명하여야 한다. 특히 중대한 사건에서 판사 역시 이러한 선입견에 따라 심신미약의 주장을 배척할 위험이 있으므로 판사는 감정인의 판단을 존중하여 책임 원칙에 따른 판단을 하여야 한다. 필자는 이상의 논의를 토대로 하여 개정 시안을 검토하고 입법안을 제안한다.

이 책 제8장에서는 공동정범의 구성요건과 본질적 기여의 판단에 대하여 검토한다. 최근 대법원은 공동정범이 성립하기 위해서는 주관적 요건인 공동가공의 의사와 객관적 요건인 기능적 행위 지배가 필요하다고 판시하고 있으며, 학설의 다수 역시 이와 같은 입장을 취하고 있다. 그러나 공동의 범행 결의는 가담자의 주관적 의사와 밀접한 관계를 맺고 있지만 결의 자체는 주관적인 의사의 객관화이므로 객관적 구성요건 요소에 속한다. 이에 이 책에서는 우선 공동정범의 요건을 객관적 구성요건과 주관적 구성요건으로 나누어 새롭게 분석해 본다. 이에 의할 때 범죄 구성요건의 표지의 충족, 공동의 범행 결의, 각 가담자의 인과적 기여, 각 가담자의 정범성 충족은 객관적 구성요건으로, 객관적 구성요건 표지 내지 공동정범의 근거가 되는 사정에 대한 각 가담자의 고의와 인식 등은 주관적 구성요건으로 분류된다. 공동의 범행 결의는 엄격한 구성요건이고, 그 결의는 '공동체적 수행'에 대한 것이어야 할 뿐 아니라 원칙적으로 가담자 사이의 대화를 통한 합치에 이르러야 한다. 다만 그 결의의 입증은 명시적인 의사뿐만 아니라 그러한 의사가 함축된 행동에 의해서도 인정될 수 있다. 이러한 공동의 범행 결의뿐만 아니라 각 가담자의 주관적인 불법 표지 역시 엄격한 구성요건으로 충분히 입증되어야 한다. 공동정범이 성립하려면 각 가담자는 범행에 있어 본질적 기여를 하여야 한다. 이 책에서는 공동정범의 성립요건으로서의 본질적 기여에 대한 척도를 정범성 표지와 인과적 기여로 나누어 살펴본다. 공동정범에서의 정범성 표지는 결국 행위지배 내지 행위력으로 귀착되는데, 이러한 행위력을 심리학 내지 사회심리학, 사회인지학에서 논의되는 영향력의 평가와 측정에 대한 연구를 검토하여 새롭게 분석해 보고 이러한 분석을 통하여 정범성 표지를 판단함에 있어 고려해야 할 사항과 평가 요소를 도출해 본다. 공동정범이 성립하기 위해서는 인과 관계가 성립해야 하는데 이러한 인과 기여는 공동정범에서의 결과반가치로 볼 수 있고, 위에서 살펴본 '정범성 표지'는 공동정범에서 행위반가치로 볼 수 있다. 이러한 분석을 토대로 하여 한계 사례인 추가적·택일적 공동정범을 새롭게 분석하고, 이와 관련하여 최근 독일에서 논의되고 있는 집단 결정과 관계된 인과 관계 문제를 검토한다.

이 책의 개요에 대한 이상의 설명으로 인해 독자로서는 이 책에 대해 좀 더 가까이 다가갈 수 있으리라고 믿는다. 이 책을 접하는 독자들이 필자의 이론 전개에 있어 매끄럽지 못한 점이 있음을 발견하고 불편부당하고 통찰력 있게 지적해 준다면 이 책을 탁마하는 데 도움이 될 것이다. 이러한 독자와 필자의 공동 작업은 형법 이론을 좀 더 완성된 체계로 나아가게 하는 데에도 기여하리라고 본다. 필자의 연구는 선행 연구에 빚지고 있다. 앞선 연구가 있었기에 필자 역시 한 걸음 나아갈 수 있었으므로 지면으로나마 그분들께 감사의 말을 전하고 싶다. 필자를 학문의 세계로 이끈 은사이신 김일수 교수님과 필자의 연구 과정과 강의에 있어 여러모로 배려해 주신 고려대학교의 교수님들께도 감사드리며, 이 책의 출간을 맡아 힘써준 세창출판사 이방원 사장님, 임길남 상무님께도 깊은 감사를 드린다.

2014년 8월
歸來亭을 바라보며 亭下洞에서
권영법

| 제2장 | 형법 제17조와 인과 관계

| 제3장 | 국가 형벌권의 목적과 원칙에 관한 비판적 고찰

| 제4장 | **형벌의 기능론적 분석과 그 형사정책적 함의**

| 제5장 | **대안 제재로서의 수치감 형벌에 관한 연구**

| 제6장 | **주거방위법리 및 그 수용 가능성의 검토**

| 제7장 | 형법 제10조 제2항에 대한 비판적 고찰

| 제8장 | **공동정범의 구성요건과 본질적 기여의 판단**

제1장

———

형법상 행위론에 대한 비판적 고찰

Ⅰ. 문제의 제기

형법의 규율 대상이 되는 범죄 행위는 인간의 행위(action, Handlung)를 근본 요소로 삼고 있다. 형법의 규율 대상이 되는 인간의 행위가 무엇인가에 대한 물음에 대하여 그동안 인과적 행위론(kausale Handlungslehre), 목적적 행위론(finale Handlungslehre), 사회적 행위론(soziale Handlungslehre) 등이 등장했고, 특히 1960년대와 1970년대를 지배했던 인과적 행위론과 목적적 행위론간의 학파 논쟁의 경우, 독일에서도 오늘날 실제 형사판단에 있어 어느 설을 따르든 근본적인 차이를 가져오지 않는 것으로 인식되어 있고, 실제 사건에 있어서도 행위 개념 문제가 아닌 구성요건 해당성의 문제로 해결하고 있다.[1] 독일에서 논의된 이와 같은 행위론은 우리 형법학계에 수용되었고, 우리 형법학계에서도 인과적 행위론과 목적적 행위론간 논쟁을 거쳐 오늘날 다수의 학자들이 사회적 행위론(soziale Handlungslehre)을 지지하고 있지만[2] 어느 행위론을 택하든 큰 차이가 없다고 보거나[3] 오늘날 행위 개념에 있어 유용성과 실용성이 남아 있는 것은 소극적 한계 기준의 역할이라고 보는 견해[4]도 있다. 또한 인지과학의 성과에 따라 K. Kargl이 제창한 행위란 '책임 있는 행태(verantwortliches Entscheidungsverhalten)'라고 규정하는 인지 행위론(kognitive Handlungslehre)을 지지하는 견해도 있다.[5]

1_ Wolfgang Mitsch, "Fahrlässigkeit und Straftatsystem", *JuS* (2001), S. 106.
2_ 박상기, 형법총론(제9판), 박영사, 2012, 70-71면; 신동운, 형법총론(제6판), 법문사, 2012, 97면; 이재상, 형법총론(전정판), 박영사, 1991, 91면; 임웅, 형법총론(제4정판), 법문사, 2012, 102면.
3_ 배종대, 형법총론(제11판), 홍문사, 2013, 179-180면.
4_ 김일수 · 서보학, 형법총론(제11판), 박영사, 2008, 117-118면.
5_ 손지영, "행위의 목적 지향성(Sinn-Intentionalität) 개념에 대한 인지과학적 접근: 인지적 행위론을 위한 W. Kagle의 분석을 중심으로", 「형사정책연구」 제21

우리 형법학계에서도 독일에서와 마찬가지로 어느 행위론을 택하든 결과에는 큰 차이가 없다는 견해가 지배적이라고 할 수 있다. 행위론에 대하여 이러한 회의론적인 시각에 이르게 된 것은 형사 실무상 구성요건적 행위의 존재 여부가 실제 사건에서 문제된 예가 보이지 않고, 법관이 범죄에 대한 가벌성 여부를 판단함에 있어 행위의 유무에 대한 확인이 아닌 인과 관계의 문제에서 출발하고 있기 때문이라고 보는 시각들이 있었다.[6] 그러나 이러한 분석은 잘못이라고 본다. 행위 유무에 대한 판례가 보이지 않는 것은 한계 사례에 해당할 경우 아예 수사가 개시되지 않거나 수사가 개시되더라도 공소가 제기되어 재판에까지 이르는 사례가 거의 없기 때문이다. 또한 행위 유무 문제는 인과 관계의 문제와 밀접하게 연관되어 있다. 즉 실제 형사 사건에 있어 사실 관계에 대한 인과 관계 판단과 규범적인 인과 관계 판단시 행위 유무에 대한 판단이 같이 이루어진다. 또한 행위 유무에 대한 판단을 하지 않고 책임능력 문제로 검토하기도 한다. 이러한 연유로 행위 유무의 문제가 '판례'에까지 이르는 경우가 희박한 것일 뿐, 행위 유무 판단이 실무에서 문제가 되지 않는다고 보는 것은 잘못인 것이다. 또한 행위 개념을 부인하거나 행위론이 무의미하다고 보는 것은 가벌성의 기준에 대한 통일적인 상위 개념을 부인하는 것이 된다. 그렇게 되면 법해석에서나 입법을 함에 있어 실제적인 가벌성 기준이 없어지게 되어 오로지 형식적인 법규의 여하에 따라 범죄 행위의 기준이 마련되게 될

권 제2호(2010 · 여름호), 327-328면; 손지영, "형법에 대한 인지과학적 관점의 적용 가능성", 「성균관법학」 제21권 제1호(2009.4), 243면 이하; 손지영, "인지과학적 관점에 의한 형법상 행위와 고의의 재조명", 성균관대학교 박사학위논문, 2008, 99면 이하. 이러한 '인지 행위론'에 나아가지 않더라도 오늘날 인지과학, 심리학 등의 성과는 법학 및 실무에 있어서 인간의 의사결정 구조, 고의, 의도, 심리적 요소 등에 대한 분석에 있어 많은 영향을 미치고 있다: Reid Griffith Fontaine, *The Mind of The Criminal*, Cambridge, 2012, pp.ix-xi.

6_ 허일태, "형법상 행위개념에 관한 고찰", 「형사법연구」 제18호(2002 · 가을호), 57면.

것이다.[7] 행위론에 있어서 회의론적인 시각에 이르게 된 것은 후술하겠지만 행위 개념의 기능을 너무 좁게 바라보았고, 행위에 대한 인식론적·존재론적·해석론적 접근 방법이 각기 다른 차원에서의 접근 방법임에도 이를 동일선상에 두고 분석함으로써 이론을 전개함에 있어 혼선을 초래한 것에도 기인한다고 본다.[8] 나아가 사회과학에서는 인간 행위에 대한 탐구가 1950년대에 시작되어 오늘날 '행위철학(philoso- phy of action)'이라는 분과를 이루었고,[9] 인간의 행위에 대한 존재론적·규범론적인 분석과 해석에 있어 많은 진전을 이루었으나 정작 '행위'를 주된 대상으로 하는 형법학에서 이러한 학문적 성과를 수용하지 못한 측면이 있었다. 나아가 인간의 행위는 오늘날 신경과학, 인지과학 등의 다학제적 방법에 의해 그 내면의 의사결정 과정이 점차 규명되고 있다.[10] 따라서 이러한 학문적 성과에 따라 형법의 행위론에 있어서도 인간의 의사 결정에 따른 행위에 대한 새로운 이해와 접근을 하여야 할 것이다.

이와 같이 종래의 행위론이 사회과학의 발전의 성과를 일부 수용

7_ 同旨, 허일태, 위의 논문, 57면.

8_ 종래 목적적 행위론이 인간의 행위에 대한 존재론적 접근 방법을 시도하였고, 그 후에 나타난 사회적 행위론과 인격적 행위론이 행위에 대한 해석론적·규범적인 접근 방법을 취하였으며, 인과적 행위론은 인간의 행위에 대한 제한적 인식 가능성을 두고 접근한 것이다. 그러나 이러한 인식론적·존재론적·해석론적 접근 방법은 원래 서로의 접근 방법이 틀리다고 논할 수 있는 동일한 차원의 접근이 아닌 다른 차원에서의 접근이었으므로 이로 인한 행위론의 분파는 어쩌면 당연한 귀결이라고 볼 수도 있다.

9_ 행위철학은 Wittgenstein이 그의 「철학논고」에서 "내가 팔을 들어 올린다는 것에서 나의 팔이 올라간다는 사실을 빼면 남는 것"은 "나의 팔이 올라간다는 사실에 선행하는, 그것이 원인이 되는 심리적 사건이 남을 뿐이다" 라고 주장한 것에서 촉발되었다고 해도 과언이 아니다: 이인건, "행위이론탐구", 「비교문화연구」 제11집 (2000.2), 183-187면.

10_ 이정모, 인지과학, 성균관대학교출판부, 2010, 104-105면; Lawrence M. Solan, "Symposium: Cognitive Legal Studies: Categorization and Imagination in the Mind of Law", *Brook. L. Rev.*, Vol. 67 (2001-2002), pp.941ff.

하여 행위론을 전개하였지만 극히 편면적인 접근 방법을 취함으로써 이론적으로도 인간의 행위에 대한 종합적이고, 체계적인 이해 내지 결론에 도달하지 못하였다.[11] 행위론의 핵심은 과연 인간이 자유의사를 지니고 인과 과정을 조종 내지 지배할 수 있는지의 '인과성'의 문제와 오늘날 인지과학 등의 성과에 의할 때 행위론이 전제로 하고 있는 인간 행위에 있어 '합리성'이 있느냐의 문제로 요약할 수 있다. 이에 본장에서는 종래의 행위론을 검토하기에 앞서 인간 행위의 합리성과 인과성의 문제를 검토한다(II). 이어 종래의 인과론이 소홀히 하였던 실천적 문제에 대하여 문제 지향적인 접근을 하는 영미에서의 행위론을 검토한 뒤(III), 종래 논의된 각 행위론을 검토한다(IV). 나아가 행위론에 있어서 인식론적·존재론적·해석론적 토대를 검토한 후 이러한 토대 위에 필자가 제안하는 통합적 행위론("의도적 행위론")을 살펴보고, 행위론에 있어서 지금까지 소홀히 한 실천적인 문제인 한계 사례에 대한 대법원 판결을 검토하고(V), 이상의 논의를 정리하여 필자의 논지를 개진하고자 한다(VI).

II. 인간 행위의 인과성과 합리성의 문제

행위철학의 분석 대상이 되는 인간이 행위를 함에 있어 자유의사가 있는지 문제, 즉 내심의 의도(intention)가 결과에 있어 원인이 될 수 있는지의 문제와 오늘날 인지과학 등의 성과에 의할 때 과연 인간 행위에 있어서 '합리성'이 있는지 문제가 인간 행위를 분석함에 있어 핵

11_ 인간의 행위를 학문의 대상으로 삼는 형법학 역시 사회과학에 속하고, 이러한 사회과학은 자연과학과 마찬가지로 엄밀한 연구와 실천적 분석이 필요하며, 인접 학문과의 소통 내지 통섭을 소홀히 해서는 안 될 것이다. Jeffrey J. Rachlinsk, "Comment: Is Evolutionary Analysis of Law Science or Storytelling", *Jurimetrics* Vol. 41 (2000-2001), pp.365ff; Deborah W. Denno, "Neuroscience, cognitive Psychology, and The Criminal-Justice System", *Ohio St. J. Crim.,* Vol. 8 (2010-2011), pp.5-6.

심이 되고 있다. 즉 행위에 있어서 '인과성'과 '합리성'의 문제인데, 이러한 문제의 검토는 형법의 규율 대상이 되는 인간 행위를 이해하고 분석함에 있어 전제가 될 것이므로 이하에서는 여기에 대하여 살펴보기로 한다.[12]

1. 인간 행위에 있어 자유의사와 인과성의 문제

(1) 심신문제와 자유의사

미시 세계에 있어서는 양자 역학 등에 의하여 인과적 결정 외에 확률 등 다른 결정이 있는 것으로 밝혀지고 있다.[13] 그러나 거시 규모의 사건에 있어서는 인과적 결정론이 작용한다. 물리주의 관점[14]에서

12_ 고전적 범죄 체계에서 고의나 과실 등 주관적 요소는 책임의 영역에 속한다고 보았다. 그런데 목적적 행위론은 고의가 주관적 구성요건 요소인 동시에 책임의 요소라고 주장하였으며 오늘날 지배적인 견해로 자리잡고 있다: Kristian Hohn, "Grundwissen-Strafrecht: Handlungs und Erfolgsunrecht", *JuS* (2008), S. 495. 후기 목적적 범죄론(post finalistische Verberchenslehre)에 의하면 고의는 구성요건 요소이고 나아가 책임에 있어서 심리적 · 주관적 기초가 되어 책임을 규범화 한다: Kai Amvos, "Ernst Belings Tatbestandslehre und heutiger »postfinalistischer« Verberchensbegriff", *JA*(2007), S. 4. 이와 같이 행위에 있어 핵심인 행위자의 주관적인 요소가 범죄의 구성요건 요소가 될 뿐만 아니라 책임의 요소 내지 책임의 기초가 되고 있으므로 이러한 행위의 '합리성'과 '인과성' 내지 '자유의사의 존부'의 분석은 '행위론' 차원뿐만 아니라 '책임론' 차원에서도 매우 중요하다. 일찍이 Arthur Kaufmann 역시 의사 결정의 자유(Entscheidungsfreiheit)의 존재 여부가 책임의 핵심이 된다고 보았다: Arthur Kaufmann, *Das Schuldprinzip*, Carl Winter Universitätsverlag, 1976, S. 224.

13_ 오늘날 양자론에 따르면 원자 이하의 미립자 영역에서 발생하는 인과적 원리는 확률의 법칙을 통해서만 기술될 수 있다: Otfried Höffe, *Immanuel Kant*, 7th ed., C. H. Beck, 2007/이상헌 역, 임마누엘 칸트, 문예출판사, 2012, 133-154면.

14_ 정신과 신체의 관계에 대하여 이원론(dualism)과 일원론(monism)이 있다. 이원론의 대표라 할 René Descartes는 정신과 신체는 서로 환원될 수 없는 두 가지 종류라고 본다. Descartes는 '생각하는 것(res cogitans)'이 정신의 본질이라고 보았다. 일원론은 정신과 신체는 서로 환원될 수 있는 한 가지 종류로 본다.

보면 인간 역시 인과법칙에 의해 지배받으므로 '자유의지' 역시 부정될 수 있다.

심신 문제(mind-body problem)에 있어 이원론의 대표라 할 René Descartes는 신체의 운동이 야기될 수 있는 두 가지 방식이 있다고 보았다. 첫째, 감각 경로를 통해 두뇌에 도달한 생기가 운동 경로에 자동적으로 반영되어 비자발적(involuntary) 운동을 만들어 낸다. 둘째, 영혼은 의지 작용에 의해 그것과 결합된 두뇌로 의지가 목표로 하는 신체 운동을 하는 데 필요한 방식으로 움직이게 한다. 이를 자발적(voluntary) 운동이라고 하였다.[15] 즉 인과율이 지배하는 자연 세계 안에서 인간이 자유의지를 가지는가에 대해 Descartes는 이원론에 입각하여 인간의 자유의지를 주장한 것이다.

근세의 경험론에 의하면 행위가 원인과 결과의 관계에 상응하는 경험세계에 있어서의 운동으로 이해될 수 있고, 그 운동의 원인은 '의지 행위'로 탐구되어야 한다고 생각하였다.[16] 이러한 논지는 형법상의 인과적 행위론 내지 목적적 행위론에서의 논지와 유사함을 보이고 있다. Max Weber에 의하면, "어떤 행위자가 자신의 행동에 주관적 의미를 두고 있거나, 또는 두고 있는 한, 행위는 인간의 행동(Verhalten)이라고 하겠다. 그러나 사회적 행위란 어떤 행위자가 생각하는 주관적 의미에 따라서 타인의 행동에 관련되며, 또 그 행동의 경과에 있어서 지향되는 바의 행위라 하겠다"라고 하여 사회적 행위론과 유사한 논지

일원론에는 범심론(panpsychism), 범신론(pantheism), 유물주의, 물리주의가 있으나 오늘날 자연과학의 성과에 따라 물리주의가 지지받고 있으며, 이에 의하면 정신과 뇌가 동일하다는 견해에 이른다: William James Earle, *Introduction to Philosophy*, McGraw-Hill, 1990/한상기 역, 현대철학의 이해, 원미사, 2006, 157-170면.

15_ Antony Flew, Godfrey Vesey, *Great Dabates in Philosophy: Agency and Necessity*, Blackwell, 1987/안세권 역, 행위와 필연, 철학과 현실사, 2006, 55-56면.

16_ 이인건, "행위 이론에 관한 사회과학적 접근", 「대동철학」 제6집 (1999.12), 50면.

를 전개하고 있다.[17]

(2) 원인 이론과 해석학적 이론의 대립

오늘날 인간의 행위에 대한 설명 이론으로 심적 원인 이론(mental cause theory)과 해석학적 이론(hermeneutic theory)이 있다. 심적 원인 이론 진영에는 D. Davidson이 있고, 해석학적 이론의 진영에는 Wittgenstein, Gilbert Ryle, G. H. von Wright가 있다.[18]

심적 원인 이론에 의하면 자연현상은 인과적 모델에 의하여 설명 되고 예측된다. 그러나 행위는 이러한 목적론적 설명 모델이 아니라 실 천적 추리의 도식에 의해 올바르게 이해될 수 있다는 것이다. 일련의 동작을 이해하는 것은 그 동작으로부터 행위자의 욕구, 의도, 믿음 등 을 읽어 내는 것이라고 본다. Davidson에 의하면 행위는 행위의 기초 를 이루는 태도나 심적 원인에 의하여 설명할 수 있다. 행위의 이유는 어떤 목적에 대한 긍정적 태도(proattitude), 그 목적을 성취하기 위한 행위 선택에 관련된 믿음(belief)으로 형성된다. 이 두 요소는 일차적 이 유(primary reason)이고, 행위자가 이유를 가졌기 때문에 행위를 수행했 고, '때문에'라는 것은 인과 관계를 나타낸다고 본다.[19] Davidson에 의 하면 인과적으로 선행하는 것으로서 행위의 이유인 욕망과 믿음은 심 적 사건이다. 바람, 욕구, 욕망 등과 같은 심적 사건들은 물리적 어휘 로 기술될 수 있는 행위의 이유들이고 인과법칙에 종속된다고 주장한 다.[20] Davidson의 '무법칙적 일원론'에 의하면 바람, 믿음, 의도, 희망,

---

17_ 이인건, 위의 논문, 52면.
18_ 이재훈, "인간의 행위에 대한 의도적 설명과 인과적 설명의 양립 가능성에 대 하여", 「범한철학」(1993.5), 351면.
19_ 이재훈, 위의 논문, 351면 이하.
20_ 김선하, "행위, 사건 그리고 행위 주체—앤스콤, 데이빗슨 행위 이론에 대한 리 쾨르의 비판과 종합—", 「대동철학회」 제85집(2003.2), 56면. 그러나 이러한 논 지에 따르면 감정이나 정서의 문제를 인과적으로 설명하게 되며, 감정이나 정 서의 문제를 행위자의 과거로 무한히 소급할 수 있다는 문제점이 있다.

후회를 포함하는 지향적 심성 영역의 인과적 의존성과 법칙적 독립성 (또는 무법칙성)은 부정할 수 없는 사실이고, 그 두 가지가 인간 내에서 어떻게 공존하고 조화롭게 결합하는지에 대하여 설명하고 있다. 이는 세 가지 논지로 나눌 수 있는데, 첫째, 심적 사건들은 물리적 사건들과 인과적으로 상호작용한다는 심신인과 상호작용론과 둘째, 원인과 결과로 관계된 사건들은 엄격한 결정론적 법칙 아래 포섭된다는 인과 법칙론, 셋째, 심적 사건들을 예측하고 설명할 수 있는 결정론적인 법칙은 존재하지 않는다는 심성 무법칙론이 그것이다.[21] 즉 한 행위자가 자신의 행위에 대하여 이유를 제시함으로써 그 이유가 행위를 설명하는 경우, 이유는 행위의 원인이며 그러한 설명(합리화)은 일종의 인과적 설명이라고 한다.[22]

해석학적 이론의 진영의 Wittgenstein은 그의 「철학적 탐구」 621절에서 "내가 나의 팔을 들어 올리면 나의 팔이 올라간다. 그러면 다음과 같은 문제가 생긴다. 즉 내가 나의 팔을 들어 올린다는 사실로부터 나의 팔이 올라간다는 사실을 빼면 무엇이 남는가?", "나의 팔이 올라간다는 사실에 선행하는, 그것이 원인이 되는 심리적 사실이 남을 뿐이다", "그것은 내 팔을 들어 올리겠다는 의도, 결정, 선택, 결심 내지 결단이거나 나의 팔을 올리는 데 대한 어떤 이유들인 것이다. 내가 팔을 올린다는 것은 나의 팔을 들어 올리려고 의욕한다(노력한다, 시도한다, 애쓰다 등)에 불과하다"고 주장하였다.[23]

21_ 김선희, 자아와 행위: 관계적 자아의 자율성, 철학과 현실사, 1998, 27-32면. Davidson은 심성론에 있어 해석적 관점에 있으면서도 인과적 행위론을 주장하고 있다.

22_ 김선희, 위의 책, 63면. Davidson은 인과 관계를 이루는 원인과 결과는 사건이고, 그 사건은 특수자(particulars)이고, 사건은 존재론의 범주에 속하고, 똑같은 사건에 대하여 여러 종류의 기술이 가능하다고 본다. 즉 행위는 이유에 의해 설명이 되고, 그 이유가 원인이 되어 행위가 일어난다고 본 것이다.: Donald Herbert Davidson, *Essays on Action and Events*, Bestun 1980/배식한 역, 행위와 사건, 한길사, 2012, 16면. 이와 같이 Davidson은 '행위'에 있어 존재론적·해석론적 접근을 하였지만 인식론적 접근은 하지 않았다.

(3) 검토—형법의 규율과 자유의사

심신 문제에 있어서 의식의 주관성을 '인식론적 관점'이 아닌 '존재론적인 관점'에서 볼 때, 과연 그러한 주관적인 의식이 정신 인과 문제에서 요구하는 인과적 힘을 지닐 수 있는 존재인지 문제된다. 과연 주관적 의식이 부수적 현상에 그치지 않고 존재가 될 수 있는지에 대하여 강한 물리주의자라도 의식 현상이 현상으로서 생생하게 존재한다는 것을 부정하지 않는다. 그러나 그때의 '존재'는 일상적인 생각이고 엄격한 존재론을 염두에 둘 때, 과연 그러한 현상이나 주관성이 '실재'한다고 쉽게 말할 수는 없다. 인간의 정신 현상조차도 많은 경우 신경생리적으로 규명되고 있기 때문에 물리주의도 설득력을 갖는다. 그러나 Descartes식 실체이원론이 지지되기 어려워 물리주의 외의 다른 가능한 입장을 찾는 것도 쉽지 않다.[24] 이런 상황을 바탕으로 대체로 많은 심리철학자들이 물리주의를 옹호하며, 물리주의 진영 내부에서는 제거주의나 환원주의 같은 강한 물리주의를 옹호하느냐, 아니면 기능주의, 창발론(emergentism), Davidson의 무법칙적 일원론 등 좀 더 약한 비환원적 물리주의를 옹호하느냐가 주된 논쟁이 되고 있다.[25] 1950년부터 1960년대까지는 심신 동일원이라는 심신 환원주의가 대세였다면, 1970년대 이후부터 최근까지는 비환원적 물리주의 입장이 주류를 이루고 있다. 그러나 의식 현상을 옹호하면서 물리주의를 비판

23_ 이재훈, 앞의 논문, 313면.

24_ 이재훈, 위의 논문, 314면.

25_ '심신이원론'은 심리적 사건을 순수하게 비물질적인 것에서 발생한다고 주장한다. '심신일원론'은 몸과 마음은 동일한 것이라고 보고, '물리주의'에 의하면 심리적인 사건이란 물리적인 사건에 불과하다고 보게 된다. 동일론은 심적인 것이 물리적인 것으로 환원된다는 '환원주의'의 특성을 나타낸다. 그러나 여기에서도 심적 상태가 인과성을 지닌 실재성이 있다고 보는 '기능주의'의 견해가 있다. 20세기 전반부에 등장한 '창발(emergence)론'은, 존재론적으로 물리주의 입장에 서면서도 '속성의 창발'과 '창발된 속성의 환원 불가능성'을 주장하였다: 안건훈, 철학의 제문제, 새문사, 2008, 113-121면.

하는 목소리 역시 여전히 만만치 않다.[26]

이와 같이 인간의 자유의사의 문제에 있어 인간의 자유의사 내지 행위에 있어서 인과성을 대체로 긍정하고 있다. 법규범인 형법에서 행위자의 자유의사 내지 행위에 있어 인과성을 부성하게 되면 행위는 소질과 환경에 의해 '결정'되는 것으로 보게 되므로 행위에 있어 '인과성'이 없다고 보아야 하고, 규범적 제재인 형사 처벌도 할 수 없게 된다. 생각건대 모든 포유류는 도파민 체계를 갖고 있어 해가 되는 것을 피하는 능력이 있다. 인간은 전전두피질이 매우 강화되어 있어 자신의 상황을 성찰하는 능력을 갖고 있으며 자기 조절이 가능하다.[27] 형법은 당해 행위자에 대한 판단 규범이기도 하지만 '의사결정 규범'이므로 행위자가 행위를 조절·결정하는 데 있어 준거가 되어야 하고, 따라서 이와 같은 '의사결정' 능력의 존재를 전제로 하고 있다. Talcott Parsons의 '자원적(自願的) 행위 모델'에 따르더라도 이와 같은 결론에 도달하게 됨을 볼 수 있다. Parsons에 의하면 행위자는 주어진 행위 상황에서 목적을 설정하고 목적 실현에 적합한 수단을 선택적으로 사용한다. 목적 달성을 위한 수단의 선택은 준칙에 의하며, 가치 및 규범에의 지향에 따라 목적 자체를 설정한다. 즉 선택의 준칙과 가치 지향이라는 두 가지 행위 요소를 행위의 '규범적 기준'으로 규정하고 있다는 것이다.[28]

26_ 박도형, "심리철학과 심신문제", 강신익 외 편, 과학철학, 창비, 2010, 394-396면.

27_ John Robert Anderson, *Cognitve Psychology and Its Implications*, 7th ed., Worth. Pu., 2010/이영애 역, 인지심리학과 그 응용, 이화여자대학교출판부, 2011, 288면.

28_ 서도식, "사회 이론에서 행위와 체계의 결합", 「철학논총」 제28집 (2002), 342-343면; 이와 관련하여 규범과학적 입장에서 자유의지는 부인될 수 없다는 견해로는, 김동현, "인지과학적 관점에서 바라본 자유의지와 형사책임론의 문제", 「서울대학교 법학」 제51권 제4호 (2010.12), 309-310면.

2. 인간 행위의 합리성

(1) Max Weber의 이론

전통적 사회과학은 인간이 이성적이고 논리적 합리성에 따라 판단하고 결단한다고 본다.[29] 전통 형법학 역시 이러한 행위자의 '합리적 결단'에 대하여 크게 의문을 품지 않았다. 즉 합리적 행위자는 자신이 가지고 있는 신념들을 합리적으로 확실하게 믿으며, 세계의 상태가 변화하는 것에 대해서도 예의 주시하며 자신의 신념을 개정하므로 최대의 조건적 기대치를 갖고 있는 행위를 선택할 수 있다. 이러한 행위자의 결심이 결과를 일으킨다고 본다.[30]

그러나 Max Weber는 행위의 요소인 목적, 수단, 가치, 결과와 행위와의 관련성에 따라 합리성에 차이가 난다고 보며 행위를 다음의 네 가지로 분류하고 있다.

첫째, 목적 합리적 행위란 행위자가 목적을 가치 분석의 토대 위에서 선택하고 동시에 목적에 대한 대안적 수단들, 부차적 결과에 대한 목적과의 관계, 여러 대안에 대한 합리적인 고려를 하는 행위이다.

둘째, 가치 합리적 행위는 결과의 요소를 고려하지 않는다. 따라서 행위의 수단이 비합리적이고, 행위의 수단은 그것이 갖는 윤리적 성격이 문제시된다.

셋째, 전통적 행위란 가치와 결과가 행위의 요소에 있지 않다. 목적 역시 자신의 지향성과 관계없이 결정되고, 수단의 선택 역시 규범적 장치가 제공해 준다.

넷째, 감정적 행위는 가치, 수단, 결과에 대한 고려가 안 되며 가장 비합리적인 행위이다.

Weber에 의하면 여기서 행위의 합리성은 감정적 행위, 전통적 행

29_ 이정모, 앞의 책, 444면.

30_ E. Eells, *Rational Decision and Causality*, Cambridge Univ. Press, 1982/우정규 역, 합리적 결단과 인과성, 서광사, 1994, 139면 이하.

위, 가치 합리적 행위, 목적 합리적 행위의 순으로 증대된다고 본다.[31]

(2) Parsons과 Aizen의 이론

Talcott Parsons는 '자원적(自願的) 행위 이론(voluntaristic theory of action)'을 주창하였는데, 그에 따르면 행위는 규범적인 것과 조건적인 것의 두 가지 종류의 요소들 사이의 긴장 상태를 가진 것으로 본다. 행위란 조건적 요소들을 규범에 따르는 방향으로 바꾸는 과정이라고 보았다.[32] 이와 달리 Fishbein과 Aizen의 '합리적 행위 이론(theory of reasoned action)'에 의하면 인간이 그들이 활용할 수 있는 정보들을 합리적이고, 체계적으로 사용하며 인간의 사회적 행동이 의지의 통제 하에 있다고 한다. 그러나 이러한 이론은 완전한 통제가 불가능한 행위들을 설명하는 데에는 한계가 있다. Aizen은 이를 보완하여 '계획된 행위 이론(theory of planned behavior)'으로 발전시켰다. 이에 의하면 의도(intention)가 행위의 직접적인 결정 인자이고, 의도의 결정 요인에는 행위에 대한 태도, 주관적 규범, 지각된 행위 통제가 있다. 여기서 행위에 대한 태도는 행위에 대하여 내리는 긍정적이거나 부정적 평가를 말한다. 주관적 규범은 행위를 수행하는지 여부에 대하여 가해지는 사회적 압력을 개인이 인지하는 것을 말한다. 지각된 행위 통제는 행위를 수행할 때 개인이 인지하기 쉬운 정도나 어려운 정도를 말한다.[33]

31_ Max Weber, *Economy and Society: An Outline of Interprective Sociology*, ed. by Guenther Roth, Claus Wittich, Bedminster Press, 1968, pp.25-26. 위와 같이 인간의 행위는 감정, 규범, 가치, 목적 등 여러 심정 동기에 의해 수단을 선택·결정하는 것이고, '합리성' 역시 행위에 따라 달라지게 된다.

32_ Zigmunt Baumann, *Hermeneutics and Social Science*, Colombia Uni. Press, 1978, p.732.

33_ 이선화, "계획된 행위 이론에 근거한 대학생의 성행동 영향 요인 분석", 건국대학교 석사학위논문 (2004), 9-11면.

(3) 인간 행위의 제한적 합리성

오늘날 인간의 행위를 함에 있어 합리성(rationality)보다는 신념(beliefs), 선호(preferences), 제약(constraints)이 결정 인자가 된다는 견해가 많다. 심리학에서는 인간의 의사 결정이라는 것이 현실 문제를 합리적으로 해결하기 위한 지름길을 찾거나 추단(heuristic)한다고 보며 이를 '제한적 합리성(bounded rationality)'이라고 한다. 나아가 이러한 추단을 함에 있어 게재되는 체계적 오류 내지 편향을 분석하고 있다.[34] 이에 따르면 수많은 뇌 구조들이 판단, 결정, 그 밖의 인지 활동과 관련되고 있다. 기저핵이 직관적 사고에서 중심 역할을 하고 있다고 믿는다. 또한 판단에서 '정서'의 역할이 부각되고 있다. 정서는 갈등, 욕망, 제약, 희망을 해결해 주는 세계를 창조한다. 정서는 세계를 범주화하고 물리적 세계의 복잡함 속에서 사물을 분류하는 데 있어 뇌

34_ David Hardman, *Judgment and Decision Making: Psychological Perspectives*, The British Psychological Society and Blackwell Pu., 2009/이영애, 이나영 역, 판단과 결정의 심리학, 시그마플러스, 2012, 4-6면. 즉 전통적 사회과학은 인간이 이성적이고 논리적 합리성에 따라 판단하고 결정한다고 본다. 인지과학의 성과에 의하면 인간은 논리 형식에 따라 판단하는 것보다는 자기가 알고 있는 지식, 믿고 있는 것, 갖고 있는 편향에 좌우되는 사고를 갖고 있다. 즉 완벽한 사고가 아니라 휴리스틱적인 간편법적 사고를 하고, 비논리·비합리적 편향을 갖고 있으며, 부정적 정보를 잘 처리 못하고 긍정적 정보로 자신의 가설과 주장을 확인하려는 확인 편향, 확증 편향이 있다. 즉 실용적 합리성을 갖고 있다: 이정모, 앞의 책, 444-446면. 이를 다시 요약하자면 인간은 의사 결정을 함에 있어 주관적인 기준을 사용하고, 우연적 요소들이 영향을 미치고, 결과를 고려함에 있어 주관적 측정을 하며, 의사 결정에 있어 제한적 합리성을 갖는다는 것이다: Robert J. Sternberg, *Cognitive Psychology*, 3rd ed., Yale Uni., 2003/김민식 외, 인지심리학, 박학사, 2005, 368-398면. 이러한 인간 행위의 제한적 합리성을 법 인지과학 관점에서 검토한 견해로는, 이정모·손지영, "법 인지과학: 법 영역의 인지과학적 조명", 「서울대학교 법학」 제51권 제4호 (2010.12), 348면 이하. 또한 이러한 인지과학이 종래의 법학이 전제로 하고 있는 인간 행위의 '합리성'의 토대를 무너뜨리고 있다는 사실을 지적한 글로는, Scott Frenchwald, "The Emperor has no Clothes: Postmodern Legal Thought and Cognitive Science", *Ga. St. U. L. Rev.*, Vol. 23(2006-2007), pp.424ff.

를 돕는다. 정서에 손상을 입은 경우, 아주 작은 자극에도 분노나 폭력으로 이어질 수 있다. 즉 인지와 정서가 서로에게 영향을 미치고 있다. 현재 '결정' 짓기에서 정서가 중심 역할을 수행한다는 가설이 광범위하게 인정받고 있다. 인지와 정서가 행동에 작용할 뿐 아니라 서로에게 영향을 미친다. '사회직관 이론'에 의하면 도덕 판단이 직관에 의해 일어나지만 사후 합리화를 통하여 설명되고 정당화된다. 여기서 좌반구가 해설자의 역할을 한다.[35]

(4) 합리성 문제의 검토

이와 같은 행위 이론 내지 심리학 등의 성과를 종합할 때 행위와 비행위의 한계는 형법상의 각 행위론에서 주장한 바와 같은 '육체적 동작', '인간의 목적', '사회적 평가', '인격의 발현'에 의해 구분될 수 있는 것이 아님을 알 수 있다. 이러한 인간의 판단과 결정의 구조에 대한 이해와 현대 신경과학 등의 도움을 받아 행위시 인간의 사고 작용이 있었는지 여부를 기준으로 삼아야 할 것이다. 또한 형법상의 각 행위론은 인간이 '합리적 결정'을 하는 행위자임을 전제로 하지만 인간의 결정과 판단이란 '제한적 합리성'을 갖는다는 것을 이해하고 이를 전제로 논의를 전개해야 한다는 사실이다.

우리는 위에서 인간의 판단과 결정에 대한 제한적 합리성을 살펴보았지만 규범과 합리성과 관련하여 덧붙여 살펴볼 것이 있다. 즉 Lawrence Kohlberg의 발달심리학에 의하면 인간의 도덕적 추리가 발달 단계를 거친다는 사실이 발견되었는데, 이에 의하면 처벌에 대한 공포와 이익을 얻으려는 욕구가 좌우하는 기본적 도덕성에서, 타인이 뭐라고 할 것인가에 대한 인습에 따라 선악을 정의하는 단계에서, 자신의 것으로 내재화된 도덕적 원리가 존재하는 가장 높은 단계에 이르게 된다.[36] 인간의 결정과 판단이 비록 '제한적 합리성'을 갖더라도 위

35_ David Hardman, 위의 책, 6면 이하.
36_ Lawrens Kohlberg, *Stage and Sequence: The cognitive developmental*

와 같이 규범에 대한 인간의 정신 발달 단계를 고려할 때 형법은 사회 구성원인 행위자가 형법에 순응하도록 요구할 수 있고 또 그렇게 해야 한다는 결론에 이르게 된다.

3. 지향성의 문제와 인과성과 합리성간의 관계

(1) 인간 정신의 지향성

인간의 정신은 너무 복잡해서 정신적인 특성을 분리하기가 어렵다. 다만 현대 철학자들은 정신 현상의 본질로 '지향성(intentionality)'을 지목하고 있다. 의심하게 됨, 주목함, 생각함, 봄, 느낌 등은 의식을 포함한 것으로 보이지만 의식에도 정도가 있고, 매우 낮은 의식이 자각적 상태로 간주되어야 하는지 여부도 불분명하다. 결국 무의식이라는 것도 정도의 문제로 귀착된다. 지향성이 정신 생활의 중요한 특징이라는 것은 확실하지만 모든 정신 현상이 지향적이라고 주장하는 것은 올바르지 못하다. 간지럼, 가려움, 통증 그리고 그 비슷한 신체 감각이나 느낌 등은 어떤 사람이 그것에 대하여 의식하고 자각하고 있는 것으로 정신적인 것으로 간주된다.[37]

지향성이란 정신 상태가 표상적 내용을 지닌다는 것으로 '목적'에 대해서만 지향성을 가지지 않는다. 지향성이란 사고나 신념, 다른 정신 상태가 어떤 것에 대한 것을 말하는 것이다. 따라서 목적적 행위론은 인간의 정신 활동에 있어서 지향성을 매우 좁게 바라본 것이며, 나아가 인간의 정신 세계란 위와 같이 지향성 외에도 '자각'하는 현상까지 포함시키고 있다.

---

approach to Socialization, Rand McNally, 1969, pp.22ff[이훈구 외, 인간행동의 이해(제2판), 법문사, 2012, 262-264면에서 재인용]. 그러나 여기에 대하여 도덕적 추론과 도덕적 행위와의 관계를 보여주는 증거가 아주 약하다는 반론도 있다: 이훈구 외, 앞의 책, 264면.

37_ William James Earle, 앞의 책, 193-199면.

(2) 인과성과 합리성간의 관계

이상의 검토를 종합하면 행위에 있어 이유는 물리적 원인으로서 사건을 야기함과 동시에 심적 원인으로서 행위의 의도적 기술과 합리적 연관을 가짐으로써 행위에 의미를 부여한다는 결론에 이르게 된다. 즉 이를 형법 논리로 풀이하자면 고의는 범죄의 구성요건 요소가 되며 책임의 요소가 된다. 행위는 인과적 측면과 합리적 측면을 갖는다. 이유에 대한 합리적인 능력이 없으면 의도적 행위가 있을 수 없고, 원인이 될 수 없는 합리적 이유만으로는 사건이 발생하지 않을 것이다. 따라서 행위의 구성 요소는 '인과성'과 '합리성'이다. 행위는 이유에 의하여 야기된 것으로 인과적 산물이며, 이유와 행위의 물리적 기술하에서 인과 법칙적으로 설명이 되는 대상이 된다. 행위는 인과적으로 발생하지만, 의미 연관의 차원에서 합리적 체계인 이성이 선택하는 사건으로 자연적 사실 이상의 의미가 있다. 이를 간과한 것이 환원주의와 데카르트의 실체이원론이다.[38] 인과성과 합리성은 일방적으로 환원될 수 없고, 분리될 수도 없으며, 인간의 행위 안에서 때로는 평형을 이루고 때로는 긴장과 대치를 이루면서 공존하는 양극성(polarity) 개념으로 이해할 수 있다. 즉 행위 안에는 자연의 원리인 인과율과 이성의 원리인 합리성이 양극으로 존재하는 것이다.[39] 행위자는 자기 자신을 작용을 일으키는 원인으로 해석하고 그와 동시에 행위자는 자신의 행위 세계 가운데 자신의 목적을 선택하고 인과성을 길잡이로 하여 목적을 실현시키기 위해 노력한다. 즉 인간의 행위에 있어서는 행위가 일어나는 원인-결과의 '필연성'이 아니라 행위하는 개인의 의지의 '정당화'가 문제되는 것이다. 즉 인간의 행위란 어떤 목적을 계획하고 구상하는 단계에서 현실적으로 행위를 실현시키는 단계로 이행시킴으로써 행위가 야기된다는 사실이다.[40] 형법에서 행위론은 이러한 인간의 행위에 있

38_ 김선희, "인간 행위의 인과성과 합리성의 조화 가능성 논의—데이빗슨의 인과적 행위론에 대한 비판적 고찰", 서강대학교 박사학위논문 (1991), 124면.

39_ 김선희, 위의 논문, 125-126면.

어서 '인과성'과 '합리성', '제한적 합리성', '지향성'을 이해하고 이를 전제로 논의를 전개해야 한다.

이하에서는 이러한 이해를 토대로 하여 행위론을 검토하도록 하겠고 그 전에 영미에서의 행위론을 비교법적으로 살펴 시사점을 얻으려고 한다.

III. 영미 행위론의 검토

영국과 미국에서의 행위(actus reus)론을 살펴보면, 독일과 우리나라에서와 같은 행위론의 치열한 대립이 없고, '자발성(voluntariness)'의 개념에 따라 행위 유무를 판단하고 있고, 부작위나 행위 의제, 소지 등의 경우 제정법에 의하여 입법적으로 해결하고 있음을 볼 수 있어 우리에게도 시사하는 바가 크다.

이하에서는 영미에서의 행위론을 행위의 요건, 행위의 자발성의 문제, 행위 요건의 기능과 한계 사례 순으로 검토하기로 한다.

1. 행위의 요건

영미법에서 행위(actus reus)란 '자발적(voluntary)'이거나 '의욕하여야(willed)' 함을 말한다. 인간의 자율성과 자유의지는 형법의 근간이 된다. 이것은 개인의 자유, 책임, 해악에 대한 보호를 함축한다. John Austin는 1869년 '법학강요(Lectures on Jurisprudence)'에서 행위에 대한 자발적 능력과 의식이 있어야 형사 책임을 지운다는 것이 합리적이라고 주장하였다.[41]

40_ Friedrich Christian Kaulbauch, *Einführung in die Philosophie des Handels*, Wissenschaftliche Ruchgesellschaft, 1986/이을상 역, 행위철학, 서광사, 1999, 269-270면.

나쁜 생각만으로는 범죄가 되지 않는다. 작위(act)나 부작위 (omission)가 있어야 한다. 보통법상의 범죄는 작위와 부작위로 한정된다. 제정 범죄는 법으로 제정되어야 한다. '신체 동작(bodily movement)'은 형사 책임의 기저를 이루는 것으로 반드시 자발적(voluntary)이어야 한다. 행위란 여러 형태로 정의된다. 적극적·소극적(positive, negative) 행위가 있다. 소극적 행위란 해야 할 의무를 하지 않는 것을 말한다. 내향적·외향적(internal, external) 행위라고 정의되기도 한다. 내향적 행위란 '마음의 행위(acts of mind)'로, 행동으로 현실화할 필요가 없는 것을 말한다. 이러한 행위는 원래의 신체의 동작, 주위 상황, 결과라는 세 가지 요소로 구성된다.[42] 범죄 의사만으로 행위가 되지 않으며, 부작위의 경우 법적인 의무라는 요건이 추가되어야 한다. 미수의 경우 고의를 넘어선 행동이 있어야 한다. 보통법은 모든 범죄에 있어 심적 요소를 요구한다. 단지 범죄 의사를 갖고 있다는 것만으로 범죄가 된다는 내용의 법률은 위헌이 된다. 행위가 있어야 한다는 데에는 다음의 근거가 제시되고 있다.[43]

첫째, 행위자의 생각이 드러난 행위에 의해 입증되는 경우 외에는 여러 가지로 해석이 가능하다. 그러나 특정 고의를 가졌다는 것에 대해 행위자가 자백하거나 타인에게 말할 가능성이 낮다는 것은 분명하다.

둘째, 복잡한 의도가 있는 사건에서 환상이나 꿈 등과 구분하는 것이 어렵다.

2. 행위의 자발성

모든 범죄는 대개 피고인이 자발적인 '행위(actus reus)'를 했다는

41_ Janet Loveless, *Criminal Law—Text, Cases, and Materials*, Oxfords, 2012, p.41.

42_ Wayne R. LaFave, *Criminal Law*, 5th ed., West, 2010, p.320.

43_ *Ibid.* at 321-322.

것을 요건으로 한다. '자발적(voluntary)'이란 행위자가 의식적으로 '의지에 기한(volitional)' 행동을 하는 것을 말한다. 즉 행위시에 두뇌에 의한 개입이 있어야 한다.[44]

자발적 행위란 행위자의 어떠한 최소한의 의식이나, 의지, 지각에 의한 인간의 신체 활동의 움직임(movement)이다. 자발적 행위란 달리 행동할 수 있었다면 습관(hahit)나 부주의(inadvertance)에 의한 결과도 포함된다. 비자발적(involuntary) 행위란 행위자가 의식적 통제(conscious control)를 할 수 없는 것을 말한다. 무의식 상태나, 수면 중(몽유병)의 행위나 발작 상태(epileptic seizure)가 여기에 해당한다. 다른 사람이나 물건에 의해 밀려서 한 행위도 여기에 포함된다. 최면 상태에서 한 행위가 행위에 포함되는지 여부에 대하여 논쟁이 있다. 대개 자발적 행위는 형사 책임의 핵심이 된다. 그러나 중죄(strict liability crimes)에서는 심적 요소를 요구하지 않는다. 따라서 모든 형사 책임에 있어서 자발성이 요구되는 것은 아니다. 종종 생명이나 중상해에 대한 중대한 위험이나 심적 장애로 인하여 범죄 행위를 하기도 한다. 그러나 대개 이런 경우에는 자발적인 것으로 본다. 이러한 경우 정당화 사유인 항변 사유가 되는지 여부의 문제로 검토하게 된다.[45]

Michael S. Moore의 '의도적 행위 이론(volitional theory of action)'에 의하면, 모든 인간의 행위는 개별 사건이고, 그러한 사건은 의도적인 신체 동작으로 구성된다. 그러한 신체 동작의 효과는 '살인'과 같이 행위에 대한 다양한 표현에 의한 정확한 용어 사용에 의해 미리 예정되어 있고, 부작위(omissions)는 유령과 같은 행위의 부재가 아니라 특정 형태의 행위가 없는 것이고, 의도는 믿음(belief)이나 욕구(desire)가 아닌 행위에 대한 것으로, 믿음이나 욕구를 동기로 하여 실행되는 것

44_ L. L. Levenson, *The Glannon Guide to Criminal Law*, 3rd ed., Wolters Kluwer, 2012, pp.18-19.

45_ Richard G. Singer, John Q. LaFond, *Criminal Law*, 5th ed., Wolters Kluwer, 2010, pp.37-39.

이고, 모든 행위의 요소는 인과 요소와 상황 요소로 구분된다는 것이다.[46]

3. 행위 요건의 기능

이러한 행위 요건이 어떠한 기능과 역할을 하는지에 대하여 살펴보면,[47] 첫째 행위 요건은 사고, 결단에 이르지 않은 의도를 배제하게 된다. 둘째, 행위는 마음의 상태에 대한 객관적 증거가 된다. 즉 행위 요건은 행위자의 의도가 존재한다는 최소한의 객관적 확신을 제공한다. 셋째, 행위는 범행의 시각과 장소를 제공한다. 넷째, 복수의 범죄의 구분이 된다. 그러나 이러한 행위 요건에도 예외가 있다. 미국 모범형법(Model Penal Code) 제201조에서 "자발적 행위나 부작위를 포함한 행위에 근거하지 않은 경우 범죄 행위에 대하여 책임을 지지 않는다."고 규정하고 있으나 살인죄(homicide)의 경우에는 이와 같은 행위 요건을 필요로 하지 않는다. 또한 소지(possession)도 행위로 본다.

이와 같이 부작위(omission), 제정 범죄(status), 반역죄 등의 경우와 정신적 행위(mental acts), 소지(possession) 등의 예에 비추어 볼 때 행위 요건이 필요 없다는 견해도 있으나 행위 요건이 보편적인 것이므로 필요하다는 견해가 다수의 견해이다.[48]

46_ Michael S. Moore, *Placing Blame*, Oxford, 2010, p.251. 이러한 '의도적 행위이론'에 의하면 의도(intention)에는 네 가지 기능이 있다. 첫째, 범죄 행위에 있어 중한 책임에 대한 징표가 된다. 둘째, 의도는 범죄에 있어서 정당화 사유의 역할을 한다. 의도는 범죄 행위의 요건인 동시에 정당화 사유가 될 수 있어 이를 두고 '이중효과 법리(Doctrine of Double Effect)'라 한다. 셋째, 의도는 범죄 행위의 근간이 된다. 넷째, 의도는 범죄 행위의 실행에 있어서의 규범력 작용에 있어 중요한 역할을 한다: Michael S. Moore, "Intention as a Marker of Moral Culpability and Legal Punishability", *Criminal Law,* ed., by R. A. Duff, Stuard P. Green, Oxford, 2013, pp.179-180.

47_ Paul H. Robinson, *Criminal Law—Case Studies & Controversies*, 2nd ed., Wolters Kluwer, 2008, pp.416-418.

4. 한계 사례

State v. Kremer, 262 Minn. 190. 114 N. W. 2d88(1962) 사건에서 미국 법원은 적색 신호일 때 차량이 정지해야 한다는 규정을 위반한 피고인에 대하여 브레이크가 예고 없이 고장 났음을 들어 무죄를 선고하였다. 즉 이 경우 자발적 행위가 없는 것으로 보았다.[49]

몽유병 환자가 수면 중 계모를 살해한 사건에서 의료 전문가가 이를 분석하였고, 그것이 가능한 일임을 밝혔으며, 실제 몽유병 환자가 수면 중 상태에서 살해한 사건이 수십 건이나 있었다. 위 사건에서 행위자는 계모와 좋은 관계를 유지하고 있었고, 피고인이 계모를 살해할 특별한 이유가 없음이 드러나서 배심원은 무죄로 평결하였고, 캐나다 법원 역시 무죄를 선고하였다.[50]

5. 검 토

영국과 미국에서 행위의 요건으로 '자발성'을 핵심으로 하고 있다. 부작위, 제정 범죄, 중죄, 소지 등의 경우 입법적으로 해결하고 있으므로 독일이나 우리와 같은 행위론의 치열한 논쟁은 보이지 않는다. 그러나 '의도적 행위 이론'에서 보듯 행위론에 있어서 철학적 · 법 이론적 기초를 정립하기 위한 노력은 계속하고 있으며, 실천적인 문제로서 행위론의 기능과 역할과 한계 사례에 대한 검토에 중점을 두고 있음을 볼 수 있다.

그러나 미국의 경우 독일이나 우리나라와 근본적으로 차이가 나

48_ Michael S. Moore, *Act and Crime,* Oxford, 1993, p.17.

49_ Russell L. Weaver et al., *Criminal Law—A Contemporary Approach*, West, 2011, p.19.

50_ The Queen v. Parks [1992] 2 S. C. R. 871(Can.); Joycelyn M. Pollock, *Criminal Law*, 10th ed., Elsevier, 2013, p.47.

는 점은 행위 요건에 대하여 법률(미국 모범형법 제201조)로 명확하게 규정하고 있다는 것이고, 이에 따라 무의식 상태, 수면 중의 행위, 발작 상태의 경우 행위가 아닌 것으로 명확하게 밝히고 있어 이에 대하여 각 행위론마다 견해를 달리하는 우리의 경우와 다르다는 것이다. 독일과 우리나라의 경우 행위 개념이 기본 기능, 결합 기능, 한계 기능으로 작용한다고 보고 있는데, 영미에서 행위 요건이 기본 기능, 결합 기능, 한계 기능으로 작용한다는 점에서는 유사점을 보이고 있으나, 행위가 마음의 상태에 대한 객관적인 증거가 되고, 범행의 시각과 장소를 제공하고, 복수의 범죄의 구분이 된다고 보고 있어 행위 요건의 기능을 폭넓게 이해하고 있다는 점은 우리에게도 시사하는 바가 크다고 본다.

　　이하에서는 이러한 이해를 토대로 하여 종래 행위론에 대하여 살펴보기로 하겠다.

IV. 종래 행위론의 검토

　　위에서 인간 행위에 있어서 자유의지를 대체로 긍정하는 견해가 많지만 인간의 합리성은 제한적임을 알게 되었다. 또한 인간의 정신현상의 중요한 특징으로 지향성이 지적되지만 인간은 '목적'에 대해서만 지향성을 갖는 것이 아님과 무의식도 정도의 문제로 귀착된다는 사실을 알게 되었으며, 영미에서는 '자발성' 유무를 기준으로 하여 행위 유무를 판단하고 있음을 살펴보았다. 이러한 이해를 토대로 하여 이하에서는 각 행위론을 검토하도록 하겠다.

1. 종래 행위론의 논의와 평가

(1) 종래의 논의

Johannes Wessels가 정리한 바에 따라 인과적·목적적·사회적 행위론의 요지를 살펴보면 다음과 같다.[51]

'자연적-인과적 행위론(naturalistisch-kausale Handlungslehre)'은 인간의 행위를 인과적 과정으로 보았다. 이러한 인과적 과정은 외부 세계에 영향을 미친 인간의 의식 작용에 근거한 육체적 동작에 관한 문제이지, 발생된 사건의 사회적 의미 내용에 관한 것은 아니라고 한다. 이에 따라서 "행위는 의사가 깃든 육체동작이다"(Beling), 혹은 "행위란 인간의 의지에 기인한 외부 세계의 변경 작용이다"(von Liszt)라고 한다. '목적적 행위론(finale Handlungslehre)'에 따르면 행위는 목적 활동의 행사, 즉 목적적 사건이지, 단순한 인과적 사건은 아니라고 한다. 행위의 목적성은 어느 정도의 범위에서 자기의 행동 과정의 가능한 결과를 예견하고, 상이한 목표를 설정하고, 얻고자 하는 목표에 자신의 행동을 계획적으로 조종하는 인간의 능력에 기초를 둔다. 그래서 목적적 행위는 목적에 의해 의식적으로 조종된 작용이다. 즉 인과적 사건을 조종하는 의사는 "목적적 행위의 중심 핵"으로 간주된다(Welzel). '사회적 행위론(soziale Handlungslehre)'은 모든 행동 형식에 공통적인 행위 개념 판단의 표준을 인간 행위(작위와 부작위)에 대한 사회적 중요성에서 찾는다. 이 설은 행위를 모든 인격적·목적적·인과적 및 규범적 요소를 포함한 사회적 현실성을 의미 있게 형성한 원동력이라고 본다.

그 외 '인격적 행위론(personale Handlungslehre)'을 살펴보면, Arthur Kaufmann은 행위란 "의사에 의해서 인과적 결과를 동반하는 유책적인 의미 형성"이라고 보았고, Roxin은 행위란 '인격의 표현

51_ Johannes Wessels, *Strafrecht Allgemeiner Teil*, 20. Aufl., C. F. Müller, 1990/허일태 역, 독일형법총론, 법문사, 1991, 62-64면.

(persönlichkeitsäußerung)'이라고 본다.[52]

이러한 행위론에 대한 비판을 살펴보면, 인과적 행위론은 기초 기능으로 무력하고, 행위 개념이 지나치게 확대되고, 미수와 부작위를 제대로 설명해 줄 수 없으며, 결합 요소로 만족할 만한 임무를 수행하지 못한다는 점이 지적되어 왔다. 목적적 행위론의 경우 과실범과 부작위범을 설명하지 못하고 목적성이 작위범 전체에 대하여 기초 요소로 작용하지 못하며, 한계 요소로 기능 수행에 부적합하다는 비판이 있다. 사회적 행위론의 경우 '사회적'이라는 범주가 결합 요소로 중립성의 요청을 충족시키지 못하며, 다른 사람의 관점을 통하여 행위의 의미를 파악해야 하며, 실천적 한계 기능을 만족시키지 못한다는 점이 지적되어 왔다. 인격적 행위론의 경우 행위를 인격의 발현으로 보므로 사회적 중요성을 갖지 않는 행위도 모두 형법상의 행위로 보게 된다는 점이 지적되어 왔다.[53] 그러나 이러한 비판 내지 분석은 행위 개념의 기능을 좁게 파악한 것을 토대로 하고 있다. 즉 행위 개념에는 행위론에 대한 기본 기능(Grundfunktion) 내지 정의 기능(Definitionsfunktion), 결합 기능(Verbindungsfunktion), 한계 기능(Begrenzungsfunktion)이 있다고 보았으나 오늘날 독일 형법학계에서는 이와 같은 기능 외에도 행위 개념이 범죄 일반의 본질에 대하여 진술해 주고 있고 자연 현상과 구별시켜 주는 설명 기능(Erklärungsfunktion)이 있다고 보고 있다.[54] 나아가 영미에서는 앞서 살펴본 바와 같이 행위 요건에 대한 여러 기능에 대하여 설명하고 있다. 따라서 이와 같은 한정된 행위 개념 기능의 틀 안에서

52_ 박중규, "형법적 '행위'에 대한 행위론상의 구분 토대―'통일적 행위론'과 '통일적 행위 개념'의 구성을 위한 전제 지론―",「영남법학」제5권 제1·2권 (1992. 2), 397-399면; Claus Roxin, *Strafrecht Allgemeiner Teil*, 4. Aufl., C. H. Beck, 2006, S. 256-257.

53_ 김일수·서보학, 앞의 책, 109-115면; 박상기, 앞의 책, 68-70면; 배종대, 앞의 책, 167-180면; 양천수, "법존재론과 형법상 행위론―베르너 마이호퍼를 통해 본 형법철학의 가능성",「법철학연구」제9권 제1호 (2006), 160-167면.

54_ Kindhäuser et al., *Strafgesetzbuch*, 4. Aufl., Nomos, 2013, Rn. 31-36.

논의된 행위론간의 논의는 그 자체 매우 제한된 범위의 논의였던 것임을 알 수 있다.

(2) 종래 행위론의 검토

1) 인과적 행위론

먼저 인과적 행위론을 살펴보면 인과적 행위론은 자연과학에 타당한 설명 형식으로 인정된 인과론에 의해 행위를 설명하여 왔다. Hobbes는 행위란 내적 원인을 통하여 야기된 운동이라고 이해하였다.[55] 인과적 행위론은 이러한 전통적 행위론을 그대로 답습한 것이다. 오늘날 행위 이론에 있어 보편적인 설명 방식인 목적 설정과 수단 선택이라는 설명 방식을 택하지 않고, 원인과 결과라는 관계에 의해 행위를 설명한 것이다. 이러한 행위 이론은 근대 초기 이후 일반화된 것으로, 자연에 있어 원인적인 원인(Kausalursache)은 인정되지만 목적적 원인(Zweckursache)은 인정되지 않는다는 데 근거한다.[56]

그러나 이러한 행위론은 오늘날 행위철학에서 말하는 '인과적 행위 이론'과는 접근 방법을 달리하고 있다. 인과적 행위 이론의 대표라 할 Davidson은 행위의 본성을 탐구하였으며, '이유'에 주목하여 존재론적 · 해석론적 접근을 하였다.[57] 그러나 인과적 행위론은 이러한 인간의 내면의 세계를 주목한 것이 아니고, 인간의 의사에 기한 '외부 세계에 대한 변경'에 주목한 것이다. 즉 인과적 행위론은 형이상학적으로 볼 때 실체이원론을 전제로 하고 있다. Descartes에 의하면 정신적인 것과 물리적인 것은 서로 다른 실체에 속하고 이질적인 것으로 보았다. 이에 따르면 두 영역간을 교차하는 인과적 상호 작용은 발생할 수 없는 것이어야 한다.[58] 그러나 인간의 정신 현상은 신경생리적으로

55_ Th Hobbes, *Leviathan*, 651, §6(이인건, 위의 논문, 180-181면에서 재인용).

56_ 이인건, 위의 논문, 180면.

57_ 박도형, "데이빈슨의 행위론", 서울대학교 석사학위논문 (1988), 1-3면.

58_ 박도형, 주 26)의 논문, 385면.

규명되고 있다.[59] 만일 정신 인과가 발생한다면, 두 영역은 더 이상 '두 영역'이 아닌 동일한 하나의 영역으로 보아야 한다. 오늘날 인간의 심적 작용이란, 일종의 정보 변환 및 조작ㆍ계산이고, 이러한 심적 작용 역시 그 본질과 작동 특성에 접근할 수 있고, 이러한 접근은 여러 학문이 공동하여 수렴적으로 접근할 수 있다고 보고 있으며, 이를 인지과학이라고 한다. 이러한 이해를 토대로 인간의 사고와 의식, 판단 작용은 규명될 수 있고, 또 규명이 가능하다.[60] 인과적 행위론은 인식론적 출발점에 있어 부작위범의 경우 어떠한 인과적 변경이 없었다는 논리에 서고 있으나 오늘날 인간의 인지 작용은 다학제적 방법에 의하여 점차 밝혀지고 있으므로 이러한 논리는 더 이상 성립하기 어렵다.

인과적 행위론은 이와 같은 인식론적 접근 방법에 문제가 있을 뿐 아니라 존재론적으로 볼 때에도 인간 정신의 본질인 지향성과 인간 의식의 존재를 올바르게 바라보지 못하고 있다. 비록 목적적 행위론이 '지향성'을 매우 좁게 해석하였고, 인간의 의식과 자각을 바라보지 못한 측면이 있지만 인간 정신에 있어 '목적'이라는 지향성을 주목한 것은 일보 진전한 것이라고 하겠다. 또한 인과적 행위론은 행위에 대한 해석론적인 접근 방법을 취하지 않고 있는데, 이는 잘못이라고 본다. Davidson이 지적한 바와 같이 '야기시켰다(caused)', 혹은 '때문에(because)'가 일상 언어에서 자주 쓰이고 있고, 이는 동기나 이유를 나타내며, 이유와 행위 간에도 원인과 결과 사이에 보여지는 규칙성이 있다는 점이다.[61] 재판에서도 행위자가 범죄를 '왜 했는지', '무엇 때문에', '무슨 이유에서' 하였는지를 주된 심리의 대상으로 삼고 있다. 결국 행위자의 '이유'를 통한 합당한 '설명'이 재판에서도 매우 비중있게 다루어진다는 것은 인간 의식의 구조에 대한 존재론적 접근 차원을 떠나서도 매우 중요하고, 따라서 행위론에 있어서 이러한 '이유'를 통한

59_ 박도형, 위의 논문, 395면.
60_ Robert J. Sterberg, 앞의 책, 36-37면.
61_ 박도형, 주 26)의 논문, 3면.

해석학적 접근이 매우 중요한데 인과적 행위론은 이를 간과한 것이다.

2) 목적적 행위론

다음으로 목적적 행위론을 살펴보면, 목적적 행위론은 후기 현상학 이론, 신칸트학파의 이론, Linke의 심리학적 지각 이론을 바탕에 두고 심리적 활동을 지향성으로 파악한다.[62] Hans Welzel에 따르면 인간의 행위는 목적 활동의 실행이다. 행위란 단지 인과적 사건이 아니라 목적적이다. 행위란, 인간이 자신의 행위로 인한 예견된 결과에 대한 자신의 인과 지식에 따라 여러 목표를 세우고 이러한 목적 달성을 위한 계획에 따라 수행하는 것이다. 인과에 대한 사전 지식에 따라 자신의 목표에 따라 인과 과정이 이루어지도록 개개의 행위를 조종할 수 있으므로 이를 '목적적'이라고 할 수 있다고 본다.[63]

여기서 '목적'이라는 말의 의미에 주목할 필요가 있다. '목적론적 (teleologisch)'이란 표현이 본질적으로 목적과 수단의 관계를 말하는 것이긴 하지만, 그것은 의미 문제, 가치 결정, 그리고 합리성 평가 등과 연관하여 일반적으로 볼 수 있다. 특히 행위 일반의 단순한 합목적성도 역시 '목적론적'이라고 불리워질 수 있다는 것이다.[64] 또한 행위와 목표와 수단과의 관계에 있어서도 수단이 행위라는 견해와 행위가 수단과 목적의 매개 장소라는 견해 등으로 나누어진다.[65] 즉 '목적'이란 말은 의미, 행위와 수단과의 관계에 있어서 매우 다의적으로 해석될 수 있다는 것인데, Welzel은 여기에 대하여는 아무런 대답을 해주지 않고 있으므로 규범학인 형법학에서 이러한 다의적인 개념을 그대

62_ 이정모 · 손지영, 주 34)의 논문, 329-333면.

63_ 정영일, "목적적 행위론의 형법철학적 의미", 「형사법연구」 제22권 제2호 통권 제43호 (2010 · 여름), 143-144면; Hans Welzel, *Das neue Bild des Strafrechtssystems—Eine Einführung in die finale Handlungslehre*, 3. Aufl., Ottoschwartz & Co., 1957, S. 3.

64_ Ch Taylor, *Explanation of Behavior*, London, 1964, p.1/(이인건, 앞의 논문, 177면에서 재인용).

65_ 이인건, 위의 논문, 178-179면.

로 수용하기에는 어려움이 있게 된다. 목적적 행위론이 인간의 심리적 활동을 지향성이라고 파악하지만, 앞서 인간의 정신에 있어서는 지향성 외에도 의식, 자각이 있고, 또 '지향성'이 목적에만 한정된다고 보는 것도 잘못임을 살펴보았다. 목적적 행위론이, 인간의 행위 등에 나타난 특징이란 어떤 사태를 산출하려는 의도로 심중의 목표를 갖고 수행되고, 어떤 목적을 지향한다는 것을 발견한 것은 인간의 행위를 대상으로 하는 형법학에서 진일보한 것이라고 평가된다. 그러나 이러한 '목적론적'이라는 것은 실제 법정에서의 언어 생활에도 반한다. 즉 위에서 보듯 재판에서 행위자에 대하여 관심을 갖는 것은 '왜', '무엇 때문에'라는 '이유'이고, 범행의 '목적'에 관심을 두고 있지 않다는 사실이다. 결국 목적적 행위론은 인간의 행위에 있어 존재론적 접근을 하였지만 매우 단편적인 접근에 그쳤고, 나아가 인간 행위에 대한 해석학적 접근에 이르지 못한 한계점이 있다고 평가되는 것이다.

3) 사회적 행위론

사회적 행위론은 한편으로는 Welzel의 목적적 행위론에서 영향을 받았으며, 다른 한편으로는 인적 불법론(personal Unrechtlehre)에서 영향을 받았다. 즉 고의가 주관적 구성요건 요소인 동시에 책임의 요소로 작용한다는 것이고, 사회적 행위론 역시 이와 같은 입장을 따르고 있다.[66]

이러한 행위론은 다양한 사회 행위의 개념이 제시되고 있어 범죄의 구성 요소로서의 행위나 행태(Verhalten)에 있어 충분히 한계 기능을 해 주지 못하고 있다. 또한 '사회적 중요성(sozialerheblich)'의 의미가 불명확하여 실제에 있어 유용성도 제공해 주지 못하고 있음이 지적되고 있다.[67] 그러나 무엇보다도 문제인 것은 행위의 '사회적 의미'라는 것은 행위자가 아닌 다른 사람의 가치 규범에 의하여 평가하여야

66_ Thomas Rönnau, "Grundwissen-Strafrecht: Sozialadäquanz" *JuS*(2011), S. 312.

67_ Kindhäuser et al., a.a.O., Rn 58-59.

하므로 이는 행위에 있어 '이유'를 살펴야 하는 행위론의 본질에 반한다는 점이다. 실제 재판에서도 행위자에게 행위의 '사회적 의미'를 심리의 주된 대상으로 삼고 있지 않으므로 이는 형사 재판의 실제와도 동떨어진 이론인 것이다. 행위자의 행위가 '형법상의 행위'인지 여부와 행위의 주관적 요소가 책임 요소로서 평가될 때 행위의 외부적 행동만으로 이를 판단하거나 평가할 수 없다. 결국 행위자의 진술이나 행위자 주변의 참고인들의 진술, 주변 상황 등을 통하여 추단하게 되는데, 여기서 중심이 되는 것은 행위의 '이유'이지, 행위의 '사회적 의미'가 아닌 것이다. 또한 사회적 행위론은 행위론을 전개함에 있어 극히 규범적인 '행위의 사회적 의미'를 핵심 요소로 삼음으로써, 행위를 전제로 하여 법 규범인 형법이 행위에 대한 규범적 평가를 하기에 앞서 포괄적이고 광범위한 '평가'인 행위에 대한 '사회적 의미'에 대한 평가를 먼저 내리게 된다는 문제점이 나타나고 있다. 나아가 사회적 행위론은 정작 행위에 있어 다루어야 이유 등의 '인과성'과 그 의미를 파악하려 하지 않고 행위론에서 다루어서도 안 되고 또 다룰 필요도 없으며, 법 규범인 형법에서 내려야 할 평가를 사전에 내리는 불필요한 요소를 중심을 두고 있는 것이다. 즉, 인식론적 · 존재론적 접근 방법이 아닌 규범적 · 해석론적 접근 방법을 취하였으나 그 해석론적 접근 대상으로 행위의 요소와 의미가 아닌 '사회적 의미'라는 잘못된 대상을 취하고 있는 것이다.

4) 인격적 행위론

인격적 행위론은 법철학상의 존재론적 고찰 방법에 영향을 받아 인간 행위의 존재론적 고찰을 파악하여 그것을 형법 체계의 초석으로 삼고자 하였다.[68] 이러한 인격적 행위론에서의 행위 개념은 윤리학적 행위 개념이라고 할 수 있다.[69]

68_ 김종원, "형법에 있어서의 행위 개념에 관한 시론", 현대의 형사법학, 익헌 박정근박사 화갑기념논문집 (1990), 39면.

69_ A. Kaufmann, a.a.O., S. 127.

이러한 인격적 행위론은 양벌 규정을 통하여 법인의 형사 책임을 인정하고 있는 우리의 형사법 체계에 맞지 않는 이론이다.[70] 행위에 있어 고의는 범죄의 구성요건 요소인 동시에 책임의 요소가 된다. 이러한 인격적 행위론의 논리는 책임론에서도 인격적 책임론으로 이어지게 되는데, 이에 의하면 구체적 행위자가 문제된 범죄를 범할 때 그때마다 행위자가 살아온 삶 전체를 비난의 대상으로 삼게 된다.[71] 그렇게 되면 피고인은 재판에서 전 생애에 걸친 '인격'에 대해 방어를 하고 해명을 해야 하는데, 이는 행위 책임의 원칙에 반한다. 또한 인격적 행위론은 소송법상 성격증거법칙(character evidence rule)에도 반한다. 성격이란 "사람의 정신 생활의 모든 면에 나타나는 각 개인에게 특유한 감정, 의지, 행동 따위의 경향"이라고 이해되고 있다.[72] 따라서 성격이란 '인격'과 일맥상통하는 개념이라고 할 수 있는데, 이러한 성격증거의 현출은 형사소송에서 불공정한 예단, 혼란, 시간의 낭비 등을 초래할 수 있으므로 영미법에서는 이를 엄격히 제한하고 있다.[73] 따라서 피고인의 전 생애에 걸친 인격에 대한 규명을 한다면 이는 성격증거법칙에도 위배된다. 인격적 행위론은 행위에 있어 '인격적 요소'를 행위의 핵심적인 요소로 바라봄으로써 행위에 대한 존재론적이고 해석론적 접근 방법을 취하였지만, 정작 행위에 있어 핵심이 되는 행위자의 '내심의 의사'를 규명하려 하지 않았고, 행위자의 '인격'을 그 대상으로 잘못 삼은 것이다. 이는 위에서 본 행위철학 어느 진영에 의하더라도 행위자의 '인격'을 행위에 있어서의 연구 대상으로 삼고 있지 않은 것에서도 드러나고 있다. 결론적으로 볼 때 인격적 행위론은 행위론에

70_ 同旨, 신동운, 앞의 책, 96-97면.

71_ 신동운, 위의 책, 356-357면.

72_ 박아청, 성격심리학의 이해, 교육과학사, 2008, 35면.

73_ Paul Robers, Adrian Zuckerman, *Criminal Evidence*, Oxford, 2004, pp. 503ff; Adrian Keane, Paul Mckeown, *The Modern Law of Evidence*, 9th ed., Oxford, 2012, pp. 454ff; Mueller, Kirkpatrick, *Evidence*, 4th ed., Wolter Kluwer, 2009, pp. 182ff.

있어 본질적인 대상을 잘못 파악하였을 뿐만 아니라 형법상 책임 원칙에도 반하고, 또 우리 형법 체계에도 맞지 않을 뿐만 아니라 소송법리에도 전혀 맞지 않은 이론인 것이다. 결국 인격적 행위론은 행위론의 전개사에 있어 그 어떤 의미가 있는 진전을 이루지 못한 것으로 평가된다.

2. 각 행위론의 평가

행위론의 전개사 견지에서 살펴볼 때 인과적 행위론은 Hobbes류(類)의 전통적 인과론에 따른 것이고, 목적적 행위론은 인간 행위의 합리성 내지 행위에 있어 행위자의 자유의사를 전제로 한 인간 정신의 '지향성'을 주목한 것이다. 그 이후에 전개된 사회적 행위론이나 인격적 행위론은 형법 독자적인 규범적 행위론을 제시한 것이지만, 그것이 형법 이론상으로 의미 있는 진전을 이루었다고 평가될 수 없음도 살펴보았다.[74] 결국 지금까지 행위론에서 논의된 것 중 오늘날 그 의의가 남아 있다고 볼 수 있는 것은 행위에 있어서 '인과성'과 '합리성'이라고 할 것인데,[75] 인과적 행위론과 목적적 행위론과의 논쟁도 거시적으로

74_ 영미법상의 행위론에서 보듯 행위론에 있어 핵심은 행위의 '요소'나 '의미'의 파악, 즉 존재론적 · 해석론적 접근에 있다. 그런데 개념 법학에 터잡은 독일 형법학계에서는 이러한 '행위'의 요소나 의미의 파악보다는 행위를 정의하는 데 중점을 두었고, 결국 '행위란 이러한 요소로 된 행위다'라는 동어반복(tautologism: Tautologie)을 피하기 위하여 '사회적 중요성', '인격의 발현' 등의 술어 개념을 생성해 낸 것이다. 나아가 이러한 행위에 대한 존재론적 접근 방법에 있어 행위 철학이나 오늘날 신경과학, 인지과학 등의 성과를 수용하지 않았고, 인간의 내면의 세계에 대하여 해석하려고 한 것이 아니라 이를 뛰어넘어 행위를 규범적으로 '해석'하려고 하거나, 인간의 내면의 세계가 아닌 다른 대상인 '인격'을 규명하려고 한 잘못을 범한 것이다.

75_ 인과적 행위론은 크게 보면 인과적 행위 이론이 주장하는 '인과성'을 전제로 하고 있고, 목적적 행위론은 인간의 '자유의지' 즉 '합리성' 중 목적 지향성을 중심 요소로 삼고 있는 것이다.

보면 일응 논리상 양립될 수 없는 것으로 보이는 행위의 '인과성'과 '합리성' 간 행위철학상의 논쟁의 재현 내지 재판(再版)에 지나지 않는 것이다.

그러나 이러한 행위에 있어 '인과성'과 '합리성'은 서로 상극 관계에 있는 것으로 이해할 것이 아니라 '양극성(polarity: Polarität)'의 개념으로 파악해야 할 것이다. 따라서 행위에 있어 이유 등의 주관적 요소는 행위·결과에 대한 원인이 될 수 있는 것으로 보아야 할 것이다. 인간은 비록 제한적이긴 하지만 행위에 있어 자유의사가 있다고 본다. 나아가 인간은 형법이라는 규범을 바라보고 이를 내면화하여 그의 정신 세계를 발달시킬 수 있는 존재로 이해하여야 할 것이다. 이에 본장에서는 행위철학이 이룬 학문 성과와 최근의 인지과학 등의 성과 등을 종합하여 행위론에 대한 인식론적·존재론적·해석론적인 토대를 세우고 이에 터잡아 통합적 행위론을 제안하고자 한다.

V. 통합적 행위론의 제안─의도적 행위론

종래 행위론이 존재론적(ontologistic: ontologisch), 해석론적(inter-pretative: hermeneutisch)(혹은 규범적) 접근 방법에 따라 논의를 전개하였고, 행위철학 역시 존재론적·해석론적 접근 방법에 따라 논의를 전개하였다. 그러나 오늘날 인지과학 등의 성과에 따라 인간의 정신 활동이 점차 규명되고 있으므로 인식론적(epistemological: epistemologisch) 접근도 중요시되고 있다. 이하에서는 행위론에 있어서의 인식론적·존재론적·해석론적 토대를 살펴본 후 이를 통합하여 필자의 논지를 전개하고자 한다.[76]

76_ 현재 독일 형법학계에서는 여전히 행위는 사실상의 행위나 부작위와 구분되며, 행위 개념은 존재론적(ontologischer)인 것이 아니라 법적인 개념으로 본

1. 행위론의 인식론적·존재론적·해석론적 토대

(1) 행위론의 인식론적 토대

인과적 행위론은 부작위범에 있어서 어떠한 외부 세계에 대한 어떠한 작용이 없음을 전제로 하고 있다. 이는 실체이원론의 논지에 따른 것이라 함은 앞서 살펴보았고, 행위자의 '이유' 등 내심의 의사 역시 '결과'에 대한 '원인'이 될 수 있음도 살펴보았다. 그런데 이러한 부작위범 등의 경우에 있어 내심의 의사 결정은 어떻게 인식할 수 있을 것인가가 문제된다. 오늘날 인간의 뇌의 신경계의 구조와 인지 작용은 뇌파(eletroencephalograms) 측정, 뇌의 단층 촬영(CT), 자기공명 촬영(magnetic resonnance imaging: MRI) 기법, 양전자 방출 단층 촬영(positron emission tomography: PET), 기능적 자기공명법(functional magnetic resonance imaging: fMRI)으로 측정하고 있다. 이러한 기법 외에도 다학제적 접근 방법(심리학, 신경과학 등)을 통해 인간의 사고, 특히 의사 결정 과정이 점차 밝혀지고 있다. 최근 신체의 일부를 움직이는 상상을 통하여 뇌 신호를 자발적으로 생성하고, 이를 통하여 디부 장치를 제어하는 동작 상상을 기반으로 하는 뇌-기계 인터페이스 기술이 상당히 진전되고 있다. 이에 의하면 동작 상상시, 뇌에서는 신경생리적으로 두 가지 특징적 현상이 발생한다. 첫째, 특정 주파수 대역에서의 뇌 신호 크기가 일시적으로 감소 또는 증가하고 둘째, 동작 상상의 종류에 따라서 뇌에서의 활성 부위가 달라진다는 것이다.[77]

다. 이에 따라 부작위라고 하더라도 법적인 의미에서는 행위로 보고 있다: Heintschel Heinegg, *Beck'scher Online-Kommentar StGB,* 2013, Rn 2. 그러나 이러한 법적인 '행위'를 파악하기 위해서는 그 전제 내지 토대로써 행위에 대한 다각적인 접근 방법이 필요하다고 할 것이다.

77_ Heung-Il Suk, Seoung-Whan Lee, "A Novel Bayesian Framework for Discriminative Feature Extraction in Brain-computer Interfaces", *Transaction on Pattem Analysis and Machine Intelligence* (2012.9), pp.27-30.

그러나 이러한 인식 방법은 현재 과학기술로는 제한적인 것이고, 실제 재판에서 행위자의 내심의 의사 결정은 행위자의 자백 등의 진술, 주변 참고인들의 진술, 행위 상황 내지 객관적인 증거 등을 통한 추론 등의 방법에 의하여 인식하게 된다.

(2) 행위론의 존재론적 토대

존재론적인 사실로서의 행위에는 주관적인 인간의 의식 활동과 객관적인 결과 야기가 있다. 여기서 중심이 되는 것은 주관적 인간의 의식 활동이다. 작위, 부작위, 부주의한 행위(과실)에 모두 인간의 의식 활동이 있다. 부작위의 경우에도 사회적으로도 기대되는 행위를 하지 않겠다는 의식 활동이 있고, 과실의 경우에도 사회적으로 기대되는 주의의무를 소홀히 한 의식 활동이 있는 것이다. 존재론적으로 볼 때 이와 같이 작위, 부작위, 과실 모두에 있어 인간의 의식 활동이 존재하고 있다. 다만 인식론적 관점에서 볼 때 부작위의 경우 외부 세계에 변화를 야기한 것이 없으므로 이를 파악하기 어렵다는 주장이 있을 수 있으나 위에서 보듯 인간의 의식 활동은 점차 규명이 되어 왔고, 또 규명이 가능하다.

인간의 행위는 존재론적으로 볼 때 인과적 측면이 있고, 규범적으로 볼 때 평가 대상이 되는 행위가 있다. 종래 부작위에 있어서 존재론적으로 볼 때 인과적 변화가 없다고 본 것은 잘못이다. 따라서 행위론과 인과 관계론은 분리하여 파악될 것이 아니라 통일적으로 바라보아야 한다. 또한 인간 정신의 본질로 '지향성'을 주목해야 한다는 사실이다. 여기서 지향성이란 '목적'에 대해서만 가지는 것이 아니고, 사고나 신념 등에 대해서도 지향성을 가진다는 사실이다. 나아가 의식에도 정도가 있고, 무의식 상태라는 것도 결국 정도의 문제라는 사실을 이해해야 한다.

인과적 행위론은 위와 같은 행위의 요소 중 외계에 변화를 가져오는 작위범을 행위의 중심 요소로 본 것이고, 목적적 행위론은 인간의 의식 활동 중 목적을 행위의 중심 요소로 본 것이고, 사회적 행위론은 규범적 평가 대상으로서 인간의 행위를 중심 요소로 보았고, 인격적 행위론은 인간의 의사활동 중 '이유'를 재해석한 것이다. 그러나 인간의 행위 요소에는 이유를 포함한 주관적 인간의 의식 활동과 객관적인 결과 야기를 포함한 존재론적 사실로서의 행위와 규범적 평가 대상으로서의 행위가 있으며, 어느 요소 하나를 분리하거나, 어느 요소를 중점적으로 고찰하거나 평가해서는 안 되며, 통합적으로 바라보아야 한다.

(3) 행위론의 해석론적 토대

목적적 행위론은 행위자의 '목적'에 주목하여 이를 해석하고자 하였고, 사회적 행위론은 행위의 '사회적 의미'를 파악해야 한다고 주장하였으며, 인격적 행위론은 행위자의 행위가 징표하는 '인격'을 해석해야 한다고 주장하였다.

그러나 형법상 행위론에서 주목해야 할 것은 행위자의 내심의 의사를 어떻게 해석하느냐의 문제이다. 앞서 살펴보았듯이 인간의 행위의 핵심 요소는 '인과성'과 '합리성'이다. 즉 인간의 행위란 인간 자신이 의도적으로 수행하는 것으로, 그의 목적에 따라 사물을 취급하거나 만들 수 있으며, 자신의 행동을 신중하게 통제함으로써 스스로 행위한다는 것을 말한다. 즉 의도적으로 자신의 의지에 따라 행위하며, 자신의 의도와 의지에 의해 자신의 행동을 통제하고 행위함을 말한다.

이유와 행위 간에도 원인과 결과 사이에 보여지는 규칙성, 즉 인과성이 있으며, 형법에서는 이러한 행위자의 '이유' 내지 '의도'를 탐구하고 해석하여 형법상의 규율 대상이 되는 행위와 그렇지 않은 비행위를 구분하여야 한다. 결국 행위와 비행위의 구분은 '행위자의 의지 내지 의도가 있었더라면 달리 행위하였을 것'이라는 것을 기준으로 삼아야 한다는 결론에 이르게 된다.

2. 의도적 행위론(voluntaristic action theory: freiwillige Absicht Handlungslehre)의 제안

이상에서 행위론에 있어서 인식론적 토대로서 부작위범에서도 행위자가 법에서 요구하는 작위의무를 하지 않겠다는 의사 결정이 있었다고 보아야 한다는 사실을 알게 되었다. 이러한 의사 결정 역시 제한적이긴 하나 그 내면의 의사 결정 과정이 밝혀지고 있다는 사실을 전제로 하여 논의를 전개해야 한다는 것도 살펴보았다. 인간의 행위는 존재론적으로 볼 때 인과적 측면이 있고, 제한적이긴 하나 합리성이 있다. 나아가 인간 정신의 특징에 있어 지향성이 있다는 사실을 주목해야 한다. 나아가 형법에서는 행위자의 '이유' 내지 '의도'를 탐구하고 이를 해석하여 형법상의 규율 대상이 되는 행위와 그렇지 않은 비행위를 구분하여야 한다.

일찍이 Talcott Parsons는 1937년 '사회행위의 구조(The Structure of Social Action)'에서 행위에 관한 실증주의와 관념주의를 통합하여 '자원적(自願的) 행위 이론(voluntaristic action theory)'을 주창하였다. Parsons에 의하면 모든 행위는 목적(ends)을 지향하고, 모든 행위는 선택적 요소와 조건 및 목적을 구체화하기 위한 수단(means), 규범과 선택 기준에 따라 결정되는 상황(situations) 아래 놓여 있고, 특정 목적, 모든 행위 과정에 따라 규율하는 요소에 따라 선택되는 수단과 목적을 결정한다고 본다. 즉 행위 요소로는 목적, 상황, 규범이 있다는 것이다.[78] Parsons의 이론이 행위 요소로 목적, 상황, 규범이 있다고 본 것은 정당하지만 행위자의 심적 요소로서 '목적'만을 바라본 것은 행위자의 내면의 세계를 너무 좁게 파악한 것이다. Davidson의 '인과적 행위

78_ Richard Münch, *Theory of Action—Towards, New Syntheis Going Beyond Parsons*, Routledge, 1987, pp.156-157.

이론'에 따르면 행위의 이유는 어떤 목적에 대한 긍정적인 태도, 바람, 욕구, 욕망으로 구성되고, 행위자가 자신의 행위에 대한 설명(합리화)을 하는 경우 이러한 이유는 행위의 원인이 되고, 그러한 설명은 일종의 인과적 설명이라고 보았다. 이러한 인과적 행위 이론의 장점은 이유가 '야기시켰다', '때문에' 등 일상 언어에서 자주 쓰이는 용어라는 점이고, 이러한 장점은 실제 재판에서 행위자의 범행 이유를 주요 심리 대상으로 삼고 있다는 사실에서도 드러나고 있다. 형법상의 행위에 있어서는 행위가 일어나는 원인·결과 간의 '필연성'이 중요한 것이 아니라 인간이 어떤 목적[79]을 계획하고 구상하는 단계에서 현실적인 행위로 나아가는 데에 대한 '정당화' 내지 '이유'가 중요하다는 사실을 올바르게 파악하여야 한다. 또한 Aizen이 적절하게 파악하였듯이 의도(intention)가 행위의 직접적인 결정 인자이고, 의도의 결정 요인에 행위에 대한 태도, 주관적 규칙, 지각된 행위 통제가 있다는 사실도 아울러 살펴볼 필요가 있다. 즉 '의도'가 행위 유무를 결정짓는 결정 인자이지만 이러한 행위자의 행위시 자발적 '의도'가 있었는지 여부는 오늘날의 인지과학 등의 성과의 도움을 받아야 한다는 사실이다. 즉 인간의 행위에 있어 '합리성'을 전제로 하고 있지만 인간의 의사결정이 현실 문제를 '합리적'으로 해결하는 것이 아닌 문제에 대한 지름길을 찾거나 추단한다는 '제한적 합리성'을 가지고 있다는 사실도 인식해야 한다. 이에 따라 행위자는 오류 내지 편향에 이를 수 있는데, 여기에서 인간의 '정서' 등의 세계를 고려하여야 하며, 이러한 고찰은 행위 유무에 대한 판단 이후인 책임 판단에 있어 중요한 역할을 하게 될 것이다.

　　요약하자면, 위와 같은 행위 이론의 성과를 수렴(convergence)하

79_ 여기에서 목적이란 의도(intent)를 의미하며, 이러한 의도에는 위와 같은 바람, 욕구, 욕망, 믿음, 목적 등을 동기로 하며, 그 동기에는 언어적으로 표현되는 생각된 의미와 행위의 기초가 된 동기도 포함된다.

여 인간의 행위에 있어 '인과성'과 '합리성'이 양극성의 개념으로 공존하고 있음을 전제로 하고, 오늘날 인지과학 등의 성과에 따라 인간의 합리성이 '제한적 합리성'이라는 사실을 이해하여 이러한 토대 위에서 행위론을 전개해야 한다는 것이다.[80] 그렇더라도 행위자가 일정한 한계 내에서의 합리성, 즉 제한적 합리성이 있더라도 그 범위 내에서 자발적으로, 자유롭게, 의도적으로 자신의 정신적·물리적 행위를 생성할 수 있으며, 이러한 행위에 대하여 책임을 질 수 있는 인과적 존재라는 사실을 전제로 한다.[81] 이에 따라 행위 유무는 행위자의 '자발적 의도(voluntaristic intention: freiwillige Absicht)'가 있었는지 여부를 기준으

---

[80]_ 경험주의에 입각한 인지과학 등의 접근 방법이 오늘날 설득력을 얻고 있지만 선험주의(transcendalism)에 의한 접근 방법 역시 오늘날 유전학 등의 성과에 힘입어 그 타당성이 인정되어 오고 있다. 나아가 이러한 인지과학 등의 성과가 상당하지만 형법상 행위 유무를 가늠할 정도의 수준에 도달하기에는 아직 갈 길이 멀다고 볼 수 있다. 따라서 이러한 인지과학의 성과에 따라 행위론을 인식·의사·정서의 상호연계적 '정서 논리 체계'로 구성하는 '인지 행위론'은 그 이론이 전제로 하는 인지과학이 형사 사법이 수용할 만한 신뢰도와 타당도에 이르지 않았기에 형법상의 행위론으로 받아들일 수 없다고 하겠다. 조숙환, "마음의 재구성-촘스키 & 스키너", 김영사, 2011, 90면 이하. 또한 인간 행동을 설명하는 여러 이론 중 경험주의(행동주의)에 입각한 B. F. Skinner가 범죄가 환경에 의해 결정되는 측면을 매우 강조하였으나 오늘날 이러한 극단적 논리는 설득력을 잃어가고 있다. Burrhus Fredric Skinner, *Beyond Freedom, and Dignity*, Hackett Pu., 1971/정명진 역, 자유와 존엄을 넘어서, 부글, 2008, 139면 이하; 최옥채 외, 인간행동과 사회환경(제4판), 양서원, 2011, 93면 이하. 이와 관련하여 이정모 교수는 "인지과학이 지금도 수 많은 학문들이 상호작용하며 종합되어 끓는 소용돌이의 용광로와 같은 학문"이라고 표현하였다: 이정모, "인지과학과 학문간 융합의 원리와 실제", 「한국사회과학」 통권 제32권 (2010. 4), 39면.

[81]_ Flavell과 Miller 역시 인지발달론을 전개함에 있어 사람의 제한적 합리성을 전제로 하면서도 사회인지의 발달 차원에서 사람의 행위에 있어 자발성과 의도성을 그 전제 사실로 받아들이고 있다: John H. Flavell et al., *Cognitive Development*, 4th ed., Prentice Hall, 2002/정명숙 역, 인지발달, 2007, 시그마플러스, 252면.

로 삼아야 할 것이다. 즉 형법상의 행위란 행위자가 자발적인 의도에 따른 의사 결정에 따라 실행 행위에 나아가는 것을 말하며, 이러한 실행에 나아가게 되는 '이유'는 행위에 대한 '원인'이 될 수 있다고 보게 된다. 여기서 자발적인 행위라고 하려면 행위자의 의식이나 의지, 지각이 있어야 하며 습관이나 부주의한 행위이더라도 행위자가 달리 행동할 수 있었을 경우에는 자발적 행위로 보아야 할 것이다. 이에 따라 무의식 상태나 수면중의 행위, 발작 상태에서 한 행위는 행위자의 자발적 의도에 따른 행위라 볼 수 없다고 하겠다. 나아가 법 규범인 형법은 인간의 결정과 판단이 비록 '제한적 합리성'을 갖더라도 인간 정신의 발달 단계를 고려하여 사회 구성원인 행위자가 형법에 순응하도록 요구해야 할 것이다.

3. 한계 사례의 검토

행위 유무에 대한 판례는 찾아보기 어렵다. 그러나 아래의 한계 사례들은 행위 유무의 문제로 판단했으면 결론이 달라질 수도 있는 사건들이어서 이상의 논의를 토대로 하여 검토하도록 하겠다.

(1) 대법원 1985.5.28. 선고 85도361 판결 【살인미수·폭력행위 등 처벌에 관한 법률 위반】

대법원은 "형법상 심신상실자라고 하려면 그 범행 당시에 심신장애로 인하여 사물의 시비선악을 변식할 능력이나 또 그 변식하는 바에 따라 행동할 능력이 없어 그 행위의 위법성을 의식하지 못하고 또는 이에 따라 행위를 할 수 없는 상태에 있어야 하며 범행을 기억하고 있지 않다는 사실만으로 바로 범행 당시 심신상실 상태에 있었다고 단정할 수는 없다"고 전제한 다음 "감정서의 기재에 의하면, 피고인의 성격은 내성적이며 온순한 편이고 일은 열심히 하는 성격이나 술을 먹으면 다른 사람들과 가끔 시비를 한다고 하고, 정신 상태나 의식은 명료하였으며 사람의 지남력은 보지하고 있고, 전반적인 외모, 태도에서 이상 소견은 나타나지 않고 있고, 정서적으로 부적절한 면은 없었고, 감정 표현의 변화가 좁고 주위에 대한 관심이 없었으며, 초조, 불안감은 나타나지 않으며 감정 기간동안 사고 내용 및 사고의 흐름의 장애는 없는 것으로 사료되고, 환청 및 환시 등의 시각의 장애는 없었으나 추상적인 사고 능력은 미약한 것으로 사료되고, 판단력의 장애도 감정 기간동안 없었으며 기억력은 감정 기간 동안 장애가 없었으나 특수한 사건에 대해 기억 회생의 장애가 나타나고 계산력의 장애가 나타나 지능은 보통 이하로 보이고 신체 상태는 의학적 및 신경학적 진찰상 특이한 소견은 보이지 아니하고 엠.엠.피.아이 검사 해리반응에서 비정상의 높은 수치를 보이고, 뇌파 검사 결과는 정상뇌파로 사료되고, 문장 완성 검사에 있어서는 질문에 대한 요지를 부적절히 대답하여 보통 이하의 지능을 나타내고 있어 이와 같은 점을 종합할 때 해리성 장애로 해리신경증은 노이로제의 한 유형인 히스테리성 신경증의 아형으로서 성격 기능이 아주 와해되어 해리된 성격의 일면은 의식적인 성격과는 전혀 동떨어져 나가서 따로 기능하는 것으로 이인증, 기억상실증, 혼미 둔주 몽유병 등의 증상으로 나타나는바, 피고인은 1983.6.부터 줄곧 혼자 있음으로 하여 공포를 일으키는 불안을 억압 도중 공포로부터의 불안을 도피시키는 미숙한 성격으로 사건이 발생되었고 심인성 기억 상실증의 증상을 갖고 있는 해리신경증 환자로 생각된다는 것이어서 우선 이 감정 결과가 어떠한 경로에 의하여 그와 같은 결론에 이르게 된 것인지 그 합리적 근거가 박약할 뿐만 아니라 그와 같은 해리신경증으로 인하여 피고인이 이 사건 범행 당시 심신상실 상태에 있었는지 또는 심신미약 상태에 있었는지 또는 정상 상태였는지 감정서 기재는 이를 밝힐 자료가 될 수 없음이 그 기재 자체에 의하더라도 명백하다"고 하면서 "원심이 드는 자료로서는 어느 것이나 피고인이 이 사건 범행 당시 심신상실 상태에 있었다고 인정하기 어렵다고 할 수밖에 없으며 위 감정서 기재의 감정 결과나 원심이 피고인의 심신장애로 인정한 중요 자료라고 보이는 피고인이 그 범행의 일부 또는 전부를 기억하지 못한다는 사실만으로는 바로 피고인이 범행 당시 심신상실 상태에 있었다고는 단정할 수 없는 것이다"라고 판시하였다.

그러나 피고인에게 범행 당시 해리신경증세가 있어 수면 중 몽유병 증세에 따라 범행을 하였다면 이는 피고인의 자발적 의도가 있었다고 볼 수 없어 행위가 없다고 보아야 하겠다. 따라서 이를 책임능력 유무의 문제로 다루어져서는 안 될 것이다. 나아가 행위 유무에 대한 입증 책임은 공소를 제기하는 검사에게 있다고 할 것이다. 목적적 행위론은 이러한 경우 '무의식적인 조종' 유무로 판단하게 되므로 행위를 부인하게 된다.[82] 인격적 행위론자 중 A. Kaufmann은 반사 행위나 자동화된 현상들을 심층과 자아 중추 사이의 인격층의 기능으로 이해하게 되고, 인격적 행위론자 중 Roxin은 '인격의 표현'을 반사 행위에도 인정하고 자동화 현상 역시 '학습된 행위 사태'로 인격에 결합시킨다.[83] 따라서 인격적 행위론에 의할 때 수면 중의 범행 역시 '행위'로 인정하게 된다. 사회적 행위론자 중 목적적 행위론자인 Stratenwerth는 '잠재적 목적성'을 언급하며 "무의식적 조정은 항상 의식적으로 통제될 수 있다"고 주장한다.[84] 이에 의하면 몽유병자의 수면 중의 범행 역시 행위로 인정하게 된다. 목적적 행위론이 이런 경우 '무의식적인 조종' 유무로 판단하게 되지만 '무의식적'인 것이 '목적적'인 조종이라고 보게 되면 목적적 행위론의 본래의 논지에 맞지 않는 궁색한 설명이 됨을 볼 수 있다. 인격적 행위론에 의하면 반사 행위를 '인격의 발현'으로 보게 되는데 그렇게 되면 재판에서 피고인은 전 생애에 걸친 인격에 대한 방어를 해야 한다는 부당한 결론에 이르게 된다. 사회적 행위론에서 말하는 '잠재적 목적성' 역시 목적적 행위론에서 주장하는

82_ 박중규, 앞의 논문, 400면 이하.
83_ 박중규, 위의 논문, 402-403면.
84_ 박중규, 앞의 논문, 403-407면.

'무의식적인 목적'과 다를 게 없으며, 이러한 한계 사례에 있어 행위의 '사회적 의미'가 아닌 '목적성' 유무로 행위 유무를 판단한다는 점에서 사회적 행위론이 갖고 있는 본질적인 문제점을 여실히 드러내고 있다. 몽유병 환사의 수면 중의 범행을 '행위'로 인정하여서는 안 될 것이나. 이러한 행위론의 주장에 대한 상세한 반박은 앞서 언급한 바와 같고, 형사 재판에 있어 몽유병 환자가 수면 중에 이루어진 범행을 행위 유무의 문제가 아닌 책임능력 문제로 바라보게 되면 피고인이 심신상실을 입증하여야 하는데, 이는 사실상 입증 불가능한 문제로 귀착될 수 있는 위험이 있게 된다. 이러한 사실은 위 사건에서도 대법원은 심신상실 주장에 대한 피고인의 입증이 부족하다고 결론 내렸던 것에서도 확인되고 있다.

(2) 대법원 2008.6.12. 선고 2007도5389 판결【교통사고처리특례법 위반】

대법원은 "사고 장소인 일방통행로는 음식점과 주택 밀집 지역에 있는 차선이 설치되어 있지 않은 노폭 약 5m 정도의 직선 도로로서, 거주자 우선 주차 구역이 설정되어 있고, 당시 도로 양쪽으로 차량 1대가 지나기 쉽지 않을 정도의 공간밖에 없었을 뿐만 아니라, 음식점 종사자나 손님 등의 통행도 상당수 있었으며, 위 일방통행로의 길이는 약 160m 정도 되는데, 가해 차량은 당시 불과 수 초 만에 이를 빠져나갈 정도로 빠른 속력이었고, 위 일방통행로의 마지막 부분에 이르러서는 좌측에 주차되어 있는 쏘나타 승용차를 약 10m 정도나 밀고 나간 후 위 일방통행로와 직각으로 만나는 대로에 이르러 그곳에 정차 중인 다른 차량들을 들이받고서야 비로소 정지할 정도로 질주하는 힘이 엄청났으며, 다수의 목격자들은 가해 차량이 당시 굉음을 내면서 매우 빠른 속도로 위 일방통행로를 질주하였다고 거의 일치하여 진술하고 있고, 그 중에는 차량 밑부분에서 불꽃이 튀는 것을 보았다는 목격자들도 있으며, 위 일방통행로에 있는 음식점의 폐쇄 회로 TV에 찍힌 가해 차량의 당시 상황을 살펴보면, 가해 차량이 위 음식점 부근에 설치되어 있는 과속 방지턱을 막 넘어가는 순간 차량 후미에 있는 브레이크등과 후진등이 켜지는 모습을 보여주고 있어, 피고인이 당시 브레이크 페달을 밟거나 변속기를 후진(R) 위치로 바꾸는 등 차량의 제동을 위해 필요한 조치도 취하였고, 가해 차량은 시속 10㎞ 이상의 속도에서는 전진 중에도 변속기를 주차(P)나 후진(R) 위치로 변경시킬 수 있고, 이렇게 하더라도 차량이 고속으로 전진하고 있을 때에는 그 관성에 의해 상당한 거리를 그대로 진행할 수 있으며, 이 경우 변속기에 무리가 가서 손상될 수 있는데, 가해 차량은 사고 후 트랜스퍼 케이스의 하우징이 깨지는 등의 손상이 있어 이를 수리하였고, 피고인은 당시 대리운전을 의뢰받고 위 일방통행로가 끝나는 지점에 있는 음식점 앞에서 의뢰인이 나오기를 기다리고 있던 중, 일방통행로 쪽을 향해 주차되어 있던 가해 차량이 보행자들의 통행에 방해가 되자 이를 약간 옆으로 옮기기 위해 가해 차량의 시동을 걸었던 것일 뿐, 위와 같이 위 일방통행로를 고속으로 역주행해야 할 아무런 이유가 없었으며, 피고인은 운전경력이 풍부한 사람이며, 이 사건 사고 직후 받은 음주 및 약물 검사에서도 모두 정상으로 판명되었고, 한편 사고 후 가해 차량을 매수한 공소외인도 2006년 8월경 가해 차량을 주차한 상태에서 뒤로 빼려고 할 때 급발진 상황처럼 '왕'하는 소리가 나면서 앞으로 튀어 나가는 사고를 경험한 적이 있다는 사실을 인정한다."고 한 다음, "이와 같은 여러 사정들에 비추어 볼 때, 가해 차량은 피고인이 운전을 하기 전에 이미 원래의 운전자로서 피고인에게 대리운전을 의뢰한 사람에 의해 진입 금지 표시에 위반하여 일방통행로에 진입하여 주차된 상태였고, 더욱이 피고인이 가해 차량을 운전하여 위 일방통행로를 벗어나려고 역주행하였다고 볼 수 없으며, 오히려 가해 차량 자체에서 발생한 피고인이 통제할 수 없는 어떤 불가항력적인 상황에 의해 위와 같이 상상하기 어려운 속력의 역주행이 일어났을 가능성이 있는 것으로 합리적인 의심을 할 여지가 있다고 볼 수 있는 여러 정황들이 확인되고 있는바, 사정이 이러하다면 피고인에게 이 사건 사고 당시 조향 및 제동장치를 정확하게 조작하여 이 사건과 같은 사고를 방지할 것까지 기대할 수는 없었을 뿐만 아니라, 설사 피고인이 그렇게 했다고 하더라도 이 사건과 같은 사고를 미리 방지하기는 어려웠을 것으로 보이고, 더 나아가 이러한 합리적인 의심을 배제하고 피고인의 업무상 과실의 점 등을 인정할 만한 다른 증거가 없다는 취지로 판단하여, 결국 피고인의 이 사건 업무상 과실의 점 및 사고와의 인과 관계의 점에 대한 증명이 부족하다는 이유로 피고인에게 무죄를 선고한 제1심 판결이 정당하다."라고 판시하였다.

목적적 행위론에 의하면 이 경우 피고인의 '무의식적인 조종'도 없었으므로 행위가 부인될 것이다. 인격적 행위론에 의하면 이러한 경우에도 '인격의 표현'이 있다고 보아 행위를 인정하게 될 것이고, 목적적 사회적 행위론에 의하면 역시 행위를 인정하게 될 것이다. 이럴 경우 목적적 행위론이 주장하는 '무의식적 조종' 유무로 행위 유무를 판단하게 된다면 앞에서의 사례에서와 마찬가지로 이는 목적적 행위론의 본래의 '목적적 조종'이라는 논지에서 벗어나고 있음을 보게 된다. 인격적 행위론이 이러한 경우에도 '인격의 발현'이 있다고 보거나, 목적적 사회적 행위론의 논지에 따른 '잠재적 목적성' 여부에 의하여 행위 유무를 판단하게 된다면 피고인으로 하여금 전 생애에 걸쳐 인격에 대한 방어를 해야 한다는 부당한 결론에 이르게 된다. 그러나 대법원이 사실 인정을 한 바와 같이 위 사고가 피고인이 통제할 수 없는 원인 즉, 차량 제조의 하자에 따른 급발진에 기인한 것이었다면 피고인의 의사에 기한 행위가 없었던 것이라고 하겠다. 왜냐하면 형법의 규율의 대상이 되는 것은 '행위자'의 의사에 기한 행위이므로, 행위자의 '자발적 의도'가 없는 경우에는 행위가 없었다고 보아야 할 것이기 때문이다. 대법원은 이를 과실 유무 내지 인과 관계 유무의 문제로 보고 있는데, '가해 차량 자체에서 발생한 피고인이 통제할 수 없는 불가항력적인 상황에 의하여 역주행(급발진)'이 일어났다면 이는 행위자의 '자발적 의도'에 기한 행위가 있었던 것이 아니므로 행위 자체가 부인되어야 할 것이다. 이러한 급발진에 의한 사고를 행위 유무의 문제로 검토해야 하는 실천적인 의의는 다음과 같다. 즉 이러한 급발진 사고를 대법원이 행위 유무의 문제로 검토하였더라면 유사 사건에 있어서 수사기관은 수사시 급발진에 의한 사고임이 판명되면 내사종결 내지 무혐의 등 수사종결 처분을 할 것이지만, 이를 대법원 판결과 같이 과실 유무의 문제나 인과 관계 유무로 다룬다면 급발진 사건이더라도 수사기관은 이를 과실 유무 내지 인과 관계 유무의 문제로 검토하게 되고, 운전자의 과실 유무나 사고와의 인과 관계 유무의 문제에 있어 수사기관으로서는 과실이 부존재한다거나, 인과 관계가 부존재한다고 쉽사리 단정할 수 없게 되어 결국 공소를 제기하여 최종적으로 법원의 판단에까지 이르게 될 위험에 놓일 수 있다는 점이다.

VI. 결   어

'행위란 무엇인가'라는 물음은 '도대체 우리의 행위와 자연 속에서 일어나는 변화들은 어떤 점에서 구별되는가?'의 물음으로 이어진다.[85] 인간의 행위와 자연에서의 사건 사이의 구분은 행위자의 '의도'를 기준으로 삼아야 할 것이다. 실제 의도는 범죄 행위의 실행 단계에 있어 작용하는 '규범력'에서 중요한 역할을 한다. 일찍이 Oliver Homes는 "개도 차이는 것과 헛발질 하는 것을 구별할 줄 안다(even a dog knows the difference between being stumbled and being kicked)"라고 말한 바 있다.[86]

85_ S. A. Shaffer, *Philosophy of Mind*, 1964/조승옥 역, 심리철학, 종로서적, 1984, 109면[이인건, "행위이론에 관한 사회학적 접근", 「대동철학」 제6집 (1999.12), 75면에서 재인용].
86_ Oliver Wendell Homes, *The Common Law*, Little, Brown, 1881, p.7

종래 인과적 행위론이 행위가 행위 이전에 전제되는 목적을 실행하는 인간의 운동이라고 본 것은 결과적으로 인간의 인식을 행위와 분리시킨 것이다. 이는 Descartes의 실체이원론의 입장에 선 것으로, 정신과 육체를 분리하여 파악한 것이다. 이 점에 착안하여 목적적 행위론이 등장하였지만 목적적 행위론에는 행위자의 지향성을 '목적'으로 매우 국한시킨 오류가 있다. John Dewey가 적절하게 지적하였듯이 행위자의 목적은 행위 이전에 내면의 작용에 의하여 결정된 것이 아니고, 대상 세계와의 상호작용의 구체적인 조건을 인식하는 과정에서 구체화되거나 변형될 수 있는 것이다. 즉 행위 목적은 미래에 완성될 '결과적 상태'가 아니라 행위 자체의 '가능한 종결 상태에 대한 사전적 예견'이다. 즉 행위자는 다양한 행위 가능성 사이에서 선택할 수 있으며 동시에 행위 목적도 이러한 판단 과정의 영향을 받게 된다는 사실이다.[87] 또한 행위에 있어 '합리성'과 '인과성'을 전제로 해야 하지만 '합리성'에 있어서 인간 행위의 '제한적 합리성'을 인식해야 한다는 사실이다. 그러나 형법은 법 규범으로서 이러한 경우에도 행위자가 형법에 순응하도록 요구해야 한다.[88] 또한 인간의 자발적인 의도에 의한 행위만이 형법상의 행위라고 평가될 수 있다고 보아야 한다. 왜냐하면 이러한 자발적인 의도가 없는 행위에 대해서 형벌의 목적인 일반예방의 효과를 기대할 수 없기 때문이다.[89]

[Michael S. Moore, 주46)의 책, 180면에서 재인용].

87_ John Dewey, *Democracy and Education*, Macmillan, 1916/이홍우 역, 존 듀이 민주주의와 교육, 교육과학사, 1987, 158면[이희영, "사회적 방법론으로서의 생애사 연구", 「한국사회학」 제39집 제3호 (2005), 126-129면에서 재인용].

88_ 이와 관련하여 Parsons는 개개인의 행위에 공유된 가치 규범에 의하여 가치, 신념, 정서, 규범을 포함한 규범적 지향이 형성되고, 이러한 규범적 지향에 따른 사람들의 사회적인 상호작용을 통하여 사회질서가 유지된다고 주장한 바 있다: T. Parsons, *Working Papers in The Theory of Action*, With Bales The Free Press, 1953, pp.99-100[이남희, "행위 목표로서의 가치와 착장행동―행위이론의 응용", *Journal of the Korea Fashion & Costume Design Association*, Vol. 5, No. 3 (2003), 81면에서 재인용].

이에 본장에서는 행위철학이 이룬 이론적 성과와 인지과학 등의 이론을 수용하고[90] 이를 통합하여 행위론의 전개에 있어서 인식론적 · 존재론적 · 해석론적 토대를 검토하고, 이러한 토대 위에서 통합적 행위론을 제안하였다. 나아가 한계 사례에 대한 대법원 판결을 검토하고, 한계 사례에 대하여 각 행위론에 따른 결론이 어떻게 달라지는지에 대한 검토도 함으로써 행위론에 있어서의 실천적인 문제도 다루었다. 종래의 행위론이 사회과학의 성과를 일부 수용하여 행위론을 전개하였지만 행위를 매우 편면적으로 바라보았고, 또 행위 개념의 기능도 매우 제한적으로 해석하였던 것이다. 요약하자면 인간의 행위에 있어 '인과성'과 '합리성'이 양극상의 개념으로 공존하고 있으며, 오늘날 인지과학, 심리학 등의 성과를 수용하여 인간의 합리성이 '제한적'이라는 인식을 토대로 하여 행위론을 전개하되 행위 유무를 판단함에 있어 행위자의 '자발적 의도'가 있었는지 여부를 기준으로 삼아야 할 것이다.

종래 인과적 행위론이 행위에 있어서 '인과성'을 주목한 것이라면 목적적 행위론은 행위에 있어서 '합리성'과 '지향성'을 주목한 것이었

89_ 형벌의 목적의 경우 본장의 논의를 벗어나므로 따로 언급하지 않겠으나 형벌의 목적 내지 기능에 대해 응보 이론, 일반예방설, 특별예방설, 이 둘을 결합한 절충설 등이 주장되어 왔다. 그러나 오늘날 이러한 응보 이론과 예방 이론이 서로 가깝게 수렴되고 있는 것이 현대 형벌 이론의 공통된 특징으로 지적되고 있다: 오세혁, "형벌의 철학적 기초-영미 형벌 정당화이론의 동향", 「중앙법학」 14집 제3호 (2012), 32면; 김일수, 앞의 책, 722면 이하; 박상기, 앞의 책, 529면; 신동운, 앞의 책, 782면. 이러한 전통적인 형벌 목적 이론과 공동체주의적 형벌관을 통합하여 형벌 이론을 전개하자는 견해로는, Nicola Lacey, *State Punishment: Political Principles and Community Values,* Routledge, 1988/ 장영민 역, 국가형벌론: 정치적 원리와 공동체 가치, 형사정책연구원, 2012, 2012, 29면 이하; David Boonin, *The Problem of Punishment,* Cambridge, 2008, pp.37ff.

90_ 이러한 인지과학의 성과를 철학적 · 심리학적 · 사회과학적 행위 관점에서 재해석해야 한다는 견해로는, 손지영, "형법상 행위 판단과 인지과학", 「법조」 Vol. 659 (2011.8), 83면.

다. 이 책에서는 이러한 '인과성'과 '합리성'을 양극성 개념으로 이해하고, 행위철학이 이룬 이론적 성과를 수용하고, 인지과학 등이 이룬 이론적 성과도 받아들여 이를 통합적으로 수렴하여 의도적 행위론을 제안하였다. 나아가 입법론적으로 볼 때 행위 유무에 대하여는 법률에서 이를 명기함으로써 행위 유무에 대한 불필요한 논쟁의 여지를 줄이는 것이 바람직하다고 본다. 이러한 법안은 두 가지 형태로 생각해 볼 수 있는데, 첫째는 행위에 대하여 적극적으로 정의를 내리는 것이고, 둘째는 소극적으로 행위가 아닌 형태를 열거하는 것이다. '행위' 개념이 다의적이고 일률적으로 정의 내리기가 매우 어렵다는 사실을 고려할 때 미국 모범형법에서 취한 두 번째 방식이 타당하다고 본다. 그러나 이러한 입법적 노력과는 별개로 행위에 대한 법철학적이고, 다학제적인 탐구는 계속되어야 할 것으로 본다. 행위론이 전제로 하는 심신 문제, 인과성과 합리성의 문제는 철학에서도 '어려운 문제(hard problems)'에 속한다. 그러나 행위론은 형법 이론의 '토대'를 이루고 있으며, 이러한 행위론에 대한 이론적·실천적인 탐구와 연구는 형법 이론을 '진화'로 나아가게 할 것이다.

참고문헌

1. 국내문헌

[단행본]

강신익 외 편, 과학철학, 창비, 2010.

김선희, 자아와 행위: 관계적 자아의 자율성, 철학과 현실사, 1998.

김일수 · 서보학, 형법총론(제11판), 박영사, 2008.

박상기, 형법총론(제9판), 박영사, 2012.

박아청, 성격심리학의 이해, 교육과학사, 2008.

배종대, 형법총론(제11판), 홍문사, 2013.

신동운, 형법총론(제6판), 법문사, 2012.

안건훈, 철학의 제문제, 새문사, 2008.

이정모, 인지과학, 성균관대학교출판부, 2010.

이재상, 형법총론(전정판), 박영사, 1991.

이훈구 외, 인간행동의 이해(제2판), 법문사, 2012.

임웅, 형법총론(제4정판), 법문사, 2012.

조숙환, "마음의 재구성 – 촘스키 & 스키너", 김영사, 2011.

최옥채 외, 인간행동과 사회환경(제4판), 양서원, 2011.

[논문]

김동현, "인지과학적 관점에서 바라본 자유의지와 형사 책임론의 문제", 「서울대학교 법학」 제51권 제4호 (2010.12).

김선희, "행위, 사건 그리고 행위 주체 – 앤스콤, 데이빗슨 행위 이론에 대한 리쾨르의 비판과 종합 –", 「대동철학회」 제85집 (2003.2).

_____, "인간 행위의 인과성과 합리성의 조화 가능성 논의 – 데이빗슨의 인과적 행위론에 대한 비판적 고찰", 서강대학교 박사학위논문 (1991).

김종원, "형법에 있어서의 행위 개념에 관한 시론", 현대의 형사법학, 익헌 박정근박사 화갑기념논문집(1990).

박도형, "데이빈슨의 행위론", 서울대학교 석사학위논문(1988).

박중규, "형법적 '행위'에 대한 행위론상의 구분 토대 – '통일적 행위론'과 '통일적 행위개념'의 구성을 위한 전제지론 – ", 「영남법학」 제5권 제1 · 2권 (1992.2).

서도식, "사회 이론에서 행위와 체계의 결합", 「철학논총」 제28집 (2002).

손지영, "인지과학적 관점에 의한 형법상 행위와 고의의 재조명", 성균관대학교 박사학위논문(2008).

_____, "형법에 대한 인지과학적 관점의 적용 가능성", 「성균관법학」 제21권 제1호(2009.4).

_____, "행위의 목적 지향성(Sinn-Intentionalität) 개념에 대한 인지과학적 접근: 인지적 행위론을 위한 W. Kagle의 분석을 중심으로", 「형사정책연구」 제21권 제2호(2010 · 여름호).

_____, "형법상 행위 판단과 인지과학", 「법조」 Vol. 659 (2011.8).

양천수, "법존재론과 형법상 행위론 – 베르너 마이호퍼를 통해 본 형법철학의 가능성", 「법철학연구」 제9권 제1호(2006).

오세혁, "형벌의 철학적 기초 – 영미 형벌 정당화이론의 동향", 「중앙법학」 14집 제3호(2012).

이남희, "행위목표로서의 가치와 착장행동 – 행위이론의 응용", *Journal of the Korea Fashion & Costume Design Association*, Vol. 5, No. 3 (2003).

이선화, "계획된 행위 이론에 근거한 대학생의 성행동 영향요인 분석", 건국대학교 석사학위논문(2004).

이인건, "행위이론에 관한 사회학적 접근", 「대동철학」 제6집(1999.12).

_____, "행위이론탐구", 「비교문화연구」 제11집(2000.2).

이재훈, "인간의 행위에 대한 의도적 설명과 인과적 설명의 양립 가능성에 대하여", 「범한철학」 (1993.5).

이정모, "인지과학과 학문간 융합의 원리와 실제", 「한국사회과학」 통권 제32권 (2010.4).

이정모·손지영, "법 인지과학: 법 영역의 인지과학적 조명", 「서울대학교 법학」 제51권 제4호(2010.12).

이희영, "사회적 방법론으로서의 생애사 연구", 「한국사회학」 제39집 제3호 (2005).

정영일, "목적적 행위론의 형법철학적 의미", 「형사법연구」 제22권 제2호 통권 제43호 (2010·여름).

허일태, "형법상 행위개념에 관한 고찰", 「형사법연구」 제18호 (2002·가을호).

2. 해외문헌

[단행본]

Anderson, John Robert, *Cognitve Psychology and Its Implications*, 7th ed., Worth. Pu., 2010/이영애 역, 인지심리학과 그 응용, 이화여자대학교출판부, 2011.

Baumann, Zigmunt, *Hermeneutics and Social Science*, Colombia Uni. Press, 1978.

Boonin, David, *The Problem of Punishment*, Cambridge, 2008.

David, Hardman, *Judgment and Decision Making: Psychological Perspectives*, The British Psychological Society and Blackwell Pu., 2009/이영애·이나영 역, 판단과 결정의 심리학, 시그마플러스, 2012.

Davidson, Donald Herbert, *Essays on Action and Events*, Bestun 1980/배식한 역, 행위와 사건, 한길사, 2012.

Earle, William James, *Introduction to Philosophy*, McGraw-Hill, 1990/한상기 역, 현대철학의 이해, 원미사, 2006.

Eells, E., *Rational Decision and Causality*, Cambridge Univ. Press, 1982/우정규 역, 합리적 결단과 인과성, 서광사, 1994.

Fravell, John H.; Miller, Patricia H. M.; and Scott A., *Cognitive Development*, 4th ed., Prentice Hall, 2002/정명숙 역, 인지발달, 시그

마플러스, 2007.

Flew, Antony, and Vesey, Godfrey, *Great Dabates in Philosophy: Agency and Necessity*, Blackwell, 1987/안세권 역, 행위와 필연, 철학과 현실사, 2006.

Fontaine, Reid Griffith, *The Mind of The Criminal*, Cambridge, 2012.

Heinegg, Heintschel, *Beck'scher Online-Kommentar StGB,* 2013.

Höffe, Otfried, *Immanuel Kant*, 7th ed., C. H. Beck, 2007/이상헌 역, 임마누엘 칸트, 문예출판사, 2012.

Kaufmann, Arthur, *Das Schuldprinzip*, Carl Winter Universitätsverlag, 1976.

Kaulbauch, Friedrich Christian, *Einführung in die Philosophie des Handels,* Wissenschaftliche Ruchgesellschaft, 1986/이을상 역, 행위철학, 서광사, 1999.

Keane, Adrian, and Paul, Mckeown, *The Modern Law of Evidence*, 9th ed., Oxford, 2012.

Kindhäuser, Urs, *Strafgesetzbuch*, 4. Aufl., Nomos, 2013.

Lacey, Nicola, *State Punishment: Political Principles and Community Values*, Routledge, 1988/장영민 역, 국가형벌론: 정치적 원리와 공동체 가치, 형사정책연구원, 2012.

LaFave, Wayne R., *Criminal Law*, 5th ed., West, 2010.

Levenson, L. L., *The Glannon Guide to Criminal Law*, 3rd ed., Wolters Kluwer, 2012.

Loveless, Janet, *Criminal Law—Text, Cases, and Materials*, Oxfords, 2012.

Moore, Michael S., *Act and Crime*, Oxford, 1993.

_____, *Placing Blame*, Oxford, 2010.

Mueller, and Kirkpatrick, *Evidence*, 4th ed., Wolter Kluwer, 2009.

Münch, Richard, *Theory of Action-Towards, New Syntheis Going Beyond Parsons,* Routledge, 1987.

Pollock, Joycelyn M., *Criminal Law*, 10th ed., Elsevier, 2013.

Roxin, Claus, *Strafrecht Allgemeiner Teil*, 4. Aufl., C. H. Beck, 2006.

Robers, Paul, and Zuckerman, Adrian, *Criminal Evidence*, Oxford, 2004.

Robinson, Paul H., *Criminal Law—Case Studies & Controversies*, 2nd ed., Wolters Kluwer, 2008.

Shaffer, S. A., *Philosophy of Mind*, 1964/조승옥 역, 심리철학, 종로서적, 1984.

Singer, Richard G., and LaFond, John Q., *Criminal Law*, 5th ed., Wolters Kluwer, 2010.

Skinner, Burrhus Fredric, *Beyond Freedom, and Dignity*, Hackett Pu., 1971/정명진 역, 자유와 존엄을 넘어서, 부글, 2008.

Sternberg, Robert J., *Cognitive Psychology*, 3rd ed., Yale Uni., 2003/김민식 외, 인지심리학, 박학사, 2005.

Weaver, Russell L.; Burkoff, John M.; and Catherine, *Criminal Law-A Contemporary Approach*, West, 2011.

Weber, Max, *Economy and Society: An Outline of Interprective Sociology,* ed., by Guenther Roth, and Claus Wittich, Bedminster Press, 1968.

Welzel, Hans, *Das neue Bild des Strafrechtssystems—Eine Einführung in die finale Handlungslehre*, 3. Aufl., Ottoschwartz & Co., 1957.

Wessels, Johannes, *Strafrecht Allgemeiner Teil*, 20. Aufl., C. F. Müller, 1990/허일태 역, 독일형법총론, 법문사, 1991.

[논문]

Amvos, Kai, "Ernst Belings Tatbestandslehre und heutiger »postfinalistischer« Verberchensbegriff", *JA* (2007).

Denno, Deborah W., "Neuroscience, Cognitive Psychology, and The Criminal-Justice System", *Ohio St. J. Crim.* Vol. 8 (2010-2011).

Frenchwald, Scott, "The Emperor has no Clothes: Postmodern Legal Thought and Cognitive Science", *Ga. St. U. L. Rev.,* Vol. 23 (2006-

2007).

Hohn, Kristian, "Grundwissen-Strafrecht: Handlungs und Erfolgsunrecht", *JuS* (2008).

Mitsch, Wolfgang, "Fahrlässigkeit und Straftatsystem", *JuS* (2001).

Moore, Michael S., "Intention as a Marker of Moral Culpability and Legal Punishability", *Criminal Law*, ed., by R. A. Duff · Stuard P. Green, Oxford (2013).

Rachlinsk, Jeffrey J., "Comment: Is Evolutionary Analysis of Law Science or Storytelling?", *Jurimetrics* Vol. 41 (2000-2001).

Rönnau, Thomas, "Grundwissen-Strafrecht: Sozialadäquanz", *JuS* (2011).

Solan, Lawrence M., "Symposium: Cognitive Legal Studies: Categorization and Imagination in the Mind of Law", *Brook. L. Rev.*, Vol. 67 (2001-2002).

Suk, Heung-Il, and Lee, Seoung-Whan, "A Novel Bayesian Framework for Discriminative Feature Extraction in Brain-computer Interfaces", Transaction *on Pattern Analysis and Machine Intelligence* (2012. 9).

제2장

———

형법 제17조와 인과 관계

Ⅰ. 문제의 제기

법 규범은 평가 규범(Bewertungsnormen)으로서 인간의 행태를 평가하며 아울러 결정 규범(Bestimmungsnormen)으로서 인간의 행태를 유도하고 저지한다.[1] 형법 역시 평가 규범인 동시에 의사결정 규범이다. 즉 형법은 행위 규범임과 동시에 재판 규범으로서 일반 국민에게 일정한 행위를 금지 또는 명령함으로써 행위의 준칙으로 삼도록 하고 있다.[2] 그러므로 평가 규범으로서의 형법은 무엇이 형법에 저촉되는 범죄 행위인지 명확하게 하여야 하고, 의사결정 규범으로서의 형법은 구체적인 형벌 법규의 수범자인 일반 시민들에게 무엇이 범죄 행위에 해당하는지 여부를 판단할 수 있도록 해 주어야 한다. 인과 관계(causation: Kausalität)는 형사상 책임을 이론적으로 지우기 위한 핵심 요건으로 평가되고 있다.[3] 인과 관계는 금지와 전형적인 형법의 요건을 포함하고 있어 일반 시민으로 하여금 결과에 대한 원인을 금지시키며, 다른 한편으로는 형사 책임의 핵심이 되고 있다. 도덕적 책임에 근거하고 있는 법률도 인과 관계와 관계가 있다. 인과 관계에 의해 일응 잘못된 행위로 판단이 되면 도덕적으로 잘못된 행동이라고 간주되고 인과 관계에 기초한 형법 역시 정당화된다. 그러므로 인과 관계는 형법뿐만 아니라 도덕의 근거가 된다.[4] 그러나 형법 제17조를 둘러싼 해

1_ Gustav Radbruch, *Rechtsphilosophie*, herausgeben von Eric Wolf, Hans-Peter Schneider, K. F. Koehler Verlag, 1973/최종고 역, 법철학, 삼영사, 1988, 75면.

2_ 김일수, 형법학원론, 초판, 박영사, 1988, 87-88면; 이재상, 형법총론, 전정판, 박영사, 1991, 5-6면.

3_ Luidger Röckrath, "Kollegialentscheidung und Kausalitätsdogmatik-Zurechnung überbestimmter Erfolge in Straf-und Haftungsrecht", *NStZ* (2003), S. 642.

4_ Michael S Moore, *Causation and Responsibility*, Oxford, 2009, p.81. 즉, 형법이 피고인에 의해 도덕적 윤리의 최소한으로 받아들여진다면 형벌의 정당성도

석과 관련하여 다수가 지지하고 있는 객관적 귀속 이론(Die Lehre von der objecktiven Zurechnung)을 살펴보면, 그동안 '객관적 귀속'이라는 상위 개념 아래에 매우 다양한 문제 상황들이 함께 논의되었고, 또 객관적 귀속에 대하여 상이한 이해의 방식이 존재하였을 뿐 아니라 '허용되지 않은 위험'이라는 지나친 규범적 표지로 인하여 법학자조차 그 윤곽을 그려보는 것을 어렵게 만들고 있다.[5] 더구나 「국민의 형사 재판 참여에 관한 법률」이 제정되어 2008.1.1.부터 시행 중에 있는데, 동 법률에 따르면 배심원들은 사실 관계에 대하여 평의하고, 재판장은 공소 사실의 요지와 적용 법조 등에 관하여 설명하여야 한다(법 제46조 제1항, 제2항). 그러므로 유·무죄를 다투는 사안에서 배심원들은 당해 사안이 범죄가 되는지 여부에 대한 판단을 함에 있어 인과 관계에 대하여 재판장의 설명을 들어야 하는데, 과연 배심원들이 객관적 귀속에서 귀속의 척도로 내세우고 있는 '허용된 위험'이나 '위험의 증대' 등을 제대로 이해하고 규범적으로 올바른 평가를 내릴 수 있을지 의문이 든다. 그동안 형법 제17조에 대한 해석론을 살펴보더라도 이러한 인과 관계의 평가 규범이나 의사결정 규범으로서의 성격에 대한 충분한 이해나 이를 토대로 한 논의를 찾아보기 어려운 실정이다. Honig의 귀속 이론을 위험증대 이론으로 발전시킨 Roxin은 그의 이론이 분열되어 있는 해석학을 하루 아침에 다시 일반적으로 승인되는 하나의 '형법 체계의 장'으로 모으리라고 희망하였다.[6] 법이 통일적 체계를 구성하

획득할 수 있게 될 것이다: Norbert Hoerster, *Recht und Moral—Texte Zur Rechtsphilosophie*, Deutscher Taschenbuch Verlag, 1977, S. 224.

5_ Wolfgang Frisch, "Objective Zurechnung", Symposium Zwischen den juristischen Fakultaten der Uni. Freiburg und Seoul(2002.10)/한상운 역, "객관적 귀속—논의상황과 문제점—,"「서울대학교 법학」제45권 제1호(2004.3), 272-283면.

6_ Claus Roxin, "Gedanken Zur Problematik der Zurechnung im Strafrecht" *Festschrift für Richard Honig*, Göttingen, 1970/장영민 역, "형법에서의 귀속 문제에 관한 고찰," 인과관계와 객관적 귀속, 박영사(1995), 71면.

지 못하는 경우에는 수범자에게 올바른 행위 규준을 제공할 수 없다. 이 점에서 체계 중심적 사고가 요청된다. 그러나 법이란 분쟁을 예방·해결하고 그 해결 방안을 강구하는 데 궁극적인 목적이 있고, 형법학 역시 형사 사건을 전제로 이에 대한 해결 방안을 제공하는 데 임무가 있다. 즉 구체적 사안에 있어 적절한 해결 방안을 모색하는 문제 중심적 사고가 요청된다.[7] 인과 관계론에 있어서도 이러한 양 사고를 통합하여 실천이성을 통한 합리적 논의를 전개해야 함에도 그동안의 논의는 체계 중심적 논의가 지배적이었다. 객관적 귀속 이론에서 논의되었던 사례들은 이른바 '교과서 사례'들이 다수였고, 실제 형사 재판에서 문제가 된 사례들을 토대로 논의를 진전한 글은 많지 않았다.[8]

이에 이 책에서는 형법 제17조에 대하여 객관적 귀속 이론을, 문제 중심적 사고로 접근하고 있는 영국과 미국에서의 인과 관계론과 비교하여 분석하고, 이러한 체계 중심적·문제 중심적 사고를 통합하여 형법 제17조에 대한 해석론을 전개하고자 한다. 나아가 그동안 인과 관계 본질론이 규범적인 평가를 하는 형법 이론에 있어 무가치하다고 판단하여 인과 관계론의 논의 대상에서 제외하였으나 형법 역시 사회과학에 속하므로 이러한 사회과학에서 논의되어 온 인과 관계 본질론에 대한 이해와 검토가 인과 관계론의 전개에 있어서 전제가 된다고 할 것이므로 인과 관계 본질론에 대하여 검토한다(Ⅱ). 이어 영미의 인과 관계론과 객관적 귀속 이론을 검토한 후(Ⅲ, Ⅳ), 형법 제17조에 대한 해석론을 전개하고(Ⅴ), 필자의 견해를 피력하고자 한다(Ⅵ).

7_ 오세혁, 법철학사, 제2판, 세창출판사, 2012, 394-396면.

8_ 체계 내지 관념에 치우친 논의는 형법 이론을 실제와 동떨어진 이론으로 받아들여지게 한다. 이론이 적절하게 구성된 것이라면, 그 이론은 실제적인 상황, 인간 행동, 사태에 대한 것이어야 하고, 그 이론을 통하여 기존의 사안이나 사태들을 올바르게 이해하고 평가할 수 있어야 할 것이다: Ronald L. Akers, Cristine S. Severs, *Criminological Theories—Introduction, Evaluation and Application*, 5th ed., Oxford University Press, 2009/민수홍 외 5 역, 범죄학이론, 개정판, 나남, 2011, 23면.

II. 인과 관계 본질론의 검토

Kant는 인과적 원리의 보편 타당성을 주장하였고, D. Hume은 경험론적 시각에서 인과 관계를 바라보아야 한다고 주장하였다. 이러한 기존의 인과 관계론이 여전히 오늘날까지 영향을 미치고 있으므로 여기에 대한 논의를 검토하고, 오늘날 법학을 포함한 사회과학에서 논의되고 있는 인과 관계론을 검토하고자 한다. 형법은, 인간의 행위를 대상으로 삼고 있으므로 물리적 환경이 아닌 인간을 대상으로 한 인과 관계의 특수성에 대하여 검토하고, 인간의 행위를 다루는 인과가 어떻게 결정되어야 하는지 검토한 후, 인과 관계에 대한 두 가지 모형 즉, 사건 모형과 행위자 모형에 대하여 검토하겠다.

1. 기존 논의의 재검토

Kant는 모든 객관적 변화는 원인·결과의 연관에 따라 발생한다고 보며 이를 '인과적 원리의 보편 타당성'이라고 하였다. 그러나 오늘날 양자론에 따르면 원자 이하의 미립자 영역에서 발생하는 인과적 원리는 확률의 법칙을 통해서만 기술될 수 있으며, 하이젠베르크의 불확성성 원리에 따르면 사건 E_1의 인식은 다른 사건 E_2의 발생에 대해 단지 개연적일 뿐임을 보여주고 있다.[9] D. Hume은 경험론적 시각에서 원인을 근접성, 선행성, 연성으로 정의하였다. 즉 한 대상이 다른 대상에 앞서고 근접해 있고, 전자와 유사한 대상이 모든 대상들과 선행성과 근접성의 관계에서 같을 때에 원인이라고 부를 수 있다고 하였

9_ Otfried Höffe, *Immanuel Kant*, 7th ed., C. H. Beck, 2007/이상헌 역, 임마누엘 칸트, 문예출판사, 2012, 153-154면. Höffe는 위 책에서 Kant가 인과 관계에 관련하여 '사건의 예견 가능성'을 주장한 것이 아니라 '사건의 설명 가능성'을 주장하고 있다는 논지를 전개하고 있다: Otfried Höffe, 위의 책, 154면.

다.[10] D. Hume은 원인과 결과는 근접성, 선행성, 변함없는 연성으로 연결될 뿐 원인과 결과가 어떤 결속에 의하여 지탱되는 것이 아니며, 원인과 결과 사이의 상례 관계가 문제된다고 주장하였다.[11] 뉴턴의 고전물리학에서는 시간과 공간을 절대적인 것(자연상수)으로 보고 속도는 주관적인 것이고 따라서 상대적인 것(자연변수)으로 보았다. 그러나 A. Einstein의 상대성 이론에 따르면 시간과 공간의 절대성이 부정되고, 시간과 공간은 상대화되고 있다.[12] 인간의 행위를 대상으로 하는 형법상의 인과 관계론에서는 경험칙에 따라 법정에서 재구성된 사안을 확증하는 것이므로, 오늘날 위와 같은 과학적 성과에 따른 논의는 거의 문제되지 않는다. 다만 Kant가 설명한 '사건의 설명 가능성'과 D. Hume이 주장한 '근접성', '상례 관계'는 오늘날 형법상 인과 관계를 논의함에 있어서도 중요한 잣대가 될 수 있다고 본다.

2. 사회과학과 인과 관계

인과 관계론은 자연과학과 사회과학을 포함한 모든 영역에서 논의되고 있다. 형법학도 사회과학의 한 분과이므로 오늘날 사회과학에서 논의되는 인과 관계론을 살펴볼 필요가 있다. 경험과학적 입장을 취하고 있는 대부분의 사회과학 연구는 사회현상 사이에 노정되는 인과 질서의 규칙성을 단정적인(deterministic) 것이 아니라 유연한(plastic) 것으로 간주한다. 이러한 유연성은 네 가지 측면에서 살펴볼 수 있다.[13]

첫째, 어떤 사회 현상이 생성되는 인과 경로는 귀납적으로 추론된다. 즉, 특정한 유형의 인과 경로를 공유하는 사례들을 추적하여 그러한 유형을 일반화함으로써 규칙성을 탐지한다. 둘째, 사회 현상을 야

10_ 탁성산, 흄의 인과론, 서광사, 1988, 19-20면.
11_ 탁성산, 위의 책, 21-22면.
12_ 소광희, 자연존재론-자연과학과 진리의 문제, 문예출판사, 2008, 408면.
13_ 김웅진, 인과모형의 설계, Hufs Book, 2011, 20-22면.

기하는 모든 원인을 빠짐없이 탐색할 수 없으며, 또 사회 현상이 단 하나의 원인만으로 야기된다고 볼 수도 없다. 셋째, 인과 추론의 세계와 실제 세계 사이에는 메워질 수 없는 본연적 간극이 존재한다. 논리적 척도에 따른 인과 관계의 추론이 인과 관계의 존재를 확증하는 것은 아니다. 또 어떤 현상을 불러일으킨 원인을 논리적으로 도출한다 하더라도 그러한 원인이 일정한 결과를 발생하도록 만드는 필연적 인과 기제를 규명할 수는 없다. 넷째, 인간이 지닌 행위 정향, 가치 정향과 심리 정향은 결코 영속적이지 않기 때문에 인간의 상호작용으로 야기되는 사회 현상 역시 가변적이며, 따라서 사회 현상 사이의 인과 관계는 유동성을 노정한다.

이러한 맥락에서 대부분의 경험과학적인 사회과학 연구는 도출된 인과 관계를 일단의 가정과 선행 조건이 충족되었을 경우에 한해 성립되는 '개연적 관계'로 받아들인다. 다시 말해서 사회과학적 인과 관계는 수명이 그다지 길지 않은 경향 또는 추세를 지칭한다.[14] 형법상의 인과 관계 역시 위에서 살펴본 사회과학에서 논의되는 인과 관계와 크게 다르지 않다. 즉 행위자의 행위와 결과 사이의 인과 경로는 귀납적으로 추론되고, 행위자의 원인을 '필요충분조건'이 아닌 '충분조건' 내지 '필요조건'으로 보고, 인과추론의 세계와 실제 세계 사이의 본연적 간극을 인정하며, 원인과 결과 사이는 '개연성 관계'로 바라보아야 한다는 것이다.

3. 인과 법칙의 속성과 설명

전통적인 형이상학자들은 한 사건이 다른 사건의 원인이 되는 것은 어떤 특별한 '힘'이고, 그러한 힘으로 인해 한 사건(원인)은 다른 사건(결과)을 낳는다고 보았다.[15] D. Hume은 a가 b를 초래한다는 것은

14_ 김웅진, 위의 책, 22면.

15_ Michael Loux, *Mataphisics: A Comtemporary Introduction*, 3rd ed., Routledge, a가 b에 시간적으로 앞서고, 공간적으로 b에 닿고 a와 비슷한 것에는 늘 b와 비슷한 것이 잇따르는 것이라고 설명한다. 이 경우에 등장한 '앞섬', '닿음' 및 '비슷한', '잇따름'은 흐르는 인상들에게 감지되는 자연적 관계를 옮긴 것이고, 이러한 관념들을 연결해주는 고리로 닮음, 인접 및 도래(causality)의 세 가지 원리가 있다고 보았다.[16] 인과 관계에 있어 사실 인정이란 한 사건이 다른 사건의 원인이 됨을 규명하는 것이고,[17] 이러한 인과 관계의 규명 즉, '무릇 속성들과 관계들이 세계에 존재하는가는 전체 과학, 곧 사물의 자연적 성질에 대한 모든 탐구들의 전체에 의해 결정되어야 한다.[18] 과학의 목적은 경험 세계에 근거하여 경험적 지식을 얻고 거기에 적용되는 지식을 만들어 내는 것이다. 즉 과학적 지식의 일반화는 '경험적 법칙'이라고 할 수 있으므로,[19] 이러한 경험칙에 의해 인과 관계가 규명되어야 하는 것이다. 이러한 인과 관계의 속성에는 양과 질이 모두 포함되고, 이러한 '개별적 인과 관계는 한 강한 법칙의 실증적 예화와 동일하다'고 설명된다. 여기서 강한 법칙은 현상들에 대한 포괄적인 상례적 법칙을 설명하는 법칙이어야 한다.[20] 인과적 법칙은 이러한 '설명적 기능'에 의해 그 정당성을 획득한다.[21]

4. 인간 행동의 목적성

물리학에서는 자연 속에 우리를 에워싼 사물들은 오로지 인과의

2006/박제철 역, 형이상학 강의, 아카넷, 2010, 393면.

16_ 이좌용, "인과성과 법칙성", 한국분석철학회, 인과와 인과이론, 철학과 현실사 (1996), 119-127면.

17_ Michael Loux, 앞의 책, 392면.

18_ D. Armstrong, *A Theory of Universals*, Cambridge, 1978, p.98.

19_ 이좌용, 앞의 글, 159면.

20_ A. Heathcote, D. Armstrong, *Causes and Law*, Nous, 1991, pp.63-73.

21_ Michael Loux, 위의 책, 405면.

지배를 받는다고 주장한다. 그러나 모든 생물체는 마주한 환경 속에서 계획성(Planmäßigkeit)에 따라 발생 과정의 단계에서 현재를 스스로 결정(Selbstgestaltung)하고 스스로 조절(Selbstregulation)한다.[22] 상관(correlation)이란 한 변인의 값이 다른 변인의 값과 체계적으로 관련되어 있음을 말한다. 그러나 인간 행동을 분석함에 있어서는 A와 B 두 변인이 상관되어 있다는 사실이 곧바로 A 혹은 B가 A 혹은 B의 원인이 된다는 것을 의미하지 않는다.[23] 또한 인간 행동의 인과성을 이해함에 있어 '범주'라는 개념을 이해할 필요가 있다. 즉 우리는 일상 생활에서 거의 자동적으로 거의 모든 영역에서 범주적(categorical) 판단을 한다. 이러한 범주는 의사소통의 속도와 효율성을 높이고, 예측을 가능하게 한다.[24] 그러므로 물리 영역과 달리 인간의 행동에 따른 인과 관계를 판단함에 있어서 위와 같은 '계획성(목적성)', '충분한 상관 관계', '범주적인 시각과 판단'이 전제되어야 한다. 즉 인과 관계를 판단함에 있어 인간 행동의 '목적 지향성'을 전제로 인과 관계론이 그의 행동을 계획하고 조절할 수 있도록 '설명'할 수 있어야 하고, 또 그러한 인과 관계는 물리 영역에서와 같은 조건 관계가 아니라 '상당'하고 '밀접'한 인과 관계를 이루어야 한다는 것을 의미한다. 인간의 행동의 인과 관계를 '행위자 모형'으로, 물리 영역에 대한 인과 관계를 '운동 모형' 내지 '사건 모형'으로 설명하는 견해에 의하더라도 위와 같은 결론에 이르게 됨을 볼 수 있다.[25] 사건 모형에서는 외면적인 운동 모습과 역할 관계를 판단하지만 행위자 모형에서는 속성과 동기를 판단한다. '사건 모형'에 따르면 원인 사건은 결과 사건에 대한 존재론적 책임이 없지만, '행위자 모형'에 따르면 원인 사건은 결과 사건에 대한 책임이 엄존한다.

22_ 박은진, "인과론과 목적론—물리 과학과 생물 과학의 관계—", 한국분석철학회 편, 인과와 인과이론, 철학과 현실사(1996), 255-256면.

23_ 이훈구 외 6, 인간행동의 이해(제6판), 법문사, 2012, 41-42면.

24_ 이훈구 외 6, 위의 책, 42면.

25_ 이좌용, "인과성과 법칙성", 한국분석철학회 편, 인과와 인과이론, 철학과 현실사(1996), 114-119면.

5. 시사점

위와 같은 사건 모형, 행위자 모형과 위에서 살펴본 인간 행동의 목적성 등은 형법상 인과 관계를 살펴봄에 있어 다음과 같은 점을 시사한다.

첫째, 형법상 인과 관계는 사실 관계와 규범 관계로 나누어 살펴보아야 한다. 경험칙에 따른 판단은 사실 인과 관계에서 하여야 하고, 인간의 동기와 행위의 목적성의 판단은 규범 인과 관계에서 다루어야 할 것이다.

둘째, 인과 관계를 설명하는 법칙 즉 인과 관계론은 행위자가 이해하고 예측할 수 있는 것이어야 한다. 즉 무엇이 범죄가 되는 행위인지 여부에 대하여 일반 시민들이 쉽게 이해할 수 있어야 하고, 그 설명은 '범주'적 판단을 하는 인간의 속성에 맞는 척도이어야 하며, 그러한 척도는 재판을 하는 법관이 기준으로 삼을 수 있고, 사실 판단을 하는 배심원들에게도 쉽게 설명될 수 있어야 한다.

셋째, 사실 관계 판단은 조건 관계에 따른 판단을 내리게 되지만, 규범적 관계에 대한 인과 판단은 원인이 결과에 대하여 '상당'하고 '밀접'한 것인지 여부에 대한 판단이어야 한다.

Ⅲ. 영미의 인과 관계론

그동안 형법학계에서는 주로 독일에서 논의된 인과 관계론의 검토가 주를 이루었고, 영미에서 논의된 인과 관계론에 대하여서는 크게 관심을 두지 않았다. 영국과 미국에서의 인과 관계론을 살펴보면 크게 사실 인과 관계(factual causation)와 법적인 인과 관계(legal causation)로 나누어 검토하고 있음을 볼 수 있다. 이하에서는 이러한 영국과 미국에서의 인과 관계론을 살펴보기로 한다.

1. 영 국

영국법원은 인과 관계는 상식에 속하는 문제이므로 철학적 분석을 요하지 않고,[20] 배심원이 해야 할 사실판단의 문제로 본다.[27] 이러한 인과 관계에는 사실 인과 관계와 법적인 인과 관계가 있다. 사실 인과 관계 내지 조건 관계(but for causation)란, 만약 피고인의 행위가 없었더라면 결과가 발생하지 않았을 것이라는 관계가 성립되면 피고인의 행위는 결과에 대한 조건 관계가 있는 것으로 보는 것을 말한다. 이러한 사실 인과 관계는 너무 넓어서 사실상 원인에서 한두 개의 법적인 원인을 택하게 된다.[28]

(1) 법적인 인과 관계

조건 공식에 따른 사실 인과 관계에 대한 실증적인 검토를 한 후 규범적인 인과 관계를 판단하게 된다. 이때 규범적 판단과 형사정책적 고려가 개입된다.[29] 법률상 원인이란 '조종하였고 상당한 원인(an operating and substantial cause)'을 말한다. 여기서 '상당한 원인'이란 사소하지 않고 결과에 대하여 심각할 정도의 원인이어야 한다. 또한 피

26_ Kennedy [2007] UK HL 38; Jonathan Herring, *Criminal Law*, 4th ed., Oxford, 2010, p.89.

27_ Malcherek [1981] 2 All ER 422 (CA); *Ibid.*

28_ *Ibid.*, at. 90-91. 현존하는 모든 사건은 엄격한 인과 법칙이나 기계적인 물리 개념으로 환원하여 논리적으로 평가하는 것이 불가능하다는 것은 오래전부터 논의되어 왔으며, 이러한 인간의 행동에 초점을 맞춘 규범적 판단이 필요함이 지적되어 왔다. Giorgio Del Vecchio, *The Formal Bases of Law* (John Lisle, trans., reprinted 1969), 1914, p.154. 이탈리아 역시 객관적 인과 관계를 확정한 후 책임 귀속 문제를 다루고 있다. Giulio Battaglini, "The Exclusion of the Concourse of Causes in Italian Criminal Law" *J. Crim. L. Criminology & Police Sci.*, Vol. 43. (1952-1953), pp.442-450.

29_ Edward W. Keyserlink, "Assisted Suiside, Causality and the Supreme Court of Canada", *McGill L. J.*, Vol. 39 (1993-1994), pp.710-718.

고인의 행위는 결과에 대한 원인을 '야기(조종)'한 것이어야 한다.

(2) 인과 관계의 단절

인과 관계가 단절되는 경우란, 예컨대 제3자의 행위가 개입하거나, 피해자의 행위가 개입한 경우와 자연재해가 개입(act of God)된 경우 등을 말한다. 최초의 행위와 결과 사이에 있어 피고인이 결과에 대하여 조종할 수 없거나 상당하다고 볼 수 없는 제3자의 자유롭고 임의적인 개입이 있는 경우 인과 관계는 단절된다. 즉 제3자의 '자유롭고, 임의적이고, 알고 한 행위(a free, voluntary and informed act)'는 인과 관계를 단절시키며,[30] 피고인의 행위가 결과를 야기하지 않고, 상당한 원인이 아니면 인과 관계가 단절된다. 피고인이 피해자를 찔렀고, 피해자가 병원에 실려 갔으나 의사는 알레르기 특이 체질이 있는 피해자에게 약물을 잘못 투약하였고, 이로 인해 피해자가 사망한 사건에서 법원은 의사가 피해자의 특이 체질을 알아야 했으므로 피고인의 행위는 사망에 대한 책임이 없다고 판시하였다.[31] 인과 관계를 단절시키는 피해자의 행위에 해당하는지 여부에 대하여 법원은 '예견 가능성'을 기준으로 삼고 있다. 피해자의 신체적 특성은 인과 관계를 단절시키지 않으며('the thin skull rule'), 자연재해(a natural events: 'acts of God') 역시 인과 관계를 단절시키지 않는다. 피고인이 특정의 결과를 의도하여 행위하였고, 결과가 발생된 경우 인과 관계는 인정된다('intended results' doctrine). 피고인이 아기를 죽이려고 간호사에게 독약을 주었으나 간호사가 이를 벽난로에 두었고, 5살 아이가 그 약을 다른 아이에게 주어 사망한 사건에서 법원은 피고인에게 살인죄가 인정된다고 판시하였다.[32]

30_ R v. Kennedy [2007] UK HL 38; *Ibid.*, at 92-95.
31_ R v. Jordan (1956) 40 Cr App R 152 (CA); *Ibid.*, at 96.
32_ Michael (1840) 9C & p 356; *Ibid.*, at 105.

2. 미 국

영국 보통법을 계수한 미국의 인과 관계론 역시 영국과 크게 다르지 않다. 피고인의 행위가 사실상의 결과에 대한 원인이 되어야 하고, 피고인의 행위가 없었더라면 결과가 발생하지 않으리라는 조건 관계가 성립되어야 한다. 이러한 사실 인과 관계가 인정되더라도 야기된 결과에 대하여 피고인에게 법적인 책임이 있다는 요건이 충족되어야 발생된 결과에 대하여 책임을 지게 된다.[33] 이러한 인과 관계 검토는 영국과 같이 사실 인과 관계와 법적인 인과 관계로 나누어 하고 있다.

(1) 사실 인과 관계

사실 인과 관계(factual causation)는 발생된 결과에 대한 형사적 책임이 있는지 여부와 관계없이 피고인의 행위가 금지된 결과와 사이에 사실 인과 관계가 있는지 여부를 판단하는 것이다. 사실 인과 관계를 판단함에 있어 조건 공식('but-for', 'sine-qua-non')을 사용한다. 즉 '피고인의 행위가 없었더라면 결과가 발생하였을 것인가'라는 물음에 대한 답이 '아니오'라고 한다면 피고인에게 책임이 있다고 보는 것이다.[34] 위와 같이 사실 인과 관계는 영국 보통법의 전통과 모범형법(Model Penal Code)의 조건 관계를 검토한다.[35] 이러한 조건설에 따른 최선의 검토는 '반대 사실 검토(counter factual test)'이다. 그러나 이러한 검토에는 몇 가지 문제점이 있다고 지적되고 있다.[36] 이러한 '반대 사실의 검토'에 대한 대안으로 '필요성(necessary)'과 '충분성(sufficient)'을 검토하여야 한다는 의견이 제시되고 있다. 즉 원인이 결과를 야기하기에

33_ Wayne R. LaFave, *Criminal Law*, 5th ed., West, 2010, pp.350-351; Jone L. Worrall, Jennifer L. Moore, *Criminal Law*, Pearson, 2011, p.117.

34_ John L. Worrall, Jehnifer L. Moore, *op. cit.*, at 117-118.

35_ Michael S. Moore, *op. cit.*, at 81.

36_ *Ibid.*, at 82-86.

충분한 필요성이 있어야 한다는 것이다.[37] 이러한 필요·충분 원인 검토를 함에 있어서 과학적·가설적 검토가 필요하다고 주장한다.[38] 위와 같이 반대 사실의 검토가 사실 인과 판단의 핵심이 되고 있다. 인과 관계 판단에 대하여 법원이나 법학자들이 이를 체계화하려고 시도하지만 인과 관계란 배심원을 포함한 평범한 사람들의 일상 생활의 일부이고, 배심원들은 이러한 최소 기준만으로도 인과 관계를 훌륭하게 판단할 수 있다고 보고 있다.[39]

(2) 밀접 인과 관계

법적인 인과 관계(legal causation)는 Francis Bacon의 "법률에서는 멀리 떨어진 원인이 아닌 근접한 원인(proximate cause)이 보인다"는 격언에서 유래한다.[40] 법적인 인과 관계 내지 밀접 인과 관계(legal or proximate cause)란 피고인이 의도하였거나 피고인의 행동으로 생긴 위험으로 야기된 결과에 대하여 인과 관계를 인정하는 것을 말한다. 즉 발생된 결과에 밀접한 위험 관계를 의도하거나(intended), 위험하다(hazarded)는 요건이 필요하다.[41] 조건 관계에 따라 사실 인과 관계를 검토한 후 밀접 인과 관계를 검토하게 된다. 이때 배심원은 상식에 따

37_ *Ibid.*, at 87.

38_ Paul H. Robinson, *Criminal Law—Case Studies & Controversies*, 2nd ed., Wolters Kluwer, 2008, p.259.

39_ Barbara A. Spellman, Alexandra Kincannon, "The Relation Between Counterfactual ("But For") and Causal Reasoning: Experimental Finding and Implications for Jurors, Desions", *Law and Cotemp. Probs.*, Vol. 64(2001), p.264. 심리학적 연구에 따르면 반대 사실의 검토가 모든 인과 관계 판단의 기초임이 밝혀지고 있다. 특히 실증적인 조사에 따르면 중첩 인과 관계와 같은 복잡한 사건에서 조건이 되는 인과 관계와 기타의 인과 관계를 분류하는 기준이 되고 있음이 드러나고 있다. 즉 반대 사실의 검토가 법적인 인과 관계 판단에 있어 결정적인 영향을 미치고 있다: *Ibid.*

40_ Patrik J. Kelley, "Proximate Cause in Negligence law: History, Theory and the Present Darkness", *Wash. U. L. Q.*, Vol. 69(1991), pp.54-55.

41_ Wayne R. LaFave, *op. cit.*, at 356-357.

라 '상당성(substantial factor)'의 기준에 의해 결과에 대하여 상당성이 없는 피고인의 행위를 제외시키게 된다.[42] 이러한 법적인 인과 관계는 고의범, 과실범에 모두 적용되며, 그 판단 기준은 위에서 본 바와 같이 '상당성', '기대 가능성', '위험 관련성'이다.[43] 법적인 인과 관계를 요약하자면, 누가 형사 책임을 부담하는가이며, 누가 범죄에 대한 책임을 지는 것이 공평한가의 문제를 다루는 것이다.[44]

(3) 구체적 판단 기준

위에서 보듯 법적인 인과 관계는 '상당성(substatial factor)'을 기준으로 판단하게 된다. 이때 피고인의 행위가 '자연적이고 상당한 경과(natural and probable consequence)'를 거쳐 결과를 야기하였는지 여부를 판단한다. 여기에서는 인과 관계를 단절시키는 '개입 원인'이 있었는지 여부에 대한 판단이 중요한데, 인과 관계를 단절시킬 만한 충분한 개입 요소는 피고인의 행위 이후에 있어야 하고, 피고인이 행위할 때 예견 가능성이 없었고, 결과에 대하여 '유일하고도 중요한 원인(sole major cause)'이어야 하며, 피고인의 행위와 독립되어야 한다.[45] 법적인 인과 관계에 대하여는 그동안 법원에서 구체적인 판단을 하여 왔고, 이러한 판례에 대한 설명은 학자마다 달리하지만 '예견가능성(forseeability)', '개입 원인의 실질성(substatiality of the intervening cause)'이라는 기준이 적용된다는 것은 공통되므로 이를 기준으로 구체적 사례들을 살펴보면 아래와 같다.

첫째, '예견 가능성'을 기준으로 살펴보면 개입 원인은 '독립적인 개

42_ Berk Black, "A New Metaphor clarifying the Difference Between Cause-in-Fact and Proximate Cause", *Kan. J. L. & Pub. Pol'y*, Vol. 10 (2000), pp.160-162.

43_ Wayne R. LaFave, *op. cit.*, at 357.

44_ John L. Worrall, Jennifer L. Moore, *op. cit.*, at 119.

45_ George E. Dix, *Criminal Law*, 18th ed., Thomson, 2010, p.56.

입 원인(independant intervening cause)'과 '종속적 개입 원인(dependant intervening cause)'으로 나누어 볼 수 있다. 독립적 개입 원인이란 피고인이 의도할 수 없고 합리적으로 예견할 수 없었을 때를 말하고, 이 경우 인과 관계는 단절된다. '종속적 개입 원인'이란 피고인이 의도하였거나 합리적으로 예견 가능했던 것을 말한다. 예컨대 차량에 탑승한 강도가 총을 들고 차량을 넘겨 달라고 하자 피해자가 가속페달을 밟고 도망가다가 버스에 치여 사망하였을 경우 차량 강도는 사망에 대하여 거의 책임을 진다. 왜냐하면 이 경우 개입 원인은 종속적이기 때문이다.[46]

둘째, '개입 원인의 실질성'을 살펴보면, 개입 원인이 피고인이 야기한 원인보다 실질적으로 더 심각한 경우 피고인의 형사 책임은 조각될 수 있다. 예컨대 Bill이 Alex를 22구경 권총으로 쏘았고 동시에 Colt가 50구경 소총으로 쏘았을 경우, Colt가 사망에 대한 밀접 원인을 제공하였으므로 살인죄의 책임을 지게 되고, Bill은 살인미수로 기소될 것이다.[47] 피해자의 자발적 개입(voluntary victim intervention)이 있는 경우, 즉 피해자가 자유롭고 임의적이고 비전형적인 방법으로 결과에 개입한 경우 피고인은 그 결과에 대한 형사 책임을 지지 않는다.

3. 비교 및 검토

영국에서는 인과 관계를 사실 인과 관계와 법적인 인과 관계로 나누어 검토하고 있고, 법적인 인과 관계 여부는 '상당성', '예견 가능성'을 기준으로 하여 판단하고 있다. 영국 보통법을 계수한 미국 역시 이와 유사하게 사실 인과 관계와 밀접 인과 관계(법적인 인과관계)로 나누

46_ John L. Worrall, Jennifer L. Moore, *op. cit.*, at 120.
47_ State v. Preslar, 48 H. C. 421 (1856); John L. Worrall, Jennifer L. Moore, *op. cit.*, at 121.

어 검토하고 있다. 미국에서는 모범형법(Model Penal Code)에서 인과 관계를 규정하고 있으며, 여기서도 역시 조건설에 따른 사실 인과 관계 검토나 법적 내지 밀접 인과 관계를 다루고 있다.[48] 이러한 법률 내지 밀접 인과 관계를 요약하자면 원인과 결과가 너무 멀거나 독립된 다른 원인이 있는 경우 인과 관계가 부정된다는 것이다.[49] 미국에서 밀접 인과 관계 여부는 '상당성', '예견 가능성', '위험 관련성', '개입 원인의 실질성'을 기준으로 판단하고 있어 영국과 유사하다. 이러한 기준을 두고 영국과 미국의 법원에서는 구체적인 사건별로 인과 관계를 판단하여 오고 있어 인과 관계에 대한 구체적인 법리들이 축적되어 오늘에 이르고 있지만, 위에서 본 '예견 가능성', '상당성' 등의 기준이 모호하다는 비판도 제기되고 있다.[50]

IV. 객관적 귀속 이론의 검토

위에서 형법상 인과 관계는 사실 관계와 규범 관계로 나누어 살펴보아야 함을 보았고, 영미에서도 이를 사실 관계와 규범 관계로 나누고 있고, 규범적 인과 관계 판단에서 '상당성', '예견 가능성', '위험 관련성', '개입 원인의 실질성'을 판단의 척도로 삼고 있음을 살펴보았다. 이하에서 검토할 객관적 귀속 이론에서도 인과 관계를 사실 관계와 규범 관계로 나누어 보고 있고, 귀속의 척도로 '예견 가능성', '위험 관련

48_ Michael S. Moore, *op. cit.*, at 84. 모범형법 제2편 제3장 제1조 a항에서 "선행하는 행위가 없었더라면 결과가 발생하지 않았어야 한다"라고 사실 인과 관계를 규정하고 있고, 모범형법 제2편 제3장 제2조 b항과 제3조 b항에서 "다른 범죄 행위에 의존하지 않아야 한다"는 표현을 사용하여 법적인 인과 관계를 규정하고 있다: Paul H. Robinson, *op. cit.*, at 258-259.

49_ Paul H. Robinson, *op. cit.*, at 259.

50_ *Ibid.*, at 260.

성'을 제시하고 있음을 보게 된다. 이하에서는 이와 같은 이해를 전제로 하여 객관적 귀속 이론에 대한 현재까지의 논의를 검토하고, 객관적 귀속 이론과 영미에서의 인과 관계론을 비교하여 분석하고, 이를 통하여 형법 제17조의 해석론에 대한 시사점을 도출하고자 한다.

1. 이론의 전개와 현재의 논의

객관적 귀속 이론의 사적인 전개는 다음과 같다. 즉 Honig가 전개한 귀속론을 Roxin이 위험 증대 이론으로 발전시켰으며, Lampe가 이를 좀 더 진전시켰다. Larenz는 Hegel의 귀속론을 기초로 객관적 귀속 개념을 체계화하였다. Larenz가 전개한 이러한 사고를 Honig가 칸트철학의 입장에서 재검토하여 철학적 입장과 관계없이 일반적으로 승인된 법이론의 일반 원칙들로부터 객관적 귀속 개념을 이끌어 내었다.[51] Roxin은 Honig의 귀속론에 근거하여 객관적 귀속의 척도를 제시하고 있다. Roxin에 의하면 피해를 야기하는 인과 경과의 객관적 야기 가능성은 문제된 사람의 행위가 법적으로 중요한 구성요건적 법익 침해의 위험을 창출했는가 아닌가에 달려 있다. 이에 의하면 결과 발생 가능성은 위험 원칙(Risikoprinzip)에 귀책시키게 된다.[52] Rampe는 기존의 다수설이 인과 관계를 인식론적-논리적 영역에서의 문제라고 보는 것을 비판하고, 이러한 존재론적 인과 관계 이외의 보완적이고 가치론적 문제는 객관적 귀속을 통하여 해결해야 한다고 주장한다. 특히 부작위범의 경우, 형법

51_ Richard Honig, "Kausalität und objektive Zurechnung", *Festgabe für Reinhard von Frank zum 70. Geburstag*(1930)/이용식 역, "인과 관계와 객관적 귀속", 이재상 외 2명 편역, 인과 관계와 객관적 귀속, 박영사(1995), 19-20면.

52_ Claus Roxin, "Gedanken Zur Problematik der Zurechnung im Strafrecht", *Festschrift für Richchard Honig*, Göttingen, 1970/장영민 역, "형법에서의 귀속문제에 관한 고찰", 이재상 외 2명 편역, 인과 관계와 객관적 귀속, 박영사(1995), 48-49면.

적 인과 관계의 기초가 부작위에 선행하는 행위 또는 그 외 동시적인 행위와 불법의 결과 사이의 준인과성이라는 기존의 관점에 갈음하여 실제의 야기에 상응하는 법익과 부작위 사이에 '기능적인 책임 관계'가 있다고 주장하였다.[53] 현재 독일 형법학에서 지배적 학설은 객관적 귀속 이론이고, 상당설(Adäquanztheorie)와 중요성설(Relevanztheorie)도 여전히 지지되고 있다. 조건설(conditio sine qua non)에 따른 원인이란 합법칙적인 관계(Gesetzmäßigkeitszusammenhang)가 성립될 때라고 보고 있다.[54] 그러나 판례는 여전히 조건 공식(Conditio-Formel)에 의해 인과 관계를 판단하고 있다. Volk는 이러한 사실 인과 관계 판단은 자연과학적인 방법으로 관찰되어야 하고 소송이론적 추론 절차에 의해 대체되어서는 안 된다고 주장한다.[55] 객관적 귀속 이론은 오늘날 주로 과실범, 부진정 부작위범, 중첩 인과 관계와 관련하여 논의를 진전시키고 있다.

첫째, 과실범과 관련된 논의를 살펴보면, Mitsch는 과실로 인한 결과범에 있어서 지배적인 귀속 형태가 주의의무 위반 관계(Pflicht-widrigkeitszusammenhang)이며, 이에 따라 과실에 있어서는 인과 유사의 결과 중요성을 과실범의 결과 야기로 보고 있다.[56] Kasper은 과실범의 주의의무 위반 영역에서 객관적 예견 가능성이 검토되어야 하고,

---

53_ Ernst-Joachim Lampe, "Die Kausalität und ihre strafrechtliche Fucktion", *Armin Kaufmann Gedächtnisschrift* (1989)/장영민 역, "인과 관계와 그 형법상의 기능", 이재상 외 2명 편역, 인과 관계와 객관적 귀속, 박영사(1985), 108-131면.

54_ Wolfgang Frisch, "Objecktive Zurechnung des Erfolgs-Entwicklung, Grundlinien und offene Fragen der Lehre von der Erfolgszurechnung", *JuS* (2011), S. 210.

55_ Volk, "Kausalität im Strafrecht-zur Holzschutzmittel-Entscheidung des BGH vom 2. 8. 1995", *HStZ* (1995), S. 110. 그러나 대부분의 경우 사실 인과 관계의 판단에 있어 이러한 자연과학적인 관찰은 문제되지 않을 것이다. 왜냐하면 과학적으로 논쟁이 되는 대상이란 실제로는 거의 없기 때문이다. Volk, a.a.O.

56_ Mitsch, "Fahrlässigkeit und Straftat System", *JuS* (2011), S. 109.

이는 비전형적인 인과 과정 검토의 전제가 되며, 협의의 허용된 위험(erlaubte Risiko)은 주의의무 위반과 결부되어 있어 분리되지 않는다고 본다.[57]

둘째, 부진정 부작위범(unechte Unterlassung)과 관련된 논의를 살펴보면, Kölbel은 고의의 부진정 부작위범은 범죄 구성요건적 결과, 결과를 회피하는 부작위, 행위 가능성, 행위 권한, 위험의 현실화, 상황의 상당성(Modalitätenäquivalenz)을 종합하여 구성되며, 귀속의 관점에서 볼 때 가설적인 인과 관계(hypothetische Kausalität)와 위험의 실현(Risikorealisierung)이라는 두 가지의 특별 기준에 의해 부작위와 결과가 연결된다고 본다.[58]

셋째, 중첩 인과 관계(Doppelkausalität)와 귀속 이론과의 관계 문제이다. Röckrath에 의하면 인과 관계 판단의 시금석은 중첩 인과 관계이고, 중첩 인과 관계에서 인과 관계 확정은 일단 조건 공식에 따르며, 이어 규범적 인과 관계 판단을 하여야 한다. 결과에 대한 실제적인 회피 가능성(der tatsächlichen Vermeidbarkeit des Erfolges)이 인과 관계의 핵심인데, 이를 통해 중첩 인과 관계에 있어 추가적이고 규범적인 형량의 보충이 요구되어야 한다고 본다.[59]

2. 객관적 귀속 이론에 대한 반론

위와 같이 객관적 귀속 이론이 독일에서의 다수설의 견해이지만 여기에 대한 비판적인 견해도 있으므로 그중 대표적인 견해를 살펴보기로 한다.

57_ Johannes Kasper, "Grundprobleme der Fahrlässigkeitsdelikte", *JuS* (2012), S. 113.

58_ Ralf Kölbel, "Objecktive Zurechnung beim unechten Unterlassen", *JuS* (2006), S. 314.

59_ Luidger Röckrath, a.a.O., S. 642.

Armin Kaufmann은 객관적 귀속 이론이 결과 발생과 인과 관계라는 두 가지 구성요건 표지를, 행위자의 행위가, 결과 발생 이전에, 위험을 창출하고, 그 위험이 법적으로 비난받아야 하고, 그 위험이 구성요건적 결과로 실현되어야 한다는 나섯 가지 구성요건 표지로 늘렸을 뿐이라고 비판한다. 또한 인과 관계에 있어서 불일치 문제는 객관적 귀속 이론에 의해 해결할 수 없고, 객관적 귀속 이론이 제시하는 생명 단축과 위험 감면 사례도 해석상의 문제일 뿐이라고 본다. 결국 객관적 귀속은 문제를 단순하게 만드는 것이 아니라 오히려 복잡하게 만들고 있고, 객관적 귀속의 척도는 구성요건 유형의 해석에 유용할 뿐이라고 비판한다.[60] Arthur Kaufmann은 위험 증대 이론이 과실범에 있어서 행위자의 인과적이고 의무 위반된 행위가 피해자에 대한 위험을 증대시켰는가 여부가 관건이 됨을 지적하면서, 위험 증대 이론은 그러한 위험을 근거짓거나 증대시키는 것이 왜 불법이 되는지에 대한 본래적인 질문에 대하여는 아무런 답을 하지 않고 있다고 비판한다.[61] Ulsenheimer는 결과 발생의 기회가 잘못된 행위자의 행동에 의하여 허용된 위험보다 높아졌는가의 문제의 경우, 모든 규범 위반은 사전에 행위시에 볼 때에 입법자에 의하여 허용된 위험으로 표시된 관용의 한계를 넘어섰고, 따라서 언제나 위험 증대가 되었다고 보아야 한다고 하면서 위험 증대 이론을 비판하고 있다. 또한 행위자의 의무 위반 행위가 입법자에 의하여 감수된 위험을 증가시켰는가 여부의 문제의 경우, 의무 위반 행위로 인한 위험 증가는 행위자에게 구체적으로 증명되어야 할 문제라고 본다.[62] Kretschmer는 객관적 귀속론이 제시하고

60_ Armin Kaufmann, "Objecktive Zurechnung beim Vorsatzdelkte", *Festschrift für H. H. Jescheck*, 1985/김영환 역, "고의범에서의 '객관적 귀속'?", 이재상 외 2명 편역, 인과 관계와 객관적 귀속, 박영사, 1995, 80-92면.

61_ Arthur Kaufmann, "Kritisches zur Risikoerhöhurgstheorie", *Festschrift für Hans-Heinrich Jescheck zum 70. Geburtstag*, 1985/김영환 역, "위험 증대 이론의 문제점", 이재상 외 2명 편역, 인과 관계와 객관적 귀속, 박영사(1995), 192면.

있는 많은 척도들이 지금까지 계속 논쟁이 되고 있음을 언급하면서, 정당방위 같은 위법성 조각 사유에 있어서 객관적 귀속의 척도가 귀속의 유일한 척도가 아님을 지적한다. 즉, 자기 책임(Eigenverantwortung), 허용된 위험, 규범과 범죄 구성 요소의 보호 목적도 다양한 범죄 구성 요건과 위법성을 평가함에 있어 정당화 근거로 평가되는 하나의 요소일 뿐이라고 비판한다.[63]

　위에서 살펴본 객관적 귀속 이론에 대한 반론을 정리해 보면 다음과 같다. 즉 객관적 귀속론은 고의범의 경우 시사하는 바가 거의 없고, 과실범의 경우도 객관적 귀속 이론이 언급하고 있는 문제점을 이미 과실범 이론에 의하여 해결하였으므로 실제적으로 기여하는 바가 작다는 것이다. 또한 객관적 귀속 이론이 제시하는 귀속의 척도가 너무 추상적이고 규범적이어서 실제로 이를 적용하는 데 어려움이 많다는 것이다.

3. 영미의 인과 관계론과의 비교 및 검토

　객관적 귀속 이론과 영미의 인과 관계론과의 유사점과 차이점 순으로 비교·검토하되 우선 유사점을 살펴보면 다음과 같다.

　첫째, 양자가 사실 인과 관계와 규범 인과 관계를 구분하여 단계별로 평가한다는 기본적인 골격이 같음을 볼 수 있다. 영미의 인과 관계론에 의할 때 사실 인과 관계를 검토한 후 법적(밀접) 인과 관계를 검토하며, 객관적 귀속 이론에 의하면 조건설 내지 합법칙적 조건설에

62_ Klaus Ulsenheimer, "Erfolgsrelevante und erfolgsneutrale Pflichtverletzungen im Rahmen der Fafhrlässigkeitsdelikte", *Juristenzeitung*, 1969/이재상, "과실범에 있어서 결과 관련적 의무위반과 결과 중립적 의무위반", 이재상 외 2명 편역, 인과 관계와 객관적 귀속, 박영사(1995), 212-215면.

63_ Joachim Kretschmer, "Die Rechtfertigungsgründe als Topos der objecktiven Zurechnung", *NStZ* (2012), S. 184.

따라 사실 인과 관계를 검토한 후 규범적 평가 문제인 객관적 귀속 문제를 검토하게 된다.

둘째, 영미의 규범적 인과 관계론에서 제시하는 '상당성', '예견 가능성', '위험 관련성', '개입 원인의 실질성'은 객관적 귀속 이론에서의 '객관적 지배 가능성(예견 가능성)', '허용된 위험, 위험 감소, 경미한 위험, 위험의 증대'와 유사하다.

셋째, 양자는 위와 같은 인과 관계 판단의 일응의 기준을 제시하고 있지만 구체적인 판단을 일응 판례 내지 학설에 맡기고 있음도 유사하다. 즉 미국에서는 인과 관계를 규율하는 모범형법이 있긴 하나 판례법 국가인 영국과 미국은 모두 기본적으로 인과 관계에 대한 구체적인 판단을 판례에 맡겨 두고 있고, 객관적 귀속 이론이 주창되고 있는 독일은 우리나라와 달리 독일형법에서 인과 관계에 관한 명문의 규정을 두고 있지 않아 인과 관계에 대한 구체적인 판단을 학설과 판례에 맡기고 있다.

그러나 양자에는 다음과 같은 근본적인 차이점이 있음을 볼 수 있다.

첫째, 객관적 귀속 이론은 체계 지향적인 사고에서 도출된 이론이고, 영미의 인과 관계론은 문제 지향적 사고에서 유래한 것이다. 객관적 귀속 이론은 '객관적 귀속'이라는 상위 개념을 설정하고, 그 아래에 객관적 귀속의 척도인 '위험의 창출', '위험의 실현', '규범의 보호 목적'을 제시하고 있다.[64] 이에 반하여 영미의 인과 관계론에서는 법원이 구체적인 사건에서 문제 지향적 관점에서 '사리'에 맞고 합당한 인과 관계 판단을 하여 왔고, 그것이 누적되어 오늘에 이르고 있으며, 이를 설명하는 학자들마다 견해가 다르지만, 규범적 인과 관계를 꿰뚫는 원

64_ 김일수, "인과관계와 객관적 귀속", 「변호사」(1998.1), 286-299면.

리로 위와 같은 '상당성', '예견 가능성', '위험 관련성', '개입 원인의 실질성'이 발견되고 있다는 점에서 근본적인 차이점이 있다. 객관적 귀속 이론은 상위 개념으로 '객관적 귀속'을 설정한 후 그로부터 개별적인 귀속의 척도를 설정한다는 점에서 '연역'적인 사고라고 하겠다. 영미에서 구체적인 사건에서 법원이 인과 관계를 판단하는 것을 분석해 보면, 법원은 '선례'에 따라 구체적 사건에서 유사성을 연구하여 이를 적용한다는 점에서 일응 '귀납'적인 사고를 전제로 하고 있다. 이러한 판례들을 학자들이 탐구하고 개별 사례들을 분류하고 이를 일정한 맥락틀, 즉 '상당성' 등의 관념들 속에 넣어 해석하고 재해석화하는 작업을 하고 있으므로, 이러한 학자들의 연구 작업은 '가추'적인 추론 형식이라고 하겠다.[65]

둘째, 영미의 인과 관계론은 판례에 의해 형성하여 왔고, 이를 통하여 일반인들의 '상식'과 '경험'이 축적되어 일상 생활에서 의사 결정 규범으로 작용되고 있음에 반하여 객관적 귀속 이론은 판례에서조차 채택되지 않아 '평가 규범'이나 '의사 결정 규범'으로서 작용하지 않고 있고, 강학상의 이론으로 자리잡고 있다.

셋째, 영미의 판례에서 제시하는 인과 관계의 척도는 매우 구체적이고 이를 학자들이 위와 같은 가추적인 추론 양식에 따라 해석하는 과정에서 일련의 관념으로 추론하고 있음에 반하여, 객관적 귀속 이론은 독일의 판례가 조건설을 취하고 있어 이를 규범적으로 제한하기 위한 필요로 인하여 '객관적 귀속'이라는 상위 개념을 설정하고 그 아래

---

[65]_ 오늘날 설명적 사회과학을 위하여 네 가지 추론 양식이 제시되고 있다. 즉 연역, 추론, 가추, 역행추론이 그것인데, '가추(abduction)'란 맥락적 틀이나 일련의 관념들 속의 개별 현상들을 해석하고 재맥락화함을 말하고, '역행추론'이란, 구체적인 현상들에 대한 서술과 분석으로부터 이러한 현상들을 바로 그것이게 하는 기초적인 조건들을 재구성하는 것을 말한다. Berth Danermark, *Explaining Society—Critical Realism in the Social Science*, StudenHitteratur, 1997/이기홍 역, 새로운 사회과학방법론—비판적 실재론의 접근, 도서출판 한울, 2009, 138-139면.

에 객관적 귀속의 척도들을 제시하고 있다. 그러나 그 귀속의 척도가 위에서 보듯 매우 추상적이고 지나치게 규범적이어서 실제 사건에서 이를 적용하기가 매우 어렵다고 평가되고 있다.

4. 객관적 귀속 이론의 평가

위에서 살펴보았듯이 객관적 귀속 이론이 인과 관계를 사실 관계와 규범 관계를 나누어 살피고 있는 것은 의미가 있다고 하겠다. 그러나 객관적 귀속론이 제시하는 구체적인 귀속의 척도들은 그 이론적인 면에서도 이를 취하기 어려운 점이 많고, 또 이를 실제 사건에 적용함에도 어려운 점이 있음을 살펴보았다. 이하에서는 이러한 이해와 검토를 토대로 하여 형법 제17조의 해석론을 전개하도록 하겠다.

V. 형법 제17조의 해석과 인과 관계

형법 제17조의 해석과 관련하여 판례는 상당 인과 관계설을, 학설은 객관적 귀속 이론과 상당 인과 관계설을 지지하는 견해로 나누어져 있다. 독일과 달리 우리 형법(제17조)에서 인과 관계에 대한 명문의 규정을 두고 있으므로 이하에서는 형법 제17조의 해석론을 전개함에 있어서 먼저 국내의 논의를 검토해 보고, 여기에 대한 필자의 견해를 피력하고, 형법 제17조에서 밝히고 있는 '위험' 개념에 대하여 살펴본 후, 형법 제17조의 해석론을 전개하고자 한다.

1. 논의의 현황과 평가

(1) 국내의 논의

객관적 귀속 이론이 1980년대 국내에 소개된 이후 현재까지 다수가 이를 지지하고 있으며, 이러한 연유로 우리나라에서는 정작 객관적 귀속 이론의 발생지인 독일에서와 달리 이에 대한 치열한 법리적인 반박은 보이지 않는다. 객관적 귀속 이론이 지지되고 있는 논거를 살펴보면 크게는 아래의 세 가지로 나누어 볼 수 있다.

첫째, 사실 인과 관계와 규범적인 평가의 문제인 객관적 귀속의 문제는 구분하여 검토할 필요가 있다는 점이다. 즉 행위와 결과 사이의 연관성 문제는 일상적인 경험과 지식에 기초하여 자연법칙적인 관련성을 검토하고, 이와 별개로 일정한 결과를 행위자에 대한 작품(Werk)으로 돌릴 수 있느냐에 대한 평가의 문제는 규범적인 가치 판단의 문제이므로 이를 구분할 필요가 있다는 점이다.[66]

둘째, 상당설의 '상당성'의 개념이 애매하고 불확정적이라고 본다.[67] 즉 상당설에 따른 '상당성', '예견 가능성'은 상황에 따라 구체적인 의미를 밝히는 것이 필요하며,[68] 객관적 귀속 척도에 따른 체계론적 연구는 결과적으로 실무상 발생하는 구체적인 사안의 해결에 기본 지침을 제시할 수 있다고 본다.[69]

셋째, 객관적 귀속론의 논의의 출발점은 부작위범이고, 부작위범은 외계에 변화를 야기하는 '실질적인 힘'의 작용이 없으므로 자연과학적 인과 관계가 존재하지 않고 단지 '작위 의무의 이행'이라는 가설적 행위와 결과 사이의 논리적인 조건 관계만을 생각할 수 있다고 본다.[70] 즉, 부작위범에 대하여 형법상 책임을 지우려면 부작위와 결과 발생 사이의 인과 관계를 규범적 차원에서 평가해야만 한다는 것이다.[71] 이러한 논지에서 방조범

66_ 김일수, 주 64)의 논문, 269-284면.
67_ 김두원, "인과 관계와 객관적 귀속에 관한 연구 — 법원의 판단과 객관적 귀속 이론의 구체적 고찰 —", 「법정논총」제43권, 통권 제57집(2008), 36면.
68_ 이경렬, "형법상의 인과 관계", 「성균관법학」(2002.7), 352면.
69_ 조기영, "구성요건과 위법성의 구분", 「형사법연구」(2010 · 가을), 136면.
70_ 원형식, "부진정 부작위범의 인과 관계와 객관적 귀속", 「중앙법학」제12집 제4호(2010.12), 114면.

에서의 인과 관계 역시 수정된 인과 관계 즉 "만일 방조 행위가 없었더라면 그러한 구체적인 정범 결과는 발생하지 않았을 것이다"라는 기준에 의하여 판단하게 되고, 방조범에서 객관적 귀속이 인정되기 위해서는 방조 행위에 의해 위험이 승대하여야 하고, 그 위험의 승가가 법률상 허용되지 않아야 한다는 것이다.[72]

그러나 객관적 귀속 이론를 반박하는 견해도 다수 있고, 그 논거를 살펴보면 아래와 같이 크게 세 가지로 나누어 볼 수 있다.

첫째, 형법 제정 당시 우리나라의 학설과 판례가 위험 개념을 핵심으로 하는 상당 인과 관계설을 수용하고 있었다는 역사적인 해석론의 입장이다.[73] 즉 형법 제정을 담당한 엄상섭 의원도 상당 인과 관계설을 소개하면서 "무한히 확장할 수 있는 인과관계를 제한하는 요소로서의 고의와 과실을 포괄하는 요소인 인식 가능성이 가능할 수 있다"고 하였고,[74] 형법 제정 당시 우리나라의 학설과 판례가 상당 인과 관계설을 수용하고 있었고 객관적 귀속 이론을 알지 못하였다는 것이다.

둘째, '객관적 귀속'이라는 심사를 하지 않더라도 기존의 범죄 체계의 심사에 따라 가벌성이 탈락되는 경우에 대한 해석이 가능하다는 것이다.[75] 즉 객관적 귀속론이 제시하는 문제는 종래의 범죄론에 의하여 처리할 수 있다고 본다. 이에 의하면 상당성 판단은 법질서의 입장에서보다 그 행위를 그 결과로 귀속시키는 것이 상당한 것인가에 대한

71_ 김두원, 주 (67)의 논문, 12면.
72_ 원형식, "방조범의 인과 관계와 객관적 귀속," 「형사법연구」 제21권 제3호, 통권 제40호(2009 · 가을), 226면.
73_ 김소현, "형법상 위험 개념에 관한 연구," 영남대학교 박사학위논문(2005), 47면.
74_ 엄상섭, "책임 조건의 정형화," 「법조협회학지」 제3권 제3호(1954), 22-23면.
75_ 임석원, "객관적 귀속에 관한 의문점과 해석의 방향," 「형사법연구」 제22권 제2호, 통권 제43호(2010 · 여름), 180면.

규범적 판단이며, 상당성 판단은 '경험적 통상성'과 '객관적 예측 가능성'으로 하는 것인데 여기서 '객관적 예측 가능성'은 당해 사안에 있어서 개별적 · 구체적으로 검토하여 유형화 작업을 하여야 하는 것이라고 비판한다.[76]

셋째, 객관적 귀속 이론이 제시하는 귀속의 척도가 매우 추상적이고 규범적이라는 것이다. 즉 객관적 귀속 이론이 제시하는 위험 창출의 요건은 행위 불법에 가까운 포괄적인 판단이 되고 매우 불명확하며, 위험 증가의 원리에 있어 '위험'이 어느 정도에 이르러야 하는지 불명확하다는 것이다. 또한 규범의 보호 목적 이론의 경우 과실범에 있어서 규범의 보호 목적과 같은 포괄적인 가치 판단이고 극히 불분명하고 새로운 기준 제시가 없고, 사례 유형마다 고려되어야 할 기존의 법리를 지시하는 역할 외에 따로 의미가 없다는 것이다.[77]

(2) 객관적 귀속 이론의 검토

위에서 인과 관계에서 사실 관계와 규범 관계를 구분하여 단계별로 검토하여야 함을 살펴보았고, 이러한 견지에서 객관적 귀속 이론이 상당한 진전을 이루었다고 평가된다. 또한 여러 가지 이론적 난점이 지적되고 있음에도 불구하고 규범적인 평가 단계에 있어 구체적인 판단의 기준을 제시하고 있다는 점도 높이 평가될 만하다. 객관적 귀속 이론의 문제점은 위에서 살펴본 독일에서의 논의와 국내에서의 논의를 통해 어느 정도 드러났다고 보지만 추가로 몇 가지 문제점을 짚어 보면 다음과 같다.

첫째, 객관적 귀속 이론은 위에서 살펴보았듯이 1927년 독일의 Larenz가 민법상의 부작위 문제와 관련하여 상당 인과 관계설에 있어

76_ 도중진, "형법에 있어서 상당인과관계와 객관적 귀속," 「비교형사법연구」 제2권 제2호(2012.12), 26면.
77_ 이종원, "객관적 귀속이론," 「법학연구」 제4집(2000.1), 21-22면.

서의 상당성의 인과 요소로서의 성격을 부정해서 결과를 행위자의 행위로 귀속시키는 객관적 귀속 요소로서만 그것을 기초지을 수 있다는 주장을 하였다. 이에 영향을 받은 Honig가 행위와 결과 사이의 관련성은 자연적이거나 논리적인 관계가 아니라 행위자에게 책임을 지우기 위한 귀속의 문제라고 주장하였다. 여기에서 부작위범의 경우, 작위범의 경우와 같이 결과를 야기한 것이 아니고 사물을 그대로 내버려 둔 것으로 본다. 즉, '원인'과 '작용력(힘)'을 하나로 보는 자연주의적 관점에서 볼 때 외부 세계에 어떠한 인과적 변경도 가한 것이 아니라고 보았다. 이러한 논리는 실체이원론의 논리에 입각하고 있는 것이다. 실체이원론의 대표라 할 데까르뜨는 정신적인 것과 물리적인 것은 서로 다른 실체에 속하고 이질적인 것으로 보았다. 데까르뜨의 실체 개념에 따르면 두 영역간을 교차하는 인과적 상호작용은 발생할 수 없는 것이어야 한다.[78] 그러나 인간의 정신 현상은 신경생리적으로 규명되고 있다.[79] 정신적인 것과 물리적인 것은 서로 다른 실체 속에 속한다는 실체이원론에 의하면 작위범의 경우 '고의'라는 실체를 인정할 수 없게 된다. 만일 정신 인과가 발생한다면, 두 영역은 더 이상 '두 영역'이 아닌 동일한 하나의 영역으로 보아야 한다. 데까르뜨는 '송과선(pineal gland)'이라는 것을 도입하여 이를 심신 인과적으로 상호작용이 일어나는 유일한 예외 영역으로 삼으려고 하였지만, 이러한 미봉책으로는 이원론이라는 틀이 무너지는 것을 막을 수 없었다.[80] 또한 인간의 심적 작용이란, 일종의 정보 변환과 조작 및 계산이고, 이러한 심적 작용 역시 그 본질과 작동 특성에 접근할 수 있고, 이러한 접근은 여러 학문이 공동하여 수렴적으로 접근할 수 있다고 보고 있다. 이를 인지과학(cognitive science)이라고 한다.[81] 이러한 이해를 토대로 인간의 사고와

78_ 박도형, "심리철학과 심신문제" 강신익 외 18명, 과학철학―흐름과 쟁점, 그리고 확장, 창비, 2011, 385면.

79_ 박도형, 위의 논문, 395면.

80_ 박도형, 위의 논문, 384면.

의식, 판단 작용은 규명될 수 있고, 또 규명이 가능하다.[82] 따라서 이러한 이론 틀에 의하여 부작위범의 '행위'를 다시 평가하여야 할 것이다. 현재 인간의 뇌의 신경계의 구조와 인지 작용은 뇌파 측정, 뇌의 단층 촬영, 자기공명 촬영기법, 양전자 방출 단층 촬영, 기능적 자기공명법으로 인간의 인지작용을 측정하고 있다. 이러한 기법 외에도 다학제적 접근 방법(심리학, 신경과학 등)을 통해 인간의 사고, 특히 의사 결정 과정이 점차 밝혀지고 있다.[83] 따라서 객관적 귀속 이론의 출발점인 부작위범에 있어서 어떠한 인과적 변경이 없었다는 논리는 더 이상 성립할 수 없다고 할 것이다.

둘째, 객관적 귀속 이론에는 인과 관계가 형사 책임의 핵심이 되며, 평가 규범으로서뿐만 아니라 의사 결정 규범으로서 작용한다는 점을 간과한 측면이 있다. 객관적 귀속 이론은 '객관적 귀속'이라는 상위 개념 아래에 '위험의 창출', '위험의 실현', '규범의 보호 목적'이라는 척도를 제시하고, 다시 그 척도 아래에 '허용된 위험의 원칙' 등 10여 개의 세부 척도를 제시하고 있는데, 그러한 척도들이 지극히 추상적이고 규범적이어서 실제 재판을 하는 법관이나 배심원으로서는 구체적 사건에서 위와 같은 척도를 이해하고 이를 적용하여 인과 관계 유무를 판단하기 어렵다는 사실이다. 나아가 도덕적 책임에 근거한 형법 역시 인과 관계에 기초하고 있으며 형법상의 인과 관계는 일반 시민의 도덕 내지 법적 행동의 잣대가 되는데, 위와 같은 매우 추상적이고도 규범적이고 복잡한 척도를 일반 시민들이 이해하고 그들 행동의 준칙으로 받아들이는 것을 기대하기 어렵게 하고 있다.

셋째, 객관적 귀속 이론은 지나치게 체계 지향적이라는 사실이다.

81_ 이정모, 인지과학, 성균관대학교출판부, 2010, 104-105면.
82_ Robert J. Sterberg, *Cognitive Psychology*, Thomson, 2005/김민식 외 2명 역, 인지심리학, 박학사, 2005, 36-37면.
83_ Heung-Il Suk, Seoung-Whan Lee, "A Novel Bayesian Framework for Discriminative Feature Extraction in Brain-Computer Interfaces", *Transaction on Pattern Analysis and Machine Intelligence* (2012.9), pp.27-30.

Honig의 귀속 이론을 위험 증대이론으로 발전시킨 Roxin은 그의 이론이 분열되어 있는 해석상을 일시에 하나의 형법 체계의 장으로 모으리라고 희망하였다. 형법이 통일적인 체계를 구축하지 못할 경우 평가 규범으로서 정합적인 사법 판단을 기대할 수 없고, 수범자에게 올바른 행위 규준을 제시할 수 없다. 그러나 인간의 행동에 대한 인과 관계론은 인간 행동의 '목적 지향성'을 전제로 하여 그의 행동을 목적에 따라 계획하고 조절할 수 있도록 '설명'하도록 해야 하고, 또 그러한 인과 관계는 물리 영역에서와 같은 조건 관계가 아닌 '상당'하고 '밀접'한 인과 관계를 이루어야 할 뿐만 아니라, '범주적인 판단'을 하는 인간에 초점을 맞추어 구체적인 사건에서 쉽게 '이해'할 수 있고, '예측'할 수 있는 경험적인 규준을 제시하여야 한다. 객관적 귀속 이론이 제시하는 척도라는 것도 인간의 누적된 역사와 경험칙에 비추어 이러한 사례에서 이렇게 인과 관계가 연결되는 것이 합당하다는 사리에 근거하여 규범적인 기준을 제시하고 있는 것일 뿐이다. 나아가 이렇게 제시된 척도가 구체적이고 개별적인 사건들을 해석하고 재맥락하여 설명한 것이 아니라, '객관적 귀속'이라는 상위개념 아래에서 연역해 낸 것이다. 즉, 구체적인 사건에 대한 인과 관계에 대한 법원의 판단은 일응 시민들의 행동 준칙이 되고 그것이 누적되면 일반 시민의 행동의 규준과 도덕률로 자리잡게 되는 것인데, 이러한 경험적인 인과 관계론의 속성을 도외시하고 일시에 창안한 방법으로 인해 지나치게 체계 지향적이 되고 있다는 점이다. 즉 인과 관계 이론은 현상들에 대한 포괄적인 법칙이 아니라 포괄적이고 상례적인 법칙을 '설명'하는 법칙이어야 하며, 이러한 일반적 법칙은 시행착오를 거치면서 '실용적 진화'를 하여야 한다. 이러한 관점에서 객관적 귀속 이론이 인간 행동에 초점을 맞추는 '행위자 모형'에 있어 어느 정도 유형화를 이룩하였지만 실제 인과 관계 문제에 이르러서는 수범자들이 '이해'할 수 있고, '예견 가능'하고, '경험'이고, '합리적'인 원리에 도달하거나 설명하는 데 실패하였다고 평가되는 것이다.

넷째, 독일에서는 우리 형법 제17조와 같은 인과 관계에 관한 명문의 규정을 두고 있지 않고 판례가 조건설에 따르고 있어 규범적 제한을 가할 필요가 있지만, 우리 형법 제17조에서는 '위험 발생에 연결'이라는 규범적 표지를 제시하고 있고 '객관적 귀속'이라든가 '위험의 증대'라는 규범 표지를 사용하고 있지 않다는 점이다. 그러므로 '위험 발생에 연결'이라는 규범을 어떻게 해석할 것인가를 다루어야 하지, 동조가 제시하고 있지도 않은 '객관적 귀속'이라는 상위 개념과 이에 따른 귀속척도들을 그대로 수용할 수는 없다는 점이다.[84]

2. 형법 제17조의 '위험' 개념

형법 제17조는 "어떤 행위라도 죄의 요소되는 위험 발생에 연결되지 아니한 때에는 그 결과로 인하여 벌하지 아니한다"라고 규정하고 있다. "어떤 행위라도 … 그 결과로 인하여"는 행위와 결과 사이에 있어야 할 사실 인과 관계를 말한다고 볼 수 있고, 이 점에 있어서는 학설간에 큰 이견이 보이지 않는다. "어떤 행위라도 죄의 요소되는 위험 발생에 연결되지 아니한 때에는"의 해석을 두고 학설간에 실질적인 다툼이 있다. 상당 인과 관계설을 지지하는 측에서는 이를 '상당 인과 관계론'에서의 '객관적 위험 개념'을 가르킨다고 주장하고 있고,[85] 객관적 귀속 이론에서는 이것이 '객관적 귀속'을 가르킨다고 주장하고 있다.[86] 그러므로 동조의 '위험'을 어떻게 이해하는지가 인과 관계론의 전개의 전제가 된다고 할 것이므로 이하에서는 이 점에 대하여 살펴보기로 한다.

우리 형법은 제10조(심신장애자), 제17조(인과 관계), 제18조(부작

84_ 물론 이 점의 경우 위에서 본 바와 같이 '객관적 귀속 이론'이 제시하는 척도들이 동조의 해석에 합치하느냐의 문제로 귀결되므로 이 점에 대하여는 '위험'의 개념을 다루면서 검토하기로 하겠다.

85_ 조상제, "형법 인과관계 규정(형법 제17조)의 개정방안에 관한 연구," 「고려법학」 제49호(2007.10), 972-973면.

86_ 김일수, 주 64)의 논문, 299면.

위범), 제27조(불능범)에서 '위험'이라는 개념을 사용하고 있고, 각칙인 제166조 제2항, 제261조 등에서 '위험'을 범죄 구성요건 요소로 사용하고 있다. 일반적으로 '위험'이란 사회통념적 의미에 비추어볼 때 일정한 해악이 근접하고 있는 상태를 말하고, 이러한 사회통념적 의미란 사회 정상인 각자의 고유한 경험 지식에 바탕을 둔다고 할 수 있다.[87] 통설에 따르면 위험 개념은 개연성(Wahrscheinlichkeit)와 유해성(Schädlichkeit)의 두 가지 요소로 이루어져 있으며, 이를 통합하여 장래의 '법익 침해의 가능성'으로 이해하고 있다.[88] 이를 두고 상당 인과관계설에서는 행위와 결과 사이에 추상적인 인과 관계, 즉 상당 인과관계가 존재하면 위험이 존재하다고 판단해야 한다고 주장한다. 즉, 행위가 실제로 그러한 결과를 발생시키기에 적합한 성질을 지닌 것이라면 그러한 행위가 행하여진 경우에 결과 발생된 법익 침해의 위험이 존재한다고 말할 수 있다는 것이다.[89] 또한 형법 제정 당시 우리나라의 학설과 판례에서 이미 위험개념을 핵심으로 하는 상당설을 수용하고 있었으므로 '역사적 해석' 방법에 의할 때 동조는 상당 인과 관계설에서 말하는 위험 개념으로 이해하여야 한다고 주장한다.[90] 즉 이에 의하면 형법 제17조의 '위험 발생'이란 '법익 침해가 발생할 수 있는 가능성'을 말하고 상당설의 '상당성'과 같은 규범적인 기준을 통하여 판단하여야 한다는 것이다.

생각건대 문언의 의미는 논리적 · 역사적 · 목적론적 해석에 의해 보충되어야 하며 이러한 해석 방법은 상호 의존관계에 있다. 현존하는

87_ 박상원, "위험개념의 구조와 그 분석,"「영남법학」제2권, 제1 · 2호(1995.11), 37면.

88_ 안원하, "형법상의 위험 개념,"「법학연구」제48권 제1호(2007.8), 713-714면; 이건호, "형법 제17조의 '위험발생'의 의미와 상당인과관계설,"「형사법연구」제17호(2002.7), 26면.

89_ 이건호, 위의 논문, 26면.

90_ 김태명, "형법상 위험개념과 형법해석,"「성균관법학」제14권 제1호(2002.7), 128면.

네 가지 해석 기준에서 도출된 결과는 서로 동등한 가치를 가지고 있고 법관은 각 해석의 결과를 형량하여 어느 것이 법문의 의미에 보다 적합한지 결정하여야 한다. 그러나 이러한 해석 기준에 따른 결론이 서로 다른 결과를 도출하거나 어떤 것을 합리적인 해석 결과로 택해야 할지 혼돈되는 경우에는 법목적론적 의미가 우선된다고 본다.[91] 법률의 해석에 중요한 것은 법률에 표현되어 있는 입법자의 객관적 의지이다. 즉 법률의 객관적 의미를 밝힌다는 것은 입법자가 법률 속에 담고 있는 가치를 고려하여 어디까지 법 문언의 의미 내에 포함되는가 여부를 판단하는 것이기 때문이다.[92] 그러므로 형법 제정 당시 우리나라의 학설과 판례가 이미 위험 개념을 핵심적인 내용으로 하는 상당설을 수용하고 있었다고 하여 동조를 상당설에서의 '위험'개념으로 이해하여야 한다고 볼 수는 없다.[93] 즉 동조에서 밝히고 있는 위험이란 법익 침해 내지 결과 야기에 대한 위험이라고 이해함이 입법자의 객관적 의지라고 할 것이다.

91_ Kristian Kühl, *StGB*, 27. Aufl., 2011, §1 Rn. 6.

92_ 同旨, 최석윤, "형법 해석의 한계—허용된 해석과 금지된 유추의 상관관계—", 한국형법학의 새로운 지평(심온 김일수교수 화갑기념논문집)(2006), 648면; 권영법, "형법해석의 한계—허용된 해석과 금지된 유추의 상관관계—", 한국형법학의 전망(심온 김일수교수 정년기념논문집)(2011), 244-245면.

93_ 역사적·주관적 해석 방법은 입법 의도가 비교적 분명할 때 활용될 수 있는 것이다. '목적론적 해석' 방법은 법질서에서 객관적으로 요구된 이성적인 목적에 따라 법규의 의미를 찾는 해석 방법론으로 단지 과거의 입법자의 결정에 종속되는 것이 아니라 현재의 법 상황에 따라 입법의 취지를 새롭게 밝혀내는 기능을 가진 것이다: 최영승, "피의자신문에 있어 적법절차에 관한 연구, 경희대학교 박사학위논문, 2003, 8면. 이에 비추어 보면 형법 제정 당시 학설과 판례에서 위험 개념을 핵심으로 하는 상당설을 수용하고 있었다는 사정만으로 입법 의도가 분명하게 '상당설'에 입각하여 있다고 보기 어렵다 할 것이다. 위와 같이 '위험'이라는 개념이 형법 총칙과 각칙에 걸쳐서 규정되어 있다는 사실 등을 아울러 살필 때 객관적으로 요구된 이성적인 목적에 따라 위험 개념을 오늘날 다시 해석하여야 하는 것이다.

3. 형법 제17조의 해석론

앞에서 인과 관계 본질론에서 인과 관계란 '사건의 설명 가능성', '근접성', '상당 관계'를 의미한다는 사실과 인간의 행위를 대상으로 하는 사회과학에서 인과 관계란 일단의 가정과 선행조건이 충족되었을 때 성립되는 '개연성 관계'로 받아들임을 살펴보았다. 인과 법칙이란 현상 등에 대한 포괄적이고 상례적인 법칙을 '설명'하는 법칙이어야 하고, 인과 법칙은 이러한 '설명적 기능'에 의해 정당성을 획득한다. 또한 인과 관계론은 인간 행동의 목적성을 전제로 범주적인 판단을 하는 인간의 행동 특성을 고려하여 인간의 행동을 계획하고 조절할 수 있도록 설명해 주어야 한다. 영미의 인과관계론에서는 사실 인과 관계와 법률 인과 관계를 나누고 '상당성', '예견 가능성', '위험 관련성', '개입 원인의 실질성'을 기준으로 판단하여 오고 있다. 우리나라의 다수설이 지지하고 있는 객관적 귀속 이론이 인과 관계를 사실 인과 관계와 규범 인과 관계로 나누어 단계별로 검토하고 있고, 여러 가지 이론적인 난점이 있음에도 불구하고 규범적 평가 단계에 있어 구체적 판단 척도를 제시하는 등 상당한 진전을 이루었다는 사실도 살펴보았다. 그러나 객관적 귀속 이론이 기본적으로 체계 지향적이고, 제시하고 있는 척도들이 지나치게 규범적일 뿐만 아니라 추상적이고, 또 매우 복잡하여 일반시민들이 이를 이해하고 그들의 행동 준칙으로 받아들이는 것을 기대하기 어렵게 한다. 나아가 평가 규범으로서 판사나 배심원들로 하여금 구체적인 사안에서 이를 기준으로 판단하기 어렵게 하고 있다는 이론적인 난점이 있다. 우리형법에서는 독일과 달리 인과 관계에 관한 명문의 규정을 두고 있으므로 이를 인과 관계론 전개에 있어 출발점으로 삼아야 할 것이다. 형법 제17조의 "어떤 행위라도 … 그 결과로 인하여"는 행위와 결과 사이에 있어야 할 사실 인과 관계를 말한다고 하겠다. "어떤 행위라도 죄의 요소되는 위험 발생에 연결되지 아니한 때에는"을 두고 상당 인과 관계론에서는 '객관적 위험 개념'을 가르킨다고 주장하고 있고, 객관적 귀속 이론에서는 '객관적 귀속'을 가르킨다고 주장하고 있다. 그러나 일반적으로 위험이란 사회통념적 의미에 비추어볼 때 일정한 해악에 근접하는 것을 말하므로 그 위험은 '객관적 기대 가능성'과 '상당성'의 의미를 내포한 것이라고 하겠고, 목적론적 해석에 의할 때 동조가 상당 인과 관계론의 입장에 서 있다고 해석할 수는 없다고 하겠다. 이러한 검토를 토대로 하여 형법 제17조를 해석하면 다음과 같다.

첫째, 동조의 "어떤 행위라도 ⋯ 그 결과로 인하여"는 사실 인과 관계를 말한다. 이러한 사실 인과 관계는 '피고인의 행위가 없었더라면 결과가 발생하였을 것인가'의 조건 관계 검토를 말하며, 이러한 검토는 일상 생활에서의 경험칙에 따라 판단하게 된다.

둘째, "어떤 행위라도 죄의 요소되는 위험 발생에 연결되지 아니한 때에는"은 규범적 인과 관계, 즉 동조가 밝힌 바와 같이 위험 발생에 연결되는지 여부를 기준으로 삼아야 한다. 이러한 '위험 발생에의 연결'이란, 원인 행위의 결과 발생에 대한 상당성과 객관적 기대 가능성을 기준으로 판단함을 말한다. 즉 피고인의 행위가 상당한 결과를 거쳐 결과를 야기하였는지 여부를 기준으로 판단하되, 객관적인 기대 가능성이 없을 경우 인과 관계가 단절된다고 보아야 할 것이다. 즉 피해자 본인이나, 제3자, 피고인 자신, 자연재해의 개입의 경우 '객관적 기대 가능성'과 '상당성', '개입 행위의 실질성'[94]을 기준으로 인과 관계 단절 여부를 판단한다. 즉 피고인이 행위할 당시의 객관적 사정을 종

94_ 원인 행위의 결과 야기에 대한 상당성이란 환언하면 개입 행위가 있을 경우 원인 행위보다 개입 행위가 실질적으로 더 심각한 경우에는 상당성을 인정할 수 없다는 것을 의미하므로, '상당성'의 개념에서 '개입 행위의 실질성'이란 기준을 도출해 낼 수 있다고 본다. 이러한 기준을 판단함에 있어 영국과 미국의 인과 관계론에서 살펴본 인과 관계 단절에 대한 구체적인 사례들을 가추적인 추론 방법에 따라 적용한다는 점에서 체계적이고 문제 중심적인 사고를 종합하게 된다.

합할 때의 결과에 대한 기대 가능성과 원인 행위의 결과 야기에 대한 상당성, 개입 행위의 실질성을 종합하여 인과 관계 단절 여부를 판단 하게 된다.

4. 구체적 사례에의 적용

위와 같이 설정된 기준을 인과 관계가 문제되었던 사례 중 고의범 과 과실범에 대한 대표적인 아래 사례에 적용하여 검토해 보면 다음과 같다.

(1) 대법원 1990.5.22. 선고 90도580 판결

피고인 甲이 야간에 오토바이를 운전하다가 도로를 무단횡단하던 피해자 乙을 충격하여 피해자로 하여금 위 도로상에 전도케 하고, 그 로부터 약 40초 내지 60초 후에 다른 사람이 운전하던 타이탄 트럭이 도로 위에 전도되어 있던 피해자 乙을 역과하여 사망케 한 사건에서, 대법원은 피고인 甲이 전방좌우의 주시를 게을리한 과실로 피해자 乙 을 충격하였고 나아가 이 사건 사고 지점 부근 도로의 상황에 비추어 야간에 피해자 乙을 충격하여 위 도로에 넘어지게 한 후 40초 내지 60 초 동안 그대로 있게 한다면 후속 차량의 운전사들이 조금만 전방 주 시를 태만히 하여도 피해자를 역과할 수 있음이 당연히 예상되었던 경 우라면 피고인 甲의 과실 행위는 피해자 乙의 사망에 대한 직접적인 원인을 이루는 것이어서 양자 사이에는 상당 인과 관계가 있다고 판시 하였다.

먼저, 사실 인과 관계를 검토하면, 甲의 행위와 乙의 사망간에는 경험칙상 甲의 행위가 없었더라면 乙의 사망이 없었을 것이라는 조건 관계가 성립하므로 사실 인과 관계는 인정된다.

두 번째로, 규범 인과 관계를 검토하면, 사고 당시의 객관적 상황 에 비추어볼 때 야간에 乙을 방치하였을 경우 다른 차량에 의하여 역과할 수 있음이 예상되었고, 타이탄 트럭의 개입 행위, 즉 타이탄 트럭 운전자의 과실이 甲의 과실보다 실질적으로 더 심각하지 않았다고 판단되면 甲의 행위와 그의 과실치사라는 결과와 사이에 규범적 인과 관계가 인정된다.[95]

(2) 대법원 1994.3.22. 선고 93도3612 판결

가해자인 甲을 포함한 5명이 각목과 쇠파이프로 피해자의 머리와 몸을 마구 때리고, 낫으로 팔과 다리 등을 닥치는 대로 여러 차례 힘껏 내리 찍었고, 비록 피해자들의 머리나 가슴 등 치명적 부위를 낫이나 칼로 찌르지는 않았다고 하더라도 쇠파이프와 각목으로 피해자들의 머리와 몸을 마구 때리고 낫으로 팔과 다리를 난자한 결과 곧바로 죽지 않고 입원하여 치료를 받게 되었다. 피해자는 자상으로 인하여 급성신부전증이 발생되어 치료를 받다가 다시 패연 패혈증 범발성혈액응고장애 등의 합병증이 발생하였다. 피해자는 외상으로 인하여 급성신부전증이 발생하였고 또 소변량도 심하게 감소된 상태였으므로 음식과 수분의 섭취를 더욱 철저히 억제하여야 하는데, 이와 같은 사실을 모르고 콜라와 김밥 등을 함부로 먹은 탓으로 체내에 수분저류가 발생하여 위와 같은 합병증이 유발됨으로써 사망하게 되었다. 이에 대하여 대법원은 살인의 실행 행위가 피해자의 사망이라는 결과를 발생하게 한 유일한 원인이거나 직접적인 원인이어야만 되는 것은 아니므

95_ 위 사건에서 대법원은 '객관적 기대 가능성'만을 기준으로 하여 인과 관계를 판단하고 있다. 그러나 위에서 설정한 기준에 의하면 사실 인과 관계에서 조건관계를 검토한 후, 객관적 예견 가능성과 개입 행위의 실질성을 기준으로 규범 인과 관계를 판단하게 되며, 위에서 보듯 '객관적 예견 가능성'만으로 판단할 경우 규범 인과 관계 판단에 대한 논증이 미흡하게 됨을 알 수 있다. 객관적 귀속 이론에 따르면 '위험의 창출', '위험의 실현, '규범의 보호 목적'에 따라 판단하게 되나 위와 같은 기준은 행위자가 행위 당시에 이해하기도 어렵고 또 위와 같은 기준이 과실범에서 다루어야 할 '규범의 목적' 판단과 어떤 차이가 있는지 불분명하게 된다.

로, 살인의 실행 행위와 피해자의 사망과의 사이에 다른 사실이 개재되어 그 사실이 치사의 직접적인 원인이 되었다고 하더라도 그와 같은 사실이 통상 예견할 수 있는 것에 지나지 않는다면 살인의 실행 행위와 피해자의 사망과의 사이에 인과 관계가 있는 것으로 보아야 한다고 전제한 뒤, 살인의 실행 행위와 피해자의 사망과의 사이에 다른 사실이 개재되어 그 사실이 치사의 직접적이 원인이 되었다고 하더라도 그와 같은 사실이 통상 예견할 수 있는 것에 지나지 않는다면 살인의 실행 행위와 피해자의 사망과의 사이에 인과 관계가 있는 것으로 보아야 할 것이라고 판시하였다.

위 사건은 피해자 자신의 개입 행위가 있는 경우이다. 먼저 사실 인과 관계를 살펴보면, 가해자들의 가해 행위와 피해자의 사망 사이의 조건 관계는 인정된다고 할 것이다. 둘째, 규범 인과 관계를 살펴보면, 행위 당시의 객관적 사정, 즉 가해자들의 구타 정도와 낫으로 난자한 사실 등을 종합한다면 사망이라는 결과를 예견할 수 있었다고 할 것이다. '개입 행위의 실질성'을 살펴보면, 피고인 자신의 개입, 즉 콜라와 김밥을 먹어 합병증을 유발된 사실이 가해자들의 가해 행위보다 실질적으로 더 심각하였다고 볼 수는 없다고 하겠다. 대법원은 피고인 자신의 개입이 '통상 예견할 수 있었던 것'이라고 판시하고 있으나 이러한 피해자 자신의 개입 사실을 가해자들이 통상적으로 예견할 수 있었다고 할 것이 아니라 가해자들은 가해로 인하여 사망한다는 사실을 예견할 수 있었다고 보아야 할 것이고, 피해자 자신의 개입 경우 '개입 원인의 실질성'이라는 기준으로 판단함이 설득력 있는 논증이 된다고 하겠다.

VI. 결 어

형법상 인과 관계는 사실 관계와 규범 관계로 나누어 살펴보아야 한다. 경험칙에 따른 판단은 사실 인과 관계 검토 단계에서 하여야 할 것이고, 이러한 검토를 한 후 인간의 동기와 행위의 목적성에 따른 규범적 판단을 하여야 할 것이다. 인과 관계를 설명하는 법칙은 행위자가 이해하고 예측할 수 있는 것이어야 한다. 즉 무엇이 범죄가 되는 행위인지 여부에 대하여 일반 시민들이 쉽게 이해할 수 있어야 하며, 그 설명은 범주적 판단을 하는 인간의 속성에 맞는 척도이어야 하고, 나아가 그 척도는 재판을 하는 법관이 평가의 기준으로 삼을 수 있고, 사실 판단을 하는 배심원들에게도 쉽게 설명될 수 있어야 한다. 그러나 형법 제17조를 중심으로 한 인과 관계론에서 이와 같은 인과 관계의 본질에 대한 이해와 인과 관계의 평가 규범과 의사 결정 규범에 대한 이해 내지 이를 전제로 한 실질적인 논의의 전개가 없었다.[96] 이에 본 장에서는 인과 관계 본질론에 대하여 검토를 하였으며 문제 중심적으로 접근하는 영국과 미국에서의 인과 관계론을 검토하였다. 영미에서도 객관적 귀속 이론과 유사하게 인과 관계에서 사실 관계와 규범 관계를 나누어 검토하고 있고, 상당설 내지 객관적 귀속 이론과 유사한 척도인 '상당성', '예견 가능성', '개입 원인의 실질성' 등을 기준으로 하여 구체적인 사안에 대한 판례를 통해 오늘에 이르고 있다. 객관적 귀속 이론이 인과 관계론에서 사실 관계와 규범 관계로 나누어 살펴보고 있고 구체적인 척도를 제시하고 있지만 제시된 척도들이 지나치게 추상적이고 규범적이어서 구체적 사안에서 평가 규범과 의사 결정 규범으로 작용하기 어렵다. 형법 제17조에서는 '객관적 귀속'이라는 상위 개념을 두고 있지 않으므로 이를 해석함에 있어서 독일의 객관적 귀속 이론을 그대로 수용할 것이 아니라 입법자의 객관적 의지를 통해 추론

96_ 인과 관계가 법적인 귀속과 윤리적인 범주 문제에 있어 실제적인 개념이라는 견해로는, Wulf Hopf, "Kausalität und nicht-expermentelle Daten: Ein Beispiel aus der empirischen Bildungsforschung", Herausgeben von Weyma Lübbe, *Kausalität und Zurechnung über Verantwortung in komplexem kulturellen Prozessen*, de Gruyter(1994), S. 245.

해낸 위험 개념인 '법익 침해' 내지 '결과 야기에 대한 위험'을 핵심개념으로 하여 인과 관계론을 전개하여야 할 것이다. 이에 의할 때 인과 관계는 사실 관계와 규범 관계로 나누어 볼 수 있고, 규범 관계에서 행위 당시의 객관적인 사정을 종합할 때의 기대 가능성, 원인 행위의 결과 야기에 대한 상당성, 개입 행위의 실질성을 기준으로 하여 인과 관계 단절 여부를 판단하여야 할 것이다.

본장에서는 형법 제17조를 중심으로 그동안 체계 중심적 사고에서 논의되었던 인과 관계론에서 문제 중심적 사고에서 접근하는 영미에서의 인과 관계론을 검토하여 시사점을 도출하였고, 그동안 인과 관계론에서 도외시되었던 인과 관계 본질론을 검토하였다. 인과 관계는 평가 규범인 동시에 의사 결정 규범으로 누군가에 의해 일시에 창안될 수 있는 것이 아니고 상당 기간 동안 판례 등에 의해 일반 시민들의 생활규범으로 자리잡아야 하는 것이다. 따라서 형법 제17조를 중심으로 설정된 인과 관계의 규준들이 구체적인 판례에서 타당하게 적용되고 있는지를 중심으로 사례별로 검토하고, 이를 통해 형법 제17조의 규범의 취지에 맞고 사리에 합당한 인과 관계 법리를 도출하고, 이러한 '체계적이고, 문제 중심적인' 사고를 종합하여 실용적인 진화를 거듭하여야 할 것이다.

참고문헌

1. 국내문헌

[단행본]

김웅진, 인과모형의 설계, Hufs Book, 2011.

김일수, 형법학원론(초판), 박영사, 1988.

소광희, 자연존재론 – 자연과학과 진리의 문제, 문예출판사, 2008.

오세혁, 법철학사, 제2판, 세창출판사, 2012.

이재상, 형법총론, 전정판, 박영사, 1991.

이정모, 인지과학, 성균관대학교출판부, 2010.

이훈구 외 6, 인간행동의 이해, 제6판, 법문사, 2012.

탁성산, 흄의 인과론, 서광사, 1988.

[논문]

권영법, "형법해석의 한계 – 허용된 해석과 금지된 유추의 상관관계 – ," 한국형법학의 전망(심온 김일수교수 정년기념논문집)(2011).

김두원, "인과관계와 객관적 귀속에 관한 연구 – 법원의 판단과 객관적 귀속이론의 구체적 고찰 – ,"「법정논총」제43권, 통권 제57집(2008).

김소현, "형법상 위험개념에 관한 연구," 영남대학교 박사학위논문(2005).

김일수, "인과관계와 객관적 귀속,"「변호사」, 1998.

김태명, "형법상 위험개념과 형법해석,"「성균관법학」제14권 제1호(2002. 7).

도중진, "형법에 있어서 상당인과관계와 객관적 귀속,"「비교형사법연구」제2권 제2호(2012.12).

박도형, "심리철학과 심신문제," 강신익 외 18명, 과학철학 – 흐름과 쟁점, 그리고 확장, 창비(2011).

박상원, "위험개념의 구조와 그 분석,"「영남법학」제2권, 제1 · 2호(1995.

11).

박은진, "인과론과 목적론 – 물리 과학과 생물 과학의 관계 – ," 한국분석철학회 편, 「인과와 인과이론」, 철학과 현실사(1996).

안원하, "형법상의 위험 개념," 「법학연구」 제48권 제1호(2007.8).

엄상섭, "책임조건의 정형화," 「법조협회학지」 제3권 제3호(1954).

원형식, "방조범의 인과 관계와 객관적 귀속," 「형사법연구」 제21권 제3호, 통권 제40호(2009 · 가을).

_____, "부진정 부작위범의 인과 관계와 객관적 귀속," 「중앙법학」 제12집 제4호(2010.12).

이건호, "형법 제17조의 '위험 발생'의 의미와 상당인과관계설," 「형사법연구」 제17호(2002.7).

이경렬, "형법상의 인과관계," 「성균관법학」, 2002.7.

이종원, "객관적 귀속이론," 「법학연구」 제4집(2000.10).

이좌용, "인과성과 법칙성", 한국분석철학회, 인과와 인과이론, 철학과 현실사(1996).

임석원, "객관적 귀속에 관한 의문점과 해석의 방향," 「형사법연구」 제22권 제2호, 통권 제43호(2010 · 여름).

조기영, "구성요건과 위법성의 구분," 「형사법연구」(2010 · 가을).

조상제, "형법 인과 관계 규정(형법 제17조)의 개정방안에 관한 연구," 「고려법학」 제49호(2007.10).

최석윤, "형법 해석의 한계 – 허용된 해석과 금지된 유추의 상관관계 – ," 한국형법학의 새로운 지평(심온 김일수교수 화갑기념논문집)(2006).

---

2. 외국문헌

[단행본]

Akers, Ronald L., and Severs, Cristine S., *Criminological Theories – Introduction, Evaluation and Application*, 5th ed., Oxford University Press, 2009/민수홍 외 5 역, 범죄학이론, 개정판, 나남, 2011.

Armstrong, D., A *Theory of Universals*, Cambridge, 1978.

Danermark, Berth, *Explaining Society—Critical Realism in the Social Science*, StudenHitteratur, 1997/이기홍 역, 새로운 사회과학방법론-비판적 실재론의 접근, 도서출판 한울, 2009.

Dix, George E., *Criminal Law*, 18th ed., Thomson, 2010.

Heathcote, A., and Armstrong, D., *Causes and Law*, Nous, 1991.

Herring, Jonathan, *Criminal Law*, 4th ed., Oxford, 2010.

Hoerster, Norbert, *Recht und Moral—Texte Zur Rechtsphilosophie*, Deutscher Taschenbuch Verlag, 1977.

Höffe, Otfried, *Immanuel Kant*, 7th ed., C. H. Beck, 2007/이상헌 역, 임마누엘 칸트, 문예출판사, 2012.

Kühl, Kristian, *StGB*, 27. Aufl., 2011.

LaFave, Wayne R., *Criminal Law*, 5th ed., West, 2010.

Loux, Michael, *Mataphisics: A Comtemporary Introduction*, 3rd ed., Routledge, 2006/박제철 역, 형이상학 강의, 아카넷, 2010.

Moore, Michael S., *Causation and Responsibility*, Oxford, 2009.

Radbruch, Gustav, *Rechtsphilosophie*, herausgeben von Eric Wolf, and Hans-Peter Schneider, K. F. Koehler Verlag, 1973/최종고 역, 법철학, 삼영사, 1988.

Robert, Sterberg J., *Cognitive Psychology*, Thomson, 2005/김민식 외 2명 역, 인지심리학, 박학사, 2005.

Robinson, Paul H., *Criminal Law—Case Studies & Controversies*, 2nd ed., Wolters Kluwer, 2008.

Vecchio, Giorgio Del, *The Formal Bases of Law*(John Lisle, trans., reprinted 1969), 1914.

Worrall, Jone L., and Moore, Jennifer L., *Criminal Law*, Pearson, 2011.

[논문]

Battaglini, Giulio, "The Exclusion of the Concourse of Causes in Italian

Criminal Law", *J. Crim. L. Criminology & Police Sci.*, Vol. 43 (1952-1953).

Black, Berk, "A New Metaphor clarifying the Difference Between Cause-in-Fact and Proximate Cause", *Kan. J. L. & Pub. Pol'y*, Vol. 10 (2000).

Honig, Richard, "Kausalität und objektive Zurechnung", *Festgabe für Reinhard von Frank zum 70. Geburtstag* (1930)/이용식 역, "인과관계와 객관적 귀속", 이재상 외 2명 편역, 인과관계와 객관적 귀속, 박영사 (1995).

Hopf, Wulf, "Kausalität und nicht-expermentelle Daten: Ein Beispiel aus der empirischen Bildungsforschung", Herausgeben von Weyma Lübbe, *Kausalität und Zurechnung über Verantwortung in komplexem kulturellen Prozessen*, de Gruyter (1994).

Kasper, Johannes, "Grundprobleme der Fahrlässigkeitsdelikte", *JuS* (2012).

Kaufmann, Armin, "Objecktive Zurechnung beim Vorsatzdelkte", *Festschrift für H. H. Jescheck* (1985)/김영환 역, "고의범에서의 '객관적 귀속'?", 이재상 외 2명 편역, 인과관계와 객관적 귀속, 박영사 (1995).

Kaufmann, Arthur, "Kritisches zur Risikoerhöhurgstheorie", *Festschrift für Hans-Heinrich Jescheck zum 70. Geburtstag* (1985)/김영환 역, "위험증대이론의 문제점", 이재상 외 2명 편역, 인과관계와 객관적 귀속, 박영사 (1995).

Kelley, Patrik J., "Proximate Cause in Negligence Law: History, Theory and the Present Darkness", *Wash. U. L. Q.*, Vol. 69 (1991).

Keyserlink, Edward W., "Assisted Suiside, Causality and the Supreme Court of Canada", *McGill L. J.*, Vol. 39 (1993-1994).

Kölbel, Ralf, "Objecktive Zurechnung beim unechten Unterlassen", *JuS* (2006).

Kretschmer, Joachim, "Die Rechtfertigungsgründe als Topos der objecktiven Zurechnung", *NStZ* (2012).

Lampe, Ernst-Joachim, "Die Kausalität und ihre strafrechtliche Funcktion", Armin Kaufmann Gedächtnisschrift (1989)/장영민 역, "인과관계와 그 형법상의 기능", 이재상 외 2명 편역, 인과관계와 객관적 귀속, 박영사 (1985).

Luidger, Röckrath, "Kollegialentscheidung und Kausalitätsdogmatik-Zurechnung überbestimmter Erfolge in Straf-und Haftungsrecht", *NStZ* (2003).

Mitsch, "Fahrlässigkeit und Straftat System", *JuS* (2011).

Roxin, Claus, "Gedanken Zur Problematik der Zurechnung im Strafrecht", *Festschrift für Richard Honig*, Göttingen (1970)/장영민 역, "형법에서의 귀속문제에 관한 고찰", 인과관계와 객관적 귀속, 박영사 (1995).

Spellman, Barbara A., and Kincannon, Alexandra, "The Relation Between Counterfactual ("But For") and Causal Reasoning: Experimental Finding and Implications for Jurors, Desions", *Law and Cotemp. Probs*, Vol. 64 (2001).

Suk, Heung-Il, and Lee, Seoung-Whan, "A Novel Bayesian Framework for Discriminative Feature Extraction in Brain-Computer Interfaces", *Transanction on Pattern Analysis and Machine Intelligence*, (2012. 9).

Ulsenheimer, Klaus, "Erfolgsrelevante und erfolgsneutrale Pflichtverletzungen im Rahmen der Fafhrlässigkeitsdelikte", *Juristenzeitung*, (1969)/이재상, "과실범에 있어서 결과관련적 의무위반과 결과중립적 의무위반", 이재상 외 2명 편역, 인과관계와 객관적 귀속, 박영사 (1995).

Volk, "Kausalität im Strafrecht —zur Holzschutzmittel —Entscheidung des BGH vom 2. 8. 1995", *HStZ* (1995).

Wolfgang, Frisch, "Objective Zurechnung", Symposium Zwischen den juristischen Fakultaten der Uni. Freiburg und Seoul, (2002.10)/한상

운 역, "객관직 귀속 — 논의상황과 문제점 — ," 「서울대학교 법학」 세45권 제1호(2004.3).

_____, "Objecktive Zurechnung des Erfolgs-Entwicklung, Grundlinien und offene Fragen der Lehre von der Erfolgszurechnung", *JuS* (2011).

제3장

———

국가 형벌권의 목적과 원칙에 관한 비판적 고찰

Ⅰ. 문제의 제기

  형법은 형벌에 관한 법 규범 내지 범죄와 형벌의 관계를 규정한 법 규범으로 형법의 중심 효과는 형벌이다. 이와 같이 형법의 중심을 이루는 형벌에 관하여 그동안 '형벌 이론(theory of punishment: Strafetheorie)'이라는 범주 안에서 매우 다양하고 광범위한 논의가 전개되어 왔다. 형법의 핵심이 형벌이므로 형벌 이론은 형법의 목적론 내지 기능론과 준별되지 않고 다루어져 왔고,[1] 형벌 이론 안에서도 형벌에 대한 개념론, 정당화론, 목적론, 기능 내지 원칙론, 제한론 등 매우 다양한 논의가 전개되었다. 이러한 상황은 독일에서의 상황과 유사하다. 독일에서도 형벌 이론으로 응보 이론과 예방 이론이 중심이 되어 논의가 전개되었으며, 최근에는 '적극적 일반예방 이론'[2]과 '신응보 이론(neue Vergeltungstheorie)'[3] 등 새로운 이론이 제시되고 있다. 그러나 다수설은 응보와 예방을 절충하고 있으며, 특히 양형에 있어서 다수설과 판례가 '판단 여지 이론(Beurteilungs-Spielraum-theorie)'에 따라 응보와 예방 이론을 절충하고 있어[4] 형벌 이론의 대립이나 논쟁이 그다지 심하지 않고, 우리와 마찬가지로 형벌 이론을 전개함에

1_ 예컨대 이재상 교수는 형법의 기능으로 법익 보호, 사회 보호를 들고 있고[이재상, 형법총론(전정판), 박영사, 1991, 6-8면], 오영근 교수는 형법의 목적으로 법익 보호, 인권 보호, 규범적 목적을 제시하고 있으며[오영근, 형법총론(제2판), 박영사, 2012, 14-17면], 손동권, 김재윤 교수는 형법의 기능으로 보호적 기능, 보장적 기능, 규제적 기능, 예방적 기능이 있다고 주장하고 있다[손동권·김재윤, 형법총론, 율곡출판사, 2012, 10-12면]. 그런데 이러한 형법의 기능은 후술한 바와 같이 형벌의 '목적'으로도 볼 수 있다.

2_ Winfried Hassemer, *Warum Strafe sein muss—Ein Plädoyer*, Ullstein Buchverlage, 2009/배종대·윤재왕 역, 범죄와 형벌, 나남, 2009, 126면.

3_ Rolf-Peter Calliess, "Strafzwecke und Strafrecht—40 Jahre Grundgesetz—Entwicklungstendenzen von freiheitlichen zum sozial-autoritären Rechtsstaat?", *NJW* (1989), S. 1340.

4_ Bernd-Dieter Meier, "Licht ins Dunkel: Die richterliche Strafzumessung", *JuS* (2005), S. 770.

있어 위와 같은 여러 차원의 논의를 준별하고 있지 않고 있다. 이와 달리 영미, 특히 미국에서는 그동안 '형벌 이론'의 분야에서 매우 다양한 논의가 전개되어 왔다. 응보와 억제 내지 예방이라는 기본적인 논의의 틀은 독일이나 우리와 같이하고 있지만 세부적으로 보면 응보와 예방에 관하여 학자들마다 현재에 이르기까지 매우 다양하고 새로운 의견들이 전개되어 왔으며,[5] 예방 이론, 특히 재활 이론이 1970년대까지 미국의 사법을 지배하고 있었지만 지난 30년 동안 다시 응보 이론이 부활하고 있다.[6] 나아가 형벌 이론을 전개함에 있어 형벌 원칙들 간의 분배의 기준을 정립하는 등 실천적 문제의 해결에 대한 노력을 경주하여 왔다.[7] 그러나 미국 역시 이러한 개념론, 정당화론, 목적론, 기능 내지 원칙론, 제한론이 준별됨이 없이 '형벌 이론'이라는 하나의 장에서 논의되어 왔다.[8] 그러나 형벌의 정당화 근거와 궁극적으로 지향하는 목적, 그리고 형벌의 원칙과 기능, 제한론은 원래 다른 차원에서의 논의라 할 것이므로 이는 구분되어 검토되어야 할 것이다.[9] 특히 형벌 원칙 간의 갈등

5_ 1800년대부터 최근에 이르기까지 형벌 이론의 전개를 분석한 글로는, George E. Dix, *Criminal Law*, 8th ed., Thomson, 2010, pp.20-30.

6_ Richard G. Singer, John Q. La Ford, *Criminal Law*, 5th ed., Wolters Kluwer, 2010, p.29.

7_ Paul H. Robinsons, *Criminal Law—Case Studies & Controversies*, 2nd ed., Wolters Kluwer, 2008, pp.96ff.

8_ 물론 학자들 나름대로 부분적으로 개념론, 정당화론, 목적론, 제한론, 기능론 등으로 나누어 논의하기도 하였으나 정당화론이 원칙론 내지 목적론이 같은 차원에서 논의되거나, 기능론과 원칙론이 구분됨이 없이 논의되어 왔다. 독일의 '적극적 일반예방 이론'은 후술하는 바와 같이 형벌의 정당화 근거 중 실제적 측면 내지 형벌의 기능을 강조한 것이다. 이를 보더라도 형벌의 정당화 근거와 기능 내지 원칙론이 구분되어 논의되어야 할 필요성이 드러나고 있다.

9_ 인식론적 관점에서 볼 때 형법도 법의 하나이므로 목적과 원칙, 기능은 법의 이념이라는 기초적 믿음(basic belief) 내지 토대적 믿음(foundational belief)에 의존한다. 이러한 기초적 믿음이 피라미드의 하층을 형성하며, 비기초적 믿음(non-basic belief)은 그 상층부를 형성하게 된다. 이에 의하면 법의 이념은 피라미드의 토대를 이루고 있고, 여기에 의존하는 형벌의 목적, 원칙, 기능은 그 상층부를 형성하는 것으로 볼 수 있다. 이러한 기초적 믿음인 법의 이념이 인식

이 있을 경우 결국 형벌이 지향하는 궁극적인 가치인 형벌의 목적에 의거하여 형벌 원칙들 간의 선택과 우열의 문제가 정해지게 되므로 형벌 목적의 정립이 중요하고, 나아가 형벌 원칙의 배분 문제에 대한 실천적 논의는 형벌의 기능론에 대한 검토와 관련을 맺고 서로 영향을 주고받고 있다고 본다.[10] 이와 관련된 형사 사법의 현실을 살펴보면, 범죄가 급증하고 사회 불안이 깊어질 때마다 엄벌주의가 되풀이되어 왔고, 9·11 테러 사태로 인하여 엄벌주의가 다시 등장하고 있다.[11] 최근 우리사회도 아동·청소년에 대한 성폭력범죄, 연쇄 살인 등 강력범죄로 인하여 범죄에 대한 시민들의 불안과 공포감이 확대되고 있다. 이로 인하여 중형주의와 예방 형법의 사조가 팽창하고 있고, 책임형법의 위기를 호소하는 목소리도 나타나고 있다.[12] 형벌 이론이 형벌의

정당성의 원칙이 되며, 토대론(foundation theory) 역시 이러한 계층적 질서를 옹호한다. 그러나 이러한 계층들 사이에서, 특히 상이한 계층 사이에서 서로 정당성을 주고받으나 반드시 모든 정당한 믿음들은 선명히 구역된 여러 계층으로 구분되지 않는다는 제한이 있다. 본장에서는 이러한 인식론적·토대론적 관점에 따라 법의 이념이라는 기초적 믿음 내지 토대에서 형벌의 목적을 도출하고자 한다. 김기현, 현대인식론(신장판), 민음사, 2011, 162-166면.

10_ 이와 관련된 판례를 검토해 보면, 피고인이 교제해 오던 피해자로부터 결별 통보를 받은 데 불만을 품고 한밤중에 피해자들의 주거에 침입하여 피해자 자매를 살해한 사건에서 법원은 피고인에게 사형을 선고하였다. 법원은 현재 '절대적 종신형'이 도입되어 있지 않으므로 일반예방을 위하여 피고인을 영원히 사회로부터 격리시키는 사형이 불가피하다고 판시하였다(울산지법 2013.1.25. 선고 2012고합404 판결). 여기서 법원은 범죄로 인해 위험한 인물을 사회로부터 격리시킴으로써 사회 자신을 보호하는 형벌의 '무해화(restraint)' 기능을 검토하고 있다. 또한 법원은 '지금의 무기 징역형은 개인의 생명과 사회의 방어라는 점에서 사형을 대체하기는 어려운 점'이라고 하여 형벌의 목적이 '법익 보호'와 '사회질서의 유지'에 있음을 밝히고 있다. 또한 형벌을 정함에 있어 범행의 결과가 일반예방을 고려하였다는 점에서 후술하는 '형벌의 원칙'인 응보와 예방을 모두 고려하고 있다. 따라서 법원이 위 판결에서 비록 형벌의 목적-원칙-기능을 준별하고 있지는 않지만 실제 형벌을 정함에 있어 이를 모두 고려하고 있다는 사실에서도 형벌의 목적-원칙 검토의 중요성과 실천적인 의의를 발견할 수 있게 된다.

11_ 김일수, 전환기의 형사정책, 세창출판사, 2012, 15-16면, 81면.

입법과 형의 선고, 형벌의 집행시 원칙과 기준이 된다는 점에서 형벌 이론, 특히 형벌의 목적과 원칙에 대한 논의는 매우 중요하다고 하겠다.

이에 이 책은 형벌 이론 중에서 가장 논란이 되고 있는 형벌의 목적론 및 원칙론의 분석에 중점을 둔다. 이에 따라 지금까지 국·내외에서 전개된 형벌 이론을 살펴보고, 특히 지금까지 소홀히 해 왔던 영미의 형벌 이론을 분석한다(II). 이러한 검토를 토대로 하여 형벌의 정당화론, 제한론을 형벌의 목적-원칙론과 구분하고, 법의 이념에서 도출한 형벌의 목적론을 전개한다(III). 이어 형벌의 원칙론과 관련된 논의를 검토하고, 형벌 원칙의 분배 문제를 살펴보고(IV), 이상의 논의를 바탕으로 하여 필자의 논지를 전개하고자 한다(V).

II. 논의의 현황과 검토

형벌 이론 중에서 이 책에서 검토하고자 하는 형벌의 목적론 내지 원칙론과 관련된 독일과 영미에서의 지금까지의 논의를 검토하고, 이를 토대로 하여 국내에서의 논의를 검토하여 형벌의 목적-원칙-기능론이 구분되어 논의되어야 함을 논증하기로 한다.

1. 독일에서의 논의

독일에서의 형벌 이론에 대한 지금까지의 논의 중 이 책에서 다루

12_ 김성돈, "책임형법의 위기와 예방형법의 한계", 「형사법연구」 제22권 제3호 통권 제44호 (2010 · 가을), 3면 이하; 김태명, "성폭력범죄의 실태와 대책에 대한 비판적 고찰", 「형사정책연구」 제22권 제3호(2011 · 가을호), 40-42면; 김태명, "최근 우리나라 중벌주의 입법경향에 대한 비판", 「형사법연구」 제24권 제3호 (2012 · 가을), 150면 이하.

고자 하는 형벌의 목적론 내지 원칙론과 관련된 논의를 중심으로 하여 살펴보기로 하겠다. 독일에서도 형법의 임무 내지 기능과 형벌 이론을 구분하여 논의하고 있고, 형벌 이론이라는 틀 안에서 매우 다양한 논의를 담고 있음을 볼 수 있다.

먼저 형법의 임무 내지 기능과 형벌 이론과의 관계에 대한 논의를 살펴보면, Jescheck은 형법의 임무와 형벌 이론을 나눈다. 형법의 임무에는 공동체에 있어서의 인간의 생활 관계를 보호하는 사회 보호의 기능과 형법이 범죄를 개시하려고 하는 법률 침해에 대해 위하를 통하여 사회를 보호하고 억제하는 기능과 장래에 법을 침해하는 것을 두려워하게 하는 예방적 기능이 있다고 본다. 또한 형법은 법익을 보호할 뿐 아니라 '사회윤리 행위 가치를 보호(Schutz der Sozialethischen Handlungswerte)'한다고 주장한다.[13] Wessels는 형법의 이념에는 법익과 사회윤리적 행위 가치의 보호, 법적 평화, 형사 제재(응보 내지 예방)가 있다고 본다.[14] Roxin 역시 형법의 목적과 형벌 이론을 나누어 설명하고 있다. 형법은 법익을 보호하고, 개개인의 자유로운 인격의 발현을 보장한다는 원칙하에 사회질서의 역할을 한다고 주장한다.[15] Roxin은 그의 책에서 응보, 예방이라는 형벌 이론을 소개하면서 예방은 책임에 의해 한계가 지어져야 할 개념이므로 책임이나 예방 단독으로는 형벌을 정당화할 수 없다고 주장한다.[16] Arthur Kaufmann은 형벌의 목적은 특별예방, 응보, 사회적 원상회복 내지 적극적 일반예방이라고 본다.[17] 이들의 논지를 검토해 보면, Jescheck가 형법의 임무와 형벌 이

13_ Hans Heinrich Jescheck, *Lehrbuch der Strafrechts Allgemeiner Teil*, 3. Aufl., Buncker & Humbolt, 1982, S. 1-7.

14_ Johannes Wessels, *Strafrecht Allgemeiner Teil*, 20. Aufl., C. F. Müller, 1990/허일택 역, 독일형법총론 법문사, 1991, 34-35면.

15_ Claus Roxin, *Strafrecht Allgemeiner Teil, Band 1*, 4. Aufl., C. H. Beck, 2006, S. 69-70.

16_ A.a.O., S. 95-96.

17_ Arthur Kaufmann, *Rechtsphilosophie*, C. H. Beck, 1997/김영환 역, 법철학,

론을 구분하고 있지만 이를 다시 살펴보면 형벌 이론과 형법의 임무론[18]에서 언급하고 있는 사항이 중복됨을 볼 수 있다. 즉 억제와 예방을 형벌 이론에서도 다루고 있다. 또한 사회의 보호와 법익 보호를 구분하는 기준도 불분명하다. 요약하면 Wessels는 형법의 임무와 형벌 이론을 구분하고 있지만 실제에 있어서는 양자를 형벌의 기능 내지 원칙론으로 다루고 있음을 볼 수 있으며, Wessels가 말한 형법의 이념이란 형벌의 이념 내지 목적으로도 볼 수 있을 것이다. Roxin 역시 형벌의 정당화론과 목적론을 준별하고 있지 않음을 볼 수 있고, 위와 같이 형법의 목적이 실제 형벌의 목적이라고 한다면 형벌 이론과 형법의 목적론은 통합되어 논의되어야 할 것이다. Roxin이 말하는 형법이 지향하는 목적인 법익 보호, 사회질서의 유지는 형법의 핵심이고 중심이 되는 형벌의 목적으로 볼 수 있다고 할 것이다. Arthur Kaufmann이 말한 세 가지 형벌의 목적이 법익의 보호에 있다는 것은 오늘날 다수가 승인하고 있는 것이고, 형법의 핵심이 형벌이므로 형법의 목적 또한 법익의 보호에 있다고 보아야 할 것이다. Arthur Kaufmann도 응보를 형벌의 목적이라고 주장하나 응보를 형벌의 목적이라고 볼 수는 없고, 오늘날 '응보'에서 그 의미가 남아 있는 것은 형벌에서의 책임의 한계 설정이라는 '한계 기능'과 '속죄' 내지 '분개의 전환 기능'이라고 하겠다. 따라서 법익 보호가 응보, 예방의 부산물일 뿐이라는 Arthur Kaufmann의 주장은 옳지 않다고 본다.

다음으로 형벌의 정당화론과 형벌 이론간의 관계에 대한 논의를 살펴보면, Radbruch는 형벌의 근거론 내지 정당화론과 목적론을 구분한다. 형벌의 근거론에는 Feuerbach의 동의설(Einwilligungs-Theorie)과 Kant와 Hegel이 주장한 응보설(Vergeltungs-Theorie)이 있다고 보고, 형벌의 목적을 법의 이념인 정의, 합목적성, 법적 안정성에서 도출

나남, 2007, 349-353면.

18_ Jescheck는 형법의 '임무'라고 하면서도 다른 한편으로는 위와 같이 '기능'이라고도 표현하고 있다.

한다.[19] 평균적 정의에서 응보를 도출하고, 배분적 정의에서 범죄인의 책임에 따른 형벌을 도출한다. 법적 안정성에 의하여 특별예방 사상이 예비, 심정 및 사상에까지 확대하는 것을 제한한다고 주장한다. Gropp은 형벌의 정당화론과 의미 내지 목적론을 구분한다. 형벌의 목적 내지 의미론에서 응보와 속죄, 일반예방과 특별예방을 다루고 있고, 형벌의 정당화를 국가정치적 측면, 사회심리적 측면, 개인적·윤리적 측면으로 구분한다.[20] Gropp은 형법이 평화로운 공동체 생활에 있어서 가치 충만하게 존중되어야 하고, 생활이익이 침해되거나 교란되지 않도록 이를 범죄 구성요건으로 기술하고 형벌에 의해 보호받도록 해야 하며, 이러한 법익 보호를 통해 정당성을 획득한다고 강조한다.[21] 이들의 논지를 검토해 보면, 우선 Radbruch가 형벌의 정당화론과 목적론을 구별한 것은 정당하다. 그러나 기존의 형벌 이론, 즉 응보 이론과 예방 이론을 각각 법의 이념인 정의, 합목적성, 법적 안정성에 대응시킨 것은 형벌 이론을 그의 법의 이념론에 꿰맞추었다는 인상을 주고 있다. 이러한 논리에 따르면 형벌의 궁극적인 목적 중의 하나가 응보가 되는데 오늘날 국가가 해악인 형벌로 그의 국민을 '응보'하는 것이 형벌이 지향해야 할 궁극적인 가치라고 이해하는 견해는 찾아보기 어렵다. Gropp이 말한 형벌을 통해 평화로운 공동체 생활이 가능하도록 법익을 보호하는 것은 형벌이 지향해야 할 목적이라고 하겠고, 그로 인하여 형벌이 정당성을 갖게 된다는 것은 형벌의 '사실상의 효과' 내지 형벌의 정당성 획득에 있어서 '실제적인 측면'이라고 할 것이다.[22] 따라서 법익 보호가 형벌의 정당성의 근거라고 볼 수는 없다.

19_ Gustav Radbruch, *Rechtsphilosophie*, Herg. von Erick Wolf, Hans-Dieter Schneider, 8. Aufl., K. F. Koehler 1973/최종고 역, 법철학, 삼영사, 1988, 218면.

20_ Walter Gropp, *Strafrecht Allgemeiner Teil*, 3. Aufl., Springer, 2005, S. 38-46.

21_ A.a.O., S. 47.

22_ 신칸트학파는 지금 있는 것인 '존재'와 있어야 할 것인 '당위'를 준별한다.

마지막으로 형벌의 목적 내지 원칙론과 형벌의 기능론과의 관계에 대한 논의를 살펴보면, Stratenwerth는 형법의 기능으로는 책임 상쇄(Schuldausgleich), 범죄 방지, 가해자-피해자간 화해와 손해배상이 있다고 주장한다. 그에 따르면 응보에서 책임 상쇄가 도출되고, 일반예방과 특별예방을 통해 범죄를 방지하여, 형벌은 그 외에도 가해자-피해자간 화해를 시키고 손해를 보상받게 하는 기능이 있다고 본다.[23] Stratenwerth가 종래의 형벌 이론에서 위와 같이 '기능'을 도출한 것은 진일보한 것으로 본다. 그러나 형벌의 목적-원칙-기능, 즉 형벌이 궁극적으로 지향해야 할 가치와 형벌의 기능, 그리고 이러한 기능들 중에서 가치 있는 것으로 승인된 원칙은 구분되어야 하나 Stratenwerth는 이러한 인식에는 이르지 못하고 있다.

이상에서 형벌의 목적 내지 원칙론과 관련된 독일에서의 논의를 검토해 보았다. 위에서 보듯이 지금까지 독일에서는 형법의 임무 내지 목적과 형벌의 목적이 전혀 다른 차원에서의 논의인 것을 전제로 하여 형벌의 목적론과 형벌의 목적론이 구분되어 왔으나 형벌이 형법의 중심 내지 핵심이라는 점에서 본다면 이는 받아들이기 어려운 주장이다.[24] 나아가 형벌 이론이라는 범주 안에서 형벌의 정당화론-목적론-원칙론-기능론이 구분되지 않고 논의되어 왔음을 볼 수 있다. 다수가 형벌의 정당화론-목적적-원칙론-기능론을 체계적으로 준별하고 있지는 않지만 이러한 가운데서도 일부 학자들은 그들 나름대로 부분적으로나마 구분하여 검토하여 왔음을 볼 수 있다.

Radbruch 역시 이러한 '방법이원론(Mothodendualismus)'에 따라 존재와 당위를 구별한다: 김영환, 법철학의 근본문제(제2판), 홍문사, 2008, 41면. 따라서 형벌의 정당성의 문제와 사실상의 효과는 구분된다고 할 것이다.

23_ Stratenwerth, Kuhlen, *Strafrecht Allgemeiner Teil*, 6. Aufl., Franz Vahlen, 2011, S. 4-13.

24_ 위에서 보듯 다수가 형법의 목적론에서 형벌 이론이 추구하는 가치라고 하는 응보와 예방을 그대로 원용하고 있다는 것에서도 이러한 사실이 확인되고 있다.

2. 영미에서의 논의

영미에서도 형벌의 정당화 근거-원칙-목적론-원칙론이 준별되지 않고 논의되어 왔다.

먼저 형법의 목적과 형벌 이론과의 관계에 대한 논의를 살펴보면, Wayne R. Lafave는 형법의 목적과 형벌 이론을 구분한다.[25] Lafave는 형법의 목적이란 사회에 대한 '위해의 예방(prevention of harm)'이라고 주장한다. 형벌 이론이란 법을 위반한 자에게 어떻게 바람직하지 않은 행위를 제지하고, 바람직한 행위를 하도록 영향을 끼치는지에 대하여 다룬다고 주장한다.[26] 이어 형벌 이론을 예방(prevention) 내지 특별억제, 무해화(restraint), 재활, 억제 내지 일반예방, 교육, 응보, 회복(restoration)으로 나누어 각 이론의 근거와 기능, 장·단점에 대하여 설명하고 있다.[27] 이어 이러한 이론이 충돌하고 있으며 어느 하나의 이론이 아닌 그 이론들의 장·단점을 감안하여 이를 절충하여 적용하여야 한다고 주장한다.[28] Lafave 자신은 형벌 이론을 목적론-원칙론-기능론으로 구분하고 있지 않지만 그가 실제로 다루고 있는 것은 형벌의 목적론(형벌 이론이 어떻게 바람직하지 않은 행위를 제시하는가의 문제), 기능론(바람직한 행위를 하도록 영향을 끼치는 문제), 원칙의 분배론(형벌 이론의 장·단점을 분석하고 이를 감안하여 절충하는 문제)이다.

다음으로 형벌의 정당화론과 형벌의 원칙론과의 관계에 대한 논의를 살펴보면, Paul H. Robinson은 형벌 이론을 정당화론과 형벌의 분배 원칙론으로 나누어 설명한다. 그에 따르면 형벌의 정당화에는 응보론과 공리주의 내지 결과주의가 있다. 형벌의 분배 원칙에는 공리주의 관점인 일반억제와 특별억제, 무력화, 재활이 있고, 공리주의 관점

25_ Wayne R. Lafave, *Criminal Law*, 5th ed., West, 2010, pp.13ff.

26_ *Ibid.*, at 27.

27_ *Ibid.*, at 27-32.

28_ *Ibid.*, at 33-35.

인 공과 이론(desert theorie)이 있다.[29] 이어 분배하는 원칙들 간의 갈등 관계를 살펴보고, 분배 원칙의 장·단점을 고찰한 뒤 분배 원칙의 선택 내지 절충 방식에 대하여 검토하고 있다.[30] Robinson이 형벌의 정당화론과 원칙론을 구분한 것은 정당하다. 그러나 그가 형벌의 징당화로 응보, 공리주의, 결과주의를 든 것은 잘못이고, 이는 형벌의 '원칙'이라고 보아야 하며, 이러한 사실은 이들 원칙을 분배하는 그의 논지에서도 확인되고 있다.

마지막으로 형벌 이론의 분류와 분배 원칙을 검토한 다수의 견해를 검토해 보면, 우선 Martin P. Golding은 그의 법철학책에서 형벌 이론은 크게 억제설과 응보설로 나뉘며, 억제설은 다시 특정 억제와 일반적 억제로 나뉘어진다고 설명한다.[31] 다음으로 Jonathan Herring은 형벌 이론을 결과주의 이론(consequentialist theorie of punishment), 비결과주의(non-consequentialist theories), 절충설(mixed theories)로 나눈다.[32] 결과주의 이론에는 특별억제, 일반억제, 재활, 무력화, 회복적 사법이 있고, 비결과주의 이론에는 응보 이론, 공과 이론이 있다고 소개

29_ Paul H. Robinson, *Criminal Law—Case Studies & Controversies*, 2nd ed., Wolters Kluwer, 2008, pp.87-90. 참고로 '공과 이론(desert theory)'에서 '공과 (desert)'란 말의 의미를 살펴볼 필요가 있다. 'desert'란 사전적으로는 상을 받을 만한 가치나 자격, 공과(功過), 공적을 의미하며, 종종 복수형으로 쓰일 때 응보, 상응한 상(벌)을 의미한다: http://endic.naver.com/enkrEntry.nhn? entryld(2013.10.4. 방문). 범죄에 따른 형벌을 논함에 있어 '공(功)'이 있을 수 없으므로 desert theory를 그 의미 차원에서 본다면 '응보 이론'이라고 번역할 수 있다. 그러나 공과 이론이 응보 이론의 진영에서 다시 분화된 이론이므로 응보 이론과 용어상 구분되어야 하고, 그 용어 자체의 뉘앙스나 의미 차원에서 볼 때 미세하게 '응보 이론'과 구분되므로 이 책에서는 'desert'라는 문언을 살려 이를 '공과 이론'이라고 번역한다.

30_ *Ibid.*, at 701-100.

31_ Martin P. Golding, *Philosophy of Law*, Prentice-Hall, 1975/장영민 역, 법철학, 세창출판사, 2008, 140-180면.

32_ Jonathen Herring, *Criminal Law-Text, Cases and Materials*, 4th ed., Oxford, 2010, pp.64-68.

하면서, 결론적으로 볼 때 Herbert Hart의 이론에 따라 이 양자를 절충하는 것이 타당하다고 주장한다.[33] Gerge E. Dix는 형벌의 정당성 이론에는 특별예방, 일반예방, 응보가 있다고 주장한다.[34] 특별예방에는 특별억제, 무력화, 처우(treatment)의 기능 내지 효과가 있고, 일반예방에는 일반억제, 도덕 효과(moralizing effect), 사회유대 효과(social solidarity effect), 분개의 전환(channeling resentment)이 있다고 주장한다.[35] Richard G. Singer는 형벌 이론을 공리주의(utilitarianism)와 응보(retributism)로 나눈다.[36] 공리주의에는 특별억제와 일반억제, 무력화(incapacitation), 재활(rehabilitation)이 있다고 설명하면서 이들 이론들을 절충해야 한다고 주장한다.[37] 이들의 논지를 검토해 보면, Golding의 설명은 독일의 형벌 이론인 특별예방과 일반예방, 응보라는 기본적인 틀을 같이하고 있음을 보여준다. Herring의 결과주의는 공리주의 형벌 이론을 말하고, 비결과주의는 응보 이론을 말하는 것임을 알 수 있다. Dix의 논지에 따르면 그는 실제 형벌의 정당화론과 기능론(효과론)을 구분하여 논의하고 있다고 할 수 있다.[38] Singer은 형벌 이론을 설명함에 있어 이들 형벌 이론에 따른 효과를 분석하여 이론들의 장·단점을 검토하고 있는데,[39] 결국 이러한 분석은 형벌의 '기능론'에 대

33_ *Ibid.*

34_ Geroge E. Dix, *Crimianl Law*, 8th ed., Thomson, 2010, pp.7-8.

35_ *Ibid.*

36_ Richard G. Singer, John Q. La Fond, *Criminal Law*, 5th ed., Wolters Kluwer, 2010, pp.20ff.

37_ *Ibid.*, at 21-29.

38_ Dix는 형법을 위반한 사람은 처벌받아야 하고, 법이 이를 처벌하지 않는 경우 피해자가 직접 형벌을 가해야 한다고 생각하므로 법에 따라 형벌을 가하는 것은 추가적인 보복범죄를 예방하는 것이며, 이를 '분개의 전환' 기능 내지 효과라고 설명한다: George E. Dix, *op. cit.*, at 8. Dix는 이를 일반예방의 기능이라고 설명하고 있는데 이는 잘못이라고 본다. 범죄에 상응한 형벌을 가하는 것은 범죄인 자신에 대해서는 속죄가 되고, 피해자에 대한 관계에서는 사적인 보복을 방지하는 것이 되므로 이는 '응보'에 따른 기능이라고 보아야 할 것이다.

39_ Richard G. Singer, John Q. La Fond, *op. cit.*, at 20.

한 검토라고 할 수 있겠다.

위에서 보듯 영미의 형벌 이론에서도 형벌의 정당화 이론, 목적론 내지 원칙론 및 기능론을 명확하게 구분하고 있지 않음을 볼 수 있다. 그러나 내용면으로 볼 때 실제로는 형벌의 목적-원칙-기능-원직의 분배론을 다루고 있음을 보게 된다. 형벌의 '정당화론'이라고 논의하고 있지만 실제 그 내용은 형벌의 정당화의 근거를 논의하고 있는 것이 아니라 형벌의 목적, 원칙, 기능 내지 원칙의 분배론을 다루고 있는 것이다.

3. 국내의 논의와 검토

독일과 영미의 형벌 이론의 검토를 통해 그동안 '형벌 이론'이라는 틀 안에서 형벌의 정당화론-목적론-원칙론-기능론-제한론이 구분됨이 없이 논의되어 왔음을 볼 수 있다. 그러나 이러한 가운데에서도 선명하게 구분하지는 않지만 점차 이를 구분하여 논의하는 견해도 있음을 살펴보았고, 아래에서는 이러한 검토를 전제로 하여 국내에서의 논의를 살펴보기로 한다.

국내에서의 논의도 독일에서의 논의와 크게 다르지 않다. 다수설은 형법의 기능론과 형벌 이론을 구분한다. 이에 따르면 형법의 기능에는 법익과 사회윤리적 행위 가치를 보호하며 범죄자를 처벌함으로써 평화로운 공동체 질서를 유지하는 보호적 기능, 국가 형벌권의 발동을 제한하여 국민의 자유와 권리를 보장하는 보장적 기능, 평화로운 공동체 질서를 침범하는 행위를 진압하는 규제적 내지 진압적 기능, 범죄자 자신의 재범을 예방하고 일반 국민의 범행을 예방하는 예방적 기능이 있다고 본다.[40] 형벌 이론을 살펴보면 그 내용에 응보와 예방,

---

40_ 손동권 · 김재윤, 새로운 형법총론, 율곡출판사, 2012, 10-12면; 오영근, 형법총론(제2판), 박영사, 2012, 14-17면; 정성근 · 박광민, 형법총론(전정판), SKKUP, 2013, 30-32면; 정영일, 형법강의 [총론], 학림, 2013, 7-10면; 이재상, 앞의 책,

회복적 사법 등을 포함시키고 있지만 그 내용의 설명 방법에 있어서는 조금씩 다르게 하고 있음을 볼 수 있다. 형벌의 '정당성'과 관련하여 형벌 이론을 절대적 형벌 이론과 상대적 형벌 이론, 합일적 형벌 이론(절충설)로 나누고 절대적 형벌 이론에 응보, 정의, 속죄 이론을, 상대적 형벌이론에 일반예방, 특별예방이 포함된다는 견해,[41] 형벌의 기능에 특별예방, 일반예방, 피해자의 만족, 원상회복, 회복적 사법, 속죄, 처벌의 욕구 충족, 보안 기능이 있다는 견해,[42] '형벌관'에 응보형주의와 목적형주의가 있고, 형벌의 '목적'에 일반예방, 특별예방이 있다는 견해,[43] 형벌의 '목적'에 범죄 예방과 사회의 안정과 질서 유지가 있고, 형벌의 '기능'에 범죄 억제, 무력화, 재사회화, 응보, 보상이 있다는 견해,[44] 형벌의 '본질'은 교정 내지 사회복지라는 견해,[45] H. L. A. Hart의 견해에 따라 형벌제도의 '정당화' 문제와 개별 사안에서의 형벌의 '정당화' 문제를 나누고 전자는 범죄의 억제를 지향하고, 후자는 응보를 지향한다는 견해,[46] 형벌의 '기능'으로 속죄, 사회 연대성의 회복,[47] 사회적 갈등 해소, 치료 기능, 위험 관리 기능[48]이 있다는 견해 등이 있다.

먼저 형법의 기능과 형벌 이론을 구분하는 견해에 대하여 살펴보면, 범죄 규제 내지 재범 예방과 범행을 예방하는 것은 형벌 이론에서

6-8면.
41_ 배종대, 형사정책(제3판), 홍문사, 2000, 298-304면; 배종대, 형법총론(제11판), 홍문사, 2013, 30-42면.
42_ 이진영·이경석, "형벌의 의미와 정당성-언제나 형벌은 필요한가?", 「법조」 Vol. 655 (2011.5), 28-41면.
43_ 임웅, 형법총론(제4정판), 법문사, 2012, 47-51면.
44_ 이종인, 범죄와 형벌의 법경제학, 한울, 2013, 16-34면.
45_ 송광섭, "최근 형사제재 입법의 동향과 그 효율성 그리고 형벌의 본질", 「동아법학」 제49집 (2010.11), 243면.
46_ 박상기, 형법총론(제9판), 박영사, 2012, 21-22면.
47_ 김일수, 형법학원론[총칙강의], 박영사, 1988, 1131-1138면.
48_ 김일수, 전환기의 형사정책, 세창출판사, 2012, 17-24면.

다루는 특별예방, 일반예방과 그 내용에 있어 나름이 없음을 볼 수 있다. 법익 보호나 국민의 자유와 권리를 보장하는 것은 형벌이 궁극적으로 지향하는 목적으로 볼 수 있다. 결국 형법의 '기능론'에서 다루는 내용들이 모두 형벌의 '목적론'에서 다루고 있거나 다룰 수 있는 것들임을 알 수 있다. 형법의 '기능론'을 형벌 이론과 구분하여 논의를 전개하고 있지만 정작 이를 형벌의 목적론과 따로 구분해야 하는 구체적인 논거를 제시하는 견해는 찾아보기 어렵다. 형법의 중심에 형벌이 있으므로 형벌의 목적과 형법의 목적 내지 기능이 전혀 다른 차원에서 논의해야 한다고 할 수 없다. 나아가 법익의 보호나 국민의 자유와 권리를 보장하는 것이 형벌을 통한 반사적 이익 내지 효과라고 보는 '기능론'에도 찬성하기 어렵다. 형벌 이론의 논의 차원을 떠나 이러한 가치의 추구는 형벌이 궁극적으로 지향해야 할 '목적(Zweck)'이지 '기능(Funktion)'이라고 보기 어렵기 때문이다. 나아가 범죄 억제, 범죄 예방 등이 형법의 '기능'이라고 논하면서 이것이 형벌의 '목적'이라고 하는 것도 모순이라고 하겠다. 나아가 형벌은 이와 같은 기능 외에도 속죄, 사회 연대성의 회복, 무력화, 보상, 처벌의 욕구 충족, 보안 기능[49] 등이 있음이 제시되고 있다. 나아가 형벌 이론이 입법, 양형, 형의 집행을 함에 있어 '규준' 내지 '지침'이 된다는 점에서 그 이론 속에는 기능의 차원이 아닌 '원칙'의 차원의 논의가 자리잡고 있음을 볼 수 있다. 결국 형벌 이론에는 형벌의 집행으로 발생하는 효과 내지 '기능'에 관한 논의와 형벌의 기능 차원을 넘어서서 형법이 승인하는 준칙이 되어 형벌 '정책'을 규정하는 '원칙'이 있음을 볼 수 있다. 형벌 이론에 이러한 목적-원칙-기능이 있고, 또 구분되어 논의되어야 함에도 지금까지 '형법의 기능론' 내지 '형벌 이론'이라는 틀안에서 같이 논의되어 온 것임을 알 수 있다.

　　이하에서는 이러한 검토를 전제로 하여 형벌의 목적과 원칙에 대

49_ '보안 기능'이란 결국 사회가 범죄인을 격리시켜 사회 자신을 보호하는 '무력화(incapacitation)'를 말하는 것이라고 본다.

하여 살펴보기로 한다.

Ⅲ. 국가 형벌권의 목적

위에서 형벌의 목적과 원칙 그리고 기능이 구분되어야 함을 살펴
보았다. 형벌의 목적, 원칙과 구분되어야 할 것에는 형벌의 정당화 근
거와 형벌의 제한 원리가 있다. 이하에서는 여기에 대하여 살펴보고,
형벌 목적을 새롭게 구성해 보고, 형벌 목적 간의 관계에 대해서도 검
토하기로 하겠다.

1. 형벌의 정당화 근거 및 제한 원리와의 구분

먼저 형벌의 정당화론과의 관계에 대하여 살펴보기로 한다. 위에
서 보듯 대다수의 학자들이 형벌의 정당화론, 목적론과 원칙론을 구분
하지 않고 있지만 일부 이를 구분하는 견해도 있으므로 여기에 대하여
살펴본다.

먼저 형벌의 정당화론과 형벌의 목적론을 구분하는 견해를 살펴
보면, Radbruch는 형벌 이론을 형벌의 근거론(Lehre vom Grunde) 내
지 정당화론과 목적론(Lehre vom Zweck)으로 구분한다.[50] 그는 형벌의
근거론을 동의설(Einwilligungs-Theorie)과 응보설(Vergeltungs-Theorie)
로 나누고, 형벌의 목적은 법의 이념인 정의, 합목적성, 법적 안정성에
서 도출한다. 평균적 정의에서 응보를 도출하고, 배분적 정의에서 범
죄인의 책임에 따른 형벌을 도출한다. 합목적성에 의해 일반예방과 특
별예방을 도출하고, 법적 안정성에 의하여 정의와 합목적성 사이의 긴
장관계를 제한한다고 주장한다.[51] Gropp은 형벌 이론을 형벌의 정당

50_ Gustav Radbruch, 앞의 책, 218면.
51_ Gustav Radbruch, 위의 책, 218-226면.

화 내지 근거론과 형벌의 의미론으로 나눈다.[52] 그에 의하면 형벌의 정당화는 국가 정치적인 측면, 사회심리적인 측면, 개인적·윤리적인 측면으로 나누어진다. 국가 정치적인 측면에서 국가권력은 독점적이므로 국가는 형벌을 강요할 수 있으며, 나아가 국가는 평화로운 생활 관계를 보장해 주어야 한다. 이러한 의미에서 형벌은 규범에 합치되는 행태를 관철시키는 도구로서의 의미를 갖는다. 사회심리적인 측면에서 볼 때 형벌은 국가정치적인 측면과 밀접하게 관련된다. 국가권력을 독점하는 국가는 아무런 위험 부담 없이는 규범을 위반할 수 없다는 인상이 생기지 않도록 해야 한다. 개인적-윤리적인 측면에서 형벌은 비록 규범을 위반하더라도 사회 구성원을 복귀할 가능성을 남겨 두어야 하며, 형벌은 '사회복귀를 위한 다리(Brücke zur Rückkehr in die Gesellschaft)'로서의 역할을 해야 한다고 주장한다.[53] Gropp은 형벌의 의미를 응보, 예방으로 나누고 있고,[54] 이러한 형벌의 의미 즉 응보와 예방을 통합하여 절충설의 입장에서 형벌의 목적론을 전개한다.[55] 이들의 논지를 검토해 보면, Radbruch가 형벌의 근거론으로 검토한 동의설은 사회계약설에서 말하는 국가권력의 근거에 관한 이론과 유사하고, 그가 형벌의 근거론으로 검토한 응보설은 형벌의 정당화 이론 중 형벌이 그 실질적인 면에 있어서 정당성을 획득하여야 한다는 주장으로 볼 수 있다. Gropp가 말한 국가권력의 정당화 측면이란 Radbruch가 말한 동의설과 같은 맥락이라고 하겠고, 사회심리적인 면에서 정당화, 개인·윤리적인 면에서 정당화란 형벌이 그 실질에 있어서 정당성을 획득하여야 한다는 주장으로 볼 수 있다.

다음으로 형벌의 정당화론과 형벌의 원칙론을 구분하는 견해를 살펴보면, Robinson은 형벌의 '정당화'와 '원칙'을 구분한다.[56] 그에 의

52_ Walter Gropp, a.a.O., S. 37.
53_ A.a.O., S. 38-39.
54_ A.a.O., S. 40.
55_ A.a.O., S. 47.

하면 형벌의 정당화 근거에는 범법자가 그의 잘못에 따라 형벌을 받는 것이 마땅하다는 응보론과 형벌이란 그 결과의 유용성에 달려 있다는 공리주의 내지 결과주의가 있다고 주장하고 있고, 형벌의 원칙에는 억제, 무력화, 재활 등이 있음을 밝히고, 이러한 형벌의 원칙을 선택하거나 절충하는 등 원칙들 간 분배의 기준을 설정하는 데 논의를 집중하고 있다.[57] 이를 검토해 보면, 영미에서도 형벌 이론을 전개함에 있어 학자들의 대다수가 형벌의 정당화론 내지 근거론과 형벌의 목적론과 기능론을 구분하지 않고 있으며, 학자마다 나름대로의 형벌 이론을 제시하고 있어 혼란을 가중시키고 있다. 이러한 가운데서도 Robinson이 형벌의 정당화론과 원칙론을 구분하고 있는데 이러한 구분은 일응 정당하다고 할 수 있지만 형벌의 정당화의 근거는 여러 측면에서 살펴볼 수 있다. 우선 헌법에서 국가 형벌권을 예정하고 있다는 점에서 헌법적 근거에서 형벌의 정당화 근거를 찾아볼 수 있다.[58] 국가 형벌권은 국가권력의 하나이기도 하므로 사회계약설 등 국가권력의 정당화에 관한 정치이론적인 논거가 제시될 수 있으며, 이러한 형벌권이 그 실질과 절차에 있어 정당해야 국민의 지지를 받게 된다는 실제적인 측면으로도 나누어 볼 수 있다.[59]

56_ Paul H. Robinson, *op. cit.*, at 87.

57_ *Ibid.*, at 88ff.

58_ 즉 헌법 제12조에서 국민의 신체의 자유를 정하고 있으며, 제13조에서 이중 처벌 금지와 소급효의 금지를 천명하고 있고, 제27조에서 법관에 의한 재판을 받을 권리 등 형사 피고인·피해자의 권리를 선언하고 있으며, 제5장(법원)에서 사법권에 관한 규정을 두고 있다. 이러한 규정들은 국가 형벌권을 전제로 한 것이다.

59_ 이와 관련하여 John Rawls는 "정치적 권력의 행사가 헌법에 따라 행해지고, 그것이 모든 시민들이 공평하다고 인정될 때 온전히 타당하게 된다"고 말하였다. 국가 권력의 행사인 형벌도 이와 같은 때 정당성을 획득하게 된다. 여기서 '동의'란 범죄자 자신이 형벌에 동의해야 한다는 말이 아니라 '합리적인 시민으로서(qua reasonable citizens)' 동의한다는 말이다: Frank Lovett, "Consent and The Legitimacy of Punishment: Response to Brettschneider", *Political Theory*, Vol. 35, No. 6 (Dec. 2007), p.806. 즉 국가 권력의 행사인 형벌은 헌

따라서 형벌의 목적-원칙론은 이러한 형벌의 정당화 근거와 구분된다. 나아가, 형벌의 목적-원칙론은 형벌의 제한 원리와도 구분된다. 오늘날 국가 형벌권은 책임 원칙, 비례성의 원칙, 보충성의 원칙 등에 의하여 제한되어야 하며,[60] 이러한 형벌의 제한 원리 내지 제한론은 형벌이 지향하는 가치인 형벌의 목적과 형벌의 원칙과 구분되어야 할 것이다.

2. 형벌의 목적

(1) 법의 이념과 형벌의 목적

Radbruch는 그의 방법이원론에 따라 법을 개념 짓고 이러한 방법론에 따라 법의 이념을 제시한다. 즉 정의(Gerechtigkeit), 존재와 당위에 상응하는 법적 안정성(Rechtssicherheit) 그리고 그 관계에서 상정되는 합목적성(Zweckmäßigkeit)이 그것이다.[61] Arthur Kaufmann 역시 법의 이념으로 정의, 합목적성, 법적 평화를 들고 있다.[62] 형법 역시 법의 형태 중 하나이므로 법의 이념인 정의, 법적 평화 내지 법적 안정

법, 합리적인 시민의 동의, 형벌의 실질과 행사에 있어서의 공평성이 있어야 정당성을 획득한다는 것이다.

60_ 김창군, "형벌 제한을 통한 국가 형벌의 정당화", 한국형법학의 전망(심온 김일수교수 정년기념논문집), 문형사, 2011, 135-146면. 이와 관련하여 책임 원칙은 응보 이념과 별개의 관점에서 국가 형벌권의 상한선을 제한하는 법치국가 원리라는 견해가 있다[김일수, "형법상 책임과 예방의 관계", 「고려대학교 법학논집」 제22집(1984), 240면 이하]. 물론 주관적 범죄 구성요건이 문제될 때 책임과 응보는 그 상한선을 달리할 수 있다. 그러나 책임 원칙은 응보 이념에 따른 결과 책임을 한도로 하여 불법과 책임이 일치될 것을 요구하는 것이므로 응보는 책임의 '상한선'을 획정하는 기능을 갖는다고 볼 수 있다.

61_ Radbruch, 앞의 책, 109-111면. 앞서 본 바와 같이 Radbruch는 이러한 법의 이념에서 곧바로 기존의 형벌 이론이 주장하는 응보, 책임에 상응한 제한, 특별예방의 제한이라는 원리가 도출된다고 주장하였지만, 이는 기존 형벌 이론을 법의 '이념'이라는 틀에 맞춘 것이라는 점은 앞에서 살펴보았다.

62_ Arthur Kaufmann, 앞의 책, 355-414면.

성, 합목적성이 그 목적이 될 수 있고, 형법의 중심이 되는 형벌 역시 이러한 형법의 이념에 따라 그 목적을 도출할 수 있다고 본다. 이하에서는 이러한 법의 이념 내지 형법의 이념이라고 할 정의, 법적 평화, 합목적성에 따라 형벌이 지향해야 할 가치인 형벌의 목적을 살펴보도록 하겠다.

(2) 형벌 목적의 설정

1) 법익 보호와 사회질서의 유지

법의 이념인 정의는 '실체적 정의'와 '절차적 정의'로 나눌 수 있다. 전자는 실체적 사안에 따른 올바른 법적 취득을 의미하고, 후자는 분쟁 해결 과정 자체를 적절하게 규범화하는 것을 말한다.[63] 형법에서 실체적 사안에 맞는 올바른 법적 취득이라 함은 형벌을 통하여 형법이 보호하고 있는 법익을 보호하는 것이라고 할 수 있다.[64] 즉 형법은 형벌을 통하여 형법 각칙 등에서 정하고 있는 개인적·사회적·국가적 법익을 보호한다. 나아가 형법은 이러한 법익뿐만 아니라 공동체 생활

63_ 정태욱, "법절차의 정의가치", 「법철학연구」 제1권 (1988), 156면.

64_ 이와 관련된 독일 헌법재판소의 판결[BverFGE 120, 224 (20 Feb 2008)]을 검토해 보면, 독일 헌법재판소는 형법의 합헌성 판단에 있어 비례성 분석에 따른 유연한 분석 기준을 채택하고 있으며, 법익(Rechtsgut) 원칙은 이와 무관하다고 판시하였다. 위 논리에 따르자면 국가 권력이 행사하는 형벌의 정당성은 형법상의 기본 원칙에 충실하게 형법을 실행함으로써 획득하게 된다. 즉 형법상의 원리를 분석함에 있어 법익에 대한 철학적인 분석을 참고로 하지 않고 있다: Markurs D. Dubber, "Foundation of State Punishment in Modern Liberal Democracies: Toward a Genealogy of American Criminal Law", ed., by R. A. Duff, Stuart P. Greed, *Philosophical Foundation of Criminal Law*, Oxford, 2013, pp.89-90. 그러나 형벌의 임무 내지 목적이 '법익의 보호'에 있으므로도 형법의 합헌성 판단에 있어서도 이러한 법익에 대한 분석이 아울러 이루어져야 할 것이다. 이러한 절차적인 정당성과 관련하여 영미에서는 이를 시민의 기본권일 뿐만 아니라 생명권(the right of life)으로 이해한다: Corey Brettschneider, "The Rights of the Guilty: Punishment and Political Legitimacy", *Political Theory*, Vol. 35, No. 2 (Apr. 2007) p.191.

에 필수적인 근본 가치, 즉 사회윤리적 행위 가치를 보호하며,[65] 이를 통하여 사회질서를 유지하게 된다. 형사법에서 분쟁 해결 과정 자체를 적절하게 규범화한다는 것은 재판 절차에 있어서 공정성과 절차적 적법절차 원칙을 따른다는 것을 말한다고 하겠다.[66] 즉 법의 이념인 정의에서 법익 보호라는 형벌의 목적이 도출되며, 형벌은 이러한 법익과 사회윤리적 행위 가치를 보호하며 이를 통하여 사회질서를 유지하는 것을 목적으로 삼고 있다. 나아가 이러한 형벌은 그 내용에 있어 정의로워야 할 뿐만 아니라 집행에 있어서도 적법절차 원칙을 준수해야 하며 이를 통하여 사회 공동체 구성원들로부터 정당한 규범으로 승인받게 된다.[67]

65_ Johannes Wessls, 앞의 책, 34-35면.

66_ 이와 관련된 실증적 연구를 살펴보면, 관리자의 입장에서 규칙 위반자에 대한 처벌에 대하여 시나리오를 구성하여 모의 실험을 한 연구가 있다. 이 실험에서 목격자와 동료 직원들은 규칙(규범)이 어떻게 적용되고 관리자가 어떻게 대응하는지 관심을 보였다. 제3자는 규칙 위반자의 현재의 행위뿐만 아니라 과거의 행위(잘못)도 고려하였다. 관리자의 입장에서는 관찰자의 정의 관점을 심각하게 고려한다. 효과적인 처벌은 일관성을 유지하는 것이고, 규칙을 드러내는 것이며, 공정한 절차를 따르려고 노력하는 것이다. 위 연구는 실제의 형벌에 있어서 절차적인 측면이 중요하다는 사실을 시사한다. 즉 참가자는 응보적 측면보다 절차적인 고려에 좀 더 관심을 갖고 있다는 것이다: Brian P. Niehoff et al., "The Social Effects of Punishment Events: The Influence of Violator past Performance Record and Severity of the Punishment on Observers' Justice Perceptions and Attitudes", *Journal of Organizational Behavior*, Vol. 19, No. 6 (Nov. 1998), pp.589-600. 이 연구에서 보듯 형벌이 정당성을 획득함에 있어 절차적인 공정성이 매우 중요하다는 사실을 알 수 있다.

67_ 형벌이 이와 같이 공동체 시민에 대하여 갖는 의미를 강조하는 견해가 있다. 즉 Nicola Lacey는 기존에 주장된 형벌관, 즉 응보와 예방은 자유주의적 형벌관에 입각한 것이라고 보고 '공동체주의적' 형벌관을 주장한다. 즉 단순히 일반예방 또는 특정의 바람직한 궁극 상태와 같은 가시적인 목적이 아니라 형벌이 공동체 시민에 대하여 갖는 의미를 강조하며, 공동체를 발전시키고 결속하는 데 있어서 형벌이 차지하는 지위를 강조한다: Nicola Lacey, *State Punishment: Political Principles and Community Values*, 1988/장영민 역, 국가형벌론: 정치적 원리와 공동체 가치, 한국형사정책연구원, 2012, 239면 이하. Lacey는 이

위와 같이 형벌이 법익 보호를 목적으로 삼고 있다고 보아야 하지만 여기에 반론도 제기되고 있다. 지금까지 자유주의적 법치국가의 기본 가치로서의 안전은 법익 보호라고 여겨졌다. 그런데 환경범죄, 조직범죄, 테러리즘과 같은 새로운 도전에 대한 해결책으로 형법도 '안전형법'으로 재구조화되어야 하는가의 문제가 제기되고 있다.[68] 이러한 문제 제기에 직면하여 현실에 있어서 형법에 의한 사회 통제가 법익을 보호하는 데 기여하지 않는다는 견해가 있다. 즉 형법이 개인 사이의 갈등을 대상으로 삼아 사회적 갈등을 탈정치화하고 있고, 이러한 갈등에 형법을 상징적 수단으로 투입하고, 안전을 홍보하며, 경제적 갈등의 규율과 관련된 상실을 보상하려고 한다고 주장한다. 결국 형법은 갈등 처리를 위한 한 가지 방법에 불과하며 낙인 효과 등 부정적 효과를 수반하므로 손해배상 등 다른 대안을 모색해야 한다는 견해가 있다.[69] 그러나 자유와 안전을 모두 돌보고자 하는 안전형법이라는 구상은 자유와 안전 어느 하나도 실현시키지 못할 위험을 가져올 수 있다. 즉 위험사회에 있어서도 형법은 이러한 안전형법이 아니라 법익 보호를 위한 형법이어야 하며,[70] 형벌의 목적 역시 이러한 법익 보호에 있다고 할 것이다.

2) 법적 평화

평화와 안정은 인간의 보편적인 가치이고, 법적 공동체의 중요한

책에서 공동체주의 관점에서 형벌관도 공동체주의 목적에 따라 새로이 구성되어야 하고 그것이 공동체 구성원들의 규범으로 내재화하여야 한다고 주장한다. 그러나 Lacey는 공동체주의 형벌관이 그가 지칭하는 자유주의적 형벌관과 무엇이 다른지 구체적으로 밝히고 있지 않다. Lacey는 위 책에서 '다수의 공동 목적을 가졌다는 점에서 절충설과 유사하다'고 함으로써(Nicola Lacey, 위의 책, 239면) 결론에 있어 기존의 이론과 큰 차이가 없음을 시인하고 있다.

68_ 김재윤, 현대형법의 위기와 과제, 전남대학교출판부, 2009, 86면 이하.

69_ Tobias Singelstein, Peer Stolle, *Die Sicherheitsgesellschaft,* Vs Verlag für Sozialwissenschaften, 2012/윤재왕 역, 안전사회―21세기의 사회통제, 한국형사정책연구원, 2012, 147-149면.

70_ 同旨, 김재윤, 위의 책, 86-89면.

과제 중의 하나는 법적 평화를 돌보는 것이다.[71] 법적 평화와 안정이
란 범죄 행위로부터 안정만을 의미하는 것이 아니라 인간 상호간의 관
계에 있어 법이 지배하고 있다는 것을 의미한다. 즉 법적 평화와 안정
은 사실상 실현되고 있는 확고한 공동 생활의 질서의 존재를 통한 안
정을 전제하고 또 그것으로 귀착되는 것을 말한다.[72] 형벌권을 독점하
고 있는 국가가 행위자의 범죄에 상응하는 형벌을 집행함으로써 사적
인 보복 감정을 억제하고 사회적 갈등을 해소하고, 일반인의 형벌 규
범에 대한 신뢰를 회복시켜 주게 되고, 중죄에 있어 범죄인을 일정 기
간 동안 구금시킴으로써 사회를 보호하고, 형 집행 과정에서 범인의
재활을 돌봄으로써 일반 사회인뿐만 아니라 범죄인의 가족으로 하여
금 정당한 형벌권의 실현이라는 형벌 규범에 대한 신뢰 인식을 하게
함으로써 법적 공동체의 법적 평화를 돌보게 된다.

(3) 범죄 예방과 재사회화, 그리고 형벌 목적 간의 관계

법의 이념인 합목적성에서 범죄 예방[73]과 범인의 재사회화라고
하는 형벌의 목적이 도출될 수 있다고 본다. 범죄인에게 형벌을 부과
하여 그로 하여금 장래에 범죄를 하지 않게 하고(특별예방 내지 특별억
제), 일반인으로 하여금 형벌로 위하함으로써 범죄에 이르지 않도록
한다(일반예방 내지 일반억제). 형벌은 비록 범죄인이 규범을 위반하였
더라도 가치 충만한 사회 구성원으로 복귀할 가능성을 열어 두어야 한

71_ Rupert Scholz, "Rechtsfrieden in Rechtsstaat", *NJW* (1983), S. 705-706.

72_ 심헌섭, 법적 안정성에 관한 연구, 「서울대학교 법학」 제25권 23호(1984),
133-137면.

73_ 위와 같이 대다수의 학자들이 형벌의 정당화 근거-목적-원칙-기능-제한 원리를
엄격하게 구분하지 있지 않아 '범죄 예방'과 '범죄 억제'라는 용어도 구분됨이 없
이 같은 의미로 사용되어 왔다. 그러나 이 책에서는 '범죄 예방'은 장래를 향한
전망적이고(prospective), 가치 지향적(value-oriented)인 개념으로, '범죄 억제'
란 사후적이고(posterior), 실증적인(empirical) 개념으로 파악하여 이를 구분
하여 사용하고자 한다. 따라서 '범죄 예방'과 형벌의 기능으로서의 '특별억제',
'일반억제'는 동어반복(tautology)이 아니다.

다.[74] 형벌이 범인의 재사회화를 목적으로 하고 있지만 형벌은 피고인을 국가 체계가 조정하는 객체로 바라보아서는 안 되며 주체로 바라보아야 한다는 것이다. 즉 국가와 공동체 사회에 대한 새로운 이해와 인식이 수반되어야 하며, 형벌을 사회 복귀를 위한 강제적이고 의무적인 수단이 아니라 '선택적인 복귀(alternative Rückkehr)'를 위한 수단으로 이해하여야 한다는 것이다.[75] 그러나 법익 보호나 법적 평화와 달리 '범죄 예방'과 '재사회화'라는 형벌의 목적은 법의 이념인 합목적성에서 도출하였으므로 가치 지향적이긴 하나 그 본질상 좀 더 구체적인 가치 개념이라 하겠고, 후술하는 형벌의 원칙 역시 가치적인 개념으로서 범죄 예방과 재사회화는 형벌의 원칙 차원에서 응보 원칙과 같이 검토하는 것이 합당하다 하겠으므로 본장에서는 이를 형벌의 '목적'이 아닌 형벌의 '원칙'으로 파악하고자 한다.[76] 법의 이념인 정의와 법적 평화, 합목적성은 긴장 관계에 놓여 있다.[77] 따라서 법익 보호, 법적 평화라는 형벌의 목적도 긴장 관계에 놓여 있다. 이들 목적이 긴장 관계에 놓여 있지만 그 목적들 간 목적-수단 관계에 있다고 할 수 없고 또 조화를 이룬 균형 관계에 있다고 볼 수 없으며 불안정한 균형 상태가 유지되고 있을 뿐이다.[78] 다만 입법자의 결단에 의하여 어느 목적이 타 목적에게 양보될 수 있지만 이러한 경우에도 형벌 목적 간의 균형은 유지되어야 할 것이다.[79] 형벌 목적 간의 관계의 검토는 형벌의 원칙의

74_ Walter, Gropp, a.a.O., S. 39.

75_ Rolf-Peter Calliess, a.a.O., S. 1341.

76_ 토대론에서 보았듯이 형벌 이론 안에서도 계층적인 질서가 있지만 모든 이론들의 토대들이 선명히 구획되지는 않으며, 이런 점에서 '범죄 예방'과 '재사회화'는 형벌 목적과 형벌 원칙을 어우르는 계층에 서 있다고 할 것이다.

77_ Gustav Radbruch, 앞의 책, 111면 이하.

78_ 정의와 법적 평화(법적 안정성)가 특히 긴장 관계에 놓여 있다. 이와 관련하여 Radbruch는 '법률적 불법'으로 논하였으며, Arthur Kaufmann은 정의와 법적 안정성 간 긴장 관계에 대하여 언급하면서 "결코 일반적으로 그리고 모든 시대에 타당하도록 결정될 수 없다"고 보았다: Arthur Kaufmann, 앞의 책, 410-414면.

79_ 미국은 1962년 모범형법을 개정하여 section 1.02에서 응보 이론의 일종인 공

분배 특히 양형에서 실천적인 의미를 갖고 있으므로 여기에 대하여는 후술하기로 하겠다.[80]

과 이론을 원칙으로 하고 억제, 재활, 구금을 고려하도록 하고 있다: Paul H. Robinson, *op. cit.*, at 98. 이러한 공과 이론이 책임에 상응한 형벌을 통한 속죄와 법적 평화를 지향하는 것이므로 형벌의 목적인 법적 평화, 사회질서의 유지를 주안으로 하면서 재사회화와 억제 등을 아울러 고려하고 있다. 독일은 1975년 형법 총칙을 개정하였고, 제46조 1항 2문에서 형을 통해 행위자의 장래 사회생활에 관하여 예상될 수 있는 효과를 고려해야 한다고 함으로써 특별예방의 관점을 도입하였다. 법 질서의 방위를 위해 불가피하게 자유형의 선고를 필요로 하는 경우에 한해 6월 이하의 자유형을 선고하도록 하거나(제47조 1항), 법질서의 방위를 위해 형의 집행이 요구되는 경우 이를 유예하지 아니하도록 하거나(제56조 3항), 형의 선고를 유예하지 아니하도록 함으로써(제59조 1항 3호), 일반예방의 관점에 서 있다. 양형은 행위자의 책임에 기초한다고 함(제46조 1호 1문)으로써 종래의 응보주의(절대주의) 관점에 서 있다: Walter Gropp, a.a.O., S. 47. 이를 형벌 목적의 관점에서 바라볼 때 법익 보호, 법적 평화라는 목적을 모두 고려하고 있음을 보게 된다.

80_ Uli Orth는 형벌 목적에 대한 실증적인 조사를 하였다. 이 조사에서 형사 범죄에 대한 제3자적 관찰자의 입장에 초점을 두고 주관적인 형벌의 목적을 조사했고, 피해자의 관점은 배제시켰다. 174명의 성인범죄 재판 관여자를 조사했는데 그들은 실제 형사 재판에 참여한 자들이었다. 형벌 목적을 측정함에 있어 18개의 목적을 분석하고 이를 토대로 그 요소를 추출하였다. 조사 결과 다섯 가지의 두드러진 목적이 나왔다. 즉 보복(retaliation), 피해자의 지위 인정, 사회가치의 확인, 피해자의 안전, 사회 안전이 그것이다. 형벌 목적의 기준과 개인 간의 관계는 다양했고, 또 상황별로 다르고, 그들(조사 참여자)은 형벌의 엄격성은 보충적이어야 한다고 요구하였다: Uli Orth, "Punishment Goals of Crime Victims," *Law and Human Behavior,* Vol. 27, No. 2 (Apr. 2003), p.173. 이 조사 결과는 일반인의 법에 대한 감정 내지 정서를 나타낸 것이고, 조사시 형벌 '목적'이 궁극적으로 지향해야 할 가치인지 아니면 당면한 사건에서의 '목표'인지 여부에 대하여 정확히 구분하고 이를 인식시켰는지 불분명하지만, 일반인도 법의 목적에 있어 법적 평화(피해자의 안전), 사회질서의 유지(사회 안전), 법익 보호 내지 사회윤리적 행위 가치 보호(피해자의 지위 인정, 사회 가치의 확인)를 중시하고 있음을 볼 수 있다.

IV. 형벌의 원칙

1. 형벌 원칙론의 검토

그동안 '형벌 이론'으로 응보 이론과 예방 이론이 논의되어 왔다. 형벌 이론에서 매우 다양한 논의가 있었지만 그중 핵심은 형벌 정책과 형벌의 적용을 둘러싼 형벌 '원칙론'이었다. 위에서 본 신응보 이론이나 적극적 일반예방 이론의 부상도 응보와 예방 중 어느 곳에 중점을 두느냐에 대한 관점의 차이에서 비롯된 것이라 할 수 있다. 이러한 형벌 원칙론의 차원에서 독일에서의 최근의 논의를 검토해 보면, 오늘날 그 의미가 남아 있는, 책임 상쇄(Schuldausgleich)로서의 응보 이론과 범죄 예방과 재사회화 관점에 서 있는 예방 이론(특별예방, 일반예방)이 있으나, 다수는 이러한 응보 이론과 예방 이론을 결합 내지 절충하고 있다.[81] 영미에서도 형벌의 원칙론에서 볼 때 형벌 이론은 크게 응보와 예방 이론으로 나뉜다. 이를 응보주의(retributivism)와 결과주의(consequentialism), 혹은 응보주의와 도구주의(instrumentalism)로 나누기도 한다. 응보주의에 의하면 형벌은 범죄자의 행위에 따라 당연히 받아야 할 것을 받는 것이라는 것이고, 예방 내지 결과주의 또는 도구주의에 의하면 형벌이란 형벌의 집행에 의하여 좋은 결과를 가져오는 것을 말하며 이는 실용주의적이고, 그 실용이란 반사회적인 행동에 대한 억제를 말한다.[82] 다만 미국에서는 응보 이론의 진영에서 응보 이

81_ Joecks, *Münchener Kommentar zum StGB*, 2. Aufl., 2011, Rn 47-69; Strarenwerth, Kuhlen, *Strafrecht Allgemeiner Teil*, 6. Aufl., Franz Vahlen, 2011, S. 4-12. 국제형사법에서도 행위자의 비난과 책임에 상응한 형벌(응보, 책임상쇄), 장래에 대한 범죄예방(특별, 일반예방)을 형벌의 원칙으로 삼고 있다: Frank Neubacher, "Strafzwecke und Völkerstrafrecht", *NJW* (2006), S. 968-969.

82_ Mitchell N. Berman, "Two Kinds of Retributivism", ed., by R. A. Duff,

론을 수정한 공과 이론(desert theory)이 설득력을 얻고 있고 미국 모범형법에서도 공과 이론을 수용하고 있다. 따라서 이러한 공과 이론을 살펴보면, 공과 이론은 다시 '의무론적 공과(deontological desert)'와 '실증적 공과(empirical desert)'로 나뉘어진다. 의무론적인 공과 이론에 의하면 형벌이란 공과에 따르는 것이며 응보에 의할 때 형벌 그 자체가 정당시된다는 것이다. 범죄자에 대한 비난 가능성은 위반의 정도와 범죄자가 속한 사회의 철학적인 의견을 포함한 도덕적 책임의 범위에 따른다. 실증적인 공과란 한 사회가 공유하는 것은 철학적인 논리가 아닌 직관적인 정의이며, 이는 곧 실증적인 가치로 본다. 즉 절대적인 형벌의 정도가 아닌 범죄자마다 달리하는 상대적인 비난 가능성을 지지한다.[83] 결국 이러한 공과 이론은 응보 이론이 갖고 있는 한계, 즉 절대적인 비난 가능성을 수정하고, 사회철학적인 의견 내지 실증적인 가치에 의하여 책임의 정도를 결정하는 것이라고 하겠다. 국내에서도 형벌의 원칙론에서 볼 때 형벌 이론은 크게 응보와 예방으로 나뉘고 있다.[84] 응보 이론에 의하면 범인이 잘못을 저질렀으므로 응당 처벌되어야 한다고 본다. 응보론자는 과거의 행위, 즉 범죄에 기하여 장래가 아닌 사후적인 조치를 취하는 것이다. 응보론자는 형벌은 자발적인 선택에 따른 것만을 대상으로 삼는다. 그러나 이러한 응보론은 예방 이론(결과주의 혹은 공리주의)과 같은 사회의 요구에 의한 압박을 받게 되었다. 또한 예컨대 상해의 경우 그의 죄에 상응하게 처벌할 방법이 없다는 비판이 있다. 범죄인이 그 범죄로 하여금 이득을 얻도록 하는 것은 불공평하므로 이익과 상응하는 형벌이 주어져야 한다고 하지만 그 논리는 분명하지 않고 모호함도 비판되고 있다. 응보론은 형벌이 비례성(proportionality)에 따라 부과되어야 한다고 보지만 사형이나 고문, 신

Stuard P. Greed, *Philosophical Foundation of Criminal Law*, Oxford(2013), pp.456-457.

83_ Paul H. Robinson, *op. cit.*, at 90ff.

84_ 김재중, 형벌제도 개선방안, 한국학술정보(주), 2008, 48면 이하.

체형이 금지됨에 따라 그 죄에 비례한 처벌이 어렵게 되고 있다. 비례성은 또한 범죄의 심각성에 대한 서열을 정해야 한다는 문제점이 있다. 그러나 이러한 서열을 정하는 기준이 없으며 나아가 비례성이란 것은 매우 유동적이다.[85] 예방 이론에 대하여는 피고인을 목적이 아닌 수단으로 다룬다는 비판이 제기되며,[86] 실증적 연구에 의하면 예방 이론에 따른 억제, 재활의 효과에 대한 의문이 제기되고 있다. 따라서 응보 이론이 내세우고 있는 '응보'의 개념은 수정될 필요가 있으며, 본장에서는 위에서 검토한 것을 종합하고 이러한 공과 이론의 관점을 수렴하여 '응보'를 '규범의 위반의 정도에 상응하는 사회 공동체의 가치 체계에 따른 비난 가능성'으로 이해한다. 위에서 보듯 형벌의 원칙론에서 볼 때 형벌 이론이 응보와 예방으로 나뉘어진다는 점에서 큰 차이가 없다. 다만 이는 형벌 원칙 중 무엇을 선택하고 어디에 중점을 두느냐의 문제, 즉 원칙의 분배론에 있어서는 견해들을 달리하고 있고, 여기에 실천적인 의미가 있으므로 이하에서는 형벌 원칙의 분배에 대하여 살펴보기로 하겠다.

2. 형벌 원칙의 분배

우선 형벌 원칙의 분배에 대한 독일에서의 논의를 검토해 보면 다수는 응보와 예방을 절충하거나 이를 결합하는 절충설을 지지하고 있다. 그러나 이러한 절충설에서도 응보에 중점을 두는 응보적 절충설(vergeltende Vereinigungstheorie)과 예방에 비중을 두는 예방적 절충설(präventive Vereinigungstheorie)로 나뉜다. 응보적 절충설은 응보를 우선하고 그 다음으로 예방을 고려한다. 책임 상쇄, 예방, 재사회화, 속죄, 불법에 대한 응보를 형사 제재의 작용이나 기능으로 이해한다. 예방적 절충설은 형벌을 통하여 범죄로부터 사회를 보호하고 범죄인을

85_ Richard G. Singer, John Q. La Fond, *op. cit.*, at 27-29.
86_ *Ibid.*, at 26.

재사회화하는 것, 즉 일반예방과 사회를 보호하고 범죄인을 재사회화하는 일반예방과 특별예방을 우선한다. 이러한 예방이 이루어진 후 비난(Verwerfung)이 가해진다고 본다.[87] 영미에서도 응보 이론과 예방 이론이 자신들의 이론을 옹호하여 왔지만 최근에는 이 둘을 결합한 결합설이 지지를 받고 있다. 즉 이들 이론들이 나름대로 고려할 가치가 있다는 것이다. 이에 따라 이들 이론간의 우열과 서로간의 관계가 어려운 문제로 떠오르고 있다.[88] Herbert Hart는 양자를 결합하여 응보 이론은 누가 처벌받아야 하는지 설명해 주고 결과주의(예방 이론)는 어떻게 처벌받아야 하는지 설명해 준다고 주장한다.[89] 이들 원칙을 분배함에 있어서도 많은 이론들이 제기되고 있는데 실증적인 공과 이론 단독에 의하자는 견해, 실증적인 공과와 일반억제(예방) 이론을 절충하자는 견해, 재활 이론 단독으로 하자는 견해, 무력화 이론 단독으로 하자는 견해들이 있지만 이들 이론을 절충하자는 절충설이 다수의 견해이며, 미국 모범형법은 공과 이론을 원칙으로 하고 억제, 재활, 구금(무해화)을 고려하도록 하고 있다.[90] 국내에서도 다수설은 응보와 예방을 결합한 절충설을 따른다.[91] 그러나 형벌 원칙은 교정 내지 사회 복귀에 있다는 견해도 있다.[92] 이와 같이 절충설이 국내 다수설의 견해이

87_ Joecks, a.a.O., Rn. 70-76; Stratenwerth, Kuhlen, a.a.O., S. 4-12.

88_ Wayne R. Lafave, *op. cit.*, at 33. 예컨대 응보와 예방 중 예방에 치중하게 되면 범죄의 초기 단계에서 형벌을 부과하고, 예방적 감시 수단을 확대하고, 법적 보장을 축소하며, 법정형을 상향하자는 주장을 할 수 있다는 것이다. U. Sieber, *New Challenges of The Risk Society Blurring the Limits of Criminal Law*, 2009, pp.156-157[김한균, 후기 현대사회의 위험관리를 위한 형법 및 형사정책연구(1), 한국형사정책연구원, 2012, 145면에서 재인용].

89_ Jonathan Herring, *op. cit.*, at 68.

90_ Paul H. Robinson, *op. cit.*, at 98-100.

91_ 오세혁, "형벌의 철학적 기초-영미 형벌 정당화이론의 동향", 「중앙법학」14집 제3호 (2012), 32면; 김일수·서보학, 앞의 책, 722면 이하; 박상기, 앞의 책, 529면; 신동운, 앞의 책, 782면.

92_ 송광섭, "최근 형사제재입법의 동향과 그 효율성 그리고 형벌의 본질", 「동아법학」제49집 (2010.11), 243면.

지만 이러한 원칙의 분배에 있어서는 조금씩 견해를 달리하고 있다. 즉 H. L. A. Hart의 견해에 따라 형벌제도의 정당화 문제에 있어서는 억제를 지향하고, 개별 사안에서의 형벌의 정당화 문제에 있어서는 응보를 지향한다는 견해,[93] 이론의 장점을 결합하여 응보의 원칙 범위 안에서 일반예방과 특별예방을 고려하여 책임을 형벌의 상한으로 삼고, 일반예방과 특별예방을 형벌의 하한으로 보자는 견해,[94] 형사 입법에서는 정당한 형벌을, 형벌 선고에서는 합리적인 양형을, 형벌 집행에서는 인도적인 행형을 구현하고 실현해야 한다는 견해,[95] 응보를 형벌의 본질로 보고 그 범위 내에서 부수적으로 예방 목적을 고려하자는 견해[96] 등이 있다.

생각건대 이러한 형벌 원칙의 분배를 다룸에 앞서 형벌이라는 규범과 행위자가 범죄에 이르는 동기 내지 행위의 결정 구조에 대하여 살펴볼 필요가 있다. 발달심리학에 의하면 사람은 성장함에 따라 발생한 피해의 '양'보다는 '의도'에 기초하여 잘못을 판단하는 경향이 증가한다고 본다.[97] 즉 범죄에 있어 '의도'가 중요하며 범죄란 이러한 행위자의 '의도'에 따른 결과물이며, 형벌 역시 이러한 행위자의 '의도'에 초점을 두어야 한다는 것이다. 이러한 관점에서 볼 때 인간의 의사 결정의 자유를 전제로 하는 응보 원칙의 당위성과 유용성을 발견하게 된다. 응보 원칙은 이외에도 범죄자를 비난하는 잠재력에서 범죄를 통제하는 힘이 나오며, 공동체 사회에서 비난하는 것이 도덕적 권위로 받아들여진다는 사실과 인간들 사이에서 공유하는 사회규범과 금지가 개인의 사회화에 막대한 영향을 미치며 형벌이 그 중심에 서 있다는

93_ 박상기, 위의 책, 21-22면.
94_ 이재상, 앞의 책, 55-56면.
95_ 한영수, "책임과 예방", 한국형법학의 새로운 지평(심온 김일수교수 화갑기념 논문집), 박영사(2006), 84-85면.
96_ 김재중, 앞의 책, 48-50면.
97_ John H. Flavell et al., *Cognitive Development*, 4th ed., Prentice Hall, 2002/ 정명숙 역, 인지발달(제4판), 시그마플러스, 2007, 323면.

것, 형벌의 도덕적인 신뢰성이 범죄 억제에 있어서도 매우 중요하다는 사실과 사회 구성원들의 정의감을 유지하며, 자경을 회피하고, 부정의에 대한 저항을 피할 수 있다는 관점과 논거를 제시해 준다는 점에서 타당하다고 하겠다.[98] 따라시 이리한 응보 원칙을 우선으로 하되 예빙 원칙(일반예방, 특별예방)도 고려하여야 하며, 여기서 응보란 동해보복(talionis 원칙)이 아니라 행위자가 규범을 위반한 정도에 상응하는 사회 공동체의 가치 체계에 따른 비난 가능성을 의미한다. 나아가 예방 원칙을 수용함에 있어서도 형벌의 기능, 즉 형벌의 순기능과 역기능을 아울러 고려하여야 한다. 즉 일반억제가 적합한 조건하에서는 장래의 범죄를 억제하게 되지만 제한된 범위 내에서 효율성을 갖고 있고, 특별억제가 행위자의 합리적인 판단 능력을 전제로 한다는 제한성이 있으며, 재활이 일반억제의 관점에서 볼 때 매우 제한적이며 재활이 성공하는 범위도 제한적이라는 사실, 무력화 기능도 제한적이란 사실과 형벌에는 부정적 효과 즉 낙인 기능 등도 있다는 사실을 고려할 필요가 있다.[99] 요컨대 형벌 원칙을 적용함에 있어서 이러한 응보와 예방 원칙을 절충하되 응보에 우선을 두며, 예방 원칙의 경우 이러한 형벌의 기능에 대한 장·단점을 면밀하게 고려하여 적용하여야 한다. 나아가 형벌 원칙은 일관성을 유지하여야 하므로 입법, 형의 선고, 형벌의 집행시마다 형벌 원칙을 달리하여야 한다는 견해는 타당하지 않다고 하겠다.

98_ Paul H. Robison, *op. cit.*, at 90-93.

99_ Steven P. Lab, *Crime Prevention—Approches, Practices and Evaluation*, 7th ed., 2010/이순래 외 역, 범죄예방론, 도서출판 그린, 2011, 227면 이하; Richard G. Singer, John Q. La Fond, *op. cit.*, at 21ff; Paul H. Robinson, *op. cit.*, at 29ff; Elliot Currie, *Crime And Punishment In America*, Brockman INC., 1986/이백철 역, 미국의 범죄와 형벌, 학지사, 2004, 54면; Nathan Hanna, "Liberalism and the General Justifiability of Punishment— philosphical studies", *philosophical Studies*, Vol. 145, No. 3 (Sep. 2009), pp.329-330; Steven Sverdlik, "Punishment", *Law And Philosophy*, Vol. 7, No. 2 (Aug. 1988), p.20.

이러한 형벌 원칙의 분배는 양형 문제에 있어 실천적 의의를 발견할 수 있다. 종래 독일에서는 책임은 언제나 고정된 크기로 존재하고 정당한 형벌은 하나일 수밖에 없다는 '유일점 이론(Theorie der Punktstrafe)'이 있었다. 그러나 양형에서 형벌 목적을 어떠한 방법으로 서로간의 관계를 설정하고, 어디에 비중을 둘 것인가에 대하여 판례가 발전시켜 온 '판단 여지 이론(Spielraumtheorie)'이 다수설이다. 이에 따르면 양형은 두 단계로 이루어진다. 첫째, 판단된 행위의 가치를 따진다. 경한 범죄에는 경한 형벌이 부과된다. 중한 범죄에 중한 형벌이 부과된다. 즉 판단 여지 이론은 응보 이론에 따른 정의의 이념에 따른다. 그 후 행위의 정도에 따른 형벌의 정도와 당해 사건에 드러난 행위자의 책임을 판단한다. 이 이론에 따르면 책임에 상응한 형벌은 유일점 크기가 아니고, 오히려 '판단 여지(Beurteilungs-Spielraum)'의 결정이며, 책임에 상응하는 상한선의 형벌을 정하는 것이다. 두 번째로, 예방 목적에 따른 양형을 한다. 여기서 책임에 합당한 판단 여지를 확정하게 되며, 여기서 법원은 예방 효과의 관점을 도입할지와 그 범위를 정하게 된다. 여기서 법원은 어떠한 형벌이 행위자의 개선과 범죄 예방에 적합하고 필요한지 판단하게 된다는 것이다.[100] 판단 여지 이론이 응보 원칙을 우선한다는 것은 정당하다. 경한 범죄에 경한 형벌이, 중한 범죄에 중한 형벌을 부과한다는 것은 매우 재량적인 것으로, 위에서 보듯 응보란 행위자가 규범을 위반하는 정도에 상응한 사회 공동체의 가치 체계에 따른 비난 가능성이라고 이해하여야 하며, 이러한 응보 원칙에 따라 형벌의 정도와 행위자의 책임을 판단하여야 한다. 그 다음 예방 목적에 따라 양형을 하여야 하나 여기에서 형벌의 기능에 대한 이해와 검토를 토대로 하여 구체적인 양형에 나아가야 한다는 것이다.[101]

100_ Bernd-Dieter Meier, a.a.O., S. 70.
101_ 양형에서 법관으로 하여금 알아서 특별예방과 일반예방을 고려하라는 것은 백지 위임이나 다름없다고 하겠다. 여기서 형벌의 기능에 대한 논의가 매우 중

V. 결 어

이상에서 형벌에 대한 국내외의 논의를 검토하여 형벌의 목적과 원칙에 대하여 살펴보았다. 형벌이라는 제도가 궁극적으로 지향하는 가치인 목적, 형벌 정책의 수립과 형벌을 적용하고 집행함에 있어 일관되게 지켜야 할 준칙인 형벌의 원칙은 구분되어야 한다. 나아가 이러한 형벌의 '목적 및 원칙론'은 형벌이라는 국가권력의 근거에 대한 형벌의 '정당화 근거' 및 형벌의 '제한 원리'와도 구분되어야 한다. 종래 '형벌 이론'이라는 범주 안에서 이러한 형벌의 정당화 근거, 형벌의 목적-원칙, 형벌의 제한 원리가 구분됨이 없이 논의되어 왔고, 이로 인하여 혼선을 초래하여 왔다.[102] 이에 본장에서는 그동안 논의가 된 국내외의 형벌 이론을 분석하고 이를 검토하여 형벌의 정당화 이론과 형벌의 목적-원칙론과 형벌의 제한 원리가 구분되어 검토되어야 함을 논증하였다. 또한 형법의 목적과 형벌의 목적이 전혀 달리할 수 있는 것이 아니라 형법의 목적의 연장선상에서 형벌의 목적론이 전개되어야 함을 살펴보았고, 법의 이념인 정의, 법적 안정성 내지 법적 평화에서 법익의 보호와 사회질서의 유지, 법적 평화라는 형벌의 목적을 도출하였다. 형벌의 원칙론에서는 종래 논의되어 온 응보 이론과 예방 이론을

요하고 또 실천적인 의의가 있음을 보게 된다.

102_ 이러한 사실은 앞서 본 주10)의 판결(울산지법 2013.1.25. 선고 2012고합404 판결)에서도 나타나고 있다. 위 판결에서 법원은 형벌의 목적-원칙-기능을 구분하지 않고 있다. 형을 정함에 있어 응보와 예방이라는 형벌 원칙을 분배하여야 한다. 또한 이러한 형벌 원칙의 분배가 법익 보호와 사회질서의 유지, 법적 평화라는 형벌의 목적에 위배되지 않는지 검토하여야 한다. '무해화(restraint)'라는 형벌 기능은 형벌의 여러 순기능 중의 하나일 뿐이고 이것이 형벌의 원칙이 아님에도 법원은 위 판결에서 형벌 원칙을 분배함에 있어 형벌의 목적-원칙-기능에 대한 '가치의 서열'을 고려하지 않고 있어 도대체 무슨 원칙과 기준에 입각하여 형벌을 정하는지 가늠할 수 없게 하고 있다. 결국 이로 인하여 판결의 정합성에 의문이 생기고 있고, 결과적으로 법적 안정성도 도모할 수 없게 된다.

영미의 공과 이론의 관점을 수렴하여 새로이 검토하였고, 이에 따라 응보란 '동해보복'이 아닌 '규범의 위반의 정도에 상응하는 사회 공동체의 가치 체계에 따른 비난 가능성'으로 이해하여야 함을 살펴보았다. 형벌 원칙을 분배함에 있어서는 발달심리학의 관점에 따라 인간의 자유의사를 전제로 하고, 사회 공동체에서 형법이 가지는 규범 효력을 승인하는 응보 원칙을 우선으로 하되 형벌 기능의 장·단점을 고려하여 형벌 원칙을 분배하여야 한다. 요컨대, '정당한 형벌'이란 법익의 보호, 법적 평화라는 가치를 지향하면서 행위자의 규범 위반의 정도에 상응하는 사회 공동체의 가치 체계에 따라 행위자에게 비난을 가하되 형벌의 순기능이 발휘될 수 있도록 특별예방과 일반예방 원칙을 고려하여야 한다는 것을 말한다고 할 수 있겠다.[103] 최근 살인, 성폭력범죄

103_ 이상에서 필자가 전개한 전체적인 형벌 이론을 도표로 정리하면 다음과 같다:

형벌 이론		
형벌의 정당화 근거		- 헌법적 근거 - 정치이론적 근거 - 실제적 근거
형벌의 목적		- 법익 보호와 사회질서의 유지 - 법적 평화
형벌의 원칙	내용	- 응보 원칙 - 예방 원칙(특별예방, 일반예방)
	분배	- 응보 원칙을 우선하되 예방 원칙을 고려함 - 예방 원칙을 적용함에 있어 형벌 기능의 장·단점을 고려함
형벌의 기능	순기능	특별억제, 일반억제, 무해화. 재활(rehabilitation), 교육(education), 응징과 비난, 속죄, 보복 방지, 회복과 사회 통합
	역기능	낙인(labelling), 수감의 역기능
형벌의 제한 원리		- 책임 원칙 - 비례성의 원칙 - 보충성의 원칙

등 강력범죄가 사회적 문제로 대두되면서 형법상 유기 징역형의 상한을 올리는 형법 개정안이 공포되었고(법률 제10259호, 2010.4.15. 공포),[104] 범죄자에 대한 사형 집행, 성범죄에 대한 위치추적 전자장치 부착제도, 성범죄자 신상정보 공개, 성범죄자 등의 유전자 정보 채취, 성충동 약물치료제도, 공소시효 기간의 연장과 정지 등 다양한 형사법적인 대응책이 강화되고 있다.[105] 나아가 최근에는 성폭력 관련 범죄와 관련하여 친고죄 폐지, 성범죄자 처벌 및 사후관리 강화를 담은 형법 등 성범죄 관련 법률 중 150여 개 조항의 신설·개정 법률이 2013.6.19.부터 시행되고 있다.[106] 나아가 비록 폐지되긴 하였으나 형법 개정안에서 보안 내지 예방적 형사정책의 강화 차원에서 자유박탈적인 보안처분인 보호수용제도의 도입 등을 그 내용으로 담고 있었다.[107] 이를 형벌의 목적 차원에서 검토하면, 이러한 제도의 도입을 추진하는 입장에서는 이것이 법익 보호와 사회질서의 유지, 법적 평화라는 형벌의 목적에 부합된다고 강변(强辯)할 수도 있다. 그러나 앞서 살펴보았듯이 법익 보호와 사회질서의 유지에 있어 형벌의 내용은 정의로와야 하며, 법적 평화란 범죄에 상응하는 형벌을 집행함으로써 사회적 갈등을 해소하고 형벌 규범에 대한 일반인의 신뢰를 회복시켜야 한다는 사실을 상기해 볼 필요가 있다. 이러한 형벌의 목적을 염두에 두고, 범죄에 상응한 형벌이라는 원칙하에 예방이라는 형벌 원칙을 고려하여야 한다. 그러므로 사회 여론에 편승하여 일부 범죄에 편중된 엄벌 내지 중형의 부과와 과도한 보안처분제도의 도입은 자칫 정의로운 형벌과 멀어질

104_ 이인석·임정엽, "개정형법상 유기징역형의 상한조정에 관한 고찰",「형사법연구」제22권 3호 통권 제44호(2010·가을), 33-34면.
105_ 송광섭, "최근 형사제재입법의 동향과 그 효용성, 그리고 형벌의 본질",「동아법학」제49호(2010.11), 213-214면.
106_ 법무부, "2013.6.19. 성폭력 관련 개정법률 일제히 시행", 법무부·여성가족부 보도자료(2013.6.18.), 1면 이하.
107_ 김성돈, "형법총칙 개정안의 형벌제도와 형사정책적 방향",「성균관법학」제23권 제3호(2011.12), 263-267면.

수도 있고, 형벌의 목적과 원칙에도 위배될 수도 있다. 아울러 첨언하자면 이러한 제도의 도입에 앞서 현행 형벌제도와 운영 실태에 대한 실증적 검토, 즉 형벌 기능에 대한 면밀한 연구와 검토가 있어야 할 것이다.[108]

108_ 돌이켜 보면 계몽시대 이전에 형벌만큼 심각하게 사유된 것이 없었다. 중세와 계몽시대에 걸쳐 법률가와 학자에 의해 불쾌하고, 고통스럽고, 치명적인 결과에 이르는 형벌을 부과하는 실무와 형벌에 대하여 사려 깊은 연구가 이루어졌다. 그 결과 형벌 이론과 제도의 개선에 많은 진전을 이루었다. 위와 같이 형벌의 목적-원칙-기능이 서로 영향을 주고받고 있고, 특히 형벌 기능이 형벌 정책의 수립, 형벌의 적용과 집행에 있어 중요한 작용을 하고 있으므로 형벌 이론에 대한 연구와 더불어 형벌의 기능에 대한 실증적 검토와 분석도 이루어져야 할 것이다. 이러한 연구는 형사 실무가, 형법학자, 범죄학자, 범죄 심리 전문가, 심리학자 등을 포함하여 실무와 이론을 아우르는, 다학제적 협업을 통해서 수행되어야 할 것이며 이를 통하여 형벌이 지향하는 법익 보호와 법적 평화에 더 가까이 다가갈 수 있게 될 것이다: Harry Keyishian, "Herry de Bracton, Renaissance Punishment Theory, and Shakesperean Closure", *Law and Literature*, Vol. 20, No. 3 (Fall, 2008), p.444.

참고문헌

1. 국내 문헌

[단행본]

김일수, 형법학원론[총칙강의], 박영사, 1988.

_____, 전환기의 형사정책, 세창출판사, 2012.

김일수 · 서보학, 형벌총론(제11판), 박영사, 2012.

김재윤, 현대형법의 위기와 과제, 전남대학교출판부, 2009.

김재중, 형벌제도 개선방안, 한국학술정보(주), 2008.

김한균, 후기 현대사회의 위험관리를 위한 형법 및 형사정책연구(1), 한국형사정책연구원, 2012.

박상기, 형법총론(제9판), 박영사, 2012.

배종대, 형사정책(제3판), 홍문사, 2000.

_____, 형법총론(제11판), 홍문사, 2013.

손동권 · 김재윤, 형법총론, 율곡출판사, 2012.

신동운, 형법총론(제6판), 법문사, 2012.

오영근, 형법총론(제2판), 박영사, 2012.

이재상, 형법총론(전정판), 박영사, 1991.

이종인, 범죄와 형벌의 법경제학, 한울, 2013.

임웅, 형법총론(제4정판), 법문사, 2012.

정성근 · 박광민, 형법총론(전정판), SKKUP, 2013.

정영일, 형법강의 [총론], 학림, 2013.

[논문]

김성돈, "형법총칙 개정안의 형벌제도와 형사정책적 방향", 「성균관법학」 제23권 제3호(2011.12).

김일수, "형법상 책임과 예방의 관계", 「고려대학교 법학논집」 제22집(1984).

김창군, "형벌 제한을 통한 국가 형벌의 정당화", 한국형법학의 전망(심온 김
　　일수교수 정년기념논문집), 문형사, 2011.

송광섭, "최근 형사제재 입법의 동향과 그 효율성 그리고 형벌의 본질", 「동
　　아법학」 제49집(2010.11).

심헌섭, "법적 안정성에 관한 연구", 「서울대학교 법학」 제25권 23호(1984).

오세혁, "형벌의 철학적 기초－영미 형벌 정당화이론의 동향", 「중앙법학」
　　제14집 제3호(2012).

이인석·임정엽, "개정 형법상 유기징역형의 상한조정에 관한 고찰", 「형사
　　법연구」 제22권 3호 통권 제44호(2010·가을).

이진영·이경석, "형벌의 의미와 정당성－언제나 형벌은 필요한가?", 「법조」
　　Vol. 655(2011.5).

정태욱, "법절차의 정의가치", 「법철학연구」 제1권(1988).

한영수, "책임과 예방", 한국형법학의 새로운 지평(심온 김일수교수 화갑기
　　념논문집), 박영사(2006).

2. 외국 문헌

[단행본]

Currie, Elliot, *Crime And Punishment In America*, Brockman INC.,
　　1986/이백철 역, 미국의 범죄와 형벌, 학지사, 2004.

Dix, George E., *Criminal Law*, 8th ed., Thomson, 2010.

Flavell, John H., Miller, Patricia H. Miller, and Scott A., *Cognitive
　　Development*, 4th ed., Prentice Hall, 2002/정명숙 역, 인지발달(제4
　　판), 시그마플러스, 2007.

Golding, Martin P., *Philosophy of Law*, Prentice-Hall, 1975/장영민 역, 법
　　철학, 세창출판사, 2008.

Gropp, Walter, *Strafrecht Allgemeiner Teil*, 3. Aufl., Springer, 2005.

Hassemer, Winfried, *Warum Strafe sein muss－Ein Plädoyer*, Ullstein
　　Buchverlage, 2009/배종대·윤재왕 역, 범죄와 형벌, 나남, 2009.

Herring, Jonathen, *Criminal Law — Text, Cases and Materials*, 4th ed., Oxford, 2010.

Jescheck, Hans Heinrich, *Lehrbuch der Strafrechts Allgemeiner Teil*, 3. Aufl., Buncker & Humbolt, 1982.

Joecks, *Münchener Kommentar zum StGB*, 2. Aufl., 2011.

Kaufmann, Arthur, *Rechtsphilosophie*, C. H. Beck, 1997/김영환 역, 법철학, 나남, 2007.

Lab, Steven P., *Crime Prevention-Approches, Practices and Evaluation*, 7th ed., 2010/이순래 외 역, 범죄예방론, 도서출판 그린, 2011.

Lacey, Nicola, *State Punishment: Political Principles and Community Values*, 1988/장영민 역, 국가형벌론: 정치적 원리와 공동체 가치, 한국형사정책연구원, 2012.

Lafave, Wayne R., *Criminal Law*, 5th ed., West, 2010.

Radbruch, Gustav, *Rechtsphilosophie*, Herg. von Erick Wolf, und Hans-Dieter Schneider, 8. Aufl., K. F. Koehler 1973/최종고 역, 법철학, 삼영사, 1988.

Robinsons, Paul H., *Criminal Law — Case Studies & Controversies*, 2nd ed., Wolters Kluwer, 2008.

Roxin, Claus, *Strafrecht Allgemeiner Teil*, Band 1, 4. Aufl., C. H. Beck, 2006.

Singelstein, Tobias, and Stolle Peer, *Die Sicherheitsgesellschaft*, VS Verlag für Sozialwissenschaften, 2012/윤재왕 역, 안전사회-21세기의 사회통제, 한국형사정책연구원, 2012.

Singer, Richard G, and La Fond, John Q., *Criminal Law*, 5th ed., Wolters Kluwer, 2010.

Stratenwerth, und Kuhlen, *Strafrecht Allgemeiner Teil*, 6. Aufl., Franz Vahlen, 2011.

Wessels, Johannes, *Strafrecht Allgemeiner Teil*, 20. Aufl., C. F. Müller, 1990/허일태 역, 독일형법총론 법문사, 1991.

[논문]

Berman, Mitchell N., "Two Kinds of Retributivism", ed., by R. A. Duff, and Stuard P. Greed, *Philosophical Foundation of Criminal Law*, Oxford (2013).

Brettschneider, Corey, "The Rights of the Guilty: Punishment and Political Legitimacy", *Political Theory*, Vol. 35, No. 2 (Apr. 2007).

Calliess, Rolf-Peter, "Strafzwecke und Strafrecht —40 Jahre Grundgesetz — Entwicklungstendenzen von freiheitlichen zum sozial-autoritären Rechtsstaat?", *NJW* (1989).

Dubber, Markurs D., "*Foundation of State Punishment in Modern Liberal Democracies: Toward a Genealogy of American Criminal Law*", ed., by R. A. Duff, and Stuart P. Greed, *Philosophical Foundation of Criminal Law*, Oxford (2013).

Hanna, Nathan, "Liberalism and the General Justifiability of Punishment — philosphical studies", *Philosophical Studies*, Vol, 145, No. 3 (Sep. 2009).

Keyishian, Harry, "Herry de Bracton, Renaissance Punishment Theory, and Shakesperean Closure", *Law and Literature*, Vol. 20, No. 3 (Fall 2008).

Lovett, Frank, "Consent and The Legitimacy of Punishment: Response to Brettschneider", *Political Theory*, Vol. 35, No. 6 (Dec. 2007).

Meier, Bernd-Dieter, "Licht ins Dunkel: Die richterliche Strafzumessung", *JuS* (2005).

Neubacher, Frank, "Strafzwecke und Völkerstrafrecht", *NJW* (2006).

Niehoff, Brian P., "The Social Effects of Punishment Events: The Influence of Violator past Performance Record and Severity of the Punishment on Observers' Justice Perceptions and Attitudes", *Journal of Organizational Behavior*, Vol. 19, No. 6 (Nov. 1998).

Orth, Uli, "Punishment Goals of Crime Victims", *Law and Human*

Behavior, Vol. 27, No. 2 (Apr. 2003).

Scholz, Rupert, "Rechtsfrieden in Rechtsstaat", *NJW* (1983).

Steven, Sverdlik, "Punishment", *Law And Philosophy*, Vol. 7, No. 2 (Aug. 1988).

3. 인터넷 문헌

법무부, "2013.6.19. 성폭력 관련 개정법률 일제히 시행", 법무부·여성가족부 보도자료(2013.6.18).

http://endic.naver.com/enkrEntry.nhn?entryld(2013.10.4. 방문).

제4장

———

형벌의 기능론적 분석과
그 형사정책적 함의

Ⅰ. 문제의 제기

최근 우리 사회에서는 강호순 사건, 조두순 사건, 김길태 사건 등 강력 범죄가 발생하였고, 이에 대한 시민들의 우려와 불안감이 급등하였다.[1] 이에 국회에서는 형법상 유기 징역형의 상한을 30년으로 하고 가중시 50년으로 하는 형법 개정안(법률 제10259호, 2010.4.15. 공포)을 통과시켰고, 동 법률은 2010.4.15.부터 시행 중에 있다. 나아가 범죄자에 대한 사형 집행, 성범죄자에 대한 위치추적 전자장치 부착제도, 성범죄자 신상정보 공개, 성범죄자 등의 유전자 정보 채취 등 다양한 형사법적 대응책이 강화되고 있다.[2] 나아가 최근에는 성폭력 관련 범죄와 관련하여 친고죄 폐지, 성범죄자 처벌 및 사후 관리 강화를 담은 형법 등 개정법률이 2013.6.19.부터 시행되고 있다.[3] 즉 최근의 일련의 입법조치들은 중형주의와 예방형법 사조의 팽창이라고 할 수 있다. 이러한 입법에 대하여, 강력 범죄가 발생하여 국민의 여론이 악화되는 경우 손쉽게 엄벌로 대응하는 주장이 나타나게 되는데 엄벌은 특별(예방)억제 효과가 거의 없고 일반(예방)억제 효과에 의문이 제기된다는 견해가 제시되고 있다.[4] 나아가 형법에서의 예방 기능의 강조는 필연적으로 책임형법의 위기를 초래한다는 지적이 있어 왔다.[5]

1_ 고비환, "선정적 범죄보도가 중형주의에 미치는 영향과 그 완화책으로서 사회적 관용의 필요성", 「법학논총」 제32집 제2호(2012.8), 399-400면.

2_ 송광섭, "최근 형사제재입법의 동향과 그 효율성, 그리고 형벌의 본질", 「동아법학」 제49호 (2010.11), 213-214면

3_ 법무부, "2013.6.19. 성폭력 관련 개정법률 일제히 시행", 법무부·여성가족부 보도자료 (2013.6.18), 1면 이하.

4_ 이임석·임정엽, "개정형법상 유기징역형의 상한조절에 관한 고찰", 「형사법연구」 제22권 제3호 통권 제44호 (2010·가을), 40-41면.

5_ 김태명, "최근 우리나라 중벌주의 입법경향에 대한 비판", 「형사법연구」 제24권 제3호(2012·가을), 150면 이하; 김태명, "성폭력범죄의 실태와 대책에 대한 비판적 고찰", 「형사정책연구」 제22권 제3호(2011·가을호), 40-42면; 김성돈,

이러한 상황은 현재 미국에서의 상황과 유사하나. 1910년내부터 미국에서는 감옥개량 운동을 시작하였고, 형벌 집행을 행정 작용이 아닌 사법 작용으로 이해해야 한다는 지적이 있었다. 이에 따라 범인을, 사회에서 고립된 객체가 아니라 사회 유기체의 일부분으로 이해하기 시작하였다.[6] 나아가 범죄란 사회적, 경제적, 육체적인 이유나 어떤 상황에 따른 것이고 적절한 처우가 이루어지면 벗어날 수 있는 것이라고 보기 시작하였다. 이러한 형벌의 재활(rehabilitation) 기능에 중점을 두고 다양한 프로그램이 실시되었다.[7] 그러나 이러한 재활의 효과에 대하여 많은 의문이 제기되었고, 1970년대 말에 이르러 재활 프로그램에 대한 시민들의 불만이 정점에 이르게 되자 다시 응보(retribution) 기능에 중점을 준 형벌정책이 자리잡게 되었다.[8] 나아가 각종 여론 조사, 언론 보도, 정치계와 학계에서의 제시된 의견들은 형벌정책에 있어 엄벌주의로 급격하게 선회하게 만들었다. 결국 엄벌주의가 정점에 달하게 되었고, 미국을 전세계에서 가장 구금율이 급격하게 증가한 국가로 만들게 하였으며, 범죄 통제와 관련된 법안들은 우리와 유사하게 대부분 중형을 부과하는 것들이었다.[9]

"책임형법의 위기와 예방형법의 한계", 「형사법연구」 제22권 제3호 통권 제44호 (2010 · 가을), 3면 이하.

6_ G. P. Garrett, "The Function of Punishment", *Journal of the American Institute of Criminal Law and Criminology*, Vol. 6, No. 3 (Sep. 1915) p.423.

7_ Gabriel Hallevy, T*he Right to Be Punished—Modern Doctrinal Sentencing*, Springer, 2013, pp.37ff.

8_ *Ibid.*, at 39-41.

9_ Joachim J. Savelsberg, "Knowledge, Domination, and Criminal Punishment", *American Journal of Sociology*, Vol. 99, No. 4 (Jan. 1994), p.938. 엄벌주의를 사회구조적인 차원에서 분석한 견해에 따르면, 시민운동의 성공과 미국 연방대법원의 1950년대부터 1960년대까지의 자유주의적 경향이 보수주의 진영의 반발을 불러왔고, 복지를 지향하는 기술적이고 다기능적인 법률이 법률 전문가와 자유시민 단체에 의해 신고전주의적 반발을 야기시켰으며, 법과 질서에 대한 시민들의 정서를 고취시켰다고 본다: *Ibid.*, at 939-940.

사형 등 중형을 지지하는 사람들은 범죄에 대하여 가혹한 형벌을 부과하여야 한다고 주장하면서 형사 사법에 온정주의가 만연해 있다고 염려한다. 나아가 정부가 범죄와 투쟁하고 있으며 범죄율에 대하여 관심을 갖고 있다는 사실을 시민들에게 보여주어야 한다고 주장한다. 그러나 엄벌주의에 대한 실증적 조사에 따르면 정작 일반 대중보다 정치적 이해관계를 가진 사람이 중형을 선호하는 것으로 나타나고 있다.[10] 이와 같이 엄벌주의는 정치적 이해관계를 가진 사람들에 의해 선동되거나 이용되는 경향이 있을 뿐만 아니라 형벌 기능론의 차원에서 볼 때에도 문제점이 있다고 지적된다. 즉 엄벌주의는 사회심리적으로 볼 때 '분개(outrage)'에 기초하고 있는데, 이러한 분개는 사회적으로 볼 때 유용한 측면이 있지만 이러한 분개가 법정으로 들어올 때에는 예측성과 정합성의 측면에서 문제를 야기하게 된다는 것이다. 즉 형벌의 억제 기능의 관점에서 볼 때 분개에 따른 형벌은 너무 크거나 너무 적은 억제를 가지고 온다는 문제점이 있게 된다.[11] 이와 같이 최근의 엄벌주의는 후술하는 형벌의 여러 기능 중 억제 기능과 응징 기능, 무해화 기능의 강조라는 경향을 보여주고 있다. 그러나 형벌의 기능에는 이러한 기능 외에도 여러 기능이 있을 뿐만 아니라 낙인 기능 등 역기능도 있다. 형벌정책을 수립하고 형벌을 집행함에 있어서는 이러한 형벌 기능의 전체적인 조망과 검토가 있어야 한다. 그러나 그동안 형법학자들은 형벌 이론을 제시하면서 단편적으로 일부 형벌 기능을 제시하였을 뿐이고, 범죄학자들 역시 실증적인 연구에 터잡아 형벌의 일부 기능에 대한 조사 결과를 보여주려고 하였으나 형벌 기능의 전체적인 윤곽조차 제시하지 못하였다. 형벌 기능에 대한 논의가 형벌

10_ Dick J. Hessing et al., "Explaining Capital Punishment Support in an Abolitionish Country: The Case of the Netherlands", *Law and Human Behavior*, Vol. 27, No. 6 (Dec. 2003), p.619.

11_ Cass R. Sunstein, "On The Psychology of Punishment", *Supreme Court Economic Review*, Vol. 11 (2004), p.188.

에 대한 입법과 판결, 형벌의 집행에 있어서 매우 중요한 역할을 한다는 점에서 형벌 기능의 분석과 검토의 실천적인 의의를 찾을 수 있다. 이에 본장에서는 형법학자와 범죄학자들이 그동안 그들 나름대로 제시한 형벌 이론을 형벌 기능론의 관점에서 새롭게 분석하고 검토한다. 이러한 분석에 앞서 형벌 기능의 개념을 검토해 보고(II), 형벌 기능에 대한 다양한 접근 방법, 즉 형벌 이론적 · 실증적 · 법경제학적 · 사회학적 · 심리학적 접근 방법에 대하여 검토한다(III). 이어 형벌의 기능을 순기능과 역기능으로 나누어 검토해 보고, 이를 통해 시사점을 도출하고, 형사정책적 과제를 검토한다(IV). 이러한 방법에 따라 형벌 기능론의 관점에서 최근의 엄벌주의 경향과 관련된 중형에 대하여 살펴본다(V). 결론으로 이상의 논의를 토대로 형벌 기능론 검토의 형사정책적 함의를 살펴보고, 필자의 견해를 개진하고자 한다(VI).

II. 형벌 기능의 개념

1. '기능'의 개념과 형벌 기능의 개념

형벌 기능에서 다루게 될 '기능(function)'이라는 개념은 원래 생물철학(Philosophy of Biology)에서 유래한다. 여기에는 내적인 생물학적인 활동을 의미하는 '내부 활동(internal activity)'과 조직체의 하부 시스템의 외부 활동을 의미하는 '외부 활동(external activity)'이 있다.[12] 사회과학에서는 기능의 개념을 크게 아래의 세 가지로 나누고 있다.[13]

첫째는 위에서 언급한 내부 활동과 외부 활동을 포함하는 '전체 활동(total activity)' 기능이다. 즉 제도 등의 내부적 · 외부적 사회 역할,

---

12_ Martin Mahner, Mario Bunge, "Function and Functionslism: A Synthetic Perspective", *Philosophy of Science*, Vol. 68, No. 1(Mar. 2001), p.79.
13_ *Ibid.*, at 79-80.

활동 등을 지칭한다.

둘째는 '적응 형질(aptation)' 기능이 있는데, 예컨대 반복되는 형벌의 집행이나 장례식의 집도가 사회의 연속성을 유지하는 데 기여하는 것을 말한다.

셋째는 '사회 적응(social adaptation)' 기능으로, 예컨대 생산 라인의 변화가 시장의 기회를 제고하는 것을 말한다.

본장에서 검토하고자 하는 형벌의 기능 역시 사회과학에서 말하는 위의 세 가지 기능을 포함한다. 즉 형벌이라는 제도를 집행함에 따른 작용과 그로 인한 사회적 역할과 작용, 그리고 형벌이라는 제도의 계속적인 집행으로 인하여 사회의 연속성을 유지하는 데 기여하는 작용, 새로운 형벌제도의 시행으로 사회에 미치는 작용을 그 대상에 포함시킨다.

2. 형벌의 원칙, 기능적 형벌 개념과의 구분

어떤 행동이나 이론에서 일관되게 지켜야 할 기본적인 규칙이나 법칙을 원칙(principle)이라고 하고, 위에서 살펴본 바와 같이 권한이나 직책, 능력에 따라 일정한 분야에서 하는 역할과 작용을 기능(function)이라고 한다. 이를 형벌 이론에 적용하면 '형벌 원칙'이라 함은 형벌 정책의 수립과 형벌을 적용하고 집행함에 있어 일관되게 지켜야 할 기본적인 규칙 내지 규준을 말하며, '형벌 기능'이라 함은 국가 형벌권을 집행함에 따라 발생하게 되는 역할과 작용을 말하는 것이라고 할 수 있다. 종래 형벌 이론은 크게 응보 이론과 예방 이론으로 나눌 수 있으며, 새로 제기되는 이론으로 회복적 사법 이론이 있다. 독일에서는 새로운 형벌 이론으로 '신응보 이론'과 '적극적 특별예방 이론'이 주장되고 있다. '신응보 이론(neue Vergeltungstheorie)'에 의하면, 형벌이란 시민과 국가간의 법률 관계를 나타내는 것이 아니라 국가가 시민으로 하여금 사회 복귀를 하기 위한 길을 제공하는 관계를 말한다. 즉 범죄에 대한 제재를 행위와 반응에 대한 사전적이고 적극적인 사회 체제와 결부시켜 형벌을 범죄자와 국가와의 법률 관계로 이해한다. 개개인 주체나 자유와 존엄이 없는 사회는 생각할 수 없으므로 사회 권력인 국가와 사회 공동체가 지고 있는 일반·적극적 일반예방을 형벌의 근거 내지 목적으로 이해하여 이를 '신응보'라고 바라본다는 것이다.[14] '적극적 일반예방 이론'에 의하면 민주적 법치국가에서 형벌 위협과 생명은 결코 위협을 위한 수단이 아니라 정형화된 사회통제의 일부로 이해하며, 법 파괴에 대해 규칙적이고 적절하게 대응하고, 이를 통해 법질서에 대한 시민의 신뢰를 획득하고, 그러한 신뢰를 더욱 강화한다는 것이다.[15] 신응보 이론이 사실상 '예방 이론'을 수용한 것이라면, 적극적 일반예방 이론은 형벌의 정당화 측면 중 실제적 측면을 바라본 것이다. 나아가 적극적 일반예방 이론이 소극적 일반예방 즉 일반인에 대한 억제력 측면을 부정하거나 이를 매우 가벼이 여기고 있지만 이는 잘못이고, 형벌에는 엄연히 '일반억제' 기능이 작용하고 있다.[16] 즉 적극적 일반예방 이론에는 형벌의 정당화 근거-원칙-기능을 구분하지 않은 오류가 있고, 이는 소극적 일반억제 기능을 간과한 것이다. 오늘날 형벌 이론은 서로가 가까이 다가가고 있으며 다만 형벌 원칙 즉 응보와 예방에 있어 어디에 중점을 둘 것인가의 문제로 귀결되고 있다. 후술하는 형벌의 기능 중 특별억제·일반억제·무력화·재활·교육 기능은 예

14_ Rolf-Peter Calliess, "Strafzwecke und Strafrecht —40 Jahre Grundgesetz — Entwicklungstendenzen von freiheitlichen zum sozial-autoritären Rechts-staat?", *NJW* (1989), S. 1340.

15_ Winfried Hassemer, *Warum Strafe sein muss—Ein Plädoyer*, Ullstein Buchverlage, 2009/배종대·윤재왕 역, 범죄와 형벌, 나남, 2009, 126면.

16_ 우발범과 같이 계획하지 않고 범죄에 이르는 경우도 있지만 그러한 경우에도 오늘날 발달심리학 측면에서 보면 인간의 도덕적 추리는 발달되므로 법규범인 형법은 행위자가 형법에 순응하도록 요구해야 한다는 결론에 이르게 된다. 이훈구 외, 인간행동의 이해(제2판), 법문사, 2012, 262-264면.

방 이론에서, 응징과 속죄는 응보 이론에서, 회복은 회복적 사법 이론에서 도출되거나 이러한 관점에서 바라본 것이다. 형벌 기능론이 경험적이고 실증적인 검토와 연구를 요한다면, 형벌 원칙은 형사정책과 형벌의 적용과 집행에 있어 규준이 되며, 규범적인 고찰을 요하므로 형벌의 기능론은 형벌의 원칙론과 구분되어 검토될 필요가 있다.

아울러 형벌의 기능은 기능적 형벌 개념과 구별되어야 한다. Jakobs는 형벌의 임무란, 사람들의 사회적 삶을 영위함에 있어서 간직해도 되는 기대를 관철시킬 수 있도록 기여하는 데 있다고 보는데 이를 '기능적 응보 이론(funktional Vergeltungstheorie)'이라고 한다.[17] Jakobs가 비록 '기능(Funktion)'이라는 용어를 사용하고 있지만 그가 의미하는 바는 '형벌 기능'의 분석과 검토가 아니라 국가 형벌의 목적과 임무를 새로이 구성하고자 함에 있고 이는 형벌 목적론적 차원의 논의이므로, 본장에서 다루고자 하는 형벌의 기능과 개념상 구분되어야 할 것이다.

Ⅲ. 형벌 기능에 대한 분석 방법론의 검토

형벌 기능에 대한 체계적인 분석을 한 글은 찾아보기 어렵다. 다만 형법학자와 범죄학자들이 형벌 이론이나 형벌이 갖는 작용에 대한 분석을 함에 있어 단편적으로나마 형벌 '기능'에 대하여 검토한 것을 볼 수 있다. 그러나 최근 법경제학 관점에서 이를 분석하기도 하고, 사회학 내지 형벌사회학, 심리학 내지 사회심리학 차원에서 검토하기도 한다. 이하에서는 형벌 기능에 대한 형벌 이론적 분석, 실증적 분석, 법경제학적 분석, 사회학·심리학적 분석에 대하여 살펴보기로 한다.

17_ Günther Jakobs, *Strafrecht Allgemeiner Teil*, 2. Aufl., Walter de Gruyter, 1991, S. 9-10; 조상제, "국가형벌의 목적과 책임의 기능적 구성", 「형사법연구」 제12호(1999.11), 254면.

1. 형벌 이론적 분석

형벌(punishment: Strafe)이란 법률을 위반한 자에게 가해지는 고통(pain)이나 괴로움(suffering), 부담(burden)으로,[18] 주로 형법학자에 의해 형벌 이론 차원에서 검토되어 왔다.

먼저 국내에서 전개된 형벌 이론을 형벌 기능론 차원에서 새로이 분석해 본다. 다수가 형벌 이론에서 형벌의 정당화론-목적론-원칙론-기능론을 준별하고 있지는 않지만 실제에 있어서 형벌 기능론적 차원에서의 논의를 검토해 보면, 형벌 이론을 절대적 형벌 이론과 상대적 형벌 이론, 합일적 형벌 이론(절충설)으로 나누고 절대적 형벌 이론에 응보, 정의, 속죄 이론을, 상대적 형벌 이론에 일반예방, 특별예방이 포함된다는 견해,[19] 형벌의 기능에 특별예방, 일반예방, 피해자의 만족, 원상회복, 회복적 사법, 속죄, 처벌의 욕구 충족, 보안 기능이 있다는 견해,[20] 형벌의 '목적'에 일반예방, 특별예방이 있다는 견해,[21] 형벌의 '기능'에 범죄억제, 무력화, 재사회화, 응보, 보상이 있다는 견해,[22] 형벌의 '본질'은 교정 내지 사회복지라는 견해,[23] H. L. A. Hart의 견해에 따라 형벌제도의 '정당화' 문제와 개별 사안에서의 형벌의 '정당화' 문제를 나누고 전자는 범죄의 억제를 지향하고, 후자는 응보를 지향한다는 견해,[24] 형벌의 '기능'으로 속죄, 사회 연대성의 회복,[25] 사회적 갈

18_ Nathan Hanna, "Liberalism and The general justifiability of punishment", *Philosophical Studies*, Vol. 145, No. 3 (Sep. 2009), p.329.

19_ 배종대, 형사정책(제3판), 홍문사, 2000, 298-304면; 배종대, 형법총론(제11판), 홍문사, 2013, 30-42면.

20_ 이진영·이경석, "형벌의 의미와 정당성－언제나 형벌은 필요한가?", 「법조」Vol. 655(2011.5), 28-41면.

21_ 임웅, 형법총론(제4정판), 법문사, 2012, 47-51면.

22_ 이종인, 범죄와 형벌의 법경제학, 한울, 2013, 16-34면.

23_ 송광섭, 앞의 논문, 243면.

24_ 박상기, 형법총론(제9판), 박영사, 2012, 21-22면.

25_ 김일수, 형법학원론 [총칙강의], 박영사, 1988, 1131-1138면.

등 해소, 치료 기능, 위험 관리 기능[26]이 있다는 견해 등이 있다.

형벌 기능론 차원의 검토라고 볼 수 있는 글은 영미의 학자들의 문헌에서 다수 발견할 수 있다. 그동안 논의된 바를 열거해 보면, 특별억제, 일반억제, 재활, 무력화, 회복, 응보,[27] 처우(treatment), 도덕 효과(moralizing effect), 사회유대 효과(social solidarity effect), 분개의 전환(channeling resentment),[28] 재활(rehabilitation),[29] 교육[30] 등이 있다.

독일에서 형벌 기능론적 차원에서 이를 체계적으로 분석한 글을 찾아보기 어렵다. 다만 다수는 국내와 마찬가지로 형벌 기능으로 범죄 억제와 응보가 있다고 보고 있다. 이러한 가운데 Jakobs는 형벌의 부수 효과로 속죄(Sühne) 기능이 있다고 주장한다.[31] 독일법원은 형벌의 역기능에 주목하여 이를 양형에서 고려하고 있다. 독일형법 제46조 제1항 제2문에서 "형을 통해 행위자의 장래 사회생활에 관해 예상될 수 있는 효과는 고려되어야 한다"고 규정하고 있다.[32] 여기서 형벌에 따라 발생하는 부수 효과, 즉 형벌의 역기능을 고려하여야 한다고 보며, 이를 '형벌 감수성'이라고 한다.[33]

이상을 종합할 때 형벌 기능으로 특별억제, 일반억제, 무해화 내

26_ 김일수, 전환기의 형사정책, 세창출판사, 2012, 17-24면.

27_ Jonathen Herring, *Criminal Law−Text, Cases and Materials*, 4th ed., Oxford, 2010, pp.64-68.

28_ George E. Dix, *Criminal Law*, 8th ed., Thomson, 2010, pp.7-8.

29_ Richard G. Singer, John Q. La Fond, *Criminal Law*, 5th ed., Wolthers Kluwer, 2010, pp.20ff.

30_ Wayne R. Lafave, *Criminal Law*, 5th ed., West, 2010, pp.27-32.

31_ Jakobs, a.a.O., S. 19.

32_ 법무부, 독일형법, 2008, 31면.

33_ Franz Streng, "Mittelbare Strafwirkungen und Strafzumessung−Zur Bedeutung disziplinarrechtlicher Folgen einer Verurteilurg für die Bejahung minder schwerer Fälle", *NStZ* 485(1988), S. 486. 이에 따라 독일 연방대법원은 양형을 함에 있어 형벌에 대한 감수성을 고려하여 공무원이 받게 되는 징계처분의 결과 등을 감안하여 이를 감경 사유로 참작할 수 있다고 판시하고 있다 (BGHSt 35, 148 ff); Franz Streng, a.a.O.

지 무력화, 재활 내지 범죄인의 치료, 교육 내지 교정 또는 재사회화, 도덕적인 효과, 응보 내지 속죄 또는 분개의 전환, 회복 내지 사회통합, 원상회복, 형벌의 역기능 등이 검토되어 왔음을 볼 수 있다.

2. 실증적 · 범죄학적 분석

형벌 기능에 대한 실증적 연구와 조사는 주로 범죄학자들에 의하여 이루어졌다. 전과자라는 지위가 가지는 낙인 기능과 수감에 따른 역기능도 조사하였다.[34] 형벌 중 대표적인 중형인 사형과 관련하여 과연 사형이 일반억제 기능이 있는지에 대하여 사형 존재론과 폐지론에 대하여 사이에서 실증적 조사가 이루어졌다.[35] 미국에서는 1970년대에 재활 기능에 대한 광범위한 실증적 조사가 이루어졌다.[36] 급진범죄학에서는 어떤 사회에서 선호되는 형벌의 형태가 무엇이고, 그 형벌이 어떤 기능을 갖는지에 대하여 관심을 갖고 연구하였다.[37] 그러나 이러한 실증적 연구들은 응보와 예방이라는 형벌 원칙의 분배를 고려하지 않았고, 또 형벌의 여러 기능 중에서 특정의 기능에 국한된 연구였기에 그 연구 성과는 제한적일 수밖에 없다는 한계가 있다.

3. 법경제학적 분석

법경제학적 관점에서 잠재적인 범죄자가 어떻게 범죄 행위를 선택하였는지의 문제와 이러한 인식을 바탕으로 형벌로서 최적의 범죄

34_ 심영희, 비판범죄론―일탈과 통제의 분석―, 법문사, 1987, 316-318면.

35_ 이덕인, "사형의 형벌적 특성에 대한 비판적 연구―형벌 이론과 범죄억지력을 중심으로", 「형사법연구」 제22권 제3호 통권 제4호 (2010 · 가을), 199-200면.

36_ Gabrielll Hallevy, *op. cit.*, at 27.

37_ Michael J. Lynch et al., *The New Primer in Radical Crimlnology: Critical Perspectives on Crime, Power and Idendity*, Criminal Justice Press, 2000/ 이경재 역, 자본주의 사회의 범죄와 형벌, 한울, 2004, 244면.

를 억제할 수 있을 것인가의 문제를 검토한 견해가 있다.[38] 이에 따르면 형벌의 기능에는 범죄 억제, 무력화, 재활, 응보가 있다고 본다.[39] 이러한 형벌 기능을 분석하고 있는데, 여기서 전제되는 것은 '합리적 범죄자'이고 이러한 합리적 범죄자는 범죄로 인한 기대 이익에서 집행 확률의 불확실성에 따른 비용을 감안하여 범죄의 기대치를 계산하여 이를 기준으로 범죄 행위의 실행 여부를 판단한다고 가정한다.[40] 그러나 이러한 '합리적 범죄자'란 계획범이 아닌 우발범이나 격정범에는 적용될 수 없다. 나아가 오늘날 행동심리학, 인지과학의 성과에 의하면 인간은 합리성이 아닌 제한적 합리성, 즉 휴리스틱적 간편법에 따라 행동한다.[41] 더 나아가 이러한 논리는 잠재적 범죄자가 어떤 행위가 법에 의해 금지되고 그렇지 않은지 알고 있어야 하고, 범죄 결과에 대해서도 예측할 수 있어야 한다는 것인데, 실제 이렇게 용의주도하고 치밀한 범죄자는 드물다는 문제점이 있다. 이외에도 법경제학적 관점에서 수감의 역기능 즉, 수감에 따른 범죄자 관리를 위한 국가 재원의 투입과 수감자가 수감으로 인하여 생산활동에 종사하지 못함으로써 상실되게 되는 기회비용에 대하여 분석하고 있다.[42] 그러나 거시적인 차원에서 볼 때 수감의 역기능 중 경제적인 측면은 극히 미시적인 측면에서의 분석이라는 한계가 있음이 지적된다.

38_ 이종인, 앞의 책, 92면.

39_ 이종인, 위의 책, 33-34면. 저자는 이 책에서 '형법의 기능'이라고 표현하고 있지만 형벌의 중심에 '형벌'이 있으므로 이는 '형벌의 기능'이라고 볼 수 있다.

40_ 이종인, 위의 책, 92면.

41_ David Hardman, *Judgement and Decision Making: Psychological Perspectives*, The British Psychological Society and Blackwell Pu., 2009/이영애 역, 판단과 결정의 심리학, 시그마플러스, 2012, 406면; Robert J. Sternberg, *Cognitive Psychology*, 3rd ed., Yale Uni., 2003/김민식 외 역, 인지심리학, 박학사, 2005, 368-369면.

42_ 김대근·정기화, 범죄 및 형사정책에 대한 법경제학적 접근(II), 한국형사정책연구원, 2010, 41면.

4. 사회학 · 심리학적 분석

형법학자와 범죄학자가 형벌 체계의 범주 안에서 형벌 이론 차원에서 형벌의 기능에 대한 탐구를 해 왔다년 사회학자들은 형벌 기능을 밖에서 들여다보고, 형벌의 기능을 범죄자와의 관계가 아닌 보다 넓은 사회화 과정 속에서 이해하려고 한다. Garland는 이를 '형벌사회학(Sociology of Punishment)'이라 하였다.[43] 즉 사회학자들은 형벌이 범죄 통제를 위해 어떻게 기능하는지에 대한 것이 아니라 어떤 사회적 맥락에서 어떤 형벌이 대두되고 그것이 수행하는 사회적 기능이 무엇인지 분석한다.[44] 즉 사회학자들은 앞서 검토한 형벌 기능의 개념 중에서 '사회 적응(social adaptation)' 기능을 연구의 대상으로 삼고 있는 것이라 할 수 있다.

형벌 기능에 대하여 심리학자들도 관심을 갖고 연구를 해 왔다. 수감의 역기능에 대한 심리학적 연구에서 독방 감금이나 교도소의 과밀, 죄수화(prisonization) 과정이 수감자에게 어떤 심리적 영향을 미치는지에 대하여 연구하였다.[45] 형벌의 억제 기능, 재활 기능과 관련하여 심리학적 관점에서 검토한 연구도 있다. 즉 실제 형벌에 대한 방대한 자료와 실험실에서의 심리학적 연구를 종합하여 연구하였고, 연구 결과 이상적인 조건하에서는 형벌이 처벌의 경중에 따라 범죄를 통제

43_ David Garland, "Sociological perspective on Punishment", *Crime and Justice,* Vol. 14 (1991), p.120[윤옥경, "형벌의 사회적 맥락: 형벌 사회학적 접근", 「교정연구」 제30호(2006), 60-61면에서 재인용].

44_ 윤옥경, 위의 논문, 63면. 사회학적 관점에서 일반인들이 형벌의 억제 기능과 응보 기능 중 어느 기준을 선호하는지에 대하여 조사하였다. 이에 따르면 일반인들은 범인의 나이나 전과사실이 동일하다면 범죄의 심각성을 기준으로 삼는다. 이러한 조사는 일반인들이 억제 기능을 선호한다고 보는 것이 잘못된 견해임을 밝히고 있다: Mark Warr et al., "Norms, Theories of punishment, and Publicly Prefered Penalties for Crimes", *The Sociological Quarterly*, Vol. 24, No.1(Winter 1983), p.75.

45_ 박광배, 법심리학, 학지사, 2010, 282-290면.

하는 데 효율적으로 작용함을 밝혔다.[46] 그러나 이 연구는 형벌 여러 기능 중 억제, 재활, 무해화에 중점을 두고 다른 기능들을 배제했다는 점에서 그 연구 성과가 매우 제한적이라고 평가된다.

이러한 사회학적·심리학적 연구 방법을 통합한 사회심리학적 관점에서 형벌 기능을 검토한 연구가 있다. 즉 정치·경제·사회 구조의 변화가 범죄자와 사회 일반인의 관심을 어떻게 변화시키는가를 조사하였다. 실증적인 조사에 의하면 사회구조의 변화는 개인의 기질과 사회 구성원의 태도를 변화시키고 형벌에 대한 태도를 바꾼다고 보고하고 있다. 즉 공동체(Gemeinschaft)에서 사회(Gesellchaft)로 변화하고, 현대 도시 사회로 접어들면서 일반인들은 형벌의 응보 기능보다는 범죄억제 기능에 보다 많은 관심을 갖게 된다는 것이다.[47]

46_ Barry F. Singer, "Psychological Studies of Punishment", *California Law Review*, vol. 58 (Mar. 1970), p.405. 이상적인 조건과 형벌 기능에 대한 연구 결과는 다음과 같다: 첫째, 이상적인 형벌 조건하에서 처벌의 확실성과 신속성은 형벌의 효율성을 증가시킨다. 둘째, 피해 회복을 우선하고 형벌을 부수적으로 볼 경우 범죄가 증가한다. 셋째, 범죄 기회의 차단은 범죄를 확실하게 감소시킨다. 넷째, 처벌의 확실성(가석방 기회의 제거) 등이 범죄를 감소시킨다. 다섯째, 재범에 대한 가중 처벌은 재범률을 낮춘다. 여섯째, 불안이나 걱정에 의해 알코올, 약물 중독에 이른 사람을 구금하는 것은 오히려 알코올, 약물 중독률을 높인다. 일곱째, 대안적인 행동 통제, 예컨대 재활 활동을 없게 할 경우 오히려 범죄를 증가시킨다. 여덟째, 치료를 요할 경우 치료를 하게 하는 것이 효율적이고, 범죄에 대한 제재는 환경, 공동체에 의해서도 가능하다: *Ibid.*, at 443-445.

47_ Neil Vidmar, Dale T. Miller, "Socialpsycological Processes Underlying Attitudes toward Legal Punishment", *Law & Society Review*, Vol. 14, No. 3. (Spring 1980), pp.593-595. 사회심리학 관점에서 볼 때 범죄란 인간의 공격성을 드러내는 것이라고 본다. 이에 따라 이러한 인간의 공격 행위를 유발하는 요소와 심리를 분석하여 이를 통하여 공격 행위의 획득 및 감소에 대한 처방을 내리고 있다. 사회심리학에서 사회적·심리학적 분석 방법을 통합하고 범죄를 사회구조적 차원에서 분석하고 있는 것은 시사하는 바가 크다고 본다. 그러나 이러한 분석은 주로 범죄의 원인 분석에 치중하고 있고, 이에 대한 대응책인 형벌의 기능에 대한 전체적인 조망이나, 형벌이 지향하는 가치에 대한 분석이 결여되어 있으므로 그 성과는 제한적일 수밖에 없다고 평가된다. 한규석, 사회심

5. 분석 방법론의 검토와 시사점

위에서 보듯 그동안 형법학자들이 주로 형벌의 '순기능'에 관심을 두고 형벌 기능을 연구하였다면, 범죄학자들에 의해 형벌의 '역기능'에 대한 실증적인 조사가 이루어져 왔다. 법경제학적 관점에서 형벌 기능을 분석하기도 하고, 사회학적 · 심리학적 관점에서 형벌 기능을 분석하여 왔지만 그 연구의 전제되는 조건 등이 매우 제한적이어서 연구 성과 또한 제한적으로 평가될 수밖에 없음도 살펴보았다. 결국 형벌 기능의 검토는 형법학자, 범죄학자, 사회학자, 심리학자 등의 협업에 의해 다학제적으로 수행되는 것이 바람직함을 시사하고 있다.

이상에서 보듯 형벌의 기능으로 매우 다양한 논의가 전개되어 왔음을 알게 된다. 논의된 바를 형벌 기능론 차원에서 다시 정리해 보면 특별억제, 일반억제, 무해화 내지 무력화, 재활 내지 범인의 치료, 교육 내지 교정 또는 재사회화, 일반인에 대한 도덕적 효과, 응보 내지 속죄 또는 분개의 전환, 회복 내지 사회 통합, 원상회복 등이 있음을 보게 된다. 이러한 형벌의 기능은 모두 긍정적인 기능이라는 점에서 형벌의 순기능이라고 할 수 있다. 그러나 형벌은 이러한 순기능 외에도 범죄인에 대한 낙인 효과, 수감의 부정적 기능인 재범, 오염, 사회에 대한 적대감 생성, 빈곤층의 대피소로서의 역할 수행, 교도소의 정신 치료 시설로의 전락이라는 부정적 기능이 있다. 지금까지 형벌의 일부 기능에 대한 검토가 있었지만 형벌 기능의 전반에 걸친 체계적인 검토는 찾아보기 어렵다. 이하에서는 이러한 이해를 토대로 하여 이러한 형벌의 순기능과 역기능에 대하여 검토하기로 하겠다.

리학의 이해(제3판), 학지사, 2012, 323면 이하.

IV. 형벌 기능의 검토

이상에서 살펴본 바와 같이 형법학자, 범죄학자, 사회학자, 심리학자들이 제각기 그들 나름대로 형벌 기능에 대하여 검토하여 왔지만 전체적인 조망에는 이르지 못하였다. 이하에서는 지금까지의 국내외의 논의를 종합하여 형벌 기능을 순기능과 역기능으로 나누어 분석한다. 형벌 이론에서 '기능'을 분리하여 이를 체계적으로 검토한 글은 국내외를 막론하고 찾아보기 어렵다. 이에 본장에서는 기존에 논의된 형벌 이론을 '기능론'의 차원에서 새롭게 분석해 보았다. 응보 이론에서 '보복방지 기능', '응징 기능'을 도출하였고, 비난 이론(Censure Theory)에서 '비난 기능'을, '속죄 이론'에서 '속죄 기능'을 도출하였다. 이러한 검토를 한 후 형벌 기능이 범죄 예방이라는 형사정책적 관점에서 볼 때 어떠한 의의를 가지는지 살펴보고, 아울러 형벌의 역기능을 순화하는 것과 관련된 최근의 논의를 검토한다.

1. 형벌의 순기능

(1) 특별억제

범죄인에게 형벌을 부과하여 그로 하여금 장래에 범죄를 하지 않게 하는 것을 말하며, 이를 특별억제(particular deterrence, specific deterrence)라고 한다.[48] 대부분의 범죄학자들이 검거 확실성(certainty of capture)이 처벌의 엄격성(severity of punishment)보다 억제 효과가 크다고 보고 있다.[49] 즉 개인은 형벌 대 이익을 저울질하는 것이 아니

48_ Steven P. Lab, *Crime Prevention—Approaches, Practices and Evaluation*, 7th ed., Elsevier, 2010/이순래 외 역, 범죄예방론, 도서출판 그린, 2011, 227면.

49_ Richard G. Singer, John Q. La Fond, *op. cit.*, at 21-22. 행동경제학 내지 행

라 검거되지 않거나 범죄에 따라 예상되는 이익과 검거에 따라 예상되는 불이익을 형량하게 된다.[50] 이러한 검거율에 대하여 살펴보면 2001년 FBI의 보고서는 미국에서 살인 사건의 63%, 강간 사건의 44%, 절도 사건의 80%, 강도 사건의 25%가 검거되었다고 보고하고 있다. 그러나 모든 범죄자들은 비록 이러한 검거율이 높더라도 자기 자신은 똑똑해서 검거를 피해갈 수 있다고 보며, 형사 사건에서 발각된 범죄는 실제로 한 범죄보다 가볍고, 유죄협상(plea bargaining)이나 가석방 등으로 완화된 형을 받게 된다는 사실을 고려할 필요가 있다. 그러므로 '처벌'보다는 '위하'가 억제 효과를 가져오며, 이러한 억제 기능은 특히 화이트칼라 범죄에서 효력을 발휘할 수 있다.[51] 이러한 특별억제는 오늘날 개개의 행위자로 하여금 장래에 있어 합법적 행위를 하도록 촉진시킨다는 목적을 가진 동기 부여의 작용으로 이해되고 있다.[52]

(2) 일반억제

일반억제(general deterrence)라 함은 범죄자의 처벌이 제3자로 하여금 장래의 범죄를 억제하게 하는 기능이 있음을 말한다. 그러나 일반인에 대한 이러한 효과가 실제로 있는지는 분명하지 않으며, 여기에 대한 실증적 조사도 미흡하고, 법률 위반을 억제하는 것은 형사 처벌 외에도 다양한 요소가 있다.[53] 따라서 억제 효과는 이러한 여러 요소

태법경제학의 관점에서 볼 때 범죄가 억제되려면 잠재적 범죄자가 법이 금지하고 있는 것을 파악하고 있어야 하고, 실제 범죄 행위를 하는 시점에서 위와 같은 이해에 기초하여 합리적 판단과 선택을 할 수 있어야 하며, 잠재적 범죄자가 인식하는 편익 및 비용을 고려할 때 법을 준수하는 것이 범죄 행위를 한 것보다 큰 순편익을 준다는 판단이 내려져야 한다: 이종인, 앞의 책, 97-98면. 그러나 인간은 판단과 결정을 함에 있어서 '제한적 합리성(bounded rationality)'을 갖고 있으며, 이러한 '효용 형량' 관점에서 범죄 예방을 바라본다면 '엄벌주의(punitivism)'가 효율성이 있다고 볼 수도 있게 된다.

50_ Gabriel Hallevy, op. cit., at 29-31.

51_ Richard G. Singer, John Q. La Fond, op. cit., at 22-23.

52_ 김일수, 법·인간·인권―법의 인간화를 위한 변론, 박영사, 1991, 357-358면.

에 의존한다고 보는 것이 타당하다고 할 것이다. 격정범이나 계획범의 경우 억제효가 의문시되며, 범죄의 성격을 떠나서 사회적 지위, 나이, 지능, 도덕 훈련에 따라 개개인은 형벌에 대하여 달리 반응한다.[54] 이러한 일반억제의 장·단점을 검토해 보면, 일반억제의 장점은 적절한 조건이 갖추어진다면 장래의 범죄를 억제하게 되며 잠재적인 범죄에 대해 막대한 효율성을 갖게 된다는 것이다. 즉 당해 범죄인에 대하여 소요되는 비용보다 수천 혹은 수백 배의 효율을 갖게 된다는 것이다. 그러나 이러한 일반억제는 제한된 범위하에서 효율성을 갖는다는 단점이 지적되고 있다.[55] 즉 일반억제는 범죄자가 이러한 형벌에 대한 규칙을 직접 내지 간접적이라도 알아야 하는데 이러한 경우는 드물다는 것이다. 또한 일반억제는 행위자가 최선의 이익을 따져 합리적으로 판단하는 능력이 있음을 전제로 한다. 그러나 약물이나 알코올 관련 범죄나 정신 능력에 문제가 있는 경우에는 이러한 능력이 문제된다. 그리고 실제 형사 처벌 수위가 낮은 경우 행위자는 위험을 감수하게 되며, 범인 검거율[56]과 보도의 정도에 따라 일반억제효가 제한적이게

53_ Wayne R. Lafave, op. cit., at 29.

54_ Ibid.

55_ Paul H. Robinson, op. cit., at 94; Gabriel Hallevy, op. cit., at 34. 이와 관련하여 우리나라에서는 2000년 7월부터 시행되고 있는 「청소년의 성보호에 관한 법률」에 따라 '정보통신망 공개'와 '지역주민에 대한 고지'라는 신상정보 공개제도가 시행되고 있고, 2010년부터 「성폭력범죄의 처벌에 관한 특례법」에서 신상공개의 대상을 성인에 대한 성범죄자로 확대하고 있다. 이러한 신상공개가 형사제재로 적합성을 가지고 있는지와 범죄 예방, 즉 일반억제 기능이 있는지에 대하여는 계속 논란이 되고 있다: 이승호, "형사제재의 다양화와 형법의 기능", 「형사법연구」 제24권 제3호(2012·가을), 67-69면. 그러나 이러한 신상공개제도의 시행이 일반예방 기능 외에도 범죄인에 대한 형벌 억제 기능, 즉 특별예방과 범죄로 인해 위험한 인물을 사회에서 격리시킨다는 무해화 기능이 있는지에 대한 실증적인 연구가 뒷받침되어야 할 것이다. 2007년에 제정된 「특정 성폭력범죄자에 대한 위치추적 전자장치 부착 등에 관한 법률」에서 규율하고 있는 '전자감시 제도'의 시행 역시 이러한 특별예방·무해화·일반예방 기능 차원에서의 실증적인 연구가 뒷받침되어야 할 것이다.

된다.[57]

일반억제의 관점에서 볼 때 검토해야 할 사항은 '범죄-처벌 공식'이 '위험'과 관련된다는 사실이다. 즉 범죄로 나아간다는 것은 형벌이라는 '위험'으로 나아가는 것인데 행위자가 그러한 형벌이라는 위험에 대하여 잘못 인식하거나 잘못 판단하는 경우에 범죄에 이르게 되는 것이다. 사람들은 위험을 지각하고 그에 대하여 반응한다. 위험 지각에 실패하면 이와 관련된 모든 노력이 수포로 돌아가게 되므로 필자는 이러한 위험 지각에서 판단이 잘못되는 경우를 '위험지각'과 '판단편향'의 관계에 대한 심리학적 연구[58]를 통해 '일반억제'를 다음과 같이 분석해 보았다.

첫째는 '가용성(availability) 편향'이다. 사람들은 자신의 경험에 대하여 신뢰를 하며 결국 경험의 포로자가 된다는 것이다.[59] 이를 일반억제에 적용해 보면 과거에 범죄를 저질렀으나 처벌받지 않거나 무사히 넘어간 경우 이는 경험이 되고, 이를 통해 가용성 편향에 이를 수 있으므로 '처벌의 확실성'이 일반억제에 큰 영향을 미친다는 것이다.

둘째는 '편향된 보도'에 따른 '편향된 판단'의 문제이다. 사람들이 접하는 많은 정보가 위험에 대한 왜곡된 그림을 그려준다는 것이다.[60] 이를 일반억제에 적용해 보면, 신문 기사, 방송 보도, 영화에서의 범인의 미화나 범인의 미검거에 대한 보도는 잠재적 범죄인에 대한 편향된 판단에 이르게 할 수 있다. 즉 범인의 적발(검거율)과 형사 소추에 대한

56_ 처벌의 억제 효과는 엄격성(severity), 확실성(certainty), 신속성(celerity)에 달려 있다. 여기서 확실성은 검거율과 처벌률을 말한다. 처벌의 엄격성은 잠재 범죄인의 행동에 거의 영향을 미치지 않으며 검거와 처벌의 확실성이 범죄를 감소시킨다는 주장이 지지를 받고 있다: Steven P. Lab, 앞의 책, 228-250면.

57_ Paul H. Robinson, *op. cit.*, at 94-95.

58_ Daniel Kahneman et al., 앞의 책, 649면 이하.

59_ 위의 책, 649-650면.

60_ 위의 책, 652-653면.

공적인 신뢰도가 범죄 억제에 큰 영향을 주게 된다는 것이다.

셋째는, '위험 알리기'이다. 위험이 제시되는 방식에 따라 사람의 지각과 행동에 큰 영향을 미친다는 것이다. 예컨대 사람들이 안전띠를 착용하지 않으려고 하는 이유는 자동차를 한 번 탈 때 치명적인 사고를 당할 확률이 적다고 생각하기 때문에 전 생애에 걸쳐 이 문제를 생각하라고 제시 받을 경우 사람들은 안전띠 착용에 더 호의적인 것으로 조사되었다.[61] 이러한 사실에 비추어 볼 때 위험이라는 범죄를 다루는 실무가, 학자, 형사정책가들이 잠재적 범인의 시각에 대한 지식이 정교해야 하고, 아울러 범인 검거율과 처벌률에 대하여 일반인들이 편향에 이르지 않도록 올바르게 알릴 필요가 있다는 결론에 이르게 된다.

(3) 무해화

무해화(restraint)[62]란 과거 범죄로 인해 위험한 인물을 사회에서 격리시킴으로써 사회 자신을 보호하는 것을 말한다. 이를 무력화(incapacitation), 차단(isolation), 불능화(disablement)라고도 한다. 범죄자가 수감되거나 처단되면 사회에 대하여 더 이상 범죄를 저지를 수 없게 된다.[63] 중한 범죄의 경우 범죄 통제의 관점에서 보면 무력화 기능의 장점이 부각된다.[64] 그러나 이 이론에 따르자면 범죄에 상응하는 장기형으로 처벌해야 하고, 재범할 위험성이 있는 범인을 정확하게 파악할 수 있어야 한다. 따라서 누가 재범할지 정확하게 예측하는 것이 불가능하고, 구금에 의해 범죄율을 낮추려면 장기간에 걸쳐 막대한 예

61_ 위의 책, 668-677면.

62_ 'restraint'를 직역하면 '저지', '구속'이라 할 수 있고, 의역하면 '격리'라고도 할 수 있다. 그런데 영미문헌에서 'restraint'는 '무력화(incapacitation)'나, '차단(isolation)'이라는 용어와 거의 같은 의미이지만 구별되어 사용되고 있다. 'restraint'는 위험한 인물을 사회에서 격리시킴으로써 '무해화'하게 한다는 의미로 이해되고 있으므로 여기에서는 '무해화'라고 번역한다.

63_ Wayne R. Lafave, *op. cit.*, at 27.

64_ Paul H. Robinson, *op. cit.*, at 96.

산이 수반되어야 한다는 반론이 제기된다.[65] 이 이론이 전제로 하는 사실 즉, 제한된 범위이긴 하지만 재범에 대한 예측이 가능하다는 것은 범죄의 '대체 현상(replacement phenomenon)'을 무시한다는 반박이 제기된다. 예컨대 마약 등의 경우 어떤 마약업자가 구속되면 다른 마약업자가 그를 대신해서 마약을 공급하게 된다는 것이다. 그러나 폭력, 강간, 살인, 강도의 경우 이런 현상이 있는지에 대하여는 불분명하다.[66] 이 이론의 강점은 범죄자가 수감되면 사회에 대해서 위험한 범죄를 할 수 없다는 것이다. 그러나 수감된 상황에서도 위험한 범죄를 할 수 있으며, 대부분의 수감자들이 대부분 사회로 복귀되므로 아무런 재활 노력을 하지 않고 위험하다는 이유만으로 수감시킨다는 것은 바람직하지 않다는 반론도 제기되고 있다.[67] 또한 구금의 확대가 약간의 범죄를 감소시킨다는 연구 결과도 있지만 오히려 구금률이 높은 지역에서 범죄가 크게 상승한 지역도 있다는 반론도 있다.[68]

(4) 재 활

재활(rehabilitation)이란 범죄자로 하여금 적절한 처우를 받도록 하여 사회로 복귀시켜 장래에 범죄를 저지르지 않겠다는 필요와 욕구를 형성하도록 한다는 것을 말하여, 교정(correction) 또는 교화(reformation)라고도 한다.[69] 이러한 재활은 인간의 행위가 선행된 다른

65_ Richard G. Singer, John Q. La Fond, *op. cit.*, at 24.

66_ *Ibid.* 사형을 제외한 무해화 조치는 일부 범죄만을 불가능하게 한다. 수감자는 동료 수감자나 교도관을 공격할 수도 있다. Duff는 무해화가 자율적이고 책임 있는 시민으로 여기는 것을 그만두는 것이고, 범죄인을 규범 공동체로부터 배제하는 것이라고 비난한다: Duff, *Punishment, Communication, and Communitys*, p.95/(장석우, "R. A. Duff의 소통적 속죄 형벌 이론에 관한 연구", 연세대학교 박사학위논문, 2011, 26-27면에서 재인용).

67_ Wayne R. Lafave, *op. cit.*, at 27.

68_ Elliot Currie, *Crime And Punishment In America*, Brockman Inc., 1988/이백철 역, 미국의 범죄와 형벌, 학지사, 2004, 54면.

69_ Wayne R. Lafave, *op. cit.*, at 28; Gabriel Hallevy, *op. cit.*, at 37.

원인에 기인한 것이라는 믿음에 근거하고 있고, 이러한 다른 원인은 분석될 수 있으며, 이러한 토대 위에서 치료적인 조치가 개인의 행위를 변경함에 있어 영향을 미칠 수 있다고 본다. 그러나 수감자들에 대한 재활조치가 실제에 있어 효과가 없음이 드러나고 있다. 재활의 기초는 규칙 위반자가 자존(dignity)과 자기 조절 능력이 결여되어 있다는 데 있으나 범죄자를 교화한다는 노력이 실제 무지의 소치일 수도 있다는 비판도 있다.[70] 역사적으로 볼 때 1800년대부터 1875년까지는 재활 이론이 미국의 사법을 지배하고 있었다. 즉 적절한 처우(treatment)를 받는다면 범죄자는 변화되어 비범죄자로 된다고 보았다. 1800년대부터 1870년대까지 범죄화란 것은 산업 도시라는 환경이 만들어 낸 사회 질병으로 보았다. 1870년대부터 1900년대까지 범죄란 의학적인 질병이고, 적절한 치료를 받는다면 범인은 치유될 수 있다고 보았다. 이에 따라 가석방 위원회(parole boards)를 전문가로 구성하여 범인 중에 누가 치유되었는지 판단하여 가석방 여부를 결정하였다.[71] 1900년대부터 1940년대까지는 범죄성이 유전적인 것으로 보았으며 다수의 주가 범죄인의 임신을 막기 위한 불임약을 투약하였다. 1940년대부터 1975년까지는 범죄를 심리적 불안 증상으로 보았고, 가석방 위원회에 심리학자가 투입되었고, 행동 교정 프로그램이 활기를 띠게 되었다.[72] 그 후 이와 같은 재활에 대한 비판이 쏟아지고 있다. 즉 재활 이론은 판사에게 지나치게 많은 재량을 주게 되고, 재활이 필요한 사건은 특별한 사건에 한하며, 재활이 성공한 경우가 드물다는 것이다.[73] 나아가 재활이 재범을 방지한다는 데에 대한 실증적인 연구가 없으며, 1970년대의 광범위한 실증적인 연구에 의하면 재활이 실제로는 효과가 없다고 보고되었다.[74]

70_ *Ibid.*
71_ Richaed G. Singer, John Q. La Fond, *op. cit.*, at 25.
72_ *Ibid.*
73_ Wayne R. Rafave, *op cit.*, at 35.

(5) 교 육

형벌의 교육(education) 기능이라 함은 일반인들로 하여금 형사재판, 판결 선고, 형의 집행에 참여하게 함으로써 일반인들이 선행과 악행을 구분하도록 교육하는 것을 말한다.[75] 일반인이 중한 죄에 대한 교육의 필요성을 느끼지 않을 경우 형벌의 교육 기능이 특히 중요해지고, 형벌에 대하여 잘못 이해하거나 형벌과 도덕 내지 윤리가 불일치한 부분에 대한 교정을 받도록 할 필요가 있다는 것이다.[76] 나아가 형벌은 일반 대중뿐만 아니라 범죄인 자신에 대한 교육적 기능도 담당한다. 즉 범인을 재판에 회부함으로써 형법을 위반한 것이 도덕적 혹은 사회적으로 잘못된 것임을 확인시킨다. 이는 '위하'와 다른 기능으로, 범인으로 하여금 잘못된 행동을 알게 하는 것을 말하며, 도덕 효과(moralizing effect)라고도 한다.[77] 도덕적 교육 이론(moral education theory)에서는 형벌을 통하여 행위자가 무엇이 옳고 그른지에 대하여 교육을 받는 것이 중요하며, 그것이 형벌의 윤리적·법적인 정당화 근거를 뒷받침한다고 주장한다.[78]

74_ Richaed G. Singer, John Q. La Fond, *op. cit.*, at 25. 이와 같은 범죄인에 대한 치료적 개입을 통하여 범죄인의 개선과 재사회화를 도운다는 취지에서 우리나라에서도 2011.7.24. 「성폭력범죄의 성충동 약물치료에 관한 법률」이 시행되어 약물치료법을 실시하도록 하고 있다.

75_ Wayne R. Lafave, *op. cit.*, at 30.

76_ *Ibid.*

77_ George E. Dix, *op. cit.*, at 8.

78_ Jean Hampton, "The Moral Education Theory of Punishment", *Punishment*, ed., by A. John Simmons et al., Princrton Uni.(1955), p.117. 이 이론에 따르면 형벌이란 개인의 자율적이고, 개별적으로, 자유롭게 선에 다가가도록 도덕적 교육을 하는 형태이어야 한다고 본다: Russ Shafer, Landau, "Can Punishment Morally Educate", *Law and Philosophy*, Vol. 10. No. 2 (May 1999), p.190. 그러나 이 이론은 자율성이 형벌이라는 처벌이 지향하는 목적 달성과 어떻게 조화를 이룰 수 있는지에 대해 설명해 주지 않는다. 나아가 무해화 기능의 장점을 고려한다면 교육 이론은 징벌적 제재에 대하여 제대로 설명해 주지 않고 있다. 철학자, 일반인의 직관에 따르면 법적인 형벌이란 국가가 법률을 위

(6) 응징과 비난, 속죄 그리고 보복 방지

응보(retribution)란 사회가 범죄자에 대하여 범죄에 상응한 복수를 가하는 것을 말하며, 복수(revenge) 혹은 보복(retaliation)이라고도 한다.[79] 이를 다른 말로 표현하면 형벌이란 사회가 범죄자에 대하여 가하는 비난이 되며,[80] '도덕적 의문의 표현'이라고도 할 수 있다.[81] 형벌이란 사회가 범죄자에 대하여 가하는 고통(pain)이나 부담(burden)이라고 할 수 있고, Hart도 형벌에는 고통이나 불쾌한 결과가 포함된다고 하였으며, Antony Duff는 형벌이 가하는 고통은 형벌의 부수 효과가 아니라 목적 그 자체라고 하였다.[82] 그렇다면 이러한 형벌 기능은 '응보'라기 보다는 '응징'이라고 표현함이 더 정확하다고 하겠다. 이와 같이 형벌은 범죄자에 대한 사회적 비난을 통하여 공분을 전환시키고 사적 보복을 피하게 한다.[83] 즉 형법이 범죄인을 처벌하지 않을 경우 피해자 자신이 직접 처벌을 가해야 한다고 생각할 수 있는데, 법률에 따라 형벌을 가하게 되면 추가적인 보복(vigilantism)을 예방하는 기능이 있다는 것이다. 이를 '분개의 전환(channeling resentment)' 기능이라

반한 자에게 도덕적 근거에 따라 비난을 가하는 것이라고 본다. 비난 이론 (censure theory)은 이러한 직관에 따른다: Thaddeus Metz, "Censure Theory and Intuition about Punishment", *Law and Philosophy*, Vol. 19, No. 4 (Jul. 2001), p.491.

79_ Wayne R. Lafave, *op. cit.*, at 31.

80_ Paul H. Robinson, *op. cit.*, at 92. 이러한 '비난 이론(censure theory)'에 의하면 국가는 범죄라는 부정의를 비난하기 위한 의무의 수행으로 범죄자에게 형벌이라는 처벌을 가하는 것이고, 정치적 공동체는 부정의의 정도에 비례하여 도덕적 의무에 따라 그에 상응한 형벌을 가하여야 한다고 본다: Thaddeus Metz, *op. cit.*, at 493.

81_ Martin P. Golding, *Philosophy of Law*, Prentice-Hall, 1975/장영민 역, 법철학, 세창출판사, 2008, 170면.

82_ Nathan Hanna, "Liberalism and the General Justifiability of Punishment— Philosophical Studies", *Philosophical Studies*, Vol. 145, No. 3 (Sep. 2009), pp.329-330.

83_ Jonathan Herring, *op. cit.*, at 65.

고 한다.[84] 법률에 의한 응보는 이외에도 범죄자에 대한 형벌을 가하여 피해자의 심적 동요를 막고 평화를 회복하게 하며, 사회 일반인에게 법의 준수를 유지하게 한다는 기능도 있다.[85] 이와 같이 형벌은 그 성질 내지 기능에 있어 응보적이다.[86] 형벌의 이와 같은 비난 기능이 범죄 통제에 있어 효과가 있을 뿐만 아니라 사회 공동체의 비난 가능성이 잠재적인 범죄를 통제함에 있어 형벌보다 더 강력하며, 가정사범이나 상습 음주 운전자의 경우 위와 같은 사회 공동체의 노력으로 적절하게 대처할 수 있다는 사실이 지적되고 있다.[87] 나아가 형벌에는 속죄(Sühne) 기능이 있다고 지적된다. 속죄란 범인 자신이 능동적이고 윤리적인 노력을 통하여 진정한 자아 및 사회에 대하여 죄를 뉘우치고 내면으로부터 우러나오는 화해를 말한다. 이러한 속죄는 범인의 심적 성향에 좌우되고, 아무런 죄책감을 보이지 않는 범인에 대하여는 아무런 기능을 발휘할 수 없다는 한계가 있음이 지적된다. 그러나 응보에 따라 자신의 책임에 상응하는 형벌이 이루어지고, 성공적인 재사회화를 위해서는 범인 자신의 결단 없이는 아무런 성과를 기대할 수 없게 된다.[88] 이러한 속죄의 가능성은 최대한 보장되어야 하나 외부로부터 강요되거나 강제되어서는 안 되며, 형벌은 사회복귀를 위한 선택적인

84_ George E. Dix, *op. cit.*, at 8. 역사적으로 볼 때 자경단은 법률이 힘을 잃고 경찰력이 부존재하다고 여길 때 생겼다. 즉 사법이 실패할 때 자경단이 생기며, 형벌은 이러한 자경을 피하게 하는 기능이 있다는 것이다. Paul H. Robinson, *op. cit.*, at 91.

85_ Wayne R. Lafave, *op. cit.*, at 31.

86_ Steven Sverdlik, "Punishment", *Law And Philosophy*, Vol. 7, No. 2 (Aug. 1998), p.200.

87_ Paul H. Robinson, *op. cit.*, at 92.

88_ Jakobs는 이를 형벌의 '부수 효과'로 보았다. 김일수, 주 25)의 책, 1131-1133면; Günther Jakobs, a.a.O., S. 19. 형벌이 그 자체 응보적이지만 법률을 위반한 자에게 아무런 변명의 기회를 줄 필요가 없다고 보는 것은 잘못이며, 속죄할 기회가 주어져야 한다: Steven Sverdlik, "Punishment", *Law and Philosophy*, Vol. 7, No. 2 (Aug. 1988), p.179.

다리로서의 역할을 해야 하는 것이다.

(7) 회복과 사회통합

회복(restoration) 기능이란 형벌이 범죄자에게 고통을 가하는 대신에 범죄자에게 피해자에게 가한 피해를 보상케 한다는 기능을 갖는다는 것을 말하며, 회복적 사법(restorative justice)에서 이러한 기능을 강조하고 있다.[89] 이에 따르면 피해자와 범죄자를 격리시키는 것이 아니라 조우하게 한다. 범죄자는 피해자에게 가한 잘못으로 인한 실제적인 결과를 알게 하고, 또한 그가 가한 해악에 대해서도 알게 한다. 피해자에게 해를 가한 가해자를 만날 기회를 주게 하고, 범죄자가 피해자의 삶에 가한 파괴와 피해자의 고통에 대해 서로 얘기를 나누게 하며, 범죄자로 하여금 어떠한 형태이든 간에 피해자에 대한 보상을 해주도록 한다.[90] 이를 요약하면 범죄자가 자신의 잘못을 인정하고 그로 인한 결과에 대하여 반성하고 손해 회복을 위한 조치를 취하게 한다는 것이다. 그러나 이러한 형벌의 회복 내지 사회 통합 기능의 강조는 범죄자에 대한 이질적인 처우를 하게 함으로써 판결을 자의적이게 하고, 범죄인을 처벌함에 있어 사회가 지나친 주의를 기울이게 한다는 비판이 있다. 회복적 사법이 재범률을 거의 혹은 전혀 낮추지 않는다는 비판도 있고, 피해자의 보상 내지 원상회복은 피해자 자신이 원하는 것이 아니라는 비판도 있다.[91] 또한 이러한 회복 기능의 강조로 인하여 형벌의 목적을 왜곡시킨다는 비판도 있다. 즉 이러한 회복 기능의 강조로 인하여 형사 재판에 피해자를 참여시키고 있는데, 피해자의 형사 재판에의 참여는 피고인의 행위로 인한 피해자와 피해자의 가족에 대한 고통을 드러나게 하고, 이를 통하여 '회복'과 '사회통합'을 도모하고자 함에 그 취지가 있다. 그런데 Oklahoma시 폭파사건에서 피해자의

89_ Wayne R. Lafave, *op. cit.*, at 32.

90_ *Ibid.*

91_ *Ibid.*

절차 참여권을 인정하여 그들을 재판에 참여시켰고, 그 결과 막대한 정치적·사회적 압력으로 인하여 재판이 왜곡되었음이 드러나고 있다. 즉 이러한 '회복 기능'의 지나친 강조로 인한 형벌이 지향하는 목적과 형벌이 갖추어야 할 기능이 왜곡되었다는 비판이 제기되고 있는 것이다.[92] 이와 반대로 '회복' 기능을 새로이 검토할 필요가 있다는 견해가 있다. 현재 회복 내지 조정(Ausgleich)은 독일형법에서 보충적일 뿐이고 결정적인 효력은 발휘하지 않고 있다. 이러한 회복 내지 손해배상이 민사상의 문제라고 바라보는 시각이 많다는 것이다. 그러나 이러한 사고는 형벌의 목적이 침해된 법익의 보호에 있다는 것을 과소 평가한 것이란 견해가 있다.[93] 나아가 형벌은 이러한 회복 기능 외에도 사회 연대성을 회복하는 기능이 있음이 지적되고 있다. Noll의 공동책임 사상에 의하면 법 공동체도 공동체와의 유기적인 관련하에 구성원이 된 범죄인의 범죄 행위에 대하여 공동책임이 있다는 것이다. 형벌의 처벌 과정을 통하여 공동체의 구성원이 법 공동체에 대한 연대적인 일체감을 획득하게 된다면 그 구성원을 처벌하는 국가도 수형자에 대한 연대적 공동책임을 형성하여야 한다는 것이다. 즉 형벌을 공동체에 대한 고립을 의미하는 무해화 수단이 아닌 법 공동체에서 범인의 입체

92_ Brian D. Skaret, "A victim's Right to view: A distortion of The retributivist theory of Punishment", *J. Legis*, Vol. 28 (2002), p.357. 즉 형벌이란 국가가 시민을 대신하여 공공선(common good)을 위하여 하는 것이고, 이를 통하여 범죄를 억제하고 범죄와 법 준수의 사회적 균형점(social equilibrium)을 회복하는 것인데, 위 사건에서 피해자 절차 참여권 내지 회복 기능의 강조로 인하여 그 균형점이 무너져 버렸다는 것이다: *Ibid.*

93_ Werner Schmidt Hieber, "Ausgleich statt Geldstrafe", *NJW* (1992), S. 2002. 이러한 행위자-피해자 조정(Täter-Opfer-Ausgleich) 원칙이 정당한 책임 조정 원칙과 결합되어야 한다는 주장이 있다. 즉 해악이라는 고통을 통해서 책임이 실현되는 것이 아니라 적극적인 급부를 통해서 실현될 수 있으며, 행위자-피해자 조정은 책임의 정도에 상응한 조치이어야 한다는 것이다: Wolfgang Stein, "Täter-Opfer-Ausgleich und Schuldprinzip—Überlegungen zur geringen Akzeptanz des Täter-Opfer-Ausgleich für Erwachsene in der Praxis", *NStZ* (2000), S. 393.

적인 주체적 지위의 획득 과정으로 이해한다는 것이다.[94]

2. 형벌의 역기능

(1) 낙인 기능

낙인 이론(labelling theory)에 의하면 사회 집단이 일탈을 구성하는 규칙을 제정하고 이를 특정인에게 적용하여 이를 위반한 사람을 국외자(outsider)로 낙인찍음으로써 일탈의 개념을 만들어 낸다. 이러한 관점에서 볼 때 범죄란 '일탈자'에게 법률과 제재, 즉 형벌을 적용한 결과가 된다.[95] 또한 낙인 이론에 의하면 낙인을 찍는 주체가 사회의 공식적 기관, 즉 사회 규범이나 법 규범을 진행할 권한을 부여받은 경찰, 검찰, 법원, 교도소일 때 일탈에 대한 유인이 특별히 증가한다고 주장한다.[96] 이에 의하면 형벌이라는 국가의 공식적 사회 규범의 집행이 수범자를 '낙인'찍게 되고 그로 인하여 오히려 재범률을 높이게 된다는 것이다. 이러한 낙인 이론이 학자와 실무가들 모두에 의하여 광범위한 지지를 받기는 했지만 여기에 대한 비판도 제기되고 있다. 즉 경찰은 정당한 이유가 없으면 범인을 체포하지 않고 법원은 유죄가 확정되지 않으면 범죄자라는 낙인을 찍지 않는다. 따라서 행동이 낙인을 만들어 내는 것이지 낙인이 행동을 만드는 것이 아니라는 것이다. 또한 낙인 이론은 경험적 타당성이 없다는 비판도 제기된다. 즉 공식적 사법 기관에 의하여 낙인찍힌 사람은 일탈적인 자아 정체성을 발전시킬 기회가 증대되며, 반대로 검거와 낙인을 피할 수 있다면 일탈자는 범죄자로서의 경력을 발전시켜 나가지 않는다는 것이다.[97] 이러한 형벌의 낙

94_ 김일수, 주 25)의 책, 1136-1138면.

95_ Ronard L. Akens, Christine S. Seller, *Crimnological Theories—Introduction, Evaluation and Application*, 5th ed., Oxford Uni., 2009/민수홍 외 역, 범죄학이론(개정판), 나남, 2011, 233-234면; 심영희, 앞의 책, 316면.

96_ Ronard L. Akens, Christin S. Seller, 위의 책, 237면.

97_ 위의 책, 240-242면.

인 기능을 감안하여 범죄사가 형사 기관, 그 밖의 처벌 기관과 접촉할 기회를 최소화하여 만성적 범죄인이 되지 않도록 선도하는 전환 정책 (diversion)이 제시되고 있다. 즉 형벌에 의하여 생기는 '낙인'이 스스로를 범죄인으로 개념화하게 만드는 형벌의 역기능을 피하기 위하여 특히 청소년, 초범들에 대하여 형벌에 대신하여 치료, 교육, 사회복귀, 기타 전환 프로그램을 시행하자는 것이다. 그러나 이러한 전환 정책이 초범자들에게는 일정한 효과를 갖는 것으로 나타나고 있지만 장기적으로는 특별한 효과가 없다는 견해도 있다.[98]

(2) 수감의 역기능

교도소가 장기적으로 악화되어 가는 사회 문제를 일차적으로 대처하는 최전방의 사회제도로 정착되어 가고 있음이 지적되고 있다. 즉 사회 분열이 확산됨에 따라 폭력범죄가 증가하고, 시민들의 범죄에 대한 공포가 커지면 강력한 처벌을 요구하게 된다. 이에 따라 교정시설에 대한 투자가 증가하면 저임금 계층에 대한 혜택이 삭감되고 열악한 사회 여건이 더욱 악화되어 높은 범죄율이 유지되는 악순환이 되풀이된다. 또한 교도소가 사실상 정신 치료시설로 전락하고 있음이 지적되고 있다. 대부분의 범죄자가 정신 치료를 받지 않고 체포되고, 수용된 후 본격적 치료를 받게 되어 미국에서는 교도소가 가장 큰 정신 치료시설이 되고 있다.[99] 범죄인을 교도소에 수감하고 이를 유지하는 데 국가 재정이 투입된다.[100] 전세계적으로 드는 구금의 비용은 1997년도 통계에 따라 1년에 거의 625억 달러가 소요되는 것으로 추정된다. 건물과 교도소 관리, 수용자들을 위한 주거비, 음식비, 의료비가 든다. 구금이 지역 사회에 다양한 부정적인 영향을 미치므로 상당한 간접비용도 발생될 수 있다. 이에 따라 국제 형벌위원회는 교도소 과밀 수용

98_ 박창배, 앞의 책, 297-303면.
99_ Elliot Currie, 앞의 책, 59-60면.
100_ 김대근·정기화, 앞의 책, 41면.

을 줄이기 위한 10가지 계획을 제안했다. 즉 정보에 근거한 대중 토론, 형사 사법 체계 전 단계에서 교도소를 최후의 수단으로 사용하기, 교도소 수용 능력을 늘리기, 경미한 사건을 전환 처우하기, 공판 전 구금의 감소, 대안의 개발, 양형의 감소, 일관성 있는 양형의 보장, 교도소에 청소년을 보내지 않기 위한 해결책 개발, 마약 중독자, 정신질환자, 불치의 병에 걸린 범법자에 대한 처벌보다 치료, 그리고 이들 모두에게 공평을 보장하기가 그것이다.[101]

독방 감금은 수형자에게 스트레스와 좌절 감정을 유발한다. 교도소의 과밀(공간 과밀도와 사회 과밀도)은 신체적·심리적 스트레스를 유발시킨다. 구금이 미래에 대한 시간 조망의 폭을 줄여 장기적인 미래 계획을 가지지 못하고 가까운 미래에 대해서만 계획과 사고를 하게 한다. 수감 생활은 수감인을 순화시키지 못하고, 수감 생활이 오히려 반사회성을 증가시킬 수 있는 가능성이 있다. 죄수화 과정, 즉 교도소에서 수감 생활을 통하여 재소자들은 독특한 문화, 관습, 가치관을 습득하게 된다. 소년원 생활은 비행 청소년으로 하여금 반사회적 행동 유형을 유지하게 할 뿐만 아니라 새로운 반사회적 행동 유형을 학습하게 한다.[102]

(3) 시사점과 형사정책적 과제

형법학자들이 형벌 이론을 전개하면서 Michel Foucault의 「감시와 처벌」[103]이라는 책을 인용하는 것을 종종 볼 수 있다. 「감시와 처벌」은 형벌 기능에 대한 여러 분석 방법 중 사회학적 분석 방법론에 따라 수감의 역기능을 주로 검토한 책이다. 그러나 형벌 기능에 대한 분

101_ United Nations Office on Drug and Crime, *Handbook of basic principles practices on Alterratives to Imprisonment*, United Nations, 2007/한국형사정책연구원 역, 유엔 형사사법 핸드북—구금형 대안, 2009, 14-15면.

102_ 박창배, 앞의 책, 282-290면.

103_ Michel Foucault, *Surveiller et punir: Naissance de la prison*, Callimard, 1975/오생근 역, 감시와 처벌: 감옥의 역사, 나남, 2013, 23면 이하.

석 방법은 이러한 사회학적 분석 방법 외에도 형벌 이론적, 실증적·범죄학적, 법경제학적, 심리학적 내지 사회심리학적 분석 방법이 있다. 형법학자, 범죄학자, 사회학자, 심리학자 등이 나름의 방법론에 따라 형벌 기능을 분석해 왔고 그들 나름내로의 성과를 보여주고 있지만 일부 분석 방법론에 치중할 경우 형벌 기능에 대한 왜곡된 시각을 제시할 수도 있게 된다. 그러므로 형벌 기능을 분석함에 있어서는 이러한 방법에 따른 성과를 규범적인 관점에서 다시 검토해 보아야 한다. 나아가 형벌 기능을 체계적이고 거시적인 관점에서 다시금 재평가해야 할 것이다. 그동안 형법학자들은 형벌 이론을 전개함에 있어 형벌 '기능론' 차원에서 체계적이고 거시적인 검토를 하지 않았다. 다만 형법학자들의 형벌 이론 속에서 실제에 있어 형벌의 순기능 중 특별억제, 일반억제, 무해화, 재활, 회복의 기능 중 일부분이 검토되어 왔음을 볼 수 있다. 그러나 형벌의 순기능에서는 이러한 기능 외에도 교육, 비난, 보복 방지라는 기능이 있다. 이와 같이 형법학자들은 그동안 형벌이라는 제도를 집행함에 따라 나타나는 작용을 주로 염두에 두었다. 그러나 '형벌 기능의 개념'에서 살펴보았듯이 형벌 기능을 연구함에 있어서는 형벌이라는 제도를 집행함에 따른 작용과 그로 인한 사회적 역할과 작용뿐만 아니라 형벌이라는 제도의 계속적인 집행으로 인하여 사회의 연속성을 유지하는 데 기여하는 작용, 그리고 새로운 형벌제도의 시행으로 사회에 미치는 작용까지 염두에 두어야 한다. 교육, 비난, 보복 방지라는 기능은 형벌이라는 제도의 집행으로 '사회의 연속성을 유지하는 것'과 관계되고 있고, 비록 이 기능들이 형벌이라는 제도의 직접적인 기능이라고 할 수 없더라도 결코 간과될 수 없는 기능이라고 할 것이다. 그동안 범죄학자들은 형벌의 역기능을 중심으로 실증적인 연구를 하여 왔고, 심리학자나 사회심리학자들은 수감생활 내지 감옥제도에 대한 심리학적 내지 사회심리학적인 연구를 하여 왔다. 그러나 범죄학자나 심리학자 내지 사회심리학자의 연구는 형벌의 이념과 목적, 원칙 등 형벌이 지향하는 가치를 염두에 두거나 이를 전제로 한 거시적인 연구가 아닌 미시적이고 실증 지향적인 연구이었기에 그 연구 성과는 제한적일 수밖에 없었다. 형벌 기능에 대한 연구에 있어서 이와 같이 가치 지향적이고도 실증적인 연구 방법은 통합될 필요가 있다. 또한 이러한 형벌의 '기능론'의 검토는 실증적인 분석이 전제되어야 할 것이고, 아울러 형벌 기능의 검토는 순기능과 역기능을 포함한 거시적인 관점에서 조망되어야 한다. 이러한 형벌 기능의 분석을 토대로 형사정책을 수립함에 있어서도 이러한 형벌 기능을 전체적으로 조망한 토대 위에서 이루어져야 할 것이며, 특정 형벌 기능(예컨대, 억제 기능 등)을 지나치게 강조하거나 이를 지나치게 옹호하는 것은 바람직하지 않다고 할 것이다. 나아가 이러한 형벌 기능의 분석과 이에 기초한 형사정책의 수립은 법익을 보호하고 사회질서를 유지하며 법적 평화를 이룬다는 형벌의 목적과 응보와 예방이라는 형벌 원칙의 틀 속에서 이루어져야 한다. 형벌 이론 안에서 형벌의 목적-원칙-기능이라는 가치 서열은 엄연히 존재하므로, 특정 형벌 기능의 강조에 의해 형벌의 원칙이나 형벌의 목적이 훼손되어서는 안 될 것이다.

형법과 형벌이 인간들 사이에서 공유하는 사회 규범과 금지 목록에 있어 막대한 영향을 미치고 있고, 형벌이 사회적 합의와 도덕 규범을 유지함에 있어 중심 역할을 하지만[104] 형벌만으로 이러한 사회 규범을 형성하고 범죄 예방을 한다고 볼 수 없다. 이러한 사실에 주목하여 Steven P. Lab은 범죄 예방을 1차적 · 2차적 · 3차적 범죄 예방으로 나눈다. 여기서 1차적 범죄 예방이란 범죄 행위를 촉발하거나 범행 기회를 제공하는 물리적 · 사회적 환경조건을 판별하는 것이다. 즉 환경 설계, 이웃 감시, 일반예방, 민간 경비, 범죄와 범죄 예방에 대한 교육을 말한다. 2차적 범죄 예방이란 잠재적 범죄자를 조기에 판별하고 이들이 불법 행위를 저지르기 전에 개입하는 대처방안을 말하는데, 예컨대 물리적 환경 설계, 사회적 행위 습관의 변화, 감시의 증가, 지역사

104_ Paul H. Robinson, *op. cit.*, at 92.

회 경찰 활동 등이 그 예이다. 3차적 범죄 예방이란 실제 범죄를 저지른 사람들을 다루며 그들이 더 이상 범죄를 저지르지 않도록 하기 위한 의도를 가진 예방정책을 말한다. 즉 체포, 기소, 수감, 처우, 재활 등 형사 사법 활동, 민간 기업의 교정 프로그램, 지역사회에서의 전환 처우, 사회 내 처우 등을 말한다. 이러한 분류에 의하면 형벌이란 3차적 범죄 예방 정책 중의 하나임을 알 수 있다.[105] 사회학, 심리학, 범죄학, 형사사법학, 공학, 생물학, 물리학, 건축학, 유전학, 의사소통학, 컴퓨터과학, 교육 활동 등 여러 학문 분야로부터 다양한 방법을 사용하여 범죄에 대처하려는 노력을 '범죄과학'이라고 하는데[106] 위에서 본 형벌의 기능론은 위와 같은 범죄과학의 차원에서 형법학자와 범죄학자가 같이 참여한 가운데 위에서 본 환경 설계 등을 포함한 국가와 지역 공동체가 참여한 범죄 예방 이론 속에 포함시켜 논의되고 검토되어야 할 것이다.[107] 이러한 형벌 기능의 연구와 검토를 통하여 형벌의 역기능을 최소화하고 형벌의 순기능이 발휘할 수 있는 형사정책이 수립되어야 한다.

미국에서는 최근 이런 형벌의 역기능을 해결해보고자 하는 여러 시도 중의 하나로 수치감(shame)이나 죄책감(guilt)이 최근 법적인 형벌과 관련하여 논쟁이 되고 있다. 특히 수치감 형벌, 죄책감 형벌과 관련하여 주장이 된다. 예컨대 길에서 코카인을 소지하다 체포되었다는 문구가 기재된 팻말을 들고 서 있게 한다든가, 음주운전을 했다는 문구를 차량에 부착하게 한다든가, 지역 언론 매체에 매춘 행위를 했다고 실명을 밝혀 방송하는 것 등이다.[108] 그러나 이러한 형벌이 헌법에

105_ Steven P. Lab, 앞의 책, 47-52면.

106_ 위의 책, 53면.

107_ 위에서 보듯 '형벌 기능론'은 단순히 경험적이고 귀납적인 '분석'에 그치지 않으며, 형벌의 원칙론, 즉 예방과 응보라는 형벌 이론에서 '기능'을 추출하고 이러한 이론 틀 내지 맥락에서 '기능'을 분석하고 있으므로 형벌 기능의 분석과 검토시 형법학자가 일정한 역할을 담당해야 한다.

108_ Raffaele Rodogno, "Shame, Guilt, And Punishment", *Law and Philosophy*,

서 근거를 찾을 수 있느냐의 문제에서부터 실효성이 있느냐의 문제, 그리고 강제할 수 있느냐, 대체 형벌로 보아야 하느냐까지 해결해야 할 여러 선결 문제가 놓여 있다.[109]

이하에서는 이러한 이해와 검토를 토대로 하여 최근의 중형주의 경향에 대하여 살펴보기로 한다.

V. 형벌 기능론의 관점에서 본 중형제도 검토

우리나라는 사실상 사형 폐지국이었으나 최근 일부 범죄자에 대한 사형 집행이 도입되었고, 성폭력범죄 등에 대하여 중형을 부과하는 엄벌주의 사조가 팽배하고 있다. 이하에서는 이상에서 살펴본 형벌 기능론에 대한 분석을 토대로 하여 최근의 엄벌주의 경향과 관련된 사형과 중형적 자유형에 대하여 살펴본다.

1. 사 형

사형에 대하여는 그동안 사형 폐지론자와 존치론자들이 나름의 여러 논거를 제시해 왔다. 먼저 사형 폐지론자의 여러 논거 중 형벌 기능론 차원에서의 논거를 살펴보면, 사형은 교육·재활 기능을 기대할 수 없고, 무해화는 무기 자유형으로 대체가 가능하며, 사형의 일반억제 기능은 실증적 연구에 따르면 그리 크지 않다는 것이다.[110] 사형 존치론자의 여러 논거 중 형벌 기능론 차원에서의 논거를 살펴보면, 사형은 일반인에 대한 교육에 있어 부정적 영향을 미치며, 사형을 무기 자유형으로 대체하게 되면 국가 재정상 부담이 되며, 일반억제 기능에

Vol. 28, No. 5 (Sep. 2009), p.429.

109_ *Ibid.*, at 462-463.

110_ 지광준, 현대사회와 형벌, 강남대학교출판부, 2004, 134면.

대한 실증적 연구에 의하면 사형의 일반억제 기능이 크다는 것이다.[111] 이러한 가운데 중대 범죄자를 사형시킴으로써 다른 중대 범죄를 예방할 수 있다는 주장은 아직 실증되지 않았고, 양 진영 모두 상대를 압도할 만한 명백한 실증적 증거를 찾지 못했다는 견해도 있다.[112]

형벌 기능론 관점에서 볼 때 사형 존치론·폐지론과 관련된 중요 쟁점은 사형이 과연 억제 기능과 무해화 기능이 있는가의 문제와 국가 재정에 부담이 되는가의 문제이므로 아래에서는 여기에 대하여 검토한다.

첫째, 억제 기능과 관련하여 살펴보면, 사형이 범죄에 대한 억제책이 된다고 주장하는 측에서의 연구는 엄밀하지 않았고, 통계상의 오류가 개재되어 있었으며, 오히려 사형과 억제에 대한 연구를 보면 사형이 범죄 억제책이 되지 못한다는 일관된 양상이 나타나고 있다고 주장하는 견해가 있다.[113] 나아가 범죄학자와 법률 실무가 사이에서 사형이 살인율을 낮추지 못하며 오히려 장기 구금이 더 큰 억제효가 있다는 것이 광범위하게 지지를 받고 있다. 요컨대 사형의 가장 큰 지지 근거인 억제효는 급속하게 그 근거를 상실하고 있다.[114]

둘째, 무해화 기능과 관련하여 살펴보면, 장기 구금형이 없다면 사형의 무해화 기능은 논할 수 있지만 장기 구금형을 고려한다면 그렇지 않다는 것이다. 나아가 실증적 증거에 의하면 장기 구금이 사형보다 억제효가 더 있다고 본다.[115]

111_ 지광준, 앞의 책, 135-136면.

112_ 이덕인, "사형의 형벌적 특성에 대한 비판적 연구—형벌이론과 범죄억지력을 중심으로", 「형사법연구」 제22권 제3호, 통권 제4호 (2010 · 가을), 199-200면.

113_ Scott Turow, *Ultimate Punishment*, Brandt & Hochman, 2003/정영목 역, 극단의 형벌: 사형의 비인간성에 대한 인간적 성찰, 교양인, 2013, 124면.

114_ Michael L. Radelt, Marian J. Borg, "The Changing Nature of Death Penalty Debates", *Annual Review of Sociology*, Vol. 26 (2000), pp.45-46.

115_ *Ibid.*, at 46-47.

셋째, 수감의 역기능인 국가 재정의 부담과 관련하여 살펴본다. 일부 시민과 정치인들은 사형 대신 장기 구금시킬 경우 국고 부담이 있다는 점에서 사형을 지지하고 있다. 그러나 사형과 장기 구금 사이에 국고 부담 차이는 거의 없다고 볼 수 있다. 사형이 선고될 경우 피고인은 계속해서 불복하며 재판을 이어갈 것이다. 오히려 현대적 사형 시설을 갖추고 이를 집행하는 비용이 장기 구금을 시키는 것보다 수배의 비용이 드는 것으로 조사되고 있다.[116] 나아가 사형이 집행되는 경우가 매우 드물다는 점에서 이러한 논거는 충분히 반박되고 있다는 것이다.[117]

이상에서 본 살펴본 바와 같이 형벌 기능론의 관점에서 볼 때 사형 존치론자의 지지 근거인 억제 기능, 무해화 기능, 국고 부담은 그 논거가 미약함을 알 수 있다.

2. 중형적 자유형

위에서 검토한 사형을 제외하면 중형이 부과되는 경우는 자유형이 대부분일 것이다. 자유형과 관련하여 검토해 볼 수 있는 형벌 기능은 특별억제, 일반억제, 무해화, 재활, 교육, 속죄, 낙인, 수감의 역기능 등 대부분의 형벌 기능이 여기에 해당된다.

먼저 억제 기능과 관련하여 살펴보면, 잠재적 범죄인의 경우 억제 효와 관련하여 볼 때 부정적 인센티브가 긍정적 인센티브보다 더 크다고 본다. 범죄의 경우 형벌을 통한 개입이 부정적 인센티브에 해당할 것이다. 잠재적 범죄인은 형벌과 범죄로 인하여 얻게 되는 이익을 형량하는 것이 아니라 검거되지 않거나 범죄에 따라 예상되는 이익과 형

116_ *Ibid.*, at 49-50, 사형 집행 비용에는 사형 집행 시설(우리나라의 경우 각 교도소마다 사형 집행 시설이 갖춰져 있지는 않다)의 설치비, 사형 집행인의 인력비, 사형 시설 정비료, 사형수 관리비용 등이 포함된다.

117_ Scott Turow, *op. cit.*, at 129.

벌 내지 검거에 따라 예상되는 불이익을 형량한다. 따라서 엄벌은 억제 기능이 없다고 본다. 역사적으로나 실증적인 연구에 의할 때에도 검거율이 낮을 때 범죄가 증가하여 왔다는 점에서 엄벌의 억제 기능은 의문시된다.[118]

낙인 이론에 의하면 전과자라는 지위는 사회적 지위에 앞서서 개인의 정체성을 결정해 주는 큰 요인이 된다. 이러한 사회적 반응 때문에 한 번 전과자라고 낙인찍힌 사람은 범죄에 빠지지 않고 살아가려고 해도 사회에서 받아들이지 않기 때문에 직장을 구하기 어렵고, 그래서 살기 위해서 다시 범죄를 저지르지 않을 수 없게 된다.[119] 엄벌은 범인에게 낙인을 찍는 것이 된다.

나아가 엄벌은 고통을 통해 범죄자로 하여금 사회에 복귀하도록 재활을 돕기보다는 오히려 반발심과 앙심을 품게 함으로써 더 깊숙이 범죄에 빠져들게 한다.[120] 즉 엄벌은 재활, 교육, 속죄 기능을 약화 내지 무해화하고 오히려 억제 기능이 없도록 한다. 엄벌은 수감 기간 동안만 사회로부터 격리시켜 무해화 기능이 작용하는 것처럼 착시 현상을 보이게 할 뿐, 출소한 후에는 더욱 깊은 반발감과 악랄한 범죄를 배워 수감의 역기능을 극대화하고, 나아가 더 큰 범죄로 나아가게 된다.

따라서 형벌 기능론 차원에서 검토해 볼 때 책임에 상응하지 않은 중형적 자유형은 형벌의 순기능을 약화시키고 형벌의 역기능만 강화시킬 뿐이라는 결론에 이르게 된다.

118_ Gabriell Hallevy, *op. cit.*, at 29-32.
119_ 심영희, 앞의 책, 316면; 허경미, 현대사회와 범죄학(제3판, 수정판), 박영사, 2013, 125-128면; Stephen E. Brown et al., *Criminology: Explaining Crime and Its Context*, 7th ed., Elesevier, 2010/황의갑 외 역, 범죄학: 범죄원인론, 형사정책, 범죄발생의 최근 경향, 그린, 2011, 385-387면.
120_ 심영희, 위의 책, 317-318면.

3. 개선책과 과제

대표적인 중형인 사형을 대체 내지 개선하기 위해서는 사형의 시험적인 정지제도, 적용 죄종의 제한, 집행의 연기나 유예, 종신 무기형 (종신 구금형) 등으로 대체, 상대적 종신형의 도입,[121] 절대적 사형 규정의 폐지[122] 등이 도입되어야 할 것이다. 장기 자유형제도에 대한 개선책으로 상대적 부정기형제도의 운영, 누범 수감자에 대한 처우 방법의 개선, 자유형의 단일화, 재활을 통한 사회화,[123] 민영 교도소의 활동[124] 등이 검토되어야 할 것이다.

엄벌주의의 경향은 여론 조사, 언론 보도, 정치인들의 선동, 자유주의에 대한 반발 등 여러 원인에서 비롯된다.[125] 그러나 이러한 시대 사조에서 비롯된 엄벌은 위에서 검토한 바와 같이 형벌의 순기능을 약화시키고 형벌의 역기능만 불러올 뿐이다. 1999년 미국경찰은 1981년부터 1999년 사이에 미국에서 살인, 절도, 폭행 등 강력범죄수가 급격하게 감소하였다고 발표하였다. 그 기간 동안 전례없는 많은 구금으로 인한 억제와 무해화로 인하여 범죄가 감소하였을 것이라는 견해도 있다. 그러나 이러한 범죄의 감소가 경찰의 혁신, 순찰의 강화, 문제 지향적인 정책에 기인한다는 견해도 있다.[126] 이러한 연구는 엄벌로 범죄를 예방하겠다는 것은 극히 극약처방적인 임시 방책에 지나지 않음

121_ 지광준, 앞의 책, 139면; 조호노, "사형제도의 폐지와 그 대안에 대한 소고", 「경희법학」 제47권 (2012), 591면 이하; 박찬걸, "사형제도의 합리적 대안에 관한 연구", 「법학논총」 제29권 제1호 (2012), 25-27면.

122_ 김재중, 앞의 책, 97-99면.

123_ 이승현, 형사법개정연구(IV): 자유형제도의 정비방안, 한국형사정책연구원, 2009, 73면 이하; 강동범, "자유형 규정의 개정방향", 「법학논집」 제15권 제1호 (2010), 351-353면; 지광준, 앞의 책, 153-155면.

124_ 김재중, 앞의 책, 127-139면.

125_ Jokchim J. Savelsberg, *op. cit.*, at 938-940.

126_ Patrick A. Langan, "Crime and Punishment in The United States, 1981-1999", *Crime and Justice*, Vol. 33 (2005), pp.123-124.

을 시사한다. 따라서 범죄 예방은 앞서 살펴본 Lab이 말한 1차적 · 2차적 · 3차적 범죄 예방과 같이 다양한 정책 내지 사회구조적인 접근 방법 등을 통해 이루어져야 할 것이다.[127]

VI. 결   어

지금까지 형벌 이론과 관련하여 형벌 '기능론' 차원에서 체계적이고 거시적으로 분석한 글은 찾아보기 어렵다. 형벌 기능론의 관점에서 볼 때 형법학자, 범죄학자, 사회학자, 심리학자들이 형벌 기능론 차원이라고 할 검토를 그들 나름대로 하였지만 형벌 기능의 전체에 대한 조망과 분석에는 이르지 못하였다. 특히 법경제학, 사회학, 심리학에서의 연구는 특정의 요건 사실을 전제로 하거나, 전체적인 형벌 이론 틀 내지 전체적인 형벌 기능을 염두에 두고 한 것이 아닌 일부 형벌 이론 내지 형벌 기능의 일부에 국한된 연구였기에 비록 시사하는 바가 있었더라도 연구 성과가 제한적일 수밖에 없었다. 이에 필자는 형벌에 대한 국내외의 논의를 검토하고 이를 새롭게 분석하여 형벌 기능에 대한 전체적인 조망을 하고, 이를 토대로 하여 최근의 엄벌주의 경향과 관련된 중형제도를 검토하였다. 형벌 기능에 대한 연구는 형법학자와 범죄학자, 사회학자, 심리학자 등이 다학제적인 방법으로 참여하여 협업에 의해 수행하는 것이 바람직하다. 형벌 기능에 대하여 그동안 국내에서는 특별억제 · 일반억제 · 무해화 · 재활 · 응징 · 회복 · 낙인 기능에 대하여 제한된 범위 내에서 검토되고 논의되어 왔다. 이에 이 책

127_ 이와 관련하여 위험사회에서 형벌 기능의 과대 평가와 형벌의 지나친 팽창을 경계하고 형벌 외적인 공동체의 안전시스템, 즉 가족, 복지, 노동, 교육 등 사회 안전망의 축이 작동되는 사회적 기능에 희망을 가져야 한다는 견해로는, 이덕인, "형법의 기능변화와 한계에 대한 성찰", 「형사법연구」 제24권 제3호(2012 · 가을), 44면.

에서는 형벌 기능에 대한 전체적인 조망과 아울러 형벌 기능에 대한 형벌 이론적 검토뿐만 아니라 사회학적·심리학적 검토도 하였다. 이에 의할 때 형벌의 순기능으로는 특별억제, 일반억제, 무해화, 재활, 교육, 응징과 비난, 속죄, 보복 방지, 회복과 사회통합이 있고, 형벌의 역기능으로는 낙인 기능과 수감의 역기능이 있다. 특히 형벌 기능론에서 제외되었거나 소홀히 다루었던 교육, 비난, 보복 방지를 새롭게 검토하였으며, '위험지각'과 '판단편향'에 대한 심리학적 연구를 통해 일반억제를 새로이 분석해 보았다. 이에 의할 때 위험이라는 범죄를 다루는 실무가, 학자들의 잠재적 범인에 대한 인식이 정교해야 하고, 범인 검거율과 처벌률에 대하여 일반인들이 편향되지 않도록 할 필요가 있음을 보게 된다. 형벌이 비록 사회 내에서 규범력을 형성·유지함에 있어서 중심 역할을 하고 있지만 형벌은 사회 규범을 형성하고 범죄를 예방함에 있어서 다양한 정책 중의 하나임을 알 수 있다. 따라서 형벌의 기능론은 범죄과학의 차원에서 다학제적 방법으로 논의되고 검토되어야 한다.

아울러 최근의 엄벌주의 사조와 이에 입각한 중형주의 입법은 형벌의 순기능을 약화시키고 형벌의 역기능만 불러올 뿐이라고 평가된다. 1970년대 말 영국과 미국에서는 범죄에 대한 법과 질서를 강조하는 접근이 이루어졌다. 나아가 미국에서는 1990년대 습관적 범죄자에 대한 '삼진아웃제'를 실시하여 각기 다른 세 번의 범죄를 저지르면 형을 가중시켰다. 이러한 중벌주의 제도의 도입에 의해 미국의 수감자 수는 폭발적으로 증가하였다. 그 결과 2006년을 기준으로 볼 때 전세계 수감자가 625만 명인데 그중 200만 명이 미국 교도소에 있었다. 이에 따라 '교도소-산업 복합체'가 등장했으며, 교도소 체제의 존재와 확장에 대한 기득권층이 생겼고, 교도소가 사회를 향한 하위문화의 보급처가 되는 등, 엄벌주의 정책의 '실패'에 대한 전형을 보여주고 있다.[128] 새로 도입되거나 강화된 제도인 유기 징역형의 상한선의 상향 조정, 범죄자에 대한 사형 집행, 성범죄자에 대한 위치추적 전자장치 부착, 성범죄자 신상 공개, 성범죄자에 대한 처벌 강화, 성폭력 범죄에 대한 약물치료 제도 등이 형벌 기능을 충분히 검토·분석한 토대 위에서 도입된 것이 아니란 점에서 형벌의 역기능이 우려된다. 아울러 이러한 제도의 도입이 순기능을 제고하기 위해 도입된 것이 아니라 막연히 범죄 억제나 무해화, 재활 기능이 있다고 믿고 제도를 성급하게 도입하여 실시하고 있다는 점에서 더욱 그러하다. 특히 성범죄자에 대한 약물치료는 그 약물치료에 재활 기능이 있다는 사실이 실증적 연구와 조사에 의해 충분히 입증된 연후에 도입되었어야 할 것이라고 본다. 이들 제도들이 엄밀한 실증적 분석 없이 억제 기능, 응징 기능, 무해화 기능, 재활 기능을 제고할 것이라는 막연한 기대에 의해 도입되었지만, 새로운 형벌제도의 도입에 있어서는 형벌 기능의 전체적인 조망과 검토가 선행되어야 한다.

정당한 형벌이란 법익을 보호하고 사회질서를 유지하며, 법적 평화를 이룬다는 가치를 지향하면서 행위자의 규범 위반의 정도에 상응하는 사회 공동체의 가치 체계에 따라 비난을 가하는 것을 말한다고 할 수 있다. 즉 형벌 이론 속에는 형벌의 목적-원칙-기능의 가치 서열이 있으며, 형벌 기능 중 일부 기능의 지나친 강조에 의해 형벌의 원칙이나 목적이 훼손되어서는 안 될 것이다. 따라서 형벌 기능에 대한 연구와 이에 따른 형벌정책의 검토는 이러한 형벌 이론의 틀 속에서 이루어져야 한다. 아울러 응보 원칙에 따라 형을 부과하되 특별예방과 일반예방을 고려하며, 형벌의 역기능을 최소화하고 순기능이 발휘될 수 있는 형사정책이 수립되어야 한다. 따라서 사회 여론에 편승한 중형의 부과는 자칫 정의로운 형벌과 멀어질 수 있게 된다.[129] 아울러 첨

128_ Anthony Gidens, *Sociology*, 6th ed., Polity Press, 2009/김미숙 외 역, 현대 사회학, 을유문화사, 2011, 807-823면.

129_ 최근 미국에서 중형주의로 인한 형법의 지속적인 확장(the ever-expanding criminal Law)으로 인하여 막대한 사회적 재원이 소요되고 있으나 정작 그로 인한 시민의 수혜는 제한적임을 지적하고 있는 글로는 John L. Worrall, *Crime Control in America: What Works?*, 2nd ed., Pearson, 2008, p.4.

언하자면 사회학적인 관점에서 볼 때 형벌의 기능은 그 사회의 문화 등 사회구조에 의해서도 영향을 받는다는 사실을 고려해야 한다.[130] 따라서 외국의 형벌 제도의 도입에 있어서는 형벌 기능에 대한 분석과 함께 우리 사회의 법 문화 등을 포함한 전체적인 사회구조에 대한 분석이 수반되어야 함을 시사하고 있다.

130_ 미국과 일본의 다수의 학자들이 참여하여 미국의 디트로이트, 미시간, 일본의 요코하마, 가나자와 지역에 대한 실증적인 조사를 한 연구에 의하면, 미국인들은 일본인보다 형벌에서의 고립(무해화), 응징을 선호하였다. 나아가 형벌의 응징에 있어서도 미국인들은 좀 더 응징적인 것을 선호하였다. 법률 차원에서 볼 때 일본에서도 미국식 법률체계가 제재를 결정함에 있어 점차 중요해지고 있지만, 여전히 사회 연대성이 제재 수단을 결정함에 있어 작용하고 있음이 밝혀졌다: V. Lee Hamilton et al., "Punishment and the Individual in the United States and Japan", *Law & Society Review*, Vol. 22, No. 2(1988), pp.301, 325. 이러한 연구 결과는 법 문화(legal culture) 등 사회구조가 형벌 기능에 영향을 미치고 있음을 보여준다.

참고문헌

1. 국내문헌

[단행본]

김대근·정기화, 범죄 및 형사정책에 대한 법경제학적 접근(Ⅱ), 한국형사정책연구원, 2010.

김일수, 형법학원론 [총칙강의], 박영사, 1988.

_____, 법·인간·인권 – 법의 인간화를 위한 변론, 박영사, 1991.

_____, 전환기의 형사정책, 세창출판사, 2012.

박광배, 법심리학, 학지사, 2010.

박상기, 형법총론(제9판), 박영사, 2012.

법무부, 독일형법, 2008.

배종대, 형사정책(제3판), 홍문사, 2000.

_____, 형법총론(제11판), 홍문사, 2013.

심영희, 비판범죄론 – 일탈과 통제의 분석, 법문사, 1987.

이승현, 형사법개정연구(Ⅳ): 자유형제도의 정비방안, 한국형사정책연구원, 2009.

이종인, 범죄와 형벌의 법경제학, 한울, 2013.

이훈구 외, 인간행동의 이해(제2판), 법문사, 2012.

임웅, 형법총론(제4정판), 법문사, 2012.

지광준, 현대사회와 형벌, 강남대학교출판부, 2004.

한규석, 사회심리학의 이해(제3판), 학지사, 2012.

허경미, 현대사회와 범죄학(제3판, 수정판), 박영사, 2013.

[논문]

강동범, "자유형 규정의 개정방향", 「법학논집」 제15권 제1호 (2010).

고비환, "선정적 범죄보도가 중형주의에 미치는 영향과 그 완화책으로서 사회적 관용의 필요성", 「법학논총」 제32집 제2호(2012.8).

김성돈, "책임형법의 위기와 예방형법의 한계", 「형사법연구」 제22권 제3호, 통권 제44호(2010 · 가을).

김태명, "성폭력범죄의 실태와 대책에 대한 비판적 고찰", 「형사정책연구」 제22권 제3호(2011 · 가을호).

_____, "최근 우리나라 중벌주의 입법경향에 대한 비판", 「형사법연구」 제24권 제3호(2012 · 가을).

박찬걸, "사형제도의 합리적 대안에 관한 연구", 「법학논총」 제29권 제1호(2012).

송광섭, "최근 형사제재입법의 동향과 그 효율성, 그리고 형벌의 본질", 「동아법학」 제49호(2010.11).

윤옥경, "형벌의 사회적 맥락: 형벌 사회학적 접근", 「교정연구」 제30호(2006).

이덕인, "사형의 형벌적 특성에 대한 비판적 연구 – 형벌 이론과 범죄억지력을 중심으로", 「형사법연구」 제22권 제3호, 통권 제4호(2010 · 가을).

_____, "형법의 기능변화와 한계에 대한 성찰", 「형사법연구」 제24권 제3호(2012 · 가을).

이승호, "형사제재의 다양화와 형법의 기능", 「형사법연구」 제24권 제3호(2012 · 가을).

이임석 · 임정엽, "개정형법상 유기징역형의 상한조절에 관한 고찰", 「형사법연구」 제22권 제3호, 통권 제44호(2010 · 가을).

이진영 · 이경석, "형벌의 의미와 정당성 – 언제나 형벌은 필요한가?", 「법조」 Vol. 655(2011.5).

장석우, "R. A. Duff의 소통적 속죄 형벌 이론에 관한 연구", 연세대학교 박사학위논문(2011).

조상제, "국가형벌의 목적과 책임의 기능적 구성", 「형사법연구」 제12호(1999.11).

조호노, "사형제도의 폐지와 그 대안에 대한 소고", 「경희법학」 제47권(2012).

2. 해외문헌

[단행본]

Akens, Ronard, L, and Seller, Christine S., *Criminological Theories─Introduction, Evaluation and Application*, 5th ed., Oxford Uni., 2009/민수홍 외 역, 범죄학이론(개정판), 나남, 2011.

Brown, Stephen E, and Esbensen, Finn-Aage, *Criminology: Explaining Crime and Its Context*, 7th ed., Elesevier, 2010/황의갑 외 역, 범죄학: 범죄원인론, 형사정책, 범죄발생의 최근 경향, 그린, 2011.

Currie, Elliot, *Crime And Punishment In America*, Brockman Inc., 1988/이백철 역, 미국의 범죄와 형벌, 학지사, 2004.

Dix, George E., *Criminal Law*, 8th ed., Thomson, 2010.

Foucault, Michel, *Surveiller et punir: Naissance de la prison*, Callimard, 1975/오생근 역, 감시와 처벌: 감옥의 역사, 나남, 2013.

Gidens, Anthony, *Sociology*, 6th ed., Polity Press, 2009/김미숙 외 역, 현대사회학, 을유문화사, 2011.

Golding, Martin P., *Philosophy of Law*, Prentice-Hall, 1975/장영민 역, 법철학, 세창출판사, 2008.

Hallevy, Gabriel, *The Right to Be Punished ─ Modern Doctrinal Sentencing*, Springer, 2013.

Hardman, David, *Judgement and Decision Making: Psychological Perspectives*, The British Psychological Society and Blackwell Pu., 2009/이영애 역, 판단과 결정의 심리학, 시그마플러스, 2012.

Hassemer, Winfried, *Warum Strafe sein muss─Ein Plädoyer*, Ullstein Buch-Verlage, 2009/배종대 · 윤재왕 역, 범죄와 형벌, 나남, 2009.

Herring, Jonathen, *Criminal Law─Text, Cases and Materials*, 4th ed., Oxford, 2010.

Jakobs, Günther, *Strafrecht Allgemeiner Teil*, 2. Aufl., Walter de Gruyter, 1991.

Lab, Steven P., *Crime Prevention-Approaches*, Practices and Evaluation, 7th ed., Elsevier, 2010/이순래 외 역, 범죄예방론, 도서출판 그린, 2011.

Lafave, Wayne R., *Criminal Law*, 5th ed., West, 2010.

Lynch, Michael J.; Michalowski, Raymond J.; and Groves, W. Byron, *The New Primer in Radical Criminology: Critical Perspectives on Crime, Power and Idendity*, Criminal Justice Press, 2000/이경재 역, 자본주의 사회의 범죄와 형벌, 한울, 2004.

Singer, Richard G. · La Fond, John Q., *Criminal Law*, 5th ed., Wolthers Kluwer, 2010.

Sternberg, Robert J., *Cognitive Psychology*, 3rd ed., Yale Uni., 2003/김민식 외 역, 인지심리학, 박학사, 2005.

Turow, Scott, *Ultimate Punishment*, Brandt & Hochman, 2003/정영목 역, 극단의 형벌: 사형의 비인간성에 대한 인간적 성찰, 교양인, 2013.

United Nations Office on Drug and Crime, *Handbook of basic Principles —Practices on Alternatives to Imprisonment*, United Nations, 2007/ 한국형사정책연구원 역, 유엔 형사사법 핸드북-구금형 대안, 2009.

Worrall, John L., *Crime Controll in America: What Works?*, 2nd ed., Pearson, 2008.

[논 문]

Calliess, Rolf-Peter, "Strafzwecke und Strafrecht—40 Jahre Grundgesetz—Entwicklungstendenzen von freiheitlichen zum sozial-autoritären Rechtsstaat?", *NJW* (1989).

Garland, David, "Sociological Perspective on Punishment", *Crime and Justice*, Vol. 14 (1991).

Garrett, G. P., "The Function of Punishment", *Journal of the American Institute of Criminal Law and Criminology*, Vol. 6, No. 3 (Sep. 1915).

Hamilton, V. Lee; Sanders, Joseph; Hosoi, Yoko; Ishimura, Zensuke; Matsubara, Nozomu; Nishimura, Haruo; Tomita, Nobuho; and Tokoro, Kazuhiko, "Punishment and the Individual in the United States and Japan", *Law & Society Review*, Vol. 22, No. 2 (1988).

Hampton, Jean, "The Moral Education Theory of Punishment", *Punishment*, ed., by John A. Simmons et al., Princrton Uni. (1955).

_____, "Liberalism and the General Justifiability of Punishment-Philosophical Studies", *An International Journal for Philosophy in The Analytic Trandition*, Vol. 145, No. 3 (Sep. 2009).

Hanna, Nathan, "Liberalism and The General Justifiability of Punishment", *Philosophical Studies*, Vol. 145, No. 3 (Sep. 2009).

Hessing Dick J.; Keijer, Jan W. de; and Elffers, Henk, "Explaining Capital Punishment Support in an Abolitionish Country: The Case of the Netherlands", *Law and Human Behavior*, Vol. 27, No. 6 (Dec. 2003).

Hieber, Werner Schmidt, "Ausgleich statt Geldstrafe", *NJW* (1992).

Landau, Russ Shafer, "Can Punishment Morally Educate", *Law and Philosophy*, Vol. 10. No. 2 (May 1999).

Langan, Patrick A., "Crime and Punishment in The United States, 1981-1999", *Crime and Justice*, Vol. 33 (2005).

Mahner, Martin, and Bunge, Mario, "Function and Functionalism: A Synthetic Perspective", *Philosophy of Science*, Vol. 68, No. 1 (Mar. 2001).

Metz, Thaddeus, "Censure Theory and Intuitions about Punishment", *Law and Philosophy*, Vol. 19, No. 4 (Jul. 2000).

Radelt, Michael L., and Borg, Marian J., "The Changing Nature of Death Penalty Debates", *Annual Review of Sociology*, Vol. 26 (2000).

Rodogno, Raffaele, "Shame, Guilt, And Punishment", *Law and*

Philosophy, Vol. 28, No. 5 (Sep. 2009).

Savelsberg, Joachim J., "Knowledge, Domination, and Criminal Punishment", *American Journal of Sociology*, Vol. 99, No. 4 (Jan. 1994).

Singer, Barry F., "Psychological Studies of Punishment", *California Law Review*, Vol. 58 (Mar. 1970).

Skaret, Brian D., "A victim's Right to view: A distortion of The retributivist theory of Punishment", *J. Legis*, Vol. 28 (2002).

Stein, Wolfgang, "Täter-Opfer-Ausgleich und Schuldprinzip – Überlegungen zur geringen Akzeptanz des Täter-Opfer-Ausgleich für Erwachsene in der Praxis", *NStZ* (2000).

Streng, Franz, "Mittelbare Strafwirkungen und Strafzumessung – Zur Bedeutung disziplinarrechtlicher Folgen einer Verurteilurng für die Bejahung minder schwerer Fälle", *NStZ* 485 (1988).

Sunstein, Cass R., "On The Psychology of Punishment", *Supreme Court Economic Review*, Vol. 11 (2004).

Sverdlik, Steven, "Punishment", *Law And Philosophy*, Vol. 7, No. 2 (Aug. 1998).

Vidmar, Neil, and Miller, Dale T., "Socialpsycological Processes Underlying Attitudes toward Legal Punishment", *Law & Society Review*, Vol. 14, No. 3. (Spring 1980).

Warr, Mark; Meier, Robert F.; and Erickson, Maynard L., "Norms, Theories of Punishment, and Publicly Prefered Penalties for Crimes", *The Sociological Quarterly*, Vol. 24, No. 1 (Winter 1983).

3. 보도자료

법무부, "2013.6.19. 성폭력 관련 개정법률 일제히 시행", 법무부・여성가족부 보도자료(2013.6.18).

제5장

———

대안 제재로서의
수치감 형벌에 관한 연구

Ⅰ. 문제의 제기

최근 미국에서는 마약을 소지한 피고인에게 '코카인을 소지하다가 체포되었음'이라고 쓰인 표지판을 길거리에서 들고 서 있게 명하거나 음주운전을 한 자에게 '음주운전 하였음'이라고 표시된 스티커를 차량에 부착하도록 명하는 판결이 선고되었다.[1] 미국 연방과 주 교도소에 약 200만 명 이상이 수감되어 있는 현실에서 대안 제재(alternative sanction)의 제안은 많은 이들의 관심을 끌게 하였다. 즉 이러한 사법 현실에서 많은 학자와 형사 정책가들이 재소자 수를 줄이고 효율적인 제재 수단을 강구하기 위한 여러 제안을 하기에 이른다. 이러한 제안 중의 하나가 사회봉사(community service)와 강제적인 약물치료 프로그램(mandatory detox program), 그리고 '수치감 형벌(shaming punishment)'이다.[2] 미국의 형사 제재의 단순함은 비판되어 왔다. 수감은 가

1_ 이외에도 Kansas 시에서는 매춘을 알선한 자에게 지역 TV 프로그램에 피고인의 얼굴과 이름을 방송하도록 명하였다. New York 시에서는 주택 소유자에게 집을 황폐시킨 죄로 가택 구금(house arrest)을 명하였고, 벽돌을 던져 피해자의 한쪽 눈을 멀게 한 청소년에게 잠잘 때를 제외하고는 안대를 착용하도록 명하였다: Raffaele Rodogno, "Shame, Guilt, and Punishment", *Law and Philosophy*, Vol. 28, No. 5 (Sep. 2009), p.429.

2_ Dan Markel, "Wrong Turns on The Road to Alternative Sanctions: Reflections on the Future of Shaming Punishments and Restorative Justice", *Texas Law Review*, Vol. 85(2007), p.1388. 미국에서는 최근 체포, 재판, 구금률이 급격하게 증가하고 있다. 특히 젊은 유색 인종에 있어 그러한 현상이 두드러지고 있다. 1970년대 이후 수감자, 가석방 받은 자, 보호관찰을 받는 자의 비율이 급증하고 있으며, 교정 감시를 받는 인구수가 1980년에 180만 명이었던 것이 2004년에는 700만 명에 이르고 있다. 1974년에 구금자 수가 인구 100,000명당 149명이었으나 2004년에는 220명에 이르고 있다. Christopher Uggen et al., "Citizenship, Democracy, and the Civic Reintegration of Criminal Offenders", *Annals of the American Academy of Political and Social Science*, Vol. 605 (May 2006), p.285. 역사적으로 볼 때 형벌은 크게 생명형, 자유형, 신체형, 재산형, 수치형(명예형)으로 나눌 수 있다. 이 책에서 논하고자 하는 수치감

혹하고 범죄자를 폄훼하는 것이고, 사회적으로 지나친 비용이 든다는 것이다. 다양한 범죄에 있어 수감의 억제효과가 뛰어나다는 객관적 증거도 없다. 이러한 연유로 자유주의론자로부터 보수주의론자에 이르기까지 한목소리로 대안 제재를 지지하고 있다.[3] 미국 의회와 사법부가 왜 과도한 비용이 들고 수감자들에게 개선 효과가 없는 구금형에 의존하고 있는가 라는 물음이 제기되었다. 이에 따라 1980년대 이후 많은 학자들과 판사들이 대안 제재를 제안하기에 이르렀고, 수치감(shame)을 조종하는 것이 이러한 제안에 있어 핵심이었다.[4] 수감을 대신하는 위와 같은 처벌은 학술 차원이나 그 밖의 차원에서 지속적인 관심을 불러일으켰고, 특히 미국에서 활발하게 논의되고 있다.[5] 실제로 이와 관련된 학술적 논의는 형사 실무에 많은 반향을 불러일으켰으며, 많은 창의적인 형벌을 낳기에 이른다. 이로 인해 수감, 보호관찰과 더불어 수치감 형벌이 이제는 미국의 형사 사법을 지탱하는 하나의 축으로 자리잡고 있다. 그러나 이러한 형벌에 대하여 전형적인 야만(picturesque barbarism)으로 돌아간다는 비판이 있고, 인간의 존엄성을 침해한다는 의견도 있으며, 이러한 제재가 과연 범죄를 억제하고 범죄인, 특히 초범을 재활할 수 있는지에 대한 의문을 제기하는 견해도 만만치 않다.[6]

우리의 경우 형사 제재는 자유형과 벌금형에 주로 의존하고 있다. 특히 자유형의 경우 일반억제(general deterrence)나 특별억제(particular

---

형벌이 '수치형'으로 분류될 수 있지만 1980년대 이후 미국에서 부상한 새로운 형태의 '형벌'이고, 후술하는 '수치감 제재', '수치감 처벌', '죄책감 형벌', '굴욕감 형벌'이라는 용어와의 관계를 고려하여 이 책에서는 '수치감 형벌'이라고 번역한다.

3_ Dan M. Kahan, "What do Alternative Sanctions Mean?", *University of Chicago Law Review*, Vol. 63(Spring 1996), p.591.

4_ John M. Olin, "Shame, Stigma, and Crime: Evaluating The Efficacy of Shaming Sanctions in Criminal Law", *Harvard Law Review*, Vol. 116, No. 7 (May 2003), p.2186.

5_ Raffelo Rodogno, *op. cit.*, at 430.

6_ John M. Olin, *op. cit.*, at 2186ff.

deterrence)의 관점에서 볼 때 어느 정도 기능을 발휘하고 있다고 보지만 재활(rehabilitation)의 경우 실증적 연구에 의하면 효과가 거의 없다고 보고되고 있다.[7] 특히 수감의 경우 범죄인을 낙인찍게 되고, 교도소에의 수감은 국가적으로도 많은 재원을 소요하게 한다. 그뿐만 아니라 수감은 재소자에게 반사회성을 증가시킬 수 있고, 교도소에서의 하위 문화를 급속하게 사회로 확산시키는 등 역기능도 많다. 물론 자유형과 더불어 사회봉사 명령 등이 실시되고 있지만 독자적인 형벌이 아닌 형벌에 병과하는 형태로 채택되고 있으므로 우리의 형사 사법 역시 자유형에 대한 의존도가 높다고 할 것이다. 그러므로 수감을 대체하는 이러한 대안 제재에 대한 검토는 우리의 형사 사법에도 시사하는 바가 크다고 본다. 특히 우리나라에서는 최근 성범죄자 등의 경우 신상공개제도를 도입하여 실시하고 있는데, 이러한 신상공개제도가 과연 법적으로 '형벌'의 성격을 갖고 있는가에 대하여는 논란이 있지만 후술하는 바와 같은 이러한 제도는 수치감 형벌의 일종이라고 보여지므로 이러한 신상공개제도의 법적 성격 등에 대하여도 새로이 검토할 필요가 있다.

이에 이 책에서는 미국에서 주로 논의되고 있는 이러한 수치감 형벌의 의의와 유형을 살펴본다(II). 이어 이러한 수치감 형벌이 형벌 이론적 관점에서 비추어 볼 때 타당성이 있는지 여부와 실효성이 있는지에 대하여 살펴본다(III). 이러한 검토를 한 후 우리의 법 문화 등에 비추어 본 제도의 도입 가능성에 대하여 살펴본다. 이와 더불어 현행 신상공개 제도의 법적 성격을 새로이 검토하고, 이러한 제도의 문제점과 제도적 보완책을 검토한다(IV). 결론으로 이러한 검토를 토대로 하여 필자의 논지를 전개하기로 한다(V).

7_ Richard G. Singer, John Q. La Fond, *Criminal Law*. 5th ed., Wolters Kluwer (2010), p.25.

II. 수치감 형벌의 의의와 유형

수치감 형벌(shaming punishment)은 학자에 따라서는 죄책감 형벌(guilt punishment), 굴욕감 형벌(humiliation punishment)이라고 표현하기도 하고, 이 셋을 구분하여 사용하는 경우도 있다. 그러나 이들 개념을 엄격하게 구분할 실익은 보이지 않으므로 이 책에서는 수치감 형벌의 개념을 이들을 아우르는 개념으로 이해하고자 한다. 이하에서는 이러한 수치감 형벌의 의의와 수치감 형벌에서 핵심 개념인 수치감과 죄책감, 그리고 굴욕감에 대하여 살펴보고, 수치감 형벌의 유형에 대하여 검토한다.

1. 수치감 형벌의 의의

사람이 많은 공공장소에서 피고인에게 범죄 행위를 알리는 표지판, 예컨대 '음주운전을 하여 사람을 죽였음', '이 가게에서 물건을 훔쳤음'이라고 기재된 표지판을 들고 서 있게 명한다든지, 지역 신문이나 방송국에 피고인의 범죄 행위를 광고하게 하는 것, 음주운전한 범죄인의 차량에 음주운전 사실을 적시한 스티커를 부착하게 하는 것 등이 수치감 형벌의 전형적인 예이다.[8] 위에서 보듯 비난의 표현이 수치감 형벌의 핵심이라고 할 수 있다. 요컨대 피고인을 존경하거나 존중해 온 사람들 앞에서 피고인의 명예를 실추시키는 경험을 갖도록 하는 것이 수치감 형벌의 핵심 개념이다.[9] 이를 좀 더 요약하자면 수치감 형벌은 폄훼(degradation) 형벌이라고 할 수 있다. 이에 따라 수치감 형벌의 성공을 위해서는 폄훼 의식이 필요하다고 보는 견해도 있다.[10] 수치감

8_ John M. Olin, *op. cit.*, at 2188.
9_ Dan M. Kahan, *op. cit.*, at 636.
10_ *Ibid.*

형벌에 대한 정의가 매우 많고, 그 용어에 있어서도 수치감 형벌, 죄책감 형벌, 굴욕감 형벌 등 다양한 표현이 사용되고 있어 이를 범주화하거나 개념을 정의 내리기가 매우 어렵다. 그러나 지금까지 논의된 바를 종합하자면 '수치감 형벌(shaming punishment)'[11]이란 원칙적으로 범죄인의 위법 행위를 공개함으로써 사회 규범이 그러한 행위를 용납하지 않음을 알리고 범죄자에게 불쾌한 감정을 유발하게 하는 형벌을 말한다고 할 수 있다.[12] 수치감 형벌은 실제에 있어 초범이나 경미한 범죄, 예컨대 매춘 등의 폭력적이지 않은 성과 관련된 범죄, 재산범죄, 경미한 절도죄 등에 주로 적용되고 있다. 이러한 범죄에 있어 수치감 형벌이 없을 경우 범죄인은 단기 자유형, 보호관찰, 벌금형 등에 처해지게 된다.[13]

2. 수치감, 죄책감 그리고 굴욕감

다음으로 수치감 형벌에서 핵심 개념인 수치감, 죄책감, 굴욕감에 대하여 살펴본다. 수치감(shame)이란 주체가 자신을 전체적으로 부정적이고, 가치 폄하적이고, 무가치하다고 평가하는 것이다. 죄책감(guilt)이란 주체가 자신이나 자신의 행동이 규범에 위반된 것으로 평가하는 것이다. 굴욕감(humiliation)과 수치감은 모두 부정적인 감정이지만 굴욕감은 공개되는 것과 관련된다는 점에서 차이점이 있다.[14] 먼저 수치감과 죄책감을 비교하면 수치감과 죄책감은 모두 부정적 평가와 관련된 감정이라는 점에서 공통된다. 수치감은 자신을 전체적으로, 그리고 부정적으로 평가하는 것을 말하고, 죄책감은 자신의 특정 행동

11_ 학자에 따라서는 '수치감 형벌(shaming punishment)' 혹은 '수치감 처벌(shaming penalty)', '수치감 제재(shaming sanction)'라는 표현을 사용하기도 한다.

12_ John M. Olin, *op. cit.*, at 2187-2188.

13_ John M. Olin, *op. cit.*, at 2188.

14_ Raffelo Rodogno, *op. cit.*, at 432-433.

에 초점을 맞추는 것이다.[15] 다음으로 수치감과 죄책감에 대하여 살펴보면, 수치감과 굴욕감 모두 부정적 평가를 수반한다는 점에 공통점이 있다. 그러나 굴욕감이 더 고통스럽고 굴욕감은 외부에 공개되는 것과 관련되며, 반응에 있어서도 굴욕감이 더 직접적이란 점에서 차이점이 있다.[16]

수치감 형벌에서 다루는 감정은 수치감, 죄책감, 굴욕감 모두를 아우르고 있지만 주로 수치감과 죄책감이 그 대상이 되고 있으나 범죄학자들은 이를 구분하지 않는다. 그러나 사회 통합 차원에서 재통합적 수치감(reintegrative shaming)이 강조되고 있다. 여기에 대한 광범위한 실증적 조사가 뒷받침되고 있지는 않지만 지금까지의 연구 결과에 의하면 수치감이 재통합에 있어 성과가 있다고 본다.[17] 죄책감은 도덕 위반과 연결되는 개념이나 수치감은 이보다 좀 더 넓은 개념으로, 도덕적이거나 그렇지 않은 잘못과 관련된다. 심리학에 기초한 실증적 조사는 기질적인 수치감과 죄책감에 중점을 두고 수치감과 죄책감에 대한 개인별, 상황별에 따른 다양한 경험을 연구한다. 이에 따르면 죄책감은 수치감에 비하여 보다 순응적인 도덕적 감정이라고 평가된다.[18] 임상적 이론가들은 임상시 나타나는 수치감과 죄책감의 현상학적 차이에 주목하고 있다. 현상학적으로 볼 때 수치심은 어색함, 노출, 비웃음, 경멸의 경험으로 기술된다. 반면 죄책감은 어떤 특정의 행동이나

15_ *Ibid.*, at 432. 죄책감(Schuldgefühl)은 정신분석에서 사용되는 용어로 엄격한 초자아와 그것의 지배를 받은 자아 사이의 긴장을 말한다. 또한 주체가 비난받아 마땅하다고 생각하는 행위의 결과로 나타나는 정동(情動)의 상태를 가르키거나 주체가 자신을 무가치하다고 여기는 막연한 감정을 말한다: 안석, "죄와 죄책감에 대한 정신분석적 고찰과 기독교상담적 작용", 「신앙과 학문」 제15권 제1호(2010.3), 122면.

16_ Raffaele Rodogno, *op. cit.*, at 433-434.

17_ June P. Tangney, "shame, guilt, and remorses: Implications for offender opulations", *The Journal of Forensic Psychiatry & Psychology*, Vol. 22, No. 5 (Oct. 2011), pp.708-709.

18_ *Ibid.*, at 706-709.

행동의 실패에 초점이 맞춰진다. 후자는 자신의 행동을 내면적으로 나쁘게 평가하며, 양심의 가책이나 후회의 느낌을 나타낸다. 경험적 연구에 의하면 두 정서가 현상학적으로 다른 경험을 가지고 오고, 따라서 임상적으로 상당히 다른 영향을 주고 있음을 보여준다. 즉 죄책감은 아동의 경우 부모의 애정과 상관이 있고, 죄책감의 발달에 있어 긍정적인 대인 관계가 중요하고, 사람들로 하여금 잘못된 행동을 바로 고치거나 동기화하는 데 작용함을 보여준다.[19] 심층심리학 역시 수치심과 죄의식을 구별한다. 심층심리학에서 죄의식이란 내가 행한 잘못으로 인해 다른 사람에게 피해를 미치게 되어 갖는 느낌 내지 자신의 행동이 외적인 규범에 어긋날 경우에 얻어지는 후회의 감정을 말하는 것이고, 수치감이란 자신이 어떤 기준에 못 미치는 존재임을 알게 될 때, 혹은 자신의 존재의 가치의 손상을 입는 경험을 하고 나서 얻게 되는 느낌으로 이해한다.[20]

이상의 검토를 통하여 수치감과 죄책감은 양자 모두 도덕, 양심, 자아와 관련되고, 양자 모두 부정적 감정이고, 사람들 사이의 관계에 있어 나타나는 전형적 경험이란 점에서 유사점이 있음을 보게 된다. 그러나 양자는 차이점도 보이고 있는데 Rodogno는 심리학적 연구를 종합하여 양자의 차이점을 분석하고 있다.[21] 즉 평가의 초점에서 볼 때 수치감은 자신 또는 보편적인 것에 있으나 죄책감은 행동 또는 지역적인 것에 있고, 강도의 측면에서 볼 때 수치감이 보다 고통적이며, 현상학적 측면에서 볼 때 왜소감, 무가치함, 무기력함은 수치감에서, 긴장, 회개, 후회는 죄책감에서 발견된다. 자아에 대한 영향 측면에서 볼 때 수치감이 보다 많이 손상되며, 행동 경향 측면에서 볼 때 숨기,

---

19_ 심종은·이영호, "수치심 경향성, 죄책감 경향성 및 사건귀인이 우울증상에 미치는 영향", 「한국심리학회지: 임상」, Vol. 9, No. 3 (2000), 485-486면.

20_ 한헌영, "죄의식과 수치감(Guilt & Shame: 자기사랑(Self-love)에 대한 재인식", 「기독교상담학회지」 제6집 (2003), 327-328면.

21_ Raffaele Rodogno, "Shame and Guilt in Restorative Justice", *Psychology, Public Policy, and Law*, Vol. 14, No. 2 (2008), pp.148ff.

피함, 반격 행동이 수치감에서, 고백, 사과, 후회 행동이 죄책감에서 나타난다고 분석한다.[22]

수치감과 죄책감에 대한 최근의 심리학적 연구를 종합하면, 죄책감은 사람들 사이에서 나타나는 현상으로 기능적 · 원인적으로 사람들과 소통하는 것과 연계되어 있으며, 죄책감 기능이 사회 유대를 강화시켜 준다고 본다. 즉 죄책감은 정서적 스트레스를 재분배해 주며, 죄책감 경향이 있는 사람은 사후적으로 더 잘 헤쳐 나간다는 것이다.[23] 이러한 연구는 죄책감이 회복적 사법 측면에서 볼 때 보다 적극적인 기능이 있으며, 이러한 실증적인 연구를 종합할 때 형벌 기능론적 측면에서 바라볼 때 죄책감이 수치감보다 더 바람직하다는 결론에 이르게 된다.[24]

3. 수치감 형벌의 유형

먼저 수치감 형벌의 유형을 분류하기 전에 수치감 형벌의 다양한 예를 열거하면 다음과 같다:

22_ *Ibid.*, at 149-150. 수치감과 죄책감을 '귀인 양식'에 따라 구분하기도 한다. 즉 수치감은 전반적 · 안정적 · 통제 불가능 귀인 양식을 보이고, 죄책감은 구체적, 불안정하지만 통제 가능한 귀인 양식을 보인다는 점에서 구분된다고 본다: 안현의 외 2, "외상관련 정서의 확장: 수치심, 죄책감, 분노를 중심으로", 「상담학연구」, Vol. 13, No. 2 (2012), 841-842면.

23_ *Ibid.*, at 157-158.

24_ 수치감 역시 규범적 측면에서 긍정적 의미가 있다고 지적하는 견해가 있다. 이에 의하면 수치심(수치감)이란 자기 규제적 감정으로 만약 어떤 사람이 범법 행위에 대하여 수치심을 느낀다면 재범률이 감소하게 된다. 따라서 사회적으로 적용 가능한 방법으로 수치심을 다룰 필요성이 있으며, 사람들로 하여금 수치심을 느끼고 그에 대한 부정적인 결과 없이 수치심의 긍정적 효과가 나타날 수 있는 제도에 대해 논의하여야 한다고 지적한다: Hwyeon Helene Shin, "Conceptualising Institutional Safe Space for Adaptive Management of Shame from the Restorative Justice Perspective", 「이화여자대학교 법학논집」 제15권 제1호(2010), 147-215면.

- Rhode Island 항소법원 판사는 피고인에게 4×6 인치 크기로 지역 신문에 피고인의 사진과 함께 "나는 Stephen Germershausen 이고, 아동 학대죄로 기소되었다. 당신이 아동을 학대한다면 즉시 전문가의 도움을 받기 바란다. 그렇지 않을 경우 당신의 사진과 이름이 신문에 게재될 것이고, 평생 국가의 통제를 받게 될 것이다"라는 광고물을 게재하는 조건으로 보호관찰(probation)을 선고하였다.[25]
- 피고인에게 자신의 범행에 대한 광고를 게재할 것을 명하였다.[26]
- Nevada에서는 음주운전자에게 음주운전이라고 표시된 옷을 착용하는 조건으로 수감 대신 사회봉사를 명할 수 있다.[27]
- 음주운전자에게 스티커를 부착하게 하거나 운전면허증에 범죄 사실을 표시하게 한다.[28]
- Ohio 판사는 초범인 피고인에게 죄를 고백하는 편지를 지역 신문에 게재하도록 명하였다.[29]
- Tennessee의 판사는 절도 차량을 매매하는 데 방조한 피고인에게 교회 예배시 범죄 행위를 고백하도록 명하였다.[30]

25_ Hulick, *Molester's Sentence: Photo Ad in Paper*, Ariz. Republic, Nov. 9, 1989, at Al, col. 1 in: Toni M. Massaro, "Shame, Culture, and American Criminal Law", *Michigan Law Review*, Vol. 89 (June 1991), p.1881.

26_ *With Jails Overcrowded, Judges Look for Innovative Sentences to Fit Crimes*, Chicago Daily L. Bull., Feb. 24, 1988, at 1, col. 5. in: Toni M. Massaro, *op. cit.*, at 1881.

27_ Blanton v. City of North Las Vegas, 489 U.S. 538 (1989) referring to Nev. Rev. Stat. 484. 3792 (1)(a)(2)(1987). in: Toni M. Massaro, *op. cit.*, at 1881.

28_ Goldschmitt v. State, 490 So. 2d 123(Fla. Dist. Ct. App. 1986). in: Toni M. Massaro, *op. cit.*, at 1887.

29_ *Enforcing The "Law" of the Letter*, Natl. L. J., May 3, 1982, at 55, at col. 2. in: Tony M. Massaro, *op. cit.*, at, 1988.

30_ Mintz, *Judge Turns Confessing into a Religious Experience*, Natl. L. J., Feb. 6, 1984, at 47, col. 2. in: Toni M. Massaro, *op. cit.*, at 1988.

- 8500명이 사는 Oregon 주의 Newport에서는 유죄로 선고받은 피고인으로 하여금 지역 신문에 죄목과 공동체에 사과한다는 광고문을 게재하도록 명하였다.[31]
- 코카인을 소지했다는 표지판을 길에 들고 서 있기를 명하였다.[32]
- 음주운전자에게 교회 출석을 명하였다.[33]
- 절도범에게 법정 앞에서 수치감 연설(shaming speech)을 하도록 명하였다.[34]

위에서 보듯 수치감 형벌의 형태가 매우 다양하고 현재까지 수치 감 형벌이라는 범주 안에서 매우 다양한 제재가 확산되고 있어 이를 범주화 하기 어렵게 하고 있다. 수치감 형벌을 제창한 Kahan은 수치 감 형벌을 공개적으로 낙인찍기(stigmatizing publicity), 문자로 낙인찍 기(literal stigmatization), 자기 비난(self debasement), 회개(contribution) 의 네 가지 형태로 분류하고 있는데,[35] 이러한 분류에 따라 수치감 형 벌의 유형을 살펴보면 다음과 같다.

첫째, 공개적으로 낙인찍기란 광범위한 대중에게 범죄자의 상태 를 알리는 것이다. 지역 신문이나 광고, 지역 TV에 매춘 행위를 알선 하여 재판을 받았다는 것 등을 알린다.

31_ Mattews, *Freedom Means Having to Say You're Sorry*, Wash. Post, Nov. 9, 1986, at A3, col. 1. in: Toni M. Massaro, *op. cit.*, at 1988.

32_ "Eye on America", CBS Morning News(CBS television broadcast, May 16, 1997). in: Stephen P. Garvey, "Can Shaming Punishments Educate", *The University of Chicago Law Review*, Vol. 65, No.3 (Summer 1998), p.732.

33_ Joe Cook, *Legal Quirk: The ACLU versus Judge Thomas: Quirk Over Sentencing Defendants to Church*, Liberty 11 (Dec. 1995) in: Stephen P. Garvey, *op. cit.*, at 733.

34_ David Doege, *Shaming Sentences Group in Diverse*, Milwaukee J Sent 1 (Apr., 6, 1997) in: Stephen P. Garvey, *op. cit.*, at 734.

35_ Dan M. Kahan, *op. cit.*, at 632-635; Raffaele Rodogno, *supra* note 1 at 445ff.

둘째, 문자로 낙인찍기란 예컨대, 조롱을 자아내는 표지나 상징물을 범죄자로 하여금 착용하게 하는 것이다. T셔츠에 범죄 행위를 게재하거나 '음주운전 함', '아동 학대로 재판 받았음'이라고 기재된 표지판을 들고 서 있게 하는 것 등이다.

셋째, 자기 비난이란 범죄자로 하여금 공개적으로 자기 비난을 하는 의식을 치루게 하는 것이다. 예컨대 법정 등의 공공장소에서 자신의 범행이 기재된 표지판을 들고 서 있게 한다.

넷째, 회개란 범죄자로 하여금 자신의 죄목을 밝히고, 직접 범죄행위를 묘사하게 하고 사과하게 하거나 사죄 의식을 치루게 하는 것이다. 예컨대 Maryland에서는 소년 범죄자가 두 손과 두 발로 피해자에게 사과하고 피해자를 설득하여 피해자가 사과가 진심이라고 받아줘야 석방된다.[36]

III. 수치감 형벌에 대한 형벌 이론적 검토

수치감 형벌이 형벌 이론, 즉 응보, 억제, 재활, 무해화, 교육이라는 형벌 기능을 충족시키는지에 대한 논의가 있었으므로 여기에 대해 검토한다. 수치감 형벌은 특히 소통, 낙인, 인간의 존엄성과 관련하여 논란이 되고 있으므로 여기에 대해서도 살펴보고, 정책적인 보완책에 대해서도 검토한다.

1. 형벌 이론과 수치감 형벌

(1) 형벌의 속성과 수치감 형벌의 성격

수치감 형벌의 성격을 파악하기 위해서는 우선 '수치감'이나 '죄책

36_ Jonathan Alter and Pat Wingert, "The Return of Shame", *Newsweek* 21, 24 (Feb 6, 1995). in: Dan M. Kahan, *op. cit.*, at 632-635.

감'이 기존의 형벌에서 어떠한 역할을 하는지와 기존의 형벌에서 구성적인 요소로 작용하는지에 대하여 살펴볼 필요가 있다. 이러한 검토를 한 후에 수치감 형벌의 성격을 검토하기로 하겠다.

형벌이란 공적인 기관에 의하여야 하고, 정부가 범죄사에게 부담(suffering)이나, 박탈, 해로움 등을 가하는 것이다. 형벌이란 의도적으로 가해지는 '평가 절하(disvalue)'를 그 내용으로 삼고 있으며, 법률에 의한 형벌이란 '사회적 비난'을 의미한다.[37] 따라서 형벌 이론은 잘못을 한 자에게 어떤 형태의 평가 절하를 가하는 것을 목적으로 삼는지와 사회적 비난을 어떻게 표현하는 것이 합당한지에 대하여 설명하여야 한다. 그러나 모든 형태의 형벌이 비난을 표시하는 것이 아니라는 점에서 볼 때 고통을 가하는 것과 비난의 표현은 명백히 구분되고 있다.[38] 따라서 수치감이나 죄책감을 형벌의 한 요소로 볼 수 있는지에 대하여 검토할 필요성이 제기된다. 여기에 대하여 수치감이나 죄책감이 형벌의 한 형태이고, 형벌은 폄훼를 의도하거나 그것을 목적으로 삼는다는 구성적 관점이 있다. 반면 형벌에 의한 수치감이나 죄책감이 폄훼를 의도하거나 그것을 목적으로 삼는 것은 아니지만 이러한 방향과 어느 정도 관련이 있다고 보는 비구성적 관점이 있다.[39] 생각건대 위에서 보듯 모든 형태의 형벌이 비난을 표시하는 것이 아니라는 점에서 볼 때 후자, 즉 비구성적 관점이 타당하다고 본다. 그러나 형벌이란 범죄자에게 폄훼를 의도하는 것이 체화된 것이며, 범죄자에게 어느 정도 굴욕감을 가한다는 것과 이러한 메세지를 전달한다는 사실은 수긍될 수 있다고 본다.[40] 위와 같이 수치감, 죄책감, 굴욕감이 형벌을 구성

37_ Raffaele Rodogno, *supra* note 1 at 435. 이러한 의미에서 형벌이란 범죄자에게 폄훼를 의도하는 것이 체화된 것이라 할 수 있다: *Ibid.*, at 444.

38_ *Ibid.*, at 436.

39_ *Ibid.*, at 438-441. 이러한 논쟁의 상세에 대하여는 Bruce N. Waller, *You Decide! Current Debates in Criminal Justice*, Prentice Hall, 2008, pp.165-183.

40_ *Ibid.*, at 444, 461.

하는 것이 아니라고 본다면 수치감 형벌을, 기존의 형벌과 차별화된 '대안 형벌(alternative punishment)'로 이해할 수 있게 된다.[41]

(2) 형벌의 기능과 수치감 형벌

형벌 이론에 의할 때 형벌의 기능으로는 응보(retribution), 억제(deterrence), 재활(rehabilitation), 무해화(restraint) 내지 무력화(incapacitation), 교육(education) 등이 있다고 보고 있다.[42] 이하에서는 이러한 형벌 기능의 관점에서 수치감 형벌을 검토하기로 하겠다.

1) 수치감 형벌과 응보 기능

먼저 응보의 관점에서 검토하기로 한다. 수치감 형벌이 피고인에게 부담(suffering)을 가하므로 응보 기능이 있다고 볼 수 있다. 그러나 응보론자는 수치감 형벌이 비례성에 부합하느냐의 문제가 있다고 지적한다. 즉 응보론자에 의하면 피고인에게 가해지는 부담의 심각성은 피고인이 저지른 범죄 행위의 도덕적 심각성 내지 비난의 가치와 비례해야 한다는 것이다. 수치감은 피고인의 정서적 반응을 주안으로 삼고 있으므로 비례성의 측정은 매우 어렵다. 따라서 수치감 형벌은 비례성에 비추어 볼 때 너무 강하거나 너무 약할 수 있다. 예컨대 수치감 형벌은 어떤 피고인에게는 작용하지 않을 수 있다. 또한 수치감은 너무 강할 수 있다. 어떤 범죄자에게 수치감은 그의 삶의 전체에 해당할 수 있다는 것이다. 따라서 수치감은 비례성(proportionality)에 비추어 볼 때 공정하게 측정하기 어렵다는 문제점이 있다고 지적된다.[43] 벌금이나 수감과 달리 수치감 형벌은 모든 사건에 적용될 수 없다는 문제점도 지적된다. 잠재적 범죄자의 다양성에 따라 제재의 수단이 다를 경

41_ *Ibid.*, at 462.

42_ Jonathen Herring, "*Criminal Law—Text, Cases and Materials,* 4th ed., Oxford, 2010, pp.64ff; George E. Dix, *Criminal Law*, 8th ed., Thomson, 2010, pp.7ff; Richard G. Singer · John Q. La Fond., *op. cit.*, at 20ff; Wayne R. LaFave, *Criminal Law*, 5th ed., West, 2010, pp.27ff.

43_ Stephen P. Garvey, *op. cit.*, at 746-749.

우 비례성의 관점에서 볼 때 비난의 정도가 다르다고 평가될 수 있는 것이다. 이러한 비판에 대하여 Kahan은 형벌의 형평성이란 다양한 차원에서 평가될 수 있는 것이며, 수감을 대신하여 수치감 형벌을 선택하는 것이 수감과 이질적이어서 형평에 맞지 않는다는 논리는 성립되지 않는다고 강변한다.[44] 즉 범죄자의 정서적 비례성을 바라볼 것이 아니라 표현의 정도, 도덕적 비난의 정도에 의해 비례성의 원칙을 충족시켜야 한다고 주장한다.[45] 위에서 보듯 수치감 형벌이 응징 기능이 있음은 수긍되고 있다. 다만 비례성의 관점에서 바라볼 때 수치감 형벌로 표현하는 비난의 정도가 범죄 행위와 비례하여야 한다는 원칙을 어떻게 이해할 것인가에 대하여는 견해가 나뉘어져 있다고 할 수 있다.

2) 수치감 형벌과 억제 기능

다음으로 억제의 관점에서 살펴보기로 한다. 수치감 형벌은 효율적인 억제책이 된다고 보는 것이 다수의 견해이다. 이와 관련하여 Garvey는 수치감 형벌이 갖고 있는 공개성(publicity)을 억제효와 관련하여 다음과 같이 설명한다.[46] 즉 먼저, 수치감의 공개가 제한적이고 사소할지라도 피고인의 자유를 어느 정도 제한한다고 본다. 수치감 형벌이 피고인에게 불쾌한 정서적 경험을 하게 하고 잠재적 범죄인에게 범죄를 회피하게 만든다는 것이다. 소통적 측면에서 볼 때에 사회의 구성원으로 사회적·경제적으로 관계하는 사람과의 관계의 단절 내지 곤란을 경험하게 함으로써 억제효를 낳는다고 본다. 그러나 여기에 대한 반론도 만만치 않다. 이에 따르면 수치감이 억제효를 가져오는지에 대한 엄격한 실증적 평가가 없다고 지적한다. 즉 수치감 형벌이 억제효가 있다는 것은 분명해 보이고 수치감 형벌이 효율성이 있다는 소수의 실증적인 연구도 있지만 여기에 대한 실증적 연구가 미진하다고 본

44_ Dan M. Kahan, *supra* note 3 at 647.
45_ *Ibid.*
46_ Stephen P. Garvey, *op. cit.*, at 751-752.

다.[47] 또한 수감과 비교했을 때 수치감 형벌이 심각한 폄훼를 가져오는 것은 아니라는 지적도 있다. 물론 수치감 형벌의 복합적인 불이익은 특정 범죄, 예컨대 화이트칼라 범죄의 경우 수감에 필적하지만 다른 범죄에 있어서는 수감보다 불이익이 적을 수 있다. 이에 따라 일반인이나 잠재적 범죄인의 입장에서 볼 때 수치감 형벌이 수감에 비해 불이익이 적다고 평가할 수 있다는 것이다.[48] 그러나 여기에 대하여는 형사 판결이 가져오는 낙인 효과는 그 판결에 따른 형벌과 관계없이 그 판결 자체에 의한다고 본다면 구금형 대신 수치감 형벌을 선고받은 사람들은 그 이후 재범했을 경우 상황을 더 악화시킬 것이라고 보게 된다는 점에서 이를 긍정적으로 바라보아야 한다는 반론도 있다.[49]

위와 같이 수치감 형벌의 억제효에 대하여는 상반된 견해가 대립되고 있다. 그런데 Olin은 이러한 찬반 논쟁이 서로 다른 관점에서 수치감 형벌의 억제효를 바라본다고 비판한다. Olin에 의하면 첫째, 전통적인 법과 경제적 관점에서 바라보는 시각이 있고, 둘째, 선호 형성적 관점(preference-shaping view)이 있으며, 셋째, 비판적 관점이 있다고 지적한다.[50] 먼저 전통적인 법과 경제적 관점에서 볼 때 수치감 형벌은 구금보다 훨씬 저렴하며 억제효 역시 대등하다고 본다. 수치감 역시 고통(pain)과 부담(suffering)을 가져오며 피고인의 제반 사정을 아는 판사로서는 수치감 형벌에 의해 수감에 상응하는 제재를 부과할 수 있다고 본다. 수치감 형벌이 대다수의 범죄자에게 극도로 불쾌한 것이므로 억제효가 있다고 본다.[51] 다음으로 선호 형성 관점에서는 수치감이 범죄 행위에 대해 불이익을 줌으로써 억제 효과가 나타나는 것이 아니라 범죄자나 일반 대중이 선호함으로써 나타난다고 주장한다.

47_ Dan M. Kahan, *supra* note 3 at 638.
48_ *Ibid.*, at 643.
49_ *Ibid.*, at 644.
50_ John M. Olin, *op. cit.*, at 2189.
51_ *Ibid.*, at 2190.

이에 의하면 이러한 제재가 일반 대중이 선호하게 되는지(일반억제),
범죄자 개인이 이를 선호하는지(특별억제)를 살펴보게 된다. 수치감 형
벌은 일반 대중의 선호에 영향을 미치는 데 특별한 능력이 있다고 본
다. 도덕적 비난을 가하는 것뿐만 아니라 그렇게 함으로써 극적이고
장대한 방법으로 하게 된다는 것이다. 이렇게 함으로써 공동체의 규범
을 강화하고 범죄자뿐만 아니라 일반대중에 대한 억제효를 가져온다
고 본다.[52] 마지막으로 비판적 관점에서는 수치감 형벌이 실시되기 위
한 문화적 전제 요건이 충족되지 않는다고 비판한다. 예컨대 미국은
사회적 유대감이라는 것을 알지 못하며, 나아가 규범을 집행하는 공무
원을 회의 내지 적대감으로 대한다는 것이다. 나아가 미국의 문화적
이질감은 하위문화에 있어 심각하게 조화되지 않고 있으며, 이러한 처
벌을 당황스러운 것으로 바라보게 된다는 것이다.[53]

위에서 보듯 수치감 형벌의 억제 기능에 대한 논란은 계속되고 있
으며, 수치감 형벌의 억제 기능은 제재의 수단과 방법, 이러한 형벌을
바라보는 공동체의 문화에 따라 달라질 수 있음을 시사하고 있다.

3) 수치감 형벌과 재활 기능

다음으로 수치감 형벌의 재활 기능에 대하여 살펴보기로 한다. 수
치감 형벌은 재활 이론에 근거하고 있다. 즉 이러한 수치감 형벌을 통
하여 범죄자로 하여금 회개하게 하고 사회 공동체로 복귀시킨다는 것
이다.[54] 수치감 형벌을 통하여 법률이 사회적 가치를 드러냄으로써 사
회규범 체계를 새로운 균형점으로 기울어지게 할 수 있다고 보는 것이
다. 나아가 법률은 합리적 시민의 가치를 변화시킬 수 있으며, 사회규
범을 내면화하게 되면 도덕적 책무를, 금지된 행위에 대한 심리적 제

52_ *Ibid.*, at 2191-2192.

53_ *Ibid.*, at 2193-2194.

54_ Stephen P. Garvey, *op. cit.*, at 742. 수치감 형벌을 표현적 차원에서 보면 일
인극(monologic)으로 이해한다. 즉 국가가 형벌로 언명을 하여 피고인을 비난
하면 그것으로 종결되는 것이고 다른 언명이 없기 때문에 피고인의 내면에서
우러나오는 회개와 이로 인한 '재활'이 중요시된다고 본다: *Ibid.*

재에 둘 수 있다는 것이다. 즉 합리적 제재는 규범을 내면화하게 하고 이를 통해 사회를 변화시키게 한다고 본다는 것이다.[55] 표현주의 관점 (expressive view)[56]에 의하면 형벌이라는 수단을 통하여 범죄자에게 적절한 형태와 정도의 제재를 가함으로써 범죄자의 판단과 결정이 잘 못되었음을 알게 한다고 본다. 사회 내에서 비난의 의미가 없는 제재 를 가하는 것은 비합리적이며, 언명으로서의 형벌이란 그 의미가 소통 될 때 의미가 살아나는 것이고, 수치감 형벌은 이러한 비난을 통하여 피고인을 재활에 이르게 한다고 주장한다.[57] 그러나 재활에 대한 회의 가 깊어지면서 어떠한 처벌도 피고인을 개선하기 어렵다고 보는 견해 도 있다. 재활이 성공했는지 여부를 측정하는 것도 어렵고, 장래의 위 험이 여러 요소에 의해 결정된다고 본다. 그럼에도 불구하고 수치감 형벌에 재활 기능이 있다는 것은 수긍되고 있다. 예컨대 피고인이 죄 목이 기재된 표지판을 착용할 때 동료들이 보게 되고 이로 인해 장래 에 피고인으로 하여금 동일한 범죄를 반복하지 않도록 할 수 있다는 것이다.[58]

이와 같이 다수는 수치감 형벌의 재활 기능을 긍정하고 있다. 그 러나 법원은 수치감의 재활 기능에 대해 의문을 품고 있다. 즉 Illinois

---

55_ Robert Cooter, "Expressive Law And Economics", *The Journal of Legal Studies*, Vol. 27, No. S 2 (June 1998), pp.585, 606-607.

56_ 영미의 표현 이론(expressive theory) 내지 비난 이론(condemnatory theory) 은 형벌을 도덕적 비난(moral condemnation)의 표현으로 이해한다. 즉 국가는 수범자가 질책의 표현을 받아들이거나 이해하는지 여부와 관계없이 그러한 메 시지를 표현할 자격을 갖는다고 본다: 오세혁, "형벌의 철학적 기초―영미 형벌 정당화이론의 동향", 「중앙법학」 제14집 제3호(2012.9), 21-22면. 표현적 차원 의 형벌이란 규칙이나 명령 등을 위반한 자에게 권위에 의해 고통을 가하는 것 을 말한다. 다시 말하면 형벌이란 '언명'이라고 할 수 있다: Stephen P. Garvey, *op. cit.*, at 741.

57_ Dan M. Kahan, *supra* note 3 at 698ff.

58_ Toni M. Massaro, *op. cit.*, at 1984-1985. 다만 수치감 형벌에서의 도덕적 개 선이란 형벌 그 자체라는 점에서 전통적인 재활 모델과 달리하고 있다: Stephen P. Garvey, *op. cit.*, at 764-765.

주 대법원은 폭행죄로 기소된 피고인에 대하여 보호관찰을 명하면서 피고인의 집에 "경고, 폭행범이 여기 살고 있음. 여기에 들어가는 것은 당신의 책임임"이라는 문구가 기재된 푯말을 게재하게 하였다. 그러나 법원은 보호관찰에 재활 기능이 있지 푯말에는 그러한 기능이 없다고 보았다.[59]

4) 수치감 형벌과 무해화 기능 및 교육 기능

마지막으로 수치감 형벌의 무해화 기능과 교육 기능에 대하여 살펴본다. 무해화 이론에 의하면 수치감 형벌에 무해화 기능이 있다고 본다. 즉 공개적인 사과와 죄를 고백하게 함으로서 피고인으로 하여금 장래에 동일한 행위를 반복하는 것을 어렵게 만든다는 것이다.[60] 교육이론에 의하면 수치감 형벌이란 일방적 대화가 아닌 상호 대화로 보게 된다. 이에 의하면 수치감 형벌은 범죄인으로 하여금 자신의 잘못을 깨우치게 하고, 죄를 시인하게 하며, 회개하는 것을 말한다고 본다. 결국 이러한 형벌을 통하여 피고인을 교육시킨다고 보는 것이다.[61]

2. 수치감 형벌에 대한 비판적 논의에 대한 검토

위에서 보듯 다소의 논란이 있지만 다수는 전통적인 형벌과 마찬가지로 수치감 형벌에 응보·억제·재활·무해화·교육적 기능이 있음을 긍정하고 있다. 그러나 수치감 형벌에 대한 우려 내지 비판도 제기되고 있다. 이하에서는 이러한 논란의 중심이 되는 쟁점, 즉 소통, 낙인, 인간의 존엄성과 관련된 논의에 대하여 검토하겠다.

59_ People v. Meyer, 186 Ill 2d 372, 680 NE2d 315 (1997); Stephen P. Garvey, *op. cit.*, at 754-756.

60_ Toni M. Massaro, *op. cit.*, at 1899-1900.

61_ Stephen P. Garvey, *op. cit.*, at 754-756.

(1) 소통적 관점에서 본 수치감 형벌

수치감 형벌을 지지하는 Braithwaithe는 자신의 책[62]에서 범죄는 두 가지 상이한 방식으로 처벌된다고 주장한다. 첫째는 재통합을 가능 케 하는 수치감에 의한 형벌이고, 두 번째는 낙인을 찍는 방식이다. Braithwaithe에 의하면 전자는 재범률을 낮추나 후자는 재범률을 높인 다고 본다. 재통합을 가능케 하는 수치감이란, 범죄에 대하여 사회 공 동체가 불승인을 표시하는 것이고 법을 준수하는 시민에 대하여는 공 동체의 구성원으로 받아들인다는 제스처라고 본다.[63] 수치감 형벌은 활발한 공동체 참여를 전제로 한다. 비록 모든 수치감 형벌이 공동체 의 참여 형태에 의존하고 있지만 세부 형태는 달리한다. 예컨대 범죄 자가 속한 공동체가 정적일 경우 공동체는 구성원의 기본적인 사실을 기억하게 된다. 이러한 공동체 내에서 범죄자로 하여금 범죄를 알리는 표지판을 착용할 것을 명할 경우 공동체 구성원은 그날 하루뿐만 아니 라 그 후로도 그를 범죄자로 기억할 것이다. 더구나 이웃과 친구들을 통해 소문이 널리 퍼지게 된다. 이럴 경우 정부가 수치감 형벌을 가하 는 것은 범죄자에 대한 제재의 시작일 뿐인 것이 된다.[64] Braithwaithe 는 이러한 이상적인 공동체 모델에 의존한다. 왜냐하면 재통합 수단으 로서 수치감이 먼저 범죄자를 구성원으로 인정해야 지역 공동체가 범 죄자를 다시 받아주기 때문이다. 그러나 이러한 주장은 현실을 반영하 고 있지 않다는 문제점이 있다고 지적된다. 왜냐하면 현대 사회는 복 잡하고 대부분의 수치감 형벌이 부분적으로 소통적이어서 전체 공동 체에 효과적으로 도달하지 않기 때문이다. 이러한 부분적인 소통으로 인해 범죄자는 거의 '수치'에 직면하지 않게 된다. 오히려 범죄자와 부

62_ John Braithwaithe, *Crime, Shame, and Reintegration*, Cambridge University Press, 1989.

63_ Thomas J. Scheff, "A New Durkheim", *American Jourral of Sociology*, Vol. 96, No. 3 (Nov. 1990), pp.741-742.

64_ John M. Olin, *op. cit.*, at 2194-2195.

딪치는 대부분의 사람들은 이러한 제재를 외면하려 하고, 범죄자는 자신의 '진정성'을 알릴 수 없게 된다.[65] 특히 신용이 없는 사람은 경제적·사회적으로 부정적인 결과를 피하기 위하여 수치스러운 상태를 회피하려고 한다. 직장이나 사회 조직제 내에서 수치감 형벌이나 범죄 행위가 노출되면 해고나 사회적으로 곤란한 상태에 직면할 수 있다. 반면 범죄자가 신상을 숨기려 하기보다 신용이 떨어진 자신의 정체성을 공동체 사회에 알리려고 노력하는 경우도 있다. 몇몇 사건에서 범죄자는 중립적 혹은 적극적으로 수치감 형벌을 수치의 징표 대신 자랑스러운 배지로 바라보는 경우도 있다는 것이다. 이러한 경우 범죄인의 수치스러운 정체성의 공개가 공동체에서의 소외로 연결되는 경우가 적다는 것이다.[66] 따라서 소통적인 수치감 형벌은 부분적으로는 범죄자를 소외시키고, 공동체로의 재통합을 막게 되는데, 이러한 측면으로 인하여 수치감 형벌의 효율성이 계속 논란되고 있다.[67]

(2) 수치감 형벌과 낙인(stigma)

수치감 형벌은 공공연하게 범죄자에게 굴욕감을 주고 폄훼하며(degrade), 이러한 굴욕과 폄훼에 대중을 참여시키는 것을 요소로 한다. 즉 수치감 형벌은 범죄자를 낙인찍는다. 예컨대 점포를 절도한 범죄자에게 "절도죄로 보호관찰 중임"이란 문구가 새겨진 티셔츠를 착용하게 명하고, 범죄인의 신상정보를 공개하기도 한다.[68] 이러한 낙인 기능으로 인하여 종종 범죄자로 하여금 그가 속한 공동체에서 멀어지

65_ *Ibid.*, at 2196-2197. 이 점에 대하여 Kahan은 산업혁명으로 지역 공동체가 붕괴되었지만 시민적·전문적 공동체가 확산되고 있고, 공동체가 기반한 새로운 기술이 정보를 확산시키고 있음을 지적한다. 따라서 수치감 형벌이 작동하지 않는다고 보는 것은 잘못이고, 중산층에 의한 범죄일 경우 수치감 형벌이 더 크게 작용할 수 있다고 반박한다: Dan M. Kahan, *supra* note 3 at 644.

66_ *Ibid.*, at 2198-2199.

67_ *Ibid.*, at 2200-2201.

68_ Dan Markel, *op. cit.*, at 1390.

게 만들고, 범죄의 하위문화(sub culture)로 밀어 넣고, 사회 일탈적인 경향을 가속화하게 만든다는 지적이 있다.[69] 범죄자가 사회 세계로부터 멀어지게 되는 것은 법의 근간이 되는 규범을 무시하게 되는 것을 의미하게 된다. 또한 수치감 형벌의 이러한 낙인 기능은 자아의 결함에 대한 경험이 될 수 있다는 지적도 있다. 즉 이론적·의료적·실증적 증거를 종합하면 수치감에 대한 경험은 방어적·보복적 분노를 낳고 바깥 세계의 비난을 방어하는 경향으로 나아가게 한다는 것이다.[70] 나아가 수치감 형벌에 대한 비판론자들은 수치감 형벌이 어떤 범죄자에게는 너무 크게, 어떤 범죄자에게는 너무 작게 작용한다고 지적한다. 수치감 형벌을 당한 사람이 자존심을 지키는 길은 그가 속한 공동체를 떠나는 것이다. 비판론자들은 이에 따라 수치감이 범죄자를 '자기 패배 전략(self-defeating strategy)'으로 내몰게 한다고 주장한다.[71] 그러나 이러한 비판에 대하여 Kahan은 대안 형벌로서의 수치감은 수감형을 대신한 것인데 수감이란 달리 말하면 폄훼적인 의식 절차라 할 수 있으며, 수감은 교도소의 하위문화에 직면하게 만든다고 반박한다. Kahan은 범죄자는 이와 같은 비판은 수치감의 '재통합(reintegration)' 기능을 간과한 것이고, 수치와 회개와 사과를 통해 일탈된 행동에서 벗어날 수 있다고 주장한다.[72]

(3) 인간의 존엄성 침해 여부

수치감 형벌이 인간의 존엄성을 침해하는지 여부에 대하여 논란이 되고 있다. Whitman은 수치감 형벌에 의하면 법정 앞에서 범죄 행위가 표시된 표지판을 들고 서 있도록 명하는데 이것이 과거의 신체형, 즉 대중들 앞에 사슬로 기둥에 묶여 공개적으로 굴욕감을 주는 것

69_ John M. Olin, *op. cit.*, at 2201.
70_ *Ibid.*, at 2201-2202.
71_ Dan M. Kahan, *supra* note 3 at 645.
72_ *Ibid.*, at 645-656.

과 무엇이 다른가라고 반문한다. 즉 이러한 굴욕감은 순수한 형태의 굴욕감 형벌이라고 할 수 없고, 과거 신체적 폭력이 행하여진 신체형과 다를 바 없다고 비판한다.[73] 즉 수치감 형벌은 일부 이슬람 국가, 모택동 시대의 중국에서 한 자기 비판, 공개 처형, 공개 비난과 다를 바 없으며, 이는 비인도적이고, 잔인하고, 자유주의 법학 전통에 반한다고 비판한다.[74] 이러한 비판에 대하여 수치감 형벌의 지지자들은 대안 형벌로서의 수치감은 수감형을 대신한 것이고, 수감 역시 폄훼적인 의식 절차라 할 수 있다고 반박한다. 나아가 잔인성에 비추어 보자면 구금형이 훨씬 더 잔인하다고 주장한다.[75] 즉 구금형이 더 야만적이고 공포스럽게 인간을 가두는 것이라고 본다.[76] 그러나 이러한 Kahan의 반박에 대하여 수감이 안전한 시설에서 범죄자를 보호하여 준다는 것과 최소한의 인간의 존엄성을 유지시켜 주며, 수치형 대신 차라리 수감을 택한 범죄자가 있다는 반박이 있다.[77] 그러나 이러한 논쟁은 서로의 입장만을 부각시켜 옹호한 측면이 있다. 즉 수치감 형벌이 잔인하고, 품위를 떨어뜨리고, 굴욕감을 주므로 비인도적이라는 비판과 수감이 인간의 존엄성을 더 훼손한다는 주장은 객관적인 근거에 터잡은 주장이 아니다. 즉 대부분의 형벌이 어느 정도 인간의 품위를 떨어뜨리며, 다만 합법적인 비난이냐 아니냐의 문제로 귀착된다. 고문이 그

73_ James Q. Whitman, "What is Wrong with Inflicting Shame Sanction?", *The Yale Law Journal*, Vol. 107, No. 4(Jan. 1988), pp.1060-1062. Whitman에 의하면 19세기 형벌을 볼 때 프랑스에서는 범죄자에게 대중들 앞에서 1시간 가량 서 있게 하고 대중들에게 사과하게 한 것을 발견할 수 있는데, 이것이 순수한 형태의 수치감 형벌이라고 주장한다. 나아가 New Jersey 주의 메간법(Megan's Law)에 의하면 석방된 성범죄자의 신상을 대중들에게 고지하는데 이 역시 굴욕감 형벌이라고 비판한다: *Ibid.*, at 1061.

74_ *Ibid.*, at 1055-1056. Whitman의 표현을 빌리자면 수치감 형벌은 "정의를 실현하는 것이 아니라 야만과 테러를 자행하는 것이다": *Ibid.*, at 1062.

75_ Dan M. Kahan, *supra* note 3 at 645-646.

76_ *Ibid.*, at 609.

77_ Dan Markel, *op. cit.*, at 1399-1401.

러한 한도를 넘는 것은 분명하다. 수치형이 수감형을 대신한 것이라면 인간의 존엄성을 훼손하는 방법을 변경한 것뿐이며, 이러한 측면에서 볼 때 수치감과 수감을 비교한다는 것이 매우 어렵다는 사실을 알게 된다.[78] 수감 역시 자유를 박탈하고 힘든 조건에서 거주하게 하며, 이러한 자유의 박탈이 인간의 존엄성을 떨어뜨리는 것은 분명하기 때문이다.[79] 이러한 논란 속에서 수치감 형벌의 지지론자들도 수치감 형벌이 인간의 존엄성을 침해하는 측면이 있다면 적절한 제한이 가해져야 한다는 사실을 받아들이고 있다.[80]

3. 정책적인 보완책에 대한 논의

수감이 지나치게 장기간, 그리고 너무 많은 범죄자와 범죄에 사용되고 있으므로 수감을 대신하는 대안 제재의 필요성은 누구나 공감하고 있다.[81] 이러한 측면에서 구금형을 대신한 수치감 형벌이 경제적이고, 개별적이며, 소통적인 형벌을 가능하게 한다는 점에서 그 장점이 두드러져 보인다.[82] 그러나 수치감 형벌 역시 위에서 본 바와 같은 논쟁에 직면하고 있다. 즉 소통, 낙인, 인간의 존엄성과 관련하여 논란이

78_ Stephen P. Garvey, *op. cit.*, at 757-760.

79_ *Ibid.*, at 760.

80_ *Ibid.*, at 758.

81_ 명예형의 경우 중세부터 19세기 초까지는 일반인에게 범죄자를 공개하여 수치심을 유발하는 치욕형이었다: 정신교, "성범죄자 신상공개의 예방적 효과", 「법학연구」 제39집(2010.8), 274면; 배종대, 형사정책(제3판), 홍문사, 2000, 331면. 오늘날 의미의 수감제도 즉 범죄인의 개선을 목적으로 한 교도소제도의 도입은 19세기 들어와서였다: 박상기 외 2, 형사정책(제11판), 한국형사정책연구원, 2012, 301면. 따라서 행형사적 관점에서 볼 때 수감형이 채택된 것이 그리 오래된 것이 아님을 알 수 있다.

82_ Kahan과 Garvey의 표현을 빌리자면 "수감은 너무 비용이 많이 들고 과다 사용되고 있다. 수감은 너무 가혹하고, 보호관찰은 너무나 관대하다. 이에 반하여 수치감 형벌은 경제적이다": Stephen P. Garvey, *op. cit.*, at 743-745.

되고 있다. 특히 '비례성 원칙'과 관련하여 논란이 되고 있음을 주목할 필요가 있다. 이러한 문제점 외에도 Massaro는 다음과 같은 문제점이 있다고 지적한다. 즉 수치감 형벌이 보편적 제재로 등장하게 되면 수치감의 누적으로 인해 일반인들에 대한 억제효과가 줄어들 수 있고, 수치감 형벌이 급격하게 증가될 경우 수치감 형벌에 대한 모니터링이 증가하게 되고, 일반인들이 여기에 대해 어떻게 반응하는지를 측정하고 그들의 반향이 어떻게 달라지는지 살펴봐야 하는 부담이 증가하게 된다고 지적한다.[83]

수치감 형벌을 비판하는 진영에서는 수치감 형벌이 불가피하다면 그 적용에 있어 제한이 있어야 한다고 주장한다. 즉 현대 사회는 익명성이란 특성이 있고 도시화가 가속되고 있으므로 수치감 형벌의 적용은 성범죄자와 도덕과 관련된 범죄자, 상사(commercial) 범죄자, 초범이나 경미한 범죄자로 제한되어야 한다는 것이다.[84]

다음으로 전통적인 대안 제재를 수치감 형벌로 전환하자는 의견이 있다. Kahan은 미국 법학이 전통적으로 수감 대신 벌금을 부과하는 것을 꺼려 하는데 이것은 벌금이 타당한 도덕적 비난이 될 수 없다고 보기 때문이라고 주장한다. 따라서 수치감 형벌이 범죄자의 행위를 비난하는 것이므로 수치감과 벌금을 동시에 부과하면 단기형에 필적할 수 있게 된다고 주장한다. Kahan은 사회봉사 역시 위와 같은 맥락에서 개혁의 대상이 되고 있다고 본다. 이러한 문제 역시 징벌적 사회봉사와 수치감을 결합하자고 주장한다. 예컨대 사회봉사시 잘못한 행위를 게재하게 하자는 것이다.[85]

83_ Toni M. Massaro, *op. cit.*, at 1930.

84_ James Q. Whitman, *op. cit.*, at 1063-1064.

85_ Dan M. Kahan, *supra* note 3 at 649-652.

마지막으로 살펴볼 보완책은 사후 인센티브를 제공하자는 것이다. Olin은 현재 대다수의 수치감 형벌이 형벌을 부과한 후의 범죄자의 행동을 간과하고 있다고 지적한다. 범죄자가 개혁 목표를 따르겠다고 의사를 밝힌다면 재활을 위해 사후적으로 인센티브를 주어야 한다고 주장한다. Olin은 사후 인센티브를 제공하기 위해서 국가는 범죄자가 사후에 재활 목표 달성을 원할 경우 판결에 따른 역기능을 제거하거나 줄일 수 있는 역량을 갖추어야 하고, 최초의 판결에 일정 기간 동안 범죄자가 의도한 목표를 달성하기까지 불쾌한 결과를 감내한다는 내용이 담겨져야 한다고 주장한다. 이러한 판결에 사후적 조치에서 수감까지가 세트로 포함되어야 한다는 것이다. 예컨대 음주운전을 하여 차량에 음주운전을 한 사실이 기재된 스티커를 부착하게 할 경우 15시간의 음주운전에 대한 교육에 참석하게 하고, 이를 이수할 경우 스티커를 제거하게 하자는 것이다.[86]

IV. 제도의 도입 가능성에 대한 검토

위에서 수치감 형벌이란 무엇이고, 어떠한 유형이 있는지 살펴보았다. 수치감 형벌에 대하여 미국에서도 이를 지지하는 진영과 반대하는 진영으로 나뉘고 있음과 다수가 이를 지지하지만 비례성의 원칙, 소통 등에 있어서 논란이 있음을 보게 된다. 그러나 수치감 형벌이 비용 대비 효율성이 있고 비난의 표현의 측면 등에 있어서의 강점이 있음을 부인할 수 없는 사실이다. 이하에서는 수치감 형벌의 우리 법제도 하에서 수용될 가능성이 있는지에 대하여 검토하기로 한다.

86_ John M. Olin, *op. cit.*, at 2203-2207.

1. 법 문화와의 관계

Benedict는 그의 책 「국화와 칼」에서 서양의 문화를 죄의식(guilt)의 문화로, 동양의 문화를 수치심(shame)의 문화로 구분하였다. 즉 서양은 개개인의 '옳고 그른 행위'에 대한 정확한 판단과 질책을 강조하는 '죄의식'의 문화를, 동양은 공동체 안에 속한 자신의 존재에 대한 '적절성과 부적절성'의 느낌을 중시하는 수치감의 문화를 만들어 왔다는 것이다. 즉 동양 사람들이 중요하게 생각하는 것은 나를 남이 어떻게 보는가, 즉 다른 사람의 '이목'이라는 것이다.[87] 이러한 관점 즉, 수치감 형벌의 소통적 측면에서 본다면 미국보다는 동양인 우리나라에서 이 제도가 더 잘 작용할 수 있다고 볼 수 있다. 인류학적 구분에 따르면 죄책감 문화는 법률제도에 따라 도덕성을 구축하고 권위, 의무, 책임을 강조한다. 위와 같은 문화에서 도덕적 잘못은 원칙적으로 의지의 실패나 자유의지의 위반이라고 본다. 수치감 문화에서는 이와 반대로 기본적으로 행위자의 전반적인 성격과 사회적 지위의 관점에 따라 행위를 평가한다. 이에 의하면 윤리 위반은 원칙적으로 규범 위반이 아니고, 타인의 기대를 충족시키지 못한 것으로 본다. 즉 도덕 위반은 비난되거나 회개될 대상이 아니라 경멸이나 동정심의 대상이 된다는 것이다.[88] 이러한 관점에 의하면 수치감 문화에 속하는 동양 사회가 응보나 억제, 무해화 측면에서 수치감 형벌을 바라볼 때 그 강점이 드러나게 된다. 이와 같이 명예나 수치는 특정 지역의 사회, 경제적, 기

87_ Ruth Benedict, *The Chrysanthemum and the Sword: Patterns of Japanese Culture*, Houghton Mifflin Company, 1946/김윤식 · 오인석 역, 「국화와 칼: 일본문화의 틀」, 을유문화사, 2001, 118, 347-348면; 한헌영, 앞의 논문, 325-326면. 이러한 인류학적 통찰은 규범 적용이 효율적인 사회인지 여부와 비공식적 정책, 행동 규율에 대한 규범들이 서로 관련되고 있음을 입증해 주고 있다: Toni M. Massaro, *op. cit.*, at 1907-1909.

88_ David Sussman, "Shame and Punishment in Kant's 'Doctrine of Right'", *The Philosophical Quarterly*, Vol. 58, No. 231 (Apr. 2008), pp.299-300.

타 기준에 따라 다양한 가치를 드러내게 된다. 그러나 어떤 문화권에서도 이러한 가치는 결코 경시될 수 없다는 점에서[89] 수치감 형벌의 '보편성'을 발견할 수 있다.

그러나 다른 한편으로 수치감 형벌에 의한 개혁이란 국가 형벌을 대신하는 공동체적 대안이라 할 것이므로 수치감 형벌의 장점이 과장되고 정확하지 않은 추정에 입각하고 있는지 경계해야 한다. 또한 이러한 개혁은 규범 통제에 영향을 주는 해당 사회의 문화에 대한 정교하고 정확한 평가에 의해 이루어져야 할 것이다. 위에서 본 검토에 의하면 수치감은 효과적이고 인도적인 형벌 기술이지만 이러한 형벌은 우리 사회의 문화와 맞아야 한다. 수치감 형벌이 사회 통합이라는 가치를 내세우고 있으므로 이를 적용하는 사회는 내적인 유대가 강해야 한다는 조건이 충족되어야 한다는 점에서 이러한 제도가 도입된다고 가정할 때 우리 사회 내에서도 도시화된 지역과 그렇지 않은 지역을 구분하는 등의 방법으로 탄력성 있는 적용이 필요하다고 할 것이다.

2. 동의와의 관계

수치감 형벌은 독립적으로 부과되기도 하지만 보호관찰이나 형의 집행유예와 같이 부과되기도 한다. 따라서 대다수의 범죄자들은 수치감 형벌을 받는 데 동의한다. 이러한 동의(consent)는 인간 존엄성의 침해라는 반론을 잠재우는 논거가 되고 있기도 하다.[90] 위에서 보듯 수치감 형벌이 미국의 주(州) 입법에 의해 도입되기도 하지만 입법에 의하지 않고 채택되기도 한다. 수치감 형벌이 입법으로 도입된다면 죄형법정주의 원칙과의 관계를 고려할 필요가 없지만 그렇지 않다면 죄

89_ Michael Herzfeld, "Honour and Shame: Problems in The Comparative Analysis of Moral Systems", *Man, New Series*, Vol. 15, No. 2 (Jun. 1980), p. 339.

90_ Stephen P. Garvey, *op. cit.*, at 761.

형법정주의 원칙과의 관계에서 문제가 된다. 왜냐하면 죄형법정주의 원칙 속에는 '법률 없이는 형벌이 없다(nulla poena sine lege)'는 원칙이 있으므로 형의 종류와 정도도 범죄 행위 이전에 법률로 확정되어 있어야 하기 때문이다.[91] 따라서 수치감 형벌이 '형벌'의 성격을 지니고 있다면 이 또한 법률에 의해 미리 정해져야 하고, 비록 피고인의 동의가 있더라도 수치감 형벌을 부과하거나 다른 형벌과 병과할 수는 없기 때문이다. 따라서 현행법 하에서는 법률에 의해 이 제도가 도입되지 않는 이상 비록 피고인의 동의가 있더라도 판사의 재량에 의해 벌금, 형의 집행유예 내지 선고유예와 병과하는 형태로도 채택될 수 없다고 본다. 다만 현행법 하에서도 수사기관에 의한 형사조정시에는[92] 기소유예나 보호관찰 등의 조건으로 검사의 재량에 의해 채택될 수 있다고 본다.

3. 회복적 사법과의 관계

회복적 사법은 범죄자-피해자-사회 공동체의 연계 내에서 유대 관계의 회복에 주안점을 둔다.[93] 회복적 사법의 기본적 대응 방법은 피해자-가해자 사이의 대화이다. 이러한 대화를 통해 가해자가 죄책감을 가지게 되면 가해자의 감정이나 태도가 변화되고, 가해자가 변화되면 피해자는 정신적 상처를 치유받게 되고, 이를 통해 사과와 용서, 그리고 화해가 가능해진다고 본다.[94] 또한 회복적 사법은 행위자가 자신의

91_ 우리 헌법 제12조 제1항과 형법 제1조 제1항에서도 이 점을 밝히고 있다.

92_ 「범죄 피해자 보호법」에 의하면 검사는 피의자와 범죄 피해자 사이의 형사 분쟁을 공정하고 원만하게 해결하여 범죄 피해자가 입은 피해를 실질적으로 회복하는 데 필요하다고 인정되면 피의자와 범죄 피해자의 신청 또는 직권으로 수사 중인 형사사건을 형사조정에 회부할 수 있다(동법 제41조 제1항).

93_ 이호중, "회복적 사법의 이념과 실무", 「이화여자대학교 법학논집」 Vol. 14, No. 2 (2009), 1면.

94_ 정준영, "치유와 책임, 그리고 통합: 우리가 회복적 사법을 만날 때까지", 「저스

범행에 대한 책임을 자발적으로 수용하는 것을 실증해 주는 '자율성'을 특징으로 삼는다.[95] 회복적 사법에서의 형사 판결은 범죄 행위에 따른 피해를 수습하고 문제 상황을 개선하는 데 목표를 두어야 한다고 본다. 가해자 역시 문제 해결 과정에서 책임감을 갖고 적극적으로 참여하여 준법시민으로 사회에 재결합될 수 있어야 한다는 의미를 갖게 된다고 본다.[96] 회복적 사법 체계에서는 범죄자를 구금하지 않는 것이 일반적이다. 대신 피해자에 대한 사과와 용서, 보상을 통하여 범죄자는 공동체의 구성원으로 다시 통합시킨다.[97] 위에서 살펴본 회복적 사법 측면에서 수치감 형벌을 바라볼 때 수치감, 죄책감에 적극적 기능이 있음을 보게 된다. 회복적 사법이 구금형에 대한 대안으로 제시된 것이고, 구금형에 비해 경제적이고, 개별적이고, 소통적이라는 점에서 강점을 가지고 있는데, 수치감 형벌 역시 구금형에 대한 대안으로 제시된 것으로 회복적 사법이 내세우는 위와 같은 가치를 반영하고 있다고 할 수 있다. 위에서 살펴본 바와 같이 수치감 형벌은 범죄인의 활발한 공동체 참여를 전제로 하고 있으며, 기본적으로 가해자의 '동의'를 전제로 하고 있다는 점에서 회복적 사법에서의 '자율성'이라는 특성을 반영하고 있다. 회복적 사법에서의 주안점을 두고 있는 피해자-가해자 대화라는 소통 방법 역시 수치감 형벌에서 피해자에 대한 사죄, 가해자의 회개와 반성이라는 형태와 거의 일치된다. 이상의 검토를 통해서 볼 때 수치감 형벌은 회복적 사법의 이념이나 가치, 이를 구체화하는

티스」 통권 제134-3호(2013.2. 특집호 II), 522면 이하.

95_ 이진국, "회복적 사법과 형사사법의 관계에 대한 소고", 「피해자학연구」 제14권 제2호(2006.10), 173면. 그러나 가해자 입장에서 회복적 사법 프로그램에 참여하지 않을 경우 정식의 형사 절차가 개시될 수 있다는 점에서 진정한 의미의 자율성이라고 보기 어렵다는 지적이 있다: 이진국, 위의 논문, 73면.

96_ 이백철, "회복적 사법: 대안적 형벌체계로서의 이론적 정당성", 「한국공안행정학회보」 제13호(2002), 140면.

97_ 박상식, "회복적 사법 실천모델의 효과에 관한 연구", 「피해자학연구」 제14권 제2호(2006-10), 41면.

방법에 있어 거의 일맥상통되고 있다고 할 수 있다.[98]

4. 신상공개제도의 법적 성격과 수치감 형벌과의 관계

　미국의 경우 1990년대 초부터 주 정부가 성범죄자 등록 및 공개 제도를 입법화하기 시작하였다. 미국 연방 정부도 1994년 「Jacob Wetterling 법률(Jacob Wetterling Crimes and Sexual Violent offender Registration Act)」을 제정하였고, 필요하다면 신상정보를 공개할 수 있 도록 규정하였다.[99] 미국의 연방정부는 1996년 「성범죄자 고지법」을 제정하였고, 이 법률은 2006년 「Adam Walsh 어린이 보호 및 안정법 (Adam Walsh Child Protection and Safety Act)」으로 개정되었다. 여기서 성범죄자 정보의 공개와 공유 등을 규정하고 있고, 신상공개 수단으로 인터넷을 통한 공개 등도 허용할 수 있다. 즉 재범 가능성이 상당히 높 은 범죄자의 경우 우편, 신문, 웹사이트 등을 통해 정보를 공개한 다.[100] 우리나라는 2000년 2월에 제정되고 그해 7월부터 시행하고 있 는 「청소년의 성보호에 관한 법률」에서 성범죄자의 신상정보 공개제 도를 도입한 이래 몇 차례의 변화를 거쳐 '정보통신망 공개'와 '지역주 민에 대한 고지'가 실시되고 있다.[101] 2010년 4월 15일 개정 법률에서 는 신상정보를 지역주민들에게 우편으로 송부하는 규정이 신설되었

98_ 이러한 사실은 수치감 형벌을 지지하는 학자들 대부분이 회복적 사법을 이념 으로 내세우고 있다는 사실에서 드러나고 있다: June P. Tangney, *op. cit.*, at 709; Dan M. Kahan, *op. cit.*, at 1405; John M. Olin, *op. cit.*, at 2195ff; Dan M. Kahan, *supra* note 3 at 604ff.

99_ 권창국, "청소년 대상 성범죄의 통제수단으로서 성범죄자 신상공개제도에 관 한 재고찰", 「법조」 Vol. 571 (2004.4), 92면.

100_ 정은영, "성범죄자 신상공개제도의 타당성과 효과성, 그리고 배경에 대하여: 미국과 우리나라의 경우를 비교하여", 「한국범죄학」 제5권 제2호(2011), 309-310면.

101_ 이승호, "형사제재의 다양화와 형법의 기능", 「형사법연구」 제24권 제3호 (2012 · 가을), 67면.

다.[102] 2012.11.22.에 국회를 통과하여 개정된「아동·청소년의 성보호에 관한 법률」에 의하면 도로명 및 건물 번호까지 공개하고 전과 사실의 경우 죄명과 횟수도 기재하고, 성범죄 요지에 판결 일자 및 죄명, 선고 형량을 포함하도록 하고 있다.[103] 또한「특정 강력범죄의 처벌에 관한 특례법」제8조의 2가 2011.9.15. 신설되어 시행 중에 있다. 이에 의하면 범행 수단이 잔인하고 중대한 피해가 발생한 특정 강력범죄 사건이고, 피의자가 죄를 범하였다고 믿을 만한 충분한 증거가 있어야 하며, 국민의 알권리, 재범 방지 및 범죄 예방 등 공공의 이익을 위한 필요성이 있을 경우 피의자의 얼굴, 성명 및 나이 등 신상에 관한 정보를 공개할 수 있다.[104]

이러한 신상공개제도의 법적 성격이 무엇인지 논란이 되고 있다. 즉 이러한 신상공개가 형벌로서의 성격을 갖는다는 견해와 그렇지 않는다는 견해로 나뉘고 있다. 헌법재판소는 신상공개가 형벌이 아니라고 보았다.[105] 그러나 위 헌법재판소의 위헌 의견에서는 체면을 중시하는 우리 사회에서 범죄 사실과 함께 신상을 공개하는 절차는 상당한 제재 및 위하의 효과를 갖는다고 보았다. 학설의 다수는 신상공개가 그 실질에 있어 형벌이라고 본다.[106] 생각건대 수치감 형벌의 정의에서 보듯이 수치감 형벌이란 범죄인의 위법 행위를 공개함으로써 사회 규범이 그러한 행위를 용납하지 않음을 알리고 범죄자에게 불쾌한 감정을 유발하게 하는 것이다. 이에 의할 때 신상공개가 범죄인의 위법

102_ 이재학, "성폭력 범죄자의 신상공개제도에 관한 비판적 소고－'아동·청소년의 성보호에 관한 법률'을 중심으로－"「일감법학」Vol. 23 (2012), 217면.

103_ 강지현, "신상공개제도 대상자의 제도인식에 관한 탐색적 연구: 보호관찰중인 신상공개 대상자를 중심으로",「형사정책연구」제24권 제2호(통권 제94호, 2013·여름), 251면.

104_ 이무선, "강력범죄 피의자의 얼굴(신상)공개의 정당성 여부",「법학연구」제39집(2010.8), 230면.

105_ 헌법재판소 2003.6.26. 선고 2002헌마14 결정.

106_ 이재학, 앞의 논문, 220-221면.

행위를 공개하고 범죄자에게 불쾌한 감정을 유발하게 한다는 점에서 수치감 형벌의 일종임을 알 수 있다. 나아가 그 형태적으로 볼 때 Kahan의 수치감 형벌의 네 가지 형태 중 '공개적으로 낙인 찍는' 형태에 속한다. 이러한 신상공개가 '형벌'의 일종이라면 이중처벌금지 원칙과의 관계를 검토할 필요가 있다. 이와 관련하여 헌법 제13조 제1항 후단에서 "동일한 범죄에 대하여 거듭 처벌받지 아니한다"고 규정하고 있다. 신상공개가 수치감 '형벌'의 일종이라고 한다면 형벌과 별도로 신상공개를 부과하는 것은 이중처벌금지 원칙에 위배된다. 위에서 보듯 수치감 형벌을 시행하고 있는 미국에서도 수치감 형벌의 대부분이 당사자의 '동의'하에 실시되고 있다. 또한 형벌과 병과될 때에도 수치감 형벌을 이행하는 조건으로 보호관찰 등에 처한다는 사실을 볼 때 형벌과 별도로 신상공개를 명해서는 안 될 것이다.[107] 따라서 신상공개가 명해지는 경우 피고인의 의사를 물어 신상공개와 형벌을 선택하도록 하거나, 신상공개가 부과된다면 이를 감안한 형벌이 부과되어야 할 것이다.

5. 소결: 제도의 도입 가능성에 대한 검토

위에서 타인에 대한 이목을 중요시하는 우리의 법 문화에 비추어 볼 때 미국에 비해 수치감 형벌이 더 잘 작용할 수 있음을 살펴보았지만 지역에 따라 소통에 있어 차이가 날 수 있음을 살펴보았다. 수치감 형벌이 기본적으로 범죄인의 '동의'를 전제로 한 자율성을 기반으로 삼고 있으나 죄형법정주의 원칙상 입법적인 도입 없이는 법관이 수치감 형벌을 선고할 수 없음도 살펴보았다. 현행 신상공개제도는 그 법적 성격에 비추어 볼 때 수치감 형벌의 일종이라는 사실을 논증하였으며,

---

107_ 현행 「아동 · 청소년의 성보호에 관한 법률」, 「성폭력범죄 처벌 등에 관한 특례법」에 따르면 이미 형이 확정된 자를 가중하여 처벌한다는 의미로 신상공개 제도를 시행하고 있다.

신상공개의 형벌적 성격을 전제로 하여 제도적 보완책에 대하여 살펴 보았다.

수치감 형벌은 현재 미국에서 광범위하게 적용되고 있고 그 적용 대상도 확대되고 있다. 예컨대 음주·절도·횡령·성폭행범죄나 기타 폭력범죄·강도·위증·약물 중독·마약 매매범죄 등에도 적용되고 있으며, 구금된 범죄자에 대하여는 수치감 형벌을 받아들이는 조건으로 석방해 주고 있다. 이에 따라 수치감 형벌은 구금형에 필적할 정도로 늘어가고 있다.[108] 수치감 형벌이 확대되고 있는 것은 구금형의 효율성과 재활 기능에 의문이 제기되고 있고, 구금형에 대한 불만과 불신이 깊어지고 있기 때문이다. 대안 제재로 사회봉사 명령 등이 있지만 이러한 대안 제재는 범죄자들이 사회로 온전히 복귀하는지에 대하여 사회 구성원이 모니터링 할 수 없고, 피해자와 '소통'이 되지 않는다는 문제점도 있다. Kahan의 논변에 따르지 않더라도 수치감 형벌의 소통적 측면, 범죄자에 대한 비난의 표현, 범죄 억제 기능, 비용 대비 효율성 등에 있어 강점이 두드러진다.[109] 따라서 죄형법정주의 원칙에 따라 이미 입법적으로 도입되어 있는 신상공개 외에는 수치감 형벌을 선고할 수 없으므로 수사시 이를 채택하는 방안을 생각해 볼 수 있다. 즉 가해자와 피해자의 동의하에 형사조정시 수치감 형벌을 부과하고

108_ Dan M. Kahan, *supra* note 3 at 635.

109_ Kahan에 의하면 도덕적 비난이라는 점에서 볼 때 수감은 고립된 장소에서 이루어지므로 명확한 표현이 이루어지지 않는다고 본다. 범죄자가 자신의 범죄에 따라 수감 생활을 하고 교육을 받는 것에 대해 따로 비난을 표현할 방법이 없다는 것이다. 형사 제재라는 것은 정치적으로 수용 가능성이 있어야 하고, 범죄를 억제할 뿐만 아니라 사회적 의미가 있는 가치를 구축해야 한다고 주장한다. 그런데 표현적 차원에서 볼 때 수감은 이러한 비난을 표현할 방법이 없으므로 이를 대체하는 방안을 찾아야 한다고 주장한다. 수치감 형벌은 정치적으로 수용 가능하고, 비난을 표현하는 것이 되고, 억제효를 기대할 수 있고, 비용 대비 효율성이 있으므로 수감의 대안으로 받아들일 수 있다고 주장한다: Dan M. Kahan, "Social Meaning of the Economic Analysis of Crime", *The Journal of Legal Studies*, Vol. 27, No. 52 (June 1998), pp.616-617.

이러한 수치감 형벌을 받아들이는 조건으로 검사가 불기소처분 내지 보호관찰을 명할 수 있을 것이다. 그 대상으로는 초범이나 소년 범죄자, 경미한 범죄자, 성범죄자 및 도덕 관련 범죄자, 상사 범죄자 등의 경우를 생각해 볼 수 있다. 예컨대 소년 범죄자의 경우 가해자에 대하여 사죄 의식을 치루게 하고 이의 이행을 조건으로 불기소처분이나 보호관찰 등을 명할 수 있을 것이다. 다만 이러한 경우에도 수치감 형벌에 대한 여러 우려들, 예컨대 비례성의 원칙, 우리의 법 문화와의 관계 등이 충분히 고려되어야 할 것이다.

입법론적으로 볼 때 이러한 제도의 본격적인 시행에는 앞서 검토한 수치감 형벌의 여러 모델에 대한 형벌 이론적·형사정책적·실증적인 검토가 선행되어야 할 것이다. 다만 그 도입 방향에 대해 언급하자면,

첫째, 수치감 형벌의 적응 대상자는 위에서 언급한 대상자 등으로 적절하게 제한할 필요성이 있다.

둘째, 부과 방법에 있어 벌금이나 사회봉사 명령 등과 결합시켜 제재 수위를 조절할 필요성이 있다.

셋째, 사후적 인센티브 즉 일정 개혁 목표를 달성한 자에게 인센티브를 주는 방안 등이 고려될 필요가 있다.

V. 결 어

미국에서는 지난 수십 년간의 개혁에도 불구하고 형사 사법에서 구금형에 대한 의존은 줄어들지 않았다. 오히려 양형 기준, 마약사범에 대한 최소 형량제, 상습범에 대한 자유형의 선고 등은 구금형에 더 의존하게 만들었다. 다른 개혁, 예컨대 극기훈련(boot camps), 강화된 보호관찰(intensive probation supervision), 가택 구금(house arrest)의 성공이 형벌의 종류를 다양화하게 하고 있지만 구금률은 더 높아지고 있

고, 국고 부담은 가파르게 상승하고 있음이 지적되고 있다.[110] Kahan
은 이러한 수감에 대한 대안으로 수치감 형벌을 제안하였다. 1980년대
이후 수치감 형벌에 대하여 이론적·실증적 논의를 거치면서 수치감
형벌은 학계와 실무, 그리고 정치권에서 광범위한 지지를 얻게 되었
고, 지금은 구금에 버금하는 대안 형벌로 자리잡게 되었다. 구금형을
대신하는 제안 중 사회봉사 명령과 강제적인 약물치료 프로그램은 이
미 우리나라에서 입법화하여 시행하고 있지만,[111] 이러한 대안 제재의
핵심인 수치감 형벌에 대한 논의나 검토는 없었다.

　　이에 이 책에서는 수치감 형벌의 의의와 유형, 수치감 형벌에 대한
형벌 이론적 검토를 하고, 제도의 도입 가능성에 대하여 검토하였다.
수치감 형벌은 범죄인의 위법 행위를 공개함으로써 사회규범이 그러한
행위를 용납하지 않음을 알리고 범죄자에게 불쾌한 감정을 유발케 하
는 형벌이다. 수치감 형벌은 수치감, 죄책감, 굴욕감을 조정하는 것을
핵심으로 삼고 있다. 형벌 이론적으로 검토할 때, 다수는 수치감 형벌
에 응보·억제·재활·무해화·교육적 기능이 있음을 긍정하고 있다.
다만 수치감 형벌이 보편적 제재로 자리매김하기 위해서는 비례성의
원칙에 따라 조율될 필요가 있고, 수치감의 여러 모델들이 소통, 낙인,
인간의 존엄성의 측면에 위배됨이 없는지 면밀하게 검토할 필요가 있
다. 수감이 장기간, 또 너무 많은 범죄자를 다루고 있으므로 수감을 대
신하는 대안 제재로서의 수치감 형벌의 필요성은 긍정되고 있다. 나아

110_ Dan M. Kahan, *supra* note 3 at 604; 조준현, "전통적 형벌에 대한 대안적 제
　　재의 근거와 형사정책적 문제점 소고", 「교정연구」 제22호 (2004), 183-184면;
　　배임호, "재산 범죄자에 대한 감금형의 대안형벌로서 손해배상에 관한 일반시
　　민과 범죄 피해자의 수용정도에 관한 연구", 「한국사회복지학」 제21권 (1993.
　　4), 68-69면.

111_ 사회봉사 명령은 유죄가 인정된 범죄인으로 하여금 무보수로 일정 기간 동안
　　지역사회를 위한 봉사 활동을 의무화하는 제도로 우리나라는 보호관찰과 함께
　　이를 도입·시행하고 있다. 약물치료는 2011.7.24. 「성폭력범죄의 성충동 약물
　　치료에 관한 법률」이 시행되어 성폭력 범죄자에 대한 약물 치료법을 실시하도
　　록 하고 있다.

가 수치감 형벌은 경제적이고, 개별적이며, 소통적인 형벌을 가능하게 한다는 장점도 있다. 다만 이러한 장점이 과장되고 정확하지 않은 추정에 입각하고 있지 않은지 경계해야 하며, 이러한 제도의 도입은 규범 통제에 영향을 주는 우리 사회의 문화에 대한 정교하고 정확한 평가에 의해 이루어져야 할 것으로 본다. 우리나라에서는 성폭력범죄 등의 경우 신상공개제도를 도입하여 실시하고 있는데, 이는 실제 수치감 형벌의 일종으로 평가된다. 따라서 이중처벌금지 원칙에 따라 신상공개가 갖는 형벌적 성질을 감안하여 당사자의 동의에 따라 형벌과 신상명령을 택일하도록 하거나, 그 형벌적 성격을 감안한 형의 선고가 이루어져야 할 것이다. 죄형법정주의 원칙에 따라 현행법 하에서는 '형벌'이라고 할 수치감 형벌을 선고할 수는 없다고 본다. 다만 수사시 가해자와 피해자의 동의하에 검사는 형사조정시 일정 대상자에 대하여 수치감 형벌의 채택을 고려할 수 있으나 이러한 경우에도 비례성의 원칙, 우리 법 문화 등에 대한 면밀한 고려가 선행되어야 할 것이다.

우리나라도 미국과 마찬가지로 형사 사법에 있어 수감형에 지나치게 의존하고 있다. 수감형은 수감자에게는 고통스럽고, 재활 기능이 의문시되고 있으며, 국가적으로는 너무 많은 재원이 든다. 또한 재소자를 영구히 낙인찍게 되는 등 역기능이 크다. 그러므로 이러한 수감을 대신하는 대안 제재로서의 수치감 형벌의 강점은 두드러져 보인다. 그러나 수치감을 받아들이는 심리적 의미라는 것이 해당 사회의 문화 내지 문화 인류학적 의미와 관련되고 있고, 이것이 수치감 제재의 효율성과도 연결된다.[112] 즉 수치감 형벌에서 대중의 참여가 필수적인데, 해당 사회의 문화적 양상이나 행동 규범이 대중의 참여 여부와 그 의미를 규정한다. 따라서 이러한 제도의 도입에 앞서 우리 사회의 문화 내지 법 문화와 관련된 연구가 필요하며, 이후 각 모델별로 심층적이고 구체적인 연구가 뒤따라야 할 것이다.

112_ Toni M. Massaro, *op. cit.*, at 1904.

참고문헌

1. 국내문헌

[단행본]

박상기 외 2, 형사정책(제11판), 한국형사정책연구원, 2012.

배종대, 형사정책(제3판), 홍문사.

[논문]

강지현, "신상공개제도 대상자의 제도인식에 관한 탐색적 연구: 보호관찰중
  인 신상공개 대상자를 중심으로", 「형사정책연구」 제24권 제2호(통권
  제94호, 2013 · 여름).

권창국, "청소년 대상 성범죄의 통제수단으로서 성범죄자 신상공개제도에
  관한 재고찰", 「법조」 Vol. 571 (2004.4).

박상식, "회복적 사법 실천모델의 효과에 관한 연구", 「피해자학연구」 제14
  권 제2호(2006.10).

배임호, "재산 범죄자에 대한 감금형의 대안형벌로서 손해배상에 관한 일반
  시민과 범죄 피해자의 수용정도에 관한 연구", 「한국사회복지학」 제21
  권 (1993.4).

심종은 · 이영호, "수치심 경향성, 죄책감 경향성 및 사건귀인이 우울증상에
  미치는 영향", 「한국심리학회지: 임상」, Vol. 9, No. 3 (2000).

안석, "죄와 죄책감에 대한 정신분석적 고찰과 기독교상담적 작용", 「신앙과
  학문」 제15권 제1호(2010.3).

안현의 외 2, "외상관련 정서의 확장: 수치심, 죄책감, 분노를 중심으로", 「상
  담학연구」 Vol. 13, No. 2 (2012).

오세혁, "형벌의 철학적 기초 – 영미 형벌 정당화이론의 동향", 「중앙법학」
  제14집 제3호(2012.9).

이무선, "강력범죄 피의자의 얼굴(신상)공개의 정당성 여부", 「법학연구」 제

39집(2010.8).

이백철, "회복적 사법: 대안적 형벌체계로서의 이론적 정당성", 「한국공안행정학회보」 제13호(2002).

이승호, "형사제재의 다양화와 형법의 기능", 「형사법연구」 제24권 제3호 (2012·가을).

이재학, "성폭력 범죄자의 신상공개제도에 관한 비판적 소고—'아동·청소년의 성보호에 관한 법률'을 중심으로—", 「일감법학」 Vol. 23(2012).

이진국, "회복적 사법과 형사사법의 관계에 대한 소고", 「피해자학연구」 제14권 제2호(2006.10).

이호중, "회복적 사법의 이념과 실무", 「이화여자대학교 법학논집」 Vol. 14, No. 2 (2009).

정신교, "성범죄자 신상공개의 예방적 효과", 「법학연구」 제39집 (2010.8).

정은영, "성범죄자 신상공개제도의 타당성과 효과성, 그리고 배경에 대하여: 미국과 우리나라의 경우를 비교하여", 「한국범죄학」 제5권 제2호 (2011).

정준영, "치유와 책임, 그리고 통합: 우리가 회복적 사법을 만날 때까지", 「저스티스」 통권 제134-3호(2013.2. 특집호 II).

조준현, "전통적 형벌에 대한 대안적 제재의 근거와 형사정책적 문제점 소고", 「교정연구」 제22호(2004).

한헌영, "죄의식과 수치감(Guilt & Shame: 자기사랑(Self-love)에 대한 재인식", 「기독교상담학회지」 제6집 (2003).

2. 해외문헌

[단행본]

Benedict, Ruth , *The Chrysanthemum and the Sword: Patterns of Japanese Culture*, Houghton Mifflin Company, 1946/김윤식·오인석 역, 국화와 칼: 일본문화의 틀, 을유문화사, 2001.

Braithwaithe, John, *Crime, Shame, and Reintegration*, Cambridge University Press, 1989.

Dix, George E., *Criminal Law*, 8th ed., Thomson, 2010.

Herring, Jonathen, *Criminal Law — Text, Cases and Materials,* 4th ed., Oxford, 2010.

LaFave, Wayne R., Criminal Law, 5th ed., West, 2010.

Singer, Richard G, and La Fond, John Q., *Criminal Law.* 5th ed., Wolthers Kluwer 2010.

Waller, Bruce N., *You Decide! Current Debates in Criminal Justice*, Prentice Hall, 2008.

[논문]

Cooter, Robert, "Expressive Law And Economics", *The Journal of Legal Studies*, Vol. 27, No. S 2 (June 1998).

Garvey, Stephen P., "Can Shaming Punishments Educate", *The University of Chicago Law Review*, Vol. 65, No. 3 (Summer 1998).

Herzfeld, Michael, "Honour and Shame: Problems in The Comparative Analysis of Moral Systems", *Man, New Series*, Vol. 15, No. 2 (Jun. 1980).

Kahan, Dan M., "What do Alternative Sanctions Mean?", *University of Chicago Law Review*, Vol. 63 (Spring 1996).

_____, "Social Meaning of the Economic Analysis of Crime", *The Journal of Legal Studies*, Vol. 27, No. 52 (June 1998).

Markel, Dan, "Wrong Turns on The Road to Alternative Sanctions: Reflections on the Future of Shaming Punishments and Restorative Justice", *Texas Law Review*, Vol. 85 (2007).

Massaro, Toni M., "Shame, Culture, and American Criminal Law", *Michigan Law Review*, Vol. 89 (June 1991).

Olin, John M., "Shame, Stigma, and Crime: Evaluating The Efficacy of Shaming Sanctions in Criminal Law", *Harvard Law Review*, Vol. 116,

No. 7 (May 2003).

Rodogno, Raffaele, "Shame and Guiltin Restorative Justice", *Psychology, Public Policy, and Law*, Vol. 14, No. 2 (2008).

_____, "Shame, Guilt, and Punishment", *Law and Philosophy*, Vol. 28, No. 5 (Sep. 2009).

Scheff, Thomas J., "A New Durkheim", *American Jourral of Sociology*, Vol. 96, No. 3 (Nov. 1990).

_____, "Shame, Guilt, and Punishment", *Law and Philosophy*, Vol. 28, No. 5 (Sep. 2009).

Shin, Hwyeon Helene, "Conceptualising Institutional Safe Space for Adaptive Management of Shame from the Restorative Justice Perspective", 「이화여자대학교 법학논집」 제15권 제1호 (2010).

Sussman, David, "Shame and Punishment in Kant's 'Doctrine of Right'", *The Philosophical Quarterly*, Vol. 58, No. 231 (Apr. 2008).

Tangney, June P., "shame, guilt, and remorses: Implications for offender opulations", *The Journal of Forensic Psychiatry & Psychology*, Vol. 22, No. 5 (Oct. 2011).

Uggen, Christopher; Manza, Jeff; and Thompson, Melissa, "Citizenship, Democracy, and the Civic Reintegration of Criminal Offenders", *Annals of the American Academy of Political and Social Science*, Vol. 605 (May 2006).

Whitman, James Q., "What is Wrong with Inflicting Shame Sanction?", *The Yale Law Journal*, Vol. 107, No. 4 (Jan. 1988).

제6장

———

주거방위법리 및
그 수용 가능성의 검토

I. 문제의 제기

영미에서 정당방위권(the rght of self-defence)은 자연권(a God given right)으로, 법률에 의해서도 박탈할 수 없는 시민의 고유권으로 인식되어 왔다. 이에 따라 행위자가 자신의 생명과 신체에 대한 위해가 있었다고 믿었음에 있어 잘못이 없다면 정당방위권을 행사할 수 있는 것으로 보아 이를 매우 광범위하게 인정하여 왔다.[1] 나아가 주거에 대한 방위의 경우, "집은 그 사람의 성이다(A man's home is his castle)"라는 격언에 따라 주거에 있을 때 거주자에게 신체적 안전에 대한 위협이 가해질 경우 매우 심한 불안과 분개를 야기하게 된다고 간주한다. 이에 따라 주거에서 위협을 받았을 것이라는 근거가 있는 경우 폭력의 사용 내지 총기 등의 치명적 폭력(deadly force)의 사용을 허용하고 있다.[2] 정당방위와 주거방위(defence of habitation)[3]의 큰 차이점은 주거방위의 경우 치명적 폭력을 사용함에 있어 신체에 대한 중한 침해나 사망에 대한 위협이라는 요건이 필요하지 않다는 것과 후퇴의무(the duty to retreat)가 없다는 것이다.[4] 그런데 2005년 이후 미국에서는 이러한 주거방위법에 있어 매우 큰 변화가 생기고 있다. 성곽법(castle laws) 혹은 영역확보법(stand-your-ground laws)[5] 이라고 불리는 주거방

1_ Jonathan Ross, "The Right of Self-Defense", *The Yale Law Journal*, Vol. 11, No. 3 (Jan. 1902) p.102.

2_ Richard G. Singer, John Q. La Fond, *Criminal Law*, 5th ed., Wolters Kluwer, 2010, p.495; Joel Samaha, *Criminal Law*, 10th ed., Wadsworth, 2011, pp. 148ff.

3_ 주거방위를 흔히 'defence of habitation'이라고 하지만 학자에 따라서는 'defence of dwelling' 혹은 'defence of home'이라고도 한다.

4_ Steve Fenlon, "Recent Developments: Criminal Law", *William Mitchell Law Review*, Vol. 26 (2000), p.1203.

5_ 이를 '선발사·후질문법(shoot first, ask question later laws)', '덤벼봐법(make my day statute)'이라고도 한다.

위법에 의해 주거 침입자에 대한 치명적 폭력의 사용을 확대함으로써 주거 방위자를 더욱 강하게 보호하는 입법들이 대거 도입되고 있다.[6] 이러한 '강력성곽법리(super castle doctrine)'에 의하면 거주자에게는 후퇴의무가 없고 치명적 폭력의 사용이 허용되고, 나아가 민사상의 책임까지 면제해 주고 있다.[7] 현재 강화된 성곽법리는 점차 확대되어 미국의 대부분의 주가 채택하고 있다. 이러한 입법례는 비단 미국의 각 주뿐만 아니라 여러 나라의 입법에도 영향을 미치고 있다. 2011년 아일랜드에서는 주거방위법을 입법화하였고, 호주, 이탈리아 등의 나라에서도 주거방위를 강화하는 법을 개정 내지 제정하였다. 우리와 유사한 형법을 갖고 있는 독일의 경우, 우리와 마찬가지로 정당방위에 있어서 주거 거주자를 특별히 배려하거나 거주자의 관점에서 정당방위를 바라보지 않았다. 그런데 2011.3.1. 독일 연방대법원은 가택 수색을 하려고 한 경찰관에게 경쟁 클럽 단원들이 자신을 죽이려고 집에 침입한 것으로 오인하여 총을 쏜 피고인에 대하여 정당방위라는 이유로 무죄를 선고함으로써[8] 사실상 주거방위법리를 수용하였다.

형법 제21조 제1항은 자기 또는 타인의 법익에 대한 현재의 부당한 침해를 방위하기 위한 행위는 상당한 이유가 있는 때에는 벌하지 아니한다고 규정하고 있다. 동조의 '상당성'의 의미에 대하여는 견해가 나뉘지만 정당방위가 성립하기 위해서는 정당방위의 객관적 정당화 상황이 있는 것으로는 부족하고 객관적 정당화 상황에 대한 인식인 주관적 방위의사까지 필요하다는 것이 다수설과 판례의 태도이다.[9] 이러한 상당한 이유에 대한 판단은 객관적으로 하고, 재산권 침해 행위에

6_ Wyatt Holliday, "The Answer to Criminal Aggression is Retaliation: Stand-Your-Ground Laws and the Liberlization of Self-Defense", *The University of Toledo Law Review*, Vol. 43 (2012), p.407.

7_ *Ibid.*, at 414.

8_ BGH 375 11.

9_ 유인창, "정당방위에 있어서 방위의사의 필요성", 「디지털정책연구」 제10권 제7호(2012.8), 108-109면.

대해서는 정당방위를 인정할 수 없고 수인의무가 발생하며, 사후 구제
수단이 있는 경우에는 정당방위가 제한된다고 보고 있다. 나아가 대법
원은 정당방위에 있어서 행위의 균형성뿐만 아니라 법익의 균형성까
지 함께 고려하고 있다.[10] 이와 같이 정당방위 요건을 엄격하게 해석
하고 있어 대법원에 의해 정당방위가 인정된 사건은 형법 시행 이후
지금까지 매우 드물다. 나아가 명백히 정당방위로 보이는 사안에 대해
서도 정당방위로 판단하지 않고 정당행위로 판단하는 경향까지 보이
고 있다.[11] 이러한 연유로 재판에서 피고인이나 변호인이 정당방위를
주장하는 사례를 접하기 어렵고, 판례에 의해 정당방위로 인정된 예도
극히 소수에 불과하게 되었다. 이러한 대법원의 판례에 따르면 사망
또는 중한 상해를 가하는 가해자에 대해서도 실제에 있어서는 방위 목
적을 달성하기 위한 필요하고 적절한 수단을 강구하기란 매우 어렵게
될 것이다.[12] 그러나 이러한 판례의 태도는 최근 여러 나라들이 주거
방위자들을 보호하기 위한 입법들을 강화하고 있는 시대적 흐름에도
역행되고, '상당성'의 해석과 관련해서도 의문시된다. 특히 주거에 대

10_ 임석원, "형법상 정당방위와 자구행위의 경합", 「동북아문화연구」 제27집
(2011), 268-287면.

11_ 조규홍, "정당방위의 상당성의 의미 및 구체적 판단기준", 「법조」 Vol. 657
(2011.6), 80면; 배종대, "정당방위의 이론과 현실", 「고려법학」 제49권 (2007),
54면. 이와 관련하여 현재 경찰이 사용하고 있는 「경찰수사 단계에서의 정당방
위 기준」을 살펴보면 다음과 같다:
① 방위 행위여야, ② 도발하지 않아야, ③ 먼저 폭력을 행사하지 않아야, ④ 가
해자보다 더 심한 폭력은 안 돼, ⑤ 흉기나 위험한 물건 사용 안 돼, ⑥ 상대가 때
리는 것을 그친 뒤 폭력은 안 돼, ⑦ 상대의 피해 정도가 본인보다 심하지 않아
야 ⑧ 전치 3주 이상 상해도 입지 않아야: http://bolog.naver.com/papatree11
(2013.9.10. 방문).

12_ 대법원은 평소 폭행, 협박을 일삼아 왔고, 또 이혼소송 중이던 남편이 집으로
찾아와 가위로 피고인을 폭행하고 피고인에게 변태적 성행위를 강요하여 이에
격분한 피고인이 칼로 찔러 남편을 사망에 이르게 한 사건에 있어서 피고인의
행위는 정당방위에 해당하지 않고 과잉방위에도 해당하지 않는다고 판시하였
다: 대법원 2001.5.15. 선고 2001도1089 판결.

한 침입의 경우 더욱 그러하다고 본다. 주거권은 헌법상의 기본권에 속한다(헌법 제16조). 비록 사후적 구제 수단이 있더라도 주거 침입은 인간의 존엄성과 행복추구권(헌법 제10조), 프라이버시권(헌법 제17조)을 침해한다. 주거는 방위사의 입장에서 보면 '막다른 골목'이라고 할 것이므로 '후퇴의무'를 부과할 수는 없는 것이다. 따라서 정당방위, 특히 정당방위의 법리에 있어 핵심이 되는 주거방위에 있어 새로운 인식과 접근이 필요하다고 하겠다. 이와 같이 '주거방위'와 관련하여 현재 급격한 시대적 변화의 과정에 놓여 있음에도 국내에서는 '주거방위'의 개념조차 검토한 글을 찾아보기 어렵다. 이에 이 책에서는 주거방위법리를 체계적으로 분석하고 이를 토대로 하여 이러한 법리의 수용 가능성을 검토하고자 한다. 이에 앞서 우선 주거방위법리가 어떻게 형성되고 전개되어 오늘에 이르게 되었는지 살펴보고자 한다(II). 이어 주거방위법리의 근거, 내용 및 요건을 살펴본다(III). 이러한 주거방위법리가 미국을 중심으로 발전해 오고 있지만 여러 나라에서 이 법리를 채택하거나 수용하고 있으므로 여기에 대한 비교법적 고찰을 한다(IV). 이러한 검토를 토대로 하여 법리의 수용 가능성을 검토하고(V), 이를 토대로 하여 필자의 견해를 개진하기로 한다(VI).

II. 주거방위법리의 사적 고찰

이 책에서 주거방어법리에 대한 사적 고찰은 세 시기로 나누어 한다. 첫째는 영국 보통법의 적용 시기이고, 둘째는 1800년대 이후 미국의 독자적인 주거방위법리 내지 성곽법리(castle doctrine)의 형성 시기이고, 셋째는 2005년 이후 강화된 주거방위법리 내지 강력성곽법리(super castle doctrine)의 확대 시기이다. 이하에서는 이러한 구분에 따라 사적 고찰을 하겠다.

1. 영국 보통법에서의 주거방위법리

13세기 영국에서는 사고나 정당방위에 의해 사망사건이 생기면 왕이나 수상의 사면이나 재판에서의 무죄 선고에 의해서만 용서될 수 있었다. 따라서 치명적 폭력의 사용은 국가의 후원이 있어야 정당화될 수 있었다. 즉 정당방위 상황에서도 막다른 골목에 이를 때까지 후퇴할 의무가 있었다.[13] 13세기 말에 이르자 영국에서는 치명적 폭력의 사용을 금지하고 일반적인 후퇴의무를 부과하는 법리에 대한 예외인 성곽법리를 인정하기 시작했다. 이러한 성곽법리는 주거 침입자에 대한 치명적 폭력의 사용을 금지하는 법리를 폐지한 것이다. 성곽법리의 기본은 "사람의 집은 그의 성이다"라는 법언에 있고, 이에 따르면 거주자는 주거 침입자에 대해 후퇴할 의무가 없고 그의 영역을 확보하기 위해 방어할 권리가 있게 된다.[14] 이러한 영국 보통법에 따르면 거주자가 임박한 불법적인 주거침입에 대해 대항할 필요가 있다는 '정직하고 합리적인 믿음(honest and reasonable belief)'이 있는 경우 치명적이지 않은 폭력을 사용할 권리가 있고, 주거침입을 당한 직후에도 다시 주거에 들어가기 위해 치명적이지 않은 폭력을 사용할 권리가 있다.[15] 다른 합법적인 수단을 사용할 시간이 있었을 경우에는 폭력은 허용되지 않을 수 있고, 필요성(necessity) 원칙에 따라 필요성이 없는 경우에는 신체적 위해를 가하는 것은 허용되지 않았다. 경고(warning)가 소용없음이 명백한 경우 외에는 경고를 해야 한다. 경고가 주어졌음에도 주거침입을 한 경우 치명적 폭력의 사용은 허용되었다.[16] 이와 같이 영국 보통법에서는 생명의 보존을 재물보다 더 가치있는 것으로 보아 재산에 대한 방위나 주거방위에 있어 위험, 무단침입(trepass), 절도

13_ Wyatt Holliday, *op. cit.*, at 410.
14_ *Ibid.*, at 411.
15_ Richard G. Singer, John Q. La Fond, *op. cit.*, at 486.
16_ *Ibid.*, at 469.

(larceney) 등과 같은 경우 외에는 치명적 폭력의 사용은 허용하지 않았다.[17]

2. 미국에서의 법리의 전개

미국 초기의 판례는 주거에 대한 방위는 생명에 대한 방위와 같이 중요하다고 보았다.[18] 그러나 주거에 단순히 침입한 경우에는 치명적 폭력의 사용은 허용되지 않았다. 주거방위일 경우 재산에 대한 방위법리가 항상 적용되지 않았고, 각 주의 판례도 일치되지 않았다.[19] 정당방위에서 후퇴의무를 부과하는 것이 미국 법학의 오래된 전통이었다. 이에 따라 다수의 주와 모범형법(model criminal code)에서 후퇴의무를 부과하였다. 그러나 이러한 주에서도 성곽법리는 인정하였다. 즉 행위자는 그의 주거나 일터에서 후퇴할 의무가 없다는 것이다. 이하에서는 이와 관련된 중요한 두 개의 판례를 검토하기로 한다.

먼저 1895년 Beard 사건[20]을 살펴보기로 한다. 사건의 개요는 다음과 같다. Beard는 집에서 약 50야드 떨어진 소 울타리(cowpen) 옆에서 세 명의 남자와 다투고 있는 그의 처에게 다가가고 있었다. 그때 그

17_ 생명의 보존이 사회적, 문화적 차원에서 볼 때 도덕적 · 윤리적 근거를 갖고 있으므로 단순히 재산의 보존을 위해 치명적 폭력을 사용하는 것은 허용될 수 없다고 보았다. 주거방위의 경우는 재산에 대한 방위와 다른데, 이는 행위자나 가족의 보호를 내포하고 있기 때문이다. 그럼에도 보통법상 주거방어법리에 의할 때 단순한 주거침입의 경우 살인이 정당화될 수 없으며, 중죄나 중한 신체에 대한 위해가 있는 경우에 가능했다. 거주자(inhabitant)는 침입자가 중죄나 심한 상해를 가할 것이라는 것에 대한 '진정하고(bona fide)' 합리적인 믿음을 갖고 있어야 치명적 폭력의 사용이 정당화되었다: Sarah A. Pohlman, "Shooting from the Hip: Missouri's new Approach to Defense of Habitation", *Saint Louis University School of Law*, Vol. 56 (2012), p.850.

18_ State v. Patterson, 45 Vt. 208(1873); Wayne R. LaFave, *Criminal Law*, 5th ed., West, 2000, p.586.

19_ *Ibid.*

20_ Beard v. United States, 158 U.S. 550 (1895).

중 한 명 즉, 이전에 Beard를 죽이겠다고 협박하던 남자가 바지 주머니에 손을 넣은 채 화를 내며 Beard에게 다가왔고, Beard가 주머니에서 권총을 꺼내고 있었음에도 그 남자는 계속 움직였다. 결국 Beard는 총으로 그 남자를 쏘아 사망에 이르게 하였다. Beard는 경살인(manslaughter)[21]으로 기소되었으나 법원은 비록 집 밖이더라도 후퇴할 의무가 없고, 영역을 확보할 권리가 있다면서 Beard에게 무죄를 선고하였다.[22]

다음으로 1921년의 Brown사건[23]을 살펴본다. Brown은 건축 현장에서 감독자로 일하고 있었는데 두 번의 전과가 있었고, 칼을 든 폭행범이 Brown을 공격했다. 연방대법원은 안전한 곳으로 후퇴할 의무가 있다고 한 판사의 배심원에 대한 설명(instruction)에 잘못이 있다고 보았다. 법원은 삶과 죽음의 갈림길에서 합리적인 사람의 관점에서 볼 때 안전한 곳으로 후퇴한다는 생각을 할 필요가 없다고 보았다.[24] Brown사건에서 연방대법원은 과잉방위 여부를 결정할 때 후퇴(retreat)할 의무가 있었는지 여부의 판단은 사정의 전체를 고려해야 한다고 판시하였다. 모든 경우에 후퇴할 의무가 있는 것은 아니고, 자신의 영역을 확보하는 경우(stand his ground)가 아닌 때에는 피고인의 처지에서 합리적이고 신중하게 판단하여 위험이 없다고 보일 때 후퇴의무가 있다고 보았다.[25]

21_ manslaughter를 모살 혹은 과실치사로 번역하기도 하지만 이 책에서는 'murder(중살인)'과 대비하여 '경살인'으로 번역한다.

22_ Wyatt Holliday, *op. cit.*, at 412.

23_ Brown v. United States, 256 U.S. 45 (1921).

24_ Wyatt Holliday, *op. cit.*, at 412-413.

25_ The Virginia Law Register, "Self Defense-Duty to Retreat", *Virginia Law Review*, Vol. 7, No. 4 (Aug. 1921), pp.300-303. 이후의 판결들은 이 법리가 너무 넓다면서 제한하여 왔다. 침입자가 중죄를 저지르거나 집에서 거주자에게 위해를 가한 것이라고 합리적으로 믿은 경우에 치명적 폭력의 사용을 허용하기도 하고[Falco v. State, 407 So 2d 203(Fla. 1981)], 안전한 장소로서 주거의 중요성을 강조하여 비록 예상된 공격이 살인 혹은 중상해의 결과로 나타나지 않

주거방위에서 '거주하는 주택(dwelling house)'으로 인정받기 위해서는 사람이 거주해야 하고, 주로 사람에 의해 저녁에 잠을 자는 숙소로 이용되어야 한다. 따라서 피고인이 소유하고 있지만 잠자거나 거주하는 주택이 아니라 주로 일반인들의 편의를 위해 제공되거나 가끔씩 소유자에 의해 잠자는 곳으로 이용된 소규모 증기선(steam launch)의 경우 거주하는 주택으로 인정될 수 없다. 이에 따라 법원은 증기선에 침입한 공무원에 대한 살인은 정당방위로 인정될 수 없다고 판시하였다.[26]

주(州)에 따라서는 치명적 폭력을 사용하기 위해서는 후퇴할 것을 요구하지만, 주거침입에 대한 방어를 위한 치명적 폭력 사용에 있어서는 후퇴의무를 부과하지 않았다. 다만 법원은 주거방위를 위한 치명적 폭력의 사용은 제한하여 왔다. 침입자가 중죄를 범하거나 거주자에게 위해를 가할 의도가 있다고 믿었을 경우에는 이를 허용하기도 하였다. 중죄를 범할 목적이 있다고 합리적으로 믿은 경우에만 허용한 판례도 있다.[27] 모범형법은 피고인이 침입자가 중죄를 범하려고 시도하거나 치명적 폭력을 사용하거나 이러한 폭력을 사용한다고 위협하거나, 거주자가 치명적이지 않은 폭력을 사용했을 때 신체에 대한 실질적인 위험(substantial danger)이 야기된다고 믿은 경우에 이를 허용하고 있다.[28]

더라도 치명적 폭력의 사용을 허용한 판례도 있으며[People v. Eatman, 405 Ⅰ Ⅱ. 491, 91 N.E 2d 387(1950)], 다른 법원은 이러한 법리를 좁게 해석하여 치명적 폭력의 사용은, 주택 거주자가 침입자가 중상해를 가할 것이라고 합리적으로 믿은 경우에만 허용하기도 한다[State v. Carothers, 594 N.W. 2d 897(Minn. 1999)]: Wayne R. LaFave, *op. cit.*, at 587-588.

26_ People v. Bernard, 84 N.W. 1092 (Mich); Yale Law Journal Company, "Defence of Dwelling House—People v. Bernard, 84 N.W. 1092 (Mich)", *The Yale Law Journal,* Vol. 10, No. 6 (Apr. 1901), p.260.

27_ Marrison v. State, 371 S.W. 2d 441(Tenn. 1963); George E. Dix, *Criminal Law*, 18th ed., Thomson/West, 2010, p.146.

28_ Model Criminal Code § 3. 06 (3) (d) (ⅱ); *Ibid.*

3. 법리의 확장: 강화된 주거방위법리

주거 방위자는 막다른 골목에 다다른 것이고, 따라서 안전한 곳으로 피신할 의무가 없다고 보고 있다. 이러한 성곽법리는 자신의 영역을 스스로 확보한다는 자율성(autonomy)에 근거하고 있다. 주거에 대한 침입의 경우 사망 또는 중대한 상해를 예방하기 위해 필요하다고 합리적으로 믿은 경우 후퇴할 필요없이 정당방위 차원에서 살해할 수 있다고 보게 된다. 성곽법리는 '주거 보호(home protection)'라고 불리워지며, 치명적 폭력 사용을 허용하여 주거에 대한 침입을 사망 또는 신체에 대한 중한 상해에 대한 위협으로 간주한다. 이러한 법리는 주거침입에서부터 공공 영역에까지 확장되고 있다. 성곽법리는 주거에 침입한 자를 전형적인 범죄자로 간주하며, '참사람(true man)'은 자신의 주거와 가정을 지킨다는 것을 강조하고 있다. 이에 따라 각 주(州)에서는 새로운 성곽법리에 대한 법안을 제정하였고, 치명적 폭력 사용을 허용하고 있다.[29] 1985년 콜로라도 주에서는 주거를 방어하기 위한 치명적 폭력의 사용을 포함한 강력한 폭력의 사용을 허용하는 법률이 제정되었다. 1987년 플로리다 주에서도 권총 면허를 쉽게 내 주는 법안을 통과시켰고, 2011년까지 49주가 이와 유사한 법안을 갖게 되었다. 이것은 '치명적 폭력'의 전형인 총기 사용을 쉽도록 하는 것을 의미한다. 2005년 플로리다 주는 주거침입에 대해 치명적인 폭력 사용에 대해 분명한 기준을 제시하는 법안을 통과시켰고 성곽법리를 강화하였으며 이것이 연방 전체에 촉매 역할을 하고 있다.[30] 이러한 강화된 성곽법리의 내용에 대해서는 후술하기로 한다.

29_ Jeannie Suk, "The True Woman: Scenes from the Law of Self-Defense", *Harvard Journal of Law & Gender*, Vol. 31 (Summer 2008), p.237.

30_ Wyatt Holliday, *op. cit.*, at 407; Richard G. Singer, John Q. La Fond, *op. cit.*, at 497.

4. 검 토

　영국 보통법에서는 13세기 말에 이르러 정당방위의 특수 형태인 주거방위법리가 형성되기 시작하였음을 볼 수 있다. 이리한 주거방위 법리 내지 성곽법리에 의하면 주거 방위자는 자신의 영역을 확보하기 위해 후퇴할 의무가 없고, 치명적이지 않은 폭력의 사용이 허용되었다. 이러한 경우 주거방위의 필요성 여부는 거주자의 '합리적인 믿음' 여부로 판단하였다. 이러한 영국 보통법의 주거방위법리는 미국에 계수되었고, 18세기 이후 미국의 독자적인 법리로 자리잡게 됨을 볼 수 있다. 즉 Beard 사건과 Brown 사건에 의하여 주거 방위자의 입장에서 '합리성' 여부를 판단하고 있고, 치명적 폭력의 사용도 허용하고 있다. 이러한 주거방위법리는 1980년대 이후 매우 강화된 '주거방위' 형태로 변모하고 있다. 즉 주거침입 그 자체를 중대한 위협 내지 범죄로 간주하여 거주자의 입장에 서서 총기 등 치명적 폭력의 사용을 쉽게 할 수 있도록 허용하고 있는 것이다.

Ⅲ. 주거방위법리의 근거와 내용의 검토

　이상에서 주거방위법리가 형성되어 오늘에 이르게 된 사적 고찰을 하였다. 이하에서는 이러한 주거방위법리가 어떠한 근거를 갖고 있는지와 법리의 내용과 요건을 살펴보고, 강화된 주거방위법리에 대하여 검토하기로 한다.

1. 주거방위의 근거

　주거에서 위협을 받았으리라는 근거가 있는 경우 치명적 폭력을 허용하고 있다. 이에 따라 무고한 사람이 피해를 입을 위험이 있게 된다. 주거방위에서 개인의 안전을 지키기 위한 폭력 사용의 필요성과 타인의 생명과 안전을 보호해야 할 필요성 간에 균형이 이루어지도록 해야 한다. 정당방위법리에 의하면 재산에 비해 생명을 더 소중하게 다룬다. 이에 따라 재산을 지키기 위해서는 치명적 폭력 사용을 허락하지 않는다. 그러나 무고한 생명이 위협받을 경우 침입자의 생명보다 무고한 사람의 생명을 더 존중한다. 이에 따라 주거를 지키기 위한 경우 때로는 치명적 폭력의 사용을 허락하고 있다.[31] 이와 같이 주거방위에서 치명적 폭력의 사용이 허용되고 있는데, 이러한 치명적 폭력 사용이 허용되는 근거에 대하여 살펴보기로 한다. 주거방위는 정당방위의 하나의 형태이므로 이러한 검토에 앞서 먼저 정당방위의 근거에 대하여 검토한다. 이러한 검토를 한 후 '정당방위'의 특수한 형태인 주거방위의 근거에 대하여 살펴보기로 한다.

정당방위에서는 개인 사이의 이익 충돌에 대한 해결책으로 개인의 안녕(individual well-being)과 공정성(fairness)을 모두 고려한다. 이에 따라 존재론과 권리 이론, 결과주의(consequentialism)와 공리주의(utilitarianism) 진영에서 정당방위에 대한 여러 논거를 제시하고 있는데, 이를 살펴보면 다음과 같다.[32]

첫째, 안녕 원칙(the well-being principle)으로, 개인의 안녕을 보호하고 제고하되 타인의 안녕에 부정적인 영향을 끼쳐서는 안 된다고 본다.

둘째, 평등한 기회 원칙(the equal chance principle)으로, 각 개인은 고유하고 독자적인 가치를 갖고 있고, 따라서 각 개인의 운명은 고유하고, 독자적으로도 중요하다고 본다. 이에 의하면 충돌하는 개인간의 이익의 균형(traded-off)은 유지되어야 한다고 본다.

31_ Richard G. Singer, John Q. La Fond, *op. cit.*, at 495.
32_ Re'em Segev, "Fairness, Responsibility and Self-Defense", *Santa Clara Law Review*, Vol. 45 (2004-2005), pp.386-400.

셋째, 중요성 원칙(the importance principle)으로, 각 개인의 다양한 안녕의 중요성에 있어서의 차이를 고려해야 한다고 본다.

넷째, 실질적 차이 원칙(the substantial difference principle)으로, 공정한 기회 원칙이나 중요성 원칙이 평등한 기회의 원칙에 앞선다고 보며, 충돌하는 이익 사이의 중요성에 있어서도 실질적인 차이가 있다고 본다.

다섯째, 공정성과 책임의 원칙(the principle of fairness-responsibility)으로, 개인 사이에 충돌이 발생될 때 어느 개인의 안녕을 선택해야만 충돌에 대한 책임이 없게 되거나 적은 책임을 지게 되는 개인을 우선하는 것이 옳다고 본다.

정당방위의 근거에 대하여 이와 같은 다양한 견해가 제시되고 있고, 이에 따라 정당방위는 방어자의 자율성(autonomy), 공격자의 능력, 사회질서, 이익의 균형, 최소 해악의 원칙(choise of the lesser evil)을 근간으로 삼고 있으며, 법원은 구체적 사건에서 필요성(necessity), 비례성(proportionality), 합리성(reasonability)의 원칙에 따라 유연하게 판단해 오고 있다.[33] Stuart Green은 이와 같은 전통적인 정당방위의 법리에 따라 주거방위의 근거를 검토한 뒤 주거방위에 대한 근거를 정당방위의 근거와 구별하고 있는데, 그 주장의 요지를 정리하면 다음과 같다.[34]

첫째, 침입자가 불법으로 주거에 침입하려는 시도는 항상 치명적 위협(deadly threat)으로 간주한다.

33_ Boaz Sangero, "A New Defense for Self-Defense", *Buffalo Criminal Law Review*, Vol. 9 (2006), p.558.

34_ Stuart Green, "Castles and Carjackers: Proportionality and the Use of Deadly Force in Defense of Dwellings and Vehicles", *University of Illinois Law Review*, Vol. 1 (1999), pp.31-41.

둘째, 방어자는 주거에 있을 때 매우 취약하다.

셋째, 방어자는 주거에 있을 때 특별한 재산특권을 갖게 된다.

넷째, 주거에 대한 침입은 프라이버시, 존엄성, 명예에 대한 침입이 되고, 이는 강간이나 감금과 같은 범죄로 유추될 수 있다.

다섯째, 치명적 폭력 사용은 불법책임을 억제하고 범죄인을 처벌하는 수단으로서 정당화된다.

주거방위의 경우 거주자가 위협을 받았다고 믿었을 경우 치명적 폭력 사용이 허용되기 때문에 기존의 정당방위의 법리, 즉 권리 이론, 결과주의 내지 공리주의 진영에서 제시하는 여러 논거에 의할 때 필요성, 비례성, 합리성의 원칙에 위배될 수 있다. 그러함에도 주거방위에 있어서 치명적 폭력 사용이 허용되는 것은 Stuart Green이 분석한 바와 같이 주거에 대한 침입을 중대한 권리 침해 그 자체로 보거나 그 자체 치명적인 위협으로 간주하기 때문이다.

2. 법리의 내용과 요건

먼저, 주거방위법리의 핵심이 되는 후퇴의무에 대하여 살펴본다. 주택에서 침입자와 부닥쳤을 때 거주자에게 후퇴의무를 부과하는지 여부에 따라 두 가지 입법 형태로 나뉘어진다. 첫째는, 치명적 폭력을 사용하기 전에 후퇴해야 한다는 입법례이다. 즉 행위자는 안전한 범위 내로 후퇴함으로써 치명적인 폭력 사용을 회피할 수 있음을 아는 경우에는 치명적 폭력을 사용해서는 안 된다[모범형법 제3장 제4조 제2항 제6호 제ii목: §3.04 (2) (b) (ii)]. 둘째는, 자신의 영역을 침입한 자에 대해 후퇴할 필요가 없고 치명적 폭력 사용을 허용하는 입법례이다. 이를 '참사람 법리(true man doctrine)'라고 한다. 참하고 오류가 없는 사람은 주거방위에 있어 반드시 물리적 폭력을 사용하지 않더라도 안전하다고 할 경우에도 후퇴의무가 없다고 보는 것이다.[35] 전자에 따라 후퇴의무가 부과되더라도 성곽법리에 의하면 예외가 인정된다. 즉 불법으로 주택에 침입한 자에 대하여는 후퇴할 의무가 없다. 왜냐하면 주택은 안전을 제공해주기 때문이다. 거주자는 합법적인 자신의 영역을 지킬 수 있고, 살인이나 중대한 신체에 대한 위해나 중죄를 예방하기 위해 필요한 경우라면 치명적 폭력을 사용할 수 있다. 그러나 현대 사회의 복잡성으로 인해 주거 밖에서 심각한 충돌이 일어나기도 하고, 가정폭력도 있어 법원으로 하여금 어떤 경우에 후퇴의무가 있는지 판단하기 어렵게 하고 있다.[36]

위험을 피하기 위하여 폭력의 사용이 필요한 경우와 같이 위법한 침해로 인해 급박한 위험에 놓인 경우, 무단침입이나 절도로부터 재산을 보호하기 위한 합리적인 폭력의 사용이 허용되고 있다. 다만 치명적 폭력의 사용은 침입자가 심각한 신체 위해나 중죄를 저지를 것이라고 거주자가 합리적으로 믿었을 경우와 같은 경우에 허용된다. 재산에 대한 합법적인 소유권을 가진 자는 재산에 대한 침입에 대항하여 이를 보호하기 위해 법에 호소하기 위한 시간적 여유가 없을 경우 재산에 대한 침해의 예방이나 중단을 위하여 폭력을 포함한 합리적인 조치를 할 권리를 갖게 된다.[37] 주거에서 발생되는 정당방위 요건과 주거방어의 요건이 겹칠 수 있다. 즉 주거방위에서 중죄를 저지르는 것을 예방하기 위해 치명적 폭력의 사용이 허용되는데, 주거에서 살인 또는 중죄를 범할 것이라고 합리적으로 믿는 경우 그것을 예방 또는 저지하기에 필요한 치명적 폭력을 사용할 수 있기 때문에 이러한 경우 정당방위 요건도 충족된다. 양자의 경계는 분명하지 않으며 '후퇴하지 않을 특권(privilege of non-retreat)'은 형사소송에서 피고인에게 방어권을 제공하고 있지만 그러한 법리는 주(州)마다 달리하고 있다.[38]

35_ Catherine L. Carpenter, "Of the Enemy Within, The Castle Doctrine, and Self-Defence", *Marguett Law Review*, Vol.86(Spr. 2003), p.655.

36_ *Ibid.*, at 655-656.

37_ Wayne R. LaFave, *op. cit.*, at 585.

둘째, 주거방위에 있어 기계장비(mechanical devices)의 사용 요건에 대하여 살펴본다. 대부분의 주에서는 재산을 보호하기 위한 자동총기(spring gun) 등 기계장비를 사용하는 것을 허용하지 않는다. 이러한 장비는 사람이 없는 경우에도 자동적으로 발사되므로 무고한 사람에 대해 위해를 가할 위험이 있고, 거주인이 위험에 처해 있지 않음에도 치명적 공격을 가할 수 있기 때문이다. 그런데 몇몇 주에서는 이러한 장비의 사용도 허용하고 있으며, 이를 허용하는 경우에는 집에 사람이 있다는 경우로 한정한다. 따라서 총기에 의해 침입자를 살해하거나 상해를 입힌 경우, 그러한 장비의 소유자는 형사 책임을 지게 된다. 몇몇 주는 치명적이지 않은 장비의 사용, 예컨대 전기 담장이나 적절한 경고가 표시된 경우에는 이를 허용하고 있다. 대다수 주에서 주거 침입에 대한 요건이 있다고 합리적으로 믿은 경우, 치명적 폭력 사용을 허용한다. 그러나 그러한 믿음에 있어 부주의가 있는 경우 이와 같은 폭력의 사용은 불법이 된다.[39]

셋째, 재진입과 '자력에 의한 회수(re-entry and recaption)'에 대하여 살펴본다. 불법으로 동산이나 부동산이 탈취되었다고 합리적으로 믿는 자는 탈취 직후 재진입과 자력에 의한 회수를 위하여 치명적이지 않은 폭력을 사용할 수 있다.[40] 탈취된 후 어느 정도의 시간이 경과된 경우에는 허용되지 않는다. 그러나 모범형법은 재산 회복을 위해 법에 호소하는 것에 의문이 있는 경우 재산 회수를 위한 폭력은 허용된다고 규정하고 있다[모범형법 제3장 제6조 제1항 제6호 제ii목: §3.06 (1) (b) (ii)]. 그러나 대다수의 주 법률에서는 점유 회수를 위한 폭력의 사용

38_ Catherine L. Carpenter, *op. cit.*, at 666-667.

39_ Richard G. Singer, John Q. La Fond, *op. cit.*, at 497.

40_ State v. Elliot, 11 N.H. 540(1841); State v. Dooley, 121 Mo. 591, 26 S.W 588(1894); Wayne R. LaFave, *op. cit.*, at 589; Richard G. Singer, John Q. La Fond, *op. cit.*, at 498.

은 범죄가 된다고 규정하고 있다. 이에 따라 법원은 주거에 재진입하는 것은 탈취 직후에 이루어져야 한다고 판시하고 있다.[41]

마지막으로 법리의 적용 대상자에 대하여 살펴본다. 성곽법리의 적용 대상자는 무단침입자, 초대받은 자, 동거인의 세 부류로 나눌 수 있다. 무단침입자에 대하여는 영역을 확보하고 경우에 따라서는 죽이는 대응도 허용된다. 초대받은 자가 무단침입자에 의해 치명적 공격을 받을 때 후퇴할 의무는 없다고 본다.[42] 점유자(occupant) 역시 초대받은 사람이 침입자로 돌변할 경우 영역을 확보할 수 있고 치명적 폭력도 사용할 수 있다. 무단침입자나 초대받은 자와 달리 동거인은 재산에 대한 소유권을 공유한다. '보호되는 거소(sanctuary)'를 공유하고 있으므로 이에 상응하는 성곽법리가 없다. 여기에 대해서는 철학적으로 견해가 나누어진다. 즉 주거보호에 대한 피고인의 권리에 중점을 둘 것인가, 아니면 공유하고 있는 재산에 대한 이익에 중점을 둘 것인가이다. 이와 관련하여 오하이오 주 대법원은 "무단침입자와 동거인을 달리 구분할 법리는 없고, 따라서 자신의 주거와 관련하여 후퇴할 의무가 없고, 주거방위를 위해 동거인에 대하여 치명적 폭력을 사용할수 있다"고 판시하였다.[43]

3. 강화된 주거방위법리의 내용

2005년 이후 성곽법이라고 불리는 주거방위법에 의해 주거 방위자를 보호하는 입법들이 확대되고 있다.

41_ State v. Webb, 163 Mo. App. 275, S.W. 805(1912); Wayne R. LaFave, *op. cit.*, at 589.

42_ State v. Stevenson, 344 S.E.2d 334, 336(N.C.Ct. App, 1986); Catherine L. Carpenter, *op. cit.*, at 669.

43_ State v. Thomas, 673 N.E.2d 1339, 1343(Ohio 1997); Catherine L. Carpenter, *op. cit.*, at 671-672.

2005년 플로리다 주는 정당방위에 있어서 치명적인 폭력 사용에 대한 요건을 급격하게 변경시켰다. 이를 살펴보면, 첫째, 사망 또는 신체에 대한 중한 상해로 인한 위협에 대한 '합리적 믿음'의 요건에 있어서 치명적 폭력의 사용 전에 갖추어야 하는 '합리적 믿음'이라는 요건을 삭제하였다. 둘째, 장소에 대한 정당한 권한을 갖고 있는 자에게 후퇴의무를 삭제하였다. 셋째, 성곽법리를 확대하였는데, '주거'에서 어떠한 구조물이나 차량으로 확대하였고, 허락을 받고 거주하고 있는 곳까지 확대하였다. 넷째, 치명적 폭력의 사용에 따른 형사 소추 및 민사 배상에 대한 완전한 면제규정을 마련하였다.[44]

2008년 오하이오 주 의회는 「정당방위와 은닉권총 면허법(concealed handgun license law)」을 일괄하여 제정하였다. 이에 따르면 정당방위 상황이 어디에서 발생하는지와 관계없이 정당방위를 위한 필요성의 요건이 갖추어진 것으로 본다. 나아가 2008년 오하이오 주는 강력성곽법리(super castle doctrine)를 채택하였다. 그 내용을 살펴보면, 첫째, 성곽법리에 따른 정당방위의 경우 민사상 손해배상 책임이 면제되고, 둘째, 후퇴의무가 삭제되었으며, 셋째, 정당방위에 있어 '합리적 믿음'이라는 요건이 폐지되었다.[45]

위스콘신 주에서는 2011년 11월 강력성곽법리가 채택되었다. 이에 의하면, 첫째, 후퇴의무가 폐지되었고, 둘째, 폭력 사용에 필요한 객관적 합리성이라는 요건이 폐지되었으며, 셋째, 손해배상 책임이 면제되었다.[46]

몇몇 주는 주거침입과 관련하여 폭력의 사용을 확장하는 법안을 공포하였다.

캘리포니아 주는 피고인이 집주인이 아닌 타인의 주거에서 치명적

44_ Wyatt Holliday, *op. cit.*, at 416.

45_ *Ibid.*, at 422.

46_ *Ibid.*, at 426.

폭력을 사용한 경우, 제3자가 불법으로 폭력을 사용하여 주거에 침입한 경우, 피고인이 불법적이고 무력을 사용한 주거침입이 발생했다고 인식하였거나 그렇다고 믿을 만한 근거가 있는 경우에는 심각한 신체 손상이나 살해의 임박에 대한 합리적인 믿음이 있는 것으로 간주한다.

콜로라도 주는 주거에 불법으로 침입하거나, 침입자가 주거에서 범죄를 저지르거나 주거 내의 사람 또는 재산에 대한 범죄를 저지른다고 믿을 만한 근거가 있는 경우, 침입자가 거주자에 대하여 어떠한 물리적 폭력을 사용한다고 합리적으로 믿은 경우, 치명적 폭력을 포함한 '어떠한 폭력(any degree of force)'도 허용한다.[47]

2007년 미주리 주 의회는 주거방어와 관련하여 치명적 폭력의 사용을 확장하는 법안을 통과시켰다. 보통법에 의하면 주거의 거주자는 제한된 범위에서 방어할 수 있었다. 새로운 법안에 따르면 치명적 폭력은 주거에 불법으로 침입하는 누구에게도 사용할 수 있으며 침입자가 범죄를 저지른다는 고의와도 무관하다고 본다. 주거방위와 정당방위를 통합시켰고, 보호되는 법익과 위해가 균형이 잡히도록 하는 것에 의해 정당방위와 구별되는 주거방어의 기준을 분명하게 제시하였으며, 침입이 완료된 경우에도 주거방위를 할 수 있도록 하였다. 2010년 미주리 주 의회는 주거방어권을 더욱 확장하는 법안을 통과시켰다. 위 법안은 2010.10.28.부터 발효되어 주거, 차량, 거소, 건물, 주거용 건축물, 텐트, 영구 이동이 가능하거나 그렇지 않은 임시 수송 기관뿐만 아니라 개인 재산에 대하여 불법으로 침범하는 자에 대하여 치명적 폭력 사용이 가능하도록 하고 있다. 이 법안은 주거 거주자로 하여금 주택이나 차량에서부터 재산에 이르기까지 치명적인 폭력의 사용을 정당화해 주고 있다.[48]

2007년에 제정된 조지아 주 법에 의하면 주거를 포함한 재산이나 물적 재산에 대한 방어를 위한 폭력(assault)은 면책될 수 있다. 조지아

47_ George E. Dix, *op. cit.*, at 146-147.
48_ Sarah A. Pohlman, *op. cit.*, at 857-858.

주 법에 의하면 주거(habitation)에는 어떠한 형태의 주거라든가, 자동차, 영업장소, 자동차와 동일시 할 수 있는 동산도 포함된다. 조지아 주 항소법원은 주거방위에 의한 면책(immunity)을 갖고 있는 경우 피고인에 대한 공판이 개시되기 전에 면책 해당 여부를 판단하여야 한다고 보았다.[49] 더구나 이러한 방어권을 적절하게 행사하지 못한 경우 변호인의 조력을 받을 권리가 침해된 것으로 보아 이를 항소이유로 삼을 수 있다. 조지아 주 대법원은 주거 방어에 대하여 배심원에 대한 적절한 지시가 없었을 경우 변호인의 조력을 받을 권리가 침해된 것으로 보았다.[50]

이와 같이 강화된 성곽법리를 요약하면 다음과 같다. 첫째, 치명적 폭력의 사용 전에 후퇴할 의무가 폐지된 것이다. 둘째, 주거에 침입하면 비록 침입자의 다른 행동이 합법적이더라도 치명적 폭력의 사용에 필요한 사실 혹은 중대한 위해에 대한 필요성과 합리성의 요건이 모두 충족된다고 본다. 셋째, 보호되는 영역은 주거, 영업장소뿐만 아니라 차량, 타인의 주거 등까지 포함된다. 넷째, 성곽법리가 민사책임까지 면제시켜 준다.[51]

IV. 비교법적 고찰

이상의 주거방위 법리의 고찰을 통해 미국에서는 최근 주거 방위

49_ Boggs v. State, 261 Ga. App. 104, 581 S.E.2d 722 (2003); Robert Christian Rutledge, "Vigilant or Vigilante? Procedure and Rationale for Immunity in Defense of Habitation and Defense of Property Under the Official Code of Georgia Annotated §§16-3-23, -24, -24.1, and -24.2", *Mercer Law Review*, Vol. 59(2008), pp.630-632.

50_ Benham v. State, 277 Ga. 516, 591 S.E.2d 824(2004); *Ibid.*, at 633.

51_ Wyatt Holliday, *op. cit.*, at 409-410.

자를 매우 강력하게 보호하는 주거방위법리를 전개하고 있음을 보았다. 이러한 강력 주거방위법리는 여러 나라의 입법과 판례에도 영향을 미치고 있는데, 먼저 전통적인 주거방위법리를 이어가고 있는 영국, 웨일스와 최근 주거방위법리를 강화하고 있는 아일랜드에 대하여 살펴보고, 우리와 비슷한 형태의 형법을 갖고 있는 독일에서의 최근의 판례의 변화 등에 대하여 비교법적 고찰을 하기로 한다.

1. 영국과 웨일스

영국 보통법의 주거방위법리에 대하여는 주거방위법리의 사적 고찰에서 살펴본 바와 같다. 영국 보통법하에서 피고인은 형사 책임을 면하기 위해서 정당방위에 호소하는 경우가 많았다. 배심원들은 피고인이 그 자신 혹은 가족, 재산에 대한 범죄를 예방하기 위한 폭력의 사용이 '합리적(reasonable)'인지 여부를 판단하였다. 다만 주거 침입자에 대하여는 후퇴의무가 없다고 보았다. 1967년 형법(Criminal Law Act)에 의해 이러한 후퇴의무는 폐지되었다. 형법에서는 정당방위시 행위자는 주위 상황에 비추어 볼 때 합리적인 폭력을 사용해야 함을 규정하고 있다. 이러한 '합리성'을 판단함에 있어 법원은 '객관적 검토(objective test)'를 하여 왔다. 즉 행위자가 정당방위를 한 것이 정직하고 본능적인 생각에 의해 필요하다고 판단했는지 여부를 가림에 있어 모든 상황에 대한 증거를 놓고 그러한 방위 행위가 합리적이었는지 여부를 판단한다.[52] 피고인이 주거방위시 생명에 대한 위협을 받고 있었다고 믿을 합리적인 근거가 있는 경우 무죄가 선고된다. 만약 피고인이 주거방위가 성립되는 상황에서 의도적으로 살인이라는 과잉방위로

52_ Marianne Giles, "Self-Defense and Mistake: A Way Forward", *The Modern Law Review*, Vol. 53, No.2 (Mar. 1990), p.191; Nicola Padfield, *Criminal Law*, 8th ed., Oxford, 2012, pp.132-134; Jonathan Herring, *Criminal Law: Text, Cases, and Materials,*, 4th ed., Oxford, 2009, pp.736-738.

나아갔을 경우에 중살인(murder)이 아닌 경살인(manslaughter)으로 기소된다.[53]

주거방위에 있어 객관적 요건, 즉 필요성과 비례성을 갖추면 폭력의 사용은 정당화된다. 이에 따라 청소년, 정신이상자, 몽유병 환자의 경우에도 객관적인 정당화 요건만 갖추면 무고한 사람이 희생될 수가 있게 된다.[54] 영국 법원은 주거방위에 있어서, 자발적으로 음주를 하고 술에 취한 상태에서 정당방위 상황이라고 착각하고 살해한 경우에는 정당방위가 성립되지 않는다고 판시하였다.[55]

이와 같이 영국과 웨일스에서는 '합리성' 여부로 주거방위에 해당하는지 여부를 판단하여 왔고, 이러한 법리는 미국에서의 강화된 주거방위법리와 큰 차이가 있음을 보게 된다. 이에 따라 주거 방위자의 보호가 미흡하다는 지적이 있어 왔고, 후술하는 바와 같이 아일랜드에서는 이러한 영국의 주거방위법리와 미국의 강화된 주거방위법리를 절충한 입법을 하게 된다.

2. 아일랜드

아일랜드의 「형법(주거 및 방위법)[Criminal Law(Defence and the Dwelling) Act]」은 2011년 법률 제35호로 발효되었다. 위 법률 제1조 제1항에 따르면 주거(dwelling)에는 주거로 사용되어 왔거나 그러한 용도로 지어진 건물과 구조물(structure)과 이와 같은 용도의 차량이나

53_ Stephen White, "Excessive Force in Self-Defense", *The Modern Law Review*, Vol. 34, No.1 (Jan. 1971), p.107.

54_ Jeremy Horder, "Permissing Killing: The Self-Defense Justification for Homicide by Suzanne Uniake", *The Modern Law Review*, Vol. 58, No. 3(May 1995), p.436.

55_ R v. Hatton, EWCA Crim 2951 [2005]; R v O'Grady, Q B 995 [1987]; Gavin Dingwall, "Intoxicated Mistakes about the Need for Self-Defense", *The Modern Law Review*, Vol. 70, No. 1(Jan. 2007), pp.127-128.

배, 주거의 일부도 포함된다. 동조 제2항에 의하면 주거의 위요지 (curtilage)도 포함된다. 위 법률 제2조 제1항에 따르면 주거의 거주자는 침입자가 범죄를 저지를 것이라고 믿었을 경우 폭력을 사용할 수 있으며, 거주자 자신이나 주거에 거주하는 사람에 대한 상해, 폭행, 구금, 살인 기타 범죄 행위를 예방하기 위하거나 재산의 보호 등을 위해서 필요하다고 믿는 것이 합리적(reasonable)이어야 한다고 하는 '합리성'의 요건을 추가하고 있다.[56] 동 법률에서 주거(dwelling), 재산 (property), 위요지(curtilage)의 개념을 정의하고 있고, 주거 침입자에 대하여 사용할 수 있는 폭력의 범위, 치명적 폭력 사용의 요건 등을 규정하고 있다.[57]

위 법률에 대해 시민자유단체는 미국의 덤벼봐법("make my day" law)을 그대로 적용한 것이라고 비판하고 있다.[58] 그러나 이 법률에서는 주택의 소유자가 방어를 함에 있어 '합리적(reasonable)'이어야 한다는 요건을 들고 있으므로 미국의 주거방위법과는 큰 차이가 있다. 이 법에 따르면 주거침입자는 재산에 대한 불법적인 동기가 있거나 절도 행위를 할 때 집 주인이 행사하는 방어권 행사에 대하여 하등 권리를 주장할 수 없게 된다.

이상에서 보듯 아일랜드에서는 한편으로 미국의 강화된 주거방위 법리를 수용하면서 다른 한편으로는 영국의 전통적인 주거방위 법리에 따라 '합리성'이라는 요건을 두어 양자를 절충하고 있다고 평가된다.

56_ http://www.irishstatutebookie/2011/en/act/pub/0035/index.html (2013.9. 30. 방문).

57_ http://www.humanrights.ie/ The Criminal Law(Defence and the Dwelling) Bill 2010 (2013.9.30. 방문).

58_ http://www.independent.ie/national-news/courts (2013.9.30. 방문).

3. 독 일

독일에서 정당방위가 성립하려면 현재의 침해(gegenwärtiger Angriff), 위법한 침해(rechtswidriger Angriff), 필요한 방위(erforderliche Abwehr)라는 요건과 정당방위가 요구되는 상황(gebotene Abwehr)이라는 요건이 충족되어야 한다.[59] 이에 따라 프랑크푸르트 지방법원은 주거권(Hausrecht)은 정당방위를 성립시키는 법익이 아니라고 하면서 상점에서 고객에게 가한 폭력의 경우 경찰 등에 호소함이 없었던 경우에는 위법성이 조각되지 않는다고 판시하였다.[60] 그러나 이러한 판례에 대하여 주거나 상점의 경우에도 점유자 내지 거주인은 독일 기본법 제13조에서 보호하는 기본권인 주거권을 갖는 것이고, 다만 침해에 상응하는 방어였는지 여부를 가려야 한다는 비판이 제기되어 왔다.[61]

독일 연방대법원 역시 정당방위에서 주거의 거주자를 특별히 배려하지 않았다. 이와 관련된 1993년의 중요한 판결을 살펴보기로 한다. 사건의 개요는 다음과 같다. 변호사인 피고인은 의뢰인(S)과 그의 집 2층에서 담소를 나누었다. 저녁 10시 30분에 피고인은 2층에서 그의 의뢰인과 헤어졌다. 피고인은 의뢰인이 집에서 떠난 것으로 생각했다. 그러나 S는 불분명한 이유로 그 집에 남아 있었다. 10분 후 피고인은 2층에서 소리가 나는 것을 들었다. 그는 장전된 총을 들고 총을 겨누고 나아갔고, 층계참(Treppenabsatz)에는 불빛이 없었다. 희미한 불빛 사이로 아래 계단 3m 떨어진 곳에서 어떤 사람이 움직이지 않고 있는 것을 보았다. 그 사람은 직접적으로 공격 태세를 취하는 것으로는 보이지 않았다. 피고인은 그가 S인 줄 몰랐기에 S를 향해 총을 쏘았고,

---

59_ Matthias Eggert, "Chantage—Ein Fall der Beschränkung des Notwehrrechts?", *NStZ* (2001), S. 226-228.

60_ OLG Frankfurt a.M., Urt. v. 1. 10. 1993-10 u 181/92, *NJW* 1994, 946; Manfred Löwisch · Volker Rieble, "Besitzwehr zur Durchsetzung eines Hausverbots", *NJW* (1994), S. 2596.

61_ A.a.O., S. 2598.

S는 즉시 사망에 이르지 않았으며, 그 즉시 의사의 치료를 받았다면 치료가 가능했다. 총을 쏜 직후 피고인은 2층 방으로 돌아왔고, 피해자가 어떤 행동으로 나올지 기다렸다. S는 거실로 기어 나왔고, 5분 후 피고인은 빛을 비춰 누구인지 확인하지 않고 다시 총을 쏘았다. 이 총상으로 S는 사망에 이르게 되었다. 이 사건에서 독일 연방대법원은 참심법원의 판결과 다르게 피고인에 대하여 고의로 인한 살인 대신 과실치사죄로 유죄 판결을 내렸다.[62] 그러나 이러한 판결은 정당방위의 법리에 비추어 보았을 때에도 의문이 제기된다. 왜냐하면 사적인 주거영역에서 놀란 것임이 확실한 피고인이 정당방위 차원에서 총을 쏘았기 때문이다.

그러나 이러한 독일 연방대법원의 판결은 2011년에 이르러 획기적으로 변경된다. 사건의 개요는 다음과 같다. "Hell's Angels"라는 오토바이 클럽의 리더인 A는 "Bandidos"라는 경쟁 클럽 단원으로부터 살해 위협을 받아 왔다. A가 모르는 사이에 경찰에 의해 A의 주택에 대한 수색이 시작되었다. 새벽 6시, 경찰관은 A가 잠든 사이 주거를 수색하기 위해 A의 집 문을 열었다. A는 그 소리를 듣고 잠에서 깨어나서 권총을 장전했고, 이어 문이 열리고 그 틈으로 불빛이 새어들어 오는 것을 보았다. A는 계단에서 문 뒤에 있는 사람의 형체를 보았으나 그가 경찰인지는 알아채지 못했다. A는 중무장한 Bandidos 단원들이 자신을 죽이려는 것으로 알았다. 경찰관이 문을 열고 집 안으로 들어서려고 하였고, A는 "쏴 버릴거야"라고 소리를 질렀지만 아무런 대답이 없었다. A는 더 이상의 경고를 함이 없이 문을 향해 총을 쏘았고, 총알은 문을 뚫고 문 뒤에 있는 경찰관을 맞혔고, 그로 인해 경찰관은 사망에 이르게 되었다.[63] 위 사건에서 원심법원은 정당방위 상황을 주

62_ BGH, NStZ 1993, 386 = NJW 1993, 1723; Uwe Murmann, "Zur Risikotragungspflicht bei der Notwehr und zu den Grenzen personaler Verursachung — Anmerkung zu BGH, NStZ 1993, 386", *NStZ* (1994), S. 215.

택 거주자의 이익으로 판단하지 않았다. 그러나 독일 연방대법원은 갱단이 자신의 집을 탈취하고 자신을 죽인다고 판단하고 총을 쏜 경우 먼저 방어자의 관점에서 사건을 파악해야 할 뿐만 아니라 순수하게 객관적 관찰자의 입장에서도 바라봐야 한다고 판시하였다. 이러한 경우 방어 행위는 허용 구성요건의 착오에 해당할 뿐만 아니라 정당방위에도 해당한다고 보았다.[64]

위 판결에서 독일 연방대법원이 판시한 바를 다시 분석해 보면 다음과 같다.[65]

첫째는, 허용 구성요건의 착오(Erlaubnistatbestandsirrutum)이다. A는 자신을 죽이려고 상대 클럽 단원이 주거에 침입한 것으로 착각했고 이는 정당화 근거에 대한 사실상의 요건의 착오에 해당한다. 이에 따라 법원은 주거 침입이 불법이라고 착오를 일으켰더라도 치명적 폭력의 사용은 허용된다고 판시하였다.

둘째는, 독일형법 제32조 제2항의 '필요성'의 요건을 충족하는지 여부가 문제된다. 정당방위를 위해 선택한 공격 수단이, 공격 수단으로서의 적합성이 있어야 한다. A는 여러 공격 수단 중 적합한 수단을 선택해야 한다. 사례에서와 같이 주택 내부에서 살해 위협을 느낀 A가 이를 제거하기 위한 즉각적이고 궁극적인 위험 제거 수단으로써 권총을 발사한 것은 '필요성(Erforderlichkeit)'을 충족시킨 것으로 보았다.

셋째는, 현재성의 문제이다. 공격은 현재에 존재해야 하고 직접적이어야 하고, 방금 발생하였거나 계속되어야 한다. 위 사건에서 문이 열리고 사람이 일부 들어오고 있었고, 재산에 대한 침해가 시작되었다. 따라서 A의 공격은 '현재성'의 요건을 충족시킨다고 보았다.

63_ BGH 375 11 (Urt v. 1. 3. 2011).

64_ Volker Erb, "Die Rechtsprechung des BGH zur Notwehr seit 2004", *NStZ* (2012), S. 194-195; Volker Erb, "BGH v. 2. 11. 2011-2 StR 375/11. Putativnotwehr bei nächtlicher Durchsuchung unter heimlichem Eindringen", *JR*, Vol. 5 (Apr. 2012), S. 204-210.

65_ Robert Esser, Melanie Langbauer, "Unter Rockern", *JA* (2013), S. 28-30.

독일 연방대법원이 위 사건에서 허용 구성요건의 착오와 정당방위의 법리에 따라 판단한 것이지만 이는 사실상 주거방위 법리를 수용한 것으로 평가된다. 즉 독일 연방대법원은 과거에는 이와 같은 경우에 총기를 사용하는 것은 과잉방위에도 해당하지 않는 것으로 보았다. 그러나 위 판결에서 주거 방위자의 관점에서 정당방위의 요건이 충족되었는지 바라본 것이고, 이는 '합리적 믿음'이라는 기준에 따라 주거방위자의 관점에서 정당방위를 이해하는 영미법의 관점을 사실상 채택한 것이라고 평가되는 것이다.[66]

다음으로 주거방위에 있어 자동화된 기계에 의한 방위에 대하여 살펴본다. 즉 자동화된 기계에 의한 방위가 정당방위에 해당할 수 있는지에 대하여 살펴본다. 자동화된 기계에 의한 정당방위를 긍정하는 견해에 의하면 정당방위에 있어 공격의 현재성, 방어의 필요성, 공격과 방어 사이의 비례성 요건을 모두 충족해야 하며, 필요성 여부는 객관적인 상황을 두고 판단하는 것으로 본다. 이에 따라 자동화된 방어(automatisierte Gegenwehr)의 경우, 경고가 있어야 하고, 방위 요건을 갖추도록 프로그램된 경우에는 과잉방위로 보지 않는다고 본다.[67] 반면, 정당방위에 있어 필요성과 관련하여 자동방위의 경우 미리 경고가 주어졌다 하더라도 필요성이 충족되지 않는다고 보는 견해도 있다.[68]

66_ 물론 독일 연방대법원이 명시적으로 '주거방위법리'에 대하여 언급하고 있지 않으므로 위 판례가 과연 주거방위법리를 수용한 것인가에 대하여는 논란이 있을 수 있다고 본다. 그러나 위 판결에서 주거방위법리의 핵심인 '치명적 폭력'이라는 용어를 사용하고 있을 뿐만 아니라 주거방위법리의 핵심이 거주자의 관점에서 주거방위를 이해한다는 것과 거주자에게 후퇴의무를 부과하지 않는다는 것에 있으므로, 이러한 관점에서 본다면 독일 연방대법원의 위 판결은 주거방위법리의 핵심적인 요소를 수용하고 있으므로 주거방위법리를 사실상 채택하였다고 보더라도 무리가 없다고 본다.

67_ Kristian Kühl, *Lacker/Kühl StGB*, 27. Aufl., 2011, §32. Rn. 2-12.

68_ Volker Erb, *Münchener Kommentar Zum StGB*, 2. Aufl., 2011, §32. Rn. 173-174.

마지막으로 독일에서도 영미에서 논의되어 온 '매 맞는 여성 증후군(battered woman syndrome)'이 검토되고 있으므로 여기에 대하여 살펴본다. 매 맞는 여성 증후군은 여러 관점에서 살펴볼 수 있고 정당방위와 관련해서도 검토되어 왔으며, 주로 '주거'와 관련되므로 검토를 요하고 있다.[69] 오랫동안 가정폭력에 시달려온 부인이 남편을 살해한 경우 영미에서는 '매 맞는 여성 증후군'이라고 하여 법적·사회학적으로 달리 평가하고 있다. 그러나 독일에서는 이를 양형 문제로 다루어 왔고, 독일 연방대법원 역시 가정폭력사건(Haustyrannen-Fall)에서 이 점을 분명히 하였다. 그러나 이런 경우 정당방위와 같은 위법성 조각 사유 내지 책임능력의 문제로 다루어 면책사유로 검토해야 한다고 보는 견해가 제기되고 있다.[70]

이와 같이 정당방위 내지 주거방위에서도 독일에서는 영미의 성곽법리의 영향으로 정당방위의 요건을 점차 완화하려고 시도하고 있음을 볼 수 있다.

4. 검토 및 시사점

강력 주거방위법리는 미국의 대부분의 주에서 현재 채택되어 시행중에 있다. 이러한 법리는 미국의 각 주뿐만 아니라 여러 나라의 입법과 판례에도 영향을 미치고 있다. 위에서 언급한 아일랜드, 독일의 경우 외에도 2005년 이탈리아는 재산 소유자가 자신을 방위할 수 있는 법안을 통과시켰다. 2003년 호주의 Rann 정부도 주택 거주자가 주거 침입에 대하여 어떠한 폭력도 행사할 수 있도록 허용하는 법안을 채택

69_ '매 맞는 여성 증후군'이 주로 주거 내에서의 가정 폭력과 관련되지만 주거 침입과 관련해서도 충분히 발생될 수 있다.

70_ Anderas Welke, "Der „Haustyrannenmord" im deutschen Straftatsystem: Diskutiert unter Einbeziehung neuerer Tendenzen im Common Law", *ZRP* (2004). S. 153.

하였다. 이에 의하면 주택 거주자는 그의 가족을 보호하기 위해 필요하다고 판단하였을 경우 살인이나 상해도 가능하다.[71] 특히 우리와 유사한 형법을 갖고 있는 독일에서 사실상 주거방위법리를 채택한 것은 시사하는 바가 매우 크다고 본다. 이러한 최근의 입법례와 판례의 흐름은 주거방위에 있어서 새로운 인식과 접근 방법이 필요함을 시사하고 있다.

V. 법리의 수용가능성에 대한 검토

이상에서 주거방위법리의 사적 고찰을 통하여 법리가 형성되어 오늘에 이르게 된 과정을 살펴보았다. 이어 주거방위법리의 근거와 내용을 살펴보고 비교법적 고찰을 통해 오늘날 여러 나라에서 '강화된' 주거방위법리를 수용하고 있음을 보았다. 이하에서는 현행법에서 주거방위법리를 수용할 수 있는지 살펴보고자 한다. 이러한 검토에 앞서 현행 규정에 대한 학설과 판례의 입장을 검토하고, 이를 토대로 하여 법리의 수용 가능성을 검토하고자 한다.

1. 현행 규정과 해석론

형법 제20조 제1항에서 자기 또는 타인의 법익에 대한 현재의 부당한 침해를 방지하기 위한 행위는 상당한 이유가 있을 때에는 벌하지 아니한다고 규정하고 있다. 또한 동조 제2항에는 과잉방위의 경우 형을 감면할 수 있고, 동조 제3항에서는 과잉방위가 기타 불안스러운 상태하에서 공포, 경악, 흥분 또는 당황으로 인한 때에는 벌하지 아니한다고 규정하고 있다. 이러한 규정에 따라 다수의 학자들은 정당방위가

71_ http://en.wikipeadia.org/wiki/Castle Doctrine (2013.9.30. 방문).

성립하려면 ① 현재의 위법한 공격 행위가 있어야 하고, ② 자기 또는 타인의 법익을 보호하기 위한 방위 의사에 기한 방위 행위여야 하고, ③ 상당한 이유가 있어야 한다고 보고 있다. 여기에 상당한 이유가 성립되려면 공격자에게 최소의 침해를 가하는 방위 행위여야 한다고 보고 있다.[72]

　형법 제21조 제1항의 '상당성'의 의미에 대하여는 학설이 나뉘고 있다. 독일형법 제32조 제2항의 '필요성'과 동일한 의미로 이해하는 견해, 필요성과 사회윤리적 제한을 포함하는 의미로 이해하는 견해, 우리 형법 독자적인 판단 기준을 가져야 한다는 견해로 나뉘어진다.[73] 이와 같이 '상당성'의 의미에 대한 해석은 달리하고 있지만 이러한 '상당성'을 다수의 학자들은 방위의 필요성이나 비례성으로 이해한다. 즉 정당방위에서는 침해된 법익과 보호할 법익과의 균형성을 요구하지는

72_ 김일수 · 서보학, 새로쓴 형법총론(제11판), 박영사, 2008, 292-303면; 박상기, 형법총론 (제9판), 박영사, 2012, 178-190면; 배종대, 형법총론(제11판), 홍문사, 2013, 341-357면; 신동운, 형법총론(제3판), 법문사, 2012, 277-288면; 이영란, 형법학: 총론강의, 법문사, 2012, 233-237면; 정성근 · 박광민, 형법총론(전정판), Skkup, 2012, 236-247면; 정영일, 형법강의(총론), 학림, 2013, 168-177면, 이러한 정당방위의 정당화 근거에 대하여 우리나라의 다수설은 자기 보호의 이익과 법 질서 수호가 공동의 근거가 된다고 보고 있다. 즉 방위자는 위급한 상황에서 자기 스스로를 보호하고, 개별 법익의 침해를 통해 법 질서 자체가 침해되므로 이러한 침해로부터 법 질서의 수호를 위한 수단이 필요하다고 본다: 김학태, "정당화 사유의 법철학적 분석에 관한 연구-정당방위와 긴급피난의 구조적 분석과 비교를 중심으로-", 「외법논집」 제35권 제1호(2011.2), 146면; 성낙현, "정당방위의 정당화 근거와 그 제한원리", 「동아법학」 제52호(2011.8), 361-362면; 정용기, "정당방위의 정당화 근거-법철학적 배경과 본질을 중심으로-", 「산업경영논총」 제16집(2009), 105-106면. 그런데 이러한 다수설에 대하여 상호주관적인 승인 이론에 따라 정당방위는 공격자의 공격으로부터 공격받은 사람의 인격 실현 가능성을 보호하려는 시도로 이해하는 견해가 있다. 이에 의하면 정당방위 상황에서는 공격자에 비해 방위자에게 항상 윤리적인 우위가 인정된다고 보게 된다: 최석윤, "정당방위의 근본사상에 관한 연구", 「형사정책연구」 제21권 제3호 통권 제83호(2010 · 가을), 271면.

73_ 조규홍, 앞의 글, 82-83면.

않지만, 침해를 방어하기 위한 수단 중 공격자에게 피해가 적은 방법을 선택하도록 해야 한다고 본다(방위수단의 최소 침해성).[74]

결국 방위 행위의 상당성 판단을 함에 있어 실제적으로 법익 형량에 의하게 된다. 법익 형량의 관점에서 볼 때 방어자의 법익 보호가 우선되므로 보호할 법익의 우월성이나 균형성이 요구되지 않는다. 다만 사소한 법익을 위하여 중대한 법익을 침해하는 심한 불균형은 허용되지 않는다고 본다.[75] 여기에서 나아가 상당한 이유에 대한 판단은 객관적으로 해야 하고, 재산권 침해 행위에 대해서는 정당방위를 인정할 수 없고 수인의무가 발생하며, 사후적 구제수단의 존재 즉, 경찰권, 민사상의 구제수단이 있는 경우에는 정당방위가 제한된다고 보고 있다.[76]

그런데 최근 우리 학계에서도 미국에서 논의되어 온 '매 맞는 여성 증후군'이 소개되면서 매 맞는 여성 증후군과 정당방위와 관련하여 검토를 하고 있고,[77] 정당방위 상황에 대한 판단에 있어 방어자의 입장, 즉 '합리적으로 믿었느냐(resonably believes)'에 대한 미국 법리의 소개와 검토가 계속되고 있다.[78] 나아가 성폭행을 하려는 경우 방위하

74_ 최준혁, "위법한 공무집행에 대한 저항과 정당방위", 「울산대학교 사회과학논집」 제18권 2호(2010), 286면.

75_ 정용기, "정당방위의 「상당한 이유」에 대한 비교법적 고찰", 「산업경영논총」 제13집(2006), 120-121면. 정당방위의 상당성 요건에서 침해 행위를 격퇴하기 위한 유일한 수단 내지 최후의 수단이어야 한다는 보충성의 원칙은 적용되지 않는다. 따라서 원칙적으로 침해를 피할 필요가 없고 회피할 수 있는 방법이 있었음에도 불구하고 회피하지 않고 방위 행위를 한 경우에도 상당성이 인정된다: 정현미, "싸움과 정당방위", 「법학논총」 제5권 제1호(2000.12), 171-172면.

76_ 임석원, 앞의 글, 268-287면.

77_ 강우예, "피학대여성의 행위에 대한 가벌성 검토에 있어 피학대여성증후군의 가치에 관한 연구", 「피해과학연구」 제18권 제2호(2010.10), 405-406면.

78_ 김현정·이수정, "학대남편을 살해한 피학대 여성의 판결에 관한 연구", 「한국심리학회지: 여성」 Vol. 12, No. 1(2007), 49-50면; 김호기, "미국의 정당방위 성립요건인 합리성의 해석론—합리적인 인간 기준과 합리적인 매 맞는 여성 기준의 의미—", 「경찰법연구」 제7권 제2호(2009), 366-367면.

는 여성의 입장에서 방위 수단의 선택이 적정했느냐 하는 판단은 구체적인 행위 상황에 비추어 특별히 상당성을 초과했다고 보여지지 않는 한 가급적 폭넓게 인정해 주는 것이 바람직하다는 견해도 제기되어 왔다.[79]

2. 판례의 검토

대법원은 정당방위가 성립하기 위해서는 방위의사가 있어야 한다고 보고 있다.[80] 대법원은 상당성에 관해 침해 행위에 의하여 침해되는 법익의 경위, 정도, 침해의 방법, 침해의 완급과 방위 행위에 의하여 침해될 법익의 종류 등 일체의 구체적인 사정을 참작하여야 한다고 하여 매우 포괄적인 기준을 제시하고 있다. 결국 방위 행위의 수단, 방법의 적정성과 법익 침해의 상대적 균형 여부가 상당성 판단의 기준이 되고 있다.[81] 나아가 대법원은 정당방위에 있어 법익의 균형성뿐만 아니라 행위의 균형성까지 함께 고려하고 있다.[82]

이와 같이 판례가 정당방위에 있어 상당성의 요건을 엄격하게 보고 있어 지금까지 정당방위를 인정한 판례도 극히 소수에 불과하게 되었고, 이에 따라 앞서 보았듯이 일선 경찰에서는 가해자보다 더 심한 폭력이나, 흉기나 위험한 물건을 사용하지 않아야 하고, 공격자의 피해 정도가 방위자보다 심하지 않아야 한다는 기준까지 제시하고 있는 실정에 있다. 이런 판결에 따르면 주거 방위자는 주거 침입자에 대한 치명적 폭력은 물론이고, 주거방위를 하기 위한 적절한 방위수단의 강

79_ 이보영·이무선, "강간죄에 있어서의 정당방위", 법과정책, 제18장 제12호 (2012.8), 376면.

80_ 대법원 1999.4.17. 선고 96도3376 판결.

81_ 대법원 1999.6.11. 선고 99도943 판결; 대법원 2003.11.13. 선고 2003도3606 판결; 대법원 2006.4.27. 선고 2003도4735 판결.

82_ 대법원 2001.5.15. 선고 2001도1089 판결; 대법원 1989.12.12. 선고 89도2049 판결.

구도 어렵게 될 것이다.

나아가 '주거방위'에 있어서 주거자를 특별히 배려하거나 주거 '방위자'의 입장에서 상당성을 판단한 판례는 전혀 찾아볼 수 없다. 다만 주거와 관련되어 정당방위 여부를 판단한 판례가 다소 있으므로 이하에서는 이러한 판례를 살펴보기로 한다.[83]

(1) 서울고법 1971.11.11. 선고 71노752 제2형사부 판결

피해자 공소외 1은 피고인의 둘째 매형인데, 평소 그의 처가 식구들인 피고인의 가족에 대하여 행패가 심하고 심지어는 손아래 처제인 공소외 2(피고인의 셋째 누나)와 공소외 3(피고인의 누이동생)을 모두 강제로 간음하여 공소외 2가 도망하자 피해자는 사건 당일 저녁 피고인의 집에 찾아와서 자기 처인 공소외 4와 장모인 공소외 5(피고인의 모친)에 대하여 처제인 공소외 2를 찾아내라고 욕설과 폭행을 가하였다. 참다못한 피고인은 피해자에게 "밤도 늦고 이웃이 창피하니 이젠 그만하고 내일 이야기하자"고 하였는데, 피해자는 도리어 피고인에게 "너는 또 무슨 간섭이냐"고 하면서 부엌으로 나가더니 칼을 들고 들고와 피고인과 피고인의 모 그리고 누나에게까지 칼을 휘두르면서 행패를 부리는 바람에 피고인은 방안에서 이리 피하고 저리 피하다 피해자가

83_ 위에서 살펴보았듯이 주거방위와 정당방위는 겹칠 수 있고, 양자의 경계는 명확하지 않다. 주거방위법리에 의하면 거주자가 주거에 있을 때 생명과 신체에 대한 중대한 위험이 있다고 합리적으로 믿은 경우에는 설령 그 위험이 '현실화' 되지 않았더라도 '정당방위'에 해당한다고 보고 있다. 따라서 그 위험이 현실화되어 주거침입과 폭력, 협박 등이 이어졌다면 주거 거주자는 당연히 '자신의 영역을 확보'하기 위하여 치명적 폭력을 사용할 수 있다고 보게 된다. 그런데 우리의 경우 지금까지 이러한 주거방위법리에 대한 검토가 없었고, 따라서 이렇게 위험이 '현실화'되지 않은 경우는 물론이고 이하 판례에서 보듯이 주거침입에 이어 실제 폭력, 협박이 현실화되었음에도 이를 정당방위로 인정하고 있지 않고 있다. 이하에서는 이러한 이해를 토대로 하여 주거에 있을 때 생명과 신체에 대한 중대한 위험이 있다고 합리적으로 믿었고, 나아가 그 위험이 현실화된 경우와 관련된 판례들을 검토하기로 한다.

휘두르는 칼에 그만 좌측 무릎을 찔려 자신도 모르게 본능적으로 그 칼을 빼앗았다. 그러자 피해자는 다시 그 방구석에 놓여 있던 다리미를 들고 피고인을 구타하려 하므로, 피고인은 자신의 생명 및 모친과 형제를 구해야겠다는 생각과 지금까지 피해자로부터 당한 수모와 여러 가지 억울한 사연들이 한데 북바쳐 피고인으로 하여금 그대로 방관만 하고 있을 수 없게 하여 범행에 이르게 된 것이므로 피고인은 정당방위 내지는 과잉방위라고 주장하면서 항소를 제기하였다. 이에 대하여 서울고등법원은, 피해자는 피고인의 둘째 누나인 공소외 4의 남편으로 피고인과는 처남 자형지간인데, 피해자가 그의 집에 찾아온 피고인의 셋째 누나인 공소외 2를 강간한 이후 수회에 걸쳐 정교 관계를 맺고, 그 뒤 같은 해 4월에는 또다시 피고인의 여동생인 공소외 3마저 강간함으로써 처제들이 모두 정교 관계를 맺자 공소외 2가 행방을 감추어 버리자 피고인의 매형인 피해자는 도망간 공소외 2와 동거하겠다고 피고인의 집에 찾아와서 공소외 4 등에게 폭행을 가하면서 공소외 2를 찾아오라고 또다시 행패를 부렸으며, 이에 피고인은 "밤이 늦었으니 내일 이야기하자"고 피해자를 제지하자 피해자는 "네가 무슨 간섭이냐"고 하면서 부엌에 들어가서 식도를 들고 나와 피고인의 좌측 대퇴부를 1회 찌르므로 이에 격분한 나머지 동 식도를 빼앗아 순간적으로 피해자를 살해할 것을 결의하고 식도로 피해자의 좌측 경부를 10여 회 난자하여 피해자로 하여금 심장마비로 그곳에서 사망케 한 사실을 인정할 수 있으므로, 피고인의 행위는 피해자의 부정한 침해가 일단 중지된 후에 살의를 가지고 피해자에게 공격 행위를 한 것이어서 정당방위에 해당하지 않고 과잉방위에도 해당하지 않는다고 판시하였다.

그러나 위 사건을 '주거방위'의 관점에서 다시 검토해 본다. 서울고등법원이 사실을 인정한 바에 따르면 피해자가 피고인의 집으로 오기 전에 피고인의 누나와 여동생을 강간하였고, 사건 당일에 자신이 강간한 피고인의 누나와 동거하겠다고 찾아온 것이다. 그날 피해자는 피고인의 집으로 와서 피고인의 모를 폭행하고, 또 칼로 피고인의 대퇴부를 찔렀다. 따라서 위 사건에서 피고인이나 피고인의 가족이 피해자로 하여금 피고인의 주거에 들어오도록 용인했다고 볼 수 없으므로 이는 '주거침입'이 된다고 하겠다. 나아가 피고인의 입장에서 보면, 위와 같은 전력이 있는 피해자가 피고인의 주거를 침입한 것은 극심한 공포와 불안을 야기한다고 볼 것이다. 따라서 서울고등법원이 사실을 인정한 바와 같이 피해자가 피고인을 칼로 찌른 행위가 종료된 상황이었다 하더라도 '주거침입'의 행위는 계속되고 있었다고 할 것이므로 '정당방위'에 있어서 '현재성'의 요건은 충족되었다고 보아야 할 것이다.

(2) 대구고법 1973.11.12. 선고 73노575 형사부 판결

피고인이 그의 외사촌 동생인 공소외 2의 머리를 잘못 깎았으며 또 그의 머리를 빨리 씻겨 주지 아니한다는 이유로 친형인 피해자로부터 주먹과 발로 전신을 여러 차례 구타당한 다음 계속하여 길이 1미터 직경 7센티미터짜리 나무 몽둥이로 구타당하였다. 피고인이 그를 내쫓기 위하여 그 옆에 있는 부엌 앞 나무상자 위에 놓여있던 부엌칼 두 자루를 한손에 한 자루씩 들고 나오자 피해자가 그 집 밖으로 달아나므로 대문을 걸어잠근 후 그대로 부엌칼을 든 채 좁은 계단을 통하여 옥상으로 올라가 숨어 있다가 잠시 후 동정을 살피기 위하여 옥상 계단을 중간쯤 내려오는 순간 마침 왼손에 재봉틀용 의자를 들어 이를 방패로 삼고 바른손에는 위 몽둥이를 들어 죽인다고 하면서 올라오는 같은 피해자를 발견하였다. 이에 피고인은 뒷걸음으로 그 계단을 몇 계단 올라가 그 계단과 옥상의 구조상 더 피신하기가 어렵게 됨으로써 진퇴양난에 빠지게 되었을 때 피해자가 접근하여 몽둥이로 때리므로 심히 불안스러운 상태에서 그대로 있다가는 더 구타당할 것으로만 생각하고 공포와 당황한 나머지 그 침해를 방위하겠다는 일념 아래 바른손에 들고 있던 부엌칼로 그의 좌측 가슴 부분을 한 번 찔러, 그로 하여금 좌측 흉부 및 심장부 자창으로 사망케 하였다. 위 사건에서 대구고등법원은 피고인의 범행은 피고인의 생명·신체에 대한 현재의 부당한 침해를 방어하기 위한 행위이긴 하나 법익의 균형을 잃었으므로 정당방위라고는 할 수 없고 과잉방위 행위로 보아야 한다고 판시하였다.

그러나 위 사건을 다시 살펴보면, 피해자가 피고인의 주거를 무단 침입하였고, 왼손에 의자를, 오른손에는 몽둥이를 들고 피고인을 죽인다고 하여 피고인이 이를 피하기 위해 옥상으로 올라갔으나 더 이상 후퇴할 수 없는 상황이었던 것이다. 따라서 '주거방위'의 차원에서 살펴볼 때 침해의 현재성과 주거방위의 요건이 모두 충족되었다고 하겠다. 위와 같이 피해자가 피고인의 주거를 침입하였을 뿐만 아니라 위험한 무기인 몽둥이 등으로 피고인을 죽이겠다고 달려온 상황이었고, 이러한 경우 피고인에 대하여 후퇴의무를 부과할 수는 없다고 하겠으므로 이런 경우 치명적 무기를 사용하였다고 하여 과잉방위로 의율해서도 안 된다고 할 것이다.

(3) 대법원 1981.8.25. 선고 80도800 판결

피고인 경영의 주점에서 공소외 1 등 3인이 외상술을 마시면서 통금시각이 지나도 귀가하지 않고 피고인에게 접대부와 동침시켜 줄 것을 요구하고, 피고인이 이를 거절한 데 불만을 품고 내실까지 들어와 피고인의 처가 있는 데서 소변까지 보므로 피고인이 항의하자 공소외 1은 주먹으로 피고인의 안면을 강타하고 이어 피고인을 계단 아래 주점으로 끌고가 다른 일행 2명과 함께 집단으로 구타하였다. 이에 피고인은 공소외 1을 업어치기식으로 홀 위에 넘어뜨려 그에게 전치 12일간의 상해를 입힌 사건에 있어서, 대법원은 이와 같은 구체적 사정에서 볼 때 피고인의 공소외 1에 대한 폭행 행위는 단순한 싸움 중에 행한 공격 행위가 아니라 피고인 자신의 신체에 대한 현재의 부당한 침해를 방지하기 위한 의사에 기한 것이고, 침해 행위와 방위 행위의 방법, 폭행의 정도 등 제반 정황에 비추어 볼 때 위 방위 행위는 상당성이 있다고 할 것이므로 이는 정당방위에 해당한고 판시하였다.

위 사건에서 피해자가 피고인의 내실에 들어와서 소변을 본 것은 '주거침입'에 해당한다고 할 것이다. 나아가 피고인의 주거에서 피해자 일행이 피고인을 집단구타 하였으므로 이러한 경우 피고인이 방위 차원에서 한 공격이 정당방위에 해당한다고 본 대법원의 판결은 비롯 관점은 다소 달리한다 하더라도 그 결론에 있어서는 타당하다고 할 것이다.

(4) 대법원 2001.5.15. 선고 2001도1089 판결

피고인은 피해자와 혼인하여 딸과 아들을 두었고, 피해자는 평소 노동에 종사하여 돈을 잘 벌지 못하면서도 낭비와 도박의 습벽이 있고, 사소한 이유로 평소 피고인에게 자주 폭행과 협박을 하였으며, 변태적인 성행위를 강요하는 등의 사유로 결혼 생활이 파탄되어 두 사람은 별거하기에 이르렀다. 이에 피고인이 이혼소송을 제기하여 그 소송 계속중에 피해자가 피고인의 월세방으로 찾아왔고, 문밖에 찾아온 사람이 피해자라는 것을 안 피고인은 피해자가 칼로 행패를 부릴 것을 염려하여 부엌에 있던 부엌칼 두 자루를 방의 침대 밑에 숨겨 두었으며, 피고인이 문을 열어 주어 방에 들어온 피해자는 피고인에게 이혼소송을 취하하고 재결합하자고 요구하였다. 피고인이 이를 거절하면서 밖으로 도망가려 하자, 피해자는 도망가는 피고인을 붙잡아 방안으로 데려온 후 부엌에 있던 가위를 가지고 와 피고인의 오른쪽 무릎 아래 부분을 긋고 피고인의 목에 겨누면서 이혼하면 죽여버리겠다고 협박하고, 계속하여 피고인의 옷을 강제로 벗기고 자신도 옷을 벗은 다음 성행위를 요구한 후, 침대에 누워 피고인에게 성교를 요구하였으나 피고인이 이에 응하지 않자 손바닥으로 뺨을 2-3회 때리고, 재차 피고인에게 침대 위로 올라와 성교할 것을 요구하며 "너 말을 듣지 않으면 죽여버린다"고 소리치면서 침대 위에서 상체를 일으키는 순간, 계속되는 피해자의 요구와 폭력에 격분한 피고인이 그 상황에서 벗어나고 싶은 생각에서 침대 밑에 숨겨두었던 칼 한 자루를 꺼내 들고 피해자의 복부 부분을 1회 찔러 복부자창을 가하고, 이로 인하여 피해자로 하여금 장간막 및 복대동맥 관통에 의한 실혈로 인하여 그 자리에서 사망에 이르게 하였다. 위 사건에서 대법원은 피고인이 이와 같이 피해자로부터 먼저 폭행과 협박을 당하다가 이를 피하기 위하여 피해자를 칼로 찔렀다고 하더라도, 피해자의 폭행·협박의 정도에 비추어 볼 때 피고인이 칼로 피해자를 찔러 즉사하게 한 행위는 피해자의 폭력으로부터 자신을 보호하기 위한 방위 행위로서의 한도를 넘어선 것이고, 이러한 방위 행위는 정당방위 또는 과잉방위에 해당하지 아니한다고 판시하였다.

그러나 위 사건을 '주거방위'의 차원에서 다시 검토해 보면, 사건 당시 비록 피고인이 피해자에게 문을 열어 피해자가 피고인의 주거에 들어왔다고 하더라도 당시 이혼소송 중이었고, 피고인이 방문을 열어 준 것이 피해자의 행패가 두려웠기 때문이므로 피해자가 피고인의 월세방으로 들어온 것은 실제에 있어서는 주거에 대한 침입이 되고 피고인으로서는 자신의 '영역'을 확보할 정당한 권리가 있다고 볼 것이다. 이러한 사실은 피고인이 피해자의 상태에 대하여 침대 밑에 칼을 숨겨둔 사실로도 확인되고 있다. 피해자가 피고인의 방안에서 가위로 피고인에게 상해를 가하고 죽이겠다고 협박하고 강간하였던 것이고, 이러한 경우 피고인에 대하여 후퇴의무를 부과할 수 없고 치명적 무기의 사용도 허용된다고 할 것이므로 이 경우 정당방위가 성립된다고 보아야 할 것이다.

3. 법리의 해석론상 수용 가능성에 대한 검토

(1) 주거방위법리의 세 가지 형태와 관련하여

비교법적 고찰을 통하여 현재 주거방위법리는 크게 세 가지 형태로 나누어짐을 살펴보았다. 이를 정리해 보면, 첫째는 전통적인 주거방위법리로, 주거방위 요건이 충족된다는 합리적인 믿음을 가진 거주자에게 후퇴의무를 부과하지 않고 치명적 폭력의 사용을 허용하는 것이다. 둘째는 강력 주거방위법리로, 주거침입 그 자체를 중대한 범죄로 간주하여 주관적 요건을 제거하고, 주거방위 요건이 있다고 의제하며, '주거'의 범위를 매우 폭넓게 인정하는 것이다. 셋째는 이러한 양형태를 절충하여 강력 주거방위법리와 같이 주거 거주자를 보호하면서도 '합리성'이라는 주관적 요건을 유지하는 것이다. 현재 독일의 판례와 영국의 입법례는 첫째의 형태를, 미국, 이탈리아, 호주의 일부 주는 둘째의 형태를, 아일랜드는 셋째의 형태를 취하고 있다고 볼 수 있다. 앞서 판례의 검토에서 보듯이 현재의 판례는 '주거 거주자'의 관점에서 정당방위를 바라보거나 주거 거주자를 특별히 배려하지 않고 있을 뿐만 아니라 여기에서 더 나아가 '법익의 균형'까지 요구하고 있다. 이러한 상황에서 '강력주거법리'의 경우, '입법론' 차원에서의 논의는 별도로 하고 해석론(de lege lata) 차원에서는 현실성이 없다고 보여진다. 따라서 이하에서는 첫 번째 형태, 즉 전통적인 주거방위법리의 수용 가능성에 대하여 검토하고자 한다.

이러한 검토에 앞서 우선 주거방위법리의 근거와 관련하여 살펴본다. 둘째 주거방위법리의 요건, 즉 '후퇴의무'와 판단 기준에 대해 살펴보고, 치명적 폭력의 사용 여부에 대하여 검토한다. 셋째, 주거방위의 적용 범위와 관련하여 주거방위 법리가 적용되는 '주거'에 대하여 살펴보고, 자동기기의 허용 여부에 대하여도 검토하기로 한다.

(2) 주거방위법리의 근거와 관련하여

먼저 주거방위에서 보호되는 주거권에 대한 법적인 근거에 대해 살펴보기로 한다. 헌법 제16조에서 "모든 국민은 주거의 자유를 침해받지 아니한다"고 규정하고 있다. 주거란 개인의 공간적인 사생활 영역으로 주거의 자유는 국가 권력과 개인이 이를 침해하여서는 아니되는 개인의 방어권적 성격을 갖는 주관적 공권이다. 이러한 주거에 대한 침입은 형법상 주거 침입죄(형법 제319조)를 구성한다.[84] 또한 주거는 개인의 사생활을 영위하는 핵심 공간이 된다. 헌법 제17조에는 "모든 국민은 사생활의 비밀과 자유를 침해받지 아니한다"고 규정하고 있으므로 이러한 사생활 공간을 침입하는 것은 사생활의 평온을 누리는 영역에 대한 침해가 된다고 할 것이다. 나아가 Stuart Green이 지적하였듯이 이러한 주거권은 궁극적으로 인간의 존엄과 가치(헌법 제10조)와 밀접하게 관련되어 있다. 즉 주거에 대한 무단침입은 인간을 인격적으로 대우하고 독자적으로 인격적인 평가를 하여야 한다는 가치에 대한 침해가 될 수 있는 것이다. 이러한 주거에 대한 침입은 국민의 기본권인 주거권, 프라이버시권, 인간의 존엄과 가치에 대한 침입이 될 뿐만 아니라 형법상 범죄를 구성하게 된다. 나아가 인간은 주거에 있을 때 휴식과 안정을 취하고 사생활의 평온을 누리기를 원하며 이러한 권리는 헌법상 보호되는 자연권인데, 이렇게 무방비한 상태에 있을 때의 주거에 대한 침입은 주거자를 '막다른 골목'에 몰게 한다. 따라서 이러한 사생활 영역에 대한 침입은 거주자에 대한 중대한 권리 침해가 되고 법익의 균형에 있어서 급격한 변화가 온 것이므로 경우에 따라서는 주거침입에 대항하기 위한 치명적 폭력의 사용도 정당화될 수 있다고 보게 될 것이다.

(3) 주거방위법리의 내용과 관련하여

주거방위법리의 내용과 관련하여 주로 논의되는 것이 앞서 살펴본 바와 같이 주거 방위자에게 '후퇴의무'를 부과할 것인가와 '치명적 폭력'의 사용을 허용할 것인가의 문제이다. 전자의 경우 방위수단의 제한성과 관련하여 검토를 요하고 있고, 후자의 경우 형법 제21조 제1항의 '상당성'과 관련하여 검토를 요한다.

84_ 김일수 · 서보학, 새로쓴 형법각론(제7판), 박영사, 2009, 240면 이하; 이재상, 형법각론(제8판), 박영사, 2012, 231면 이하.

첫째, 주거 침입에 대하여 후퇴의무를 부과할 수 있는지 살펴본다. 학설의 검토에서 살펴보았듯이 다수설은 정당방위에 있어 사후적 구제 수단의 존재, 즉 경찰권이나 민사상의 구제 수단이 있는 경우에는 정당방위가 제한된다고 보고 있다. 그러나 주거방위법리의 사적 고찰에서 보듯 주거방위에 있어 후퇴의무는 이미 19세기 말에 이르러 폐지되었고, 비교법적 고찰에서 살펴보았듯이 오늘날 주거방위에 있어 후퇴의무의 폐지는 가장 온건한 형태에 있어서도 기본적인 법리로 자리잡고 있다. 나아가 독일판례에서 보듯이 독일 역시 주거방위에 있어 후퇴의무를 부과하지 않고 있다.

생각건대 주거방위에 있어 주거 거주자는 '막다른 골목'에 있다고 할 것이고, 주거에 대한 침입은 사생활의 평온을 침해하는 중대한 범죄 그 자체일 뿐만 아니라 주거 거주자에 대한 극심한 불안과 공포 그리고 위협을 야기하는 것으로 보아야 한다. 따라서 주거 거주자에게 방어를 하기 전에 후퇴의무를 부과할 수는 없다고 볼 것이다.

둘째, 주거 방어자에게 무기를 포함한 '치명적 폭력'을 허용할 것인가의 문제이다. 정당방위에 있어서 상당성 판단을 함에 있어 실제로 법익 형량에 따르고 있음을 살펴보았다. 학설의 다수는 정당방위에 있어 방어자의 법익 보호가 우선시되므로 보호할 법익의 우월성이나 균형성은 요구되지 않는다고 본다. 다만 사소한 법익을 위하여 중대한 법익을 침해하는 심한 불균형은 허용되지 않는다고 보고 있다.

생각건대 주거침입은 그 자체 중대한 범죄 행위이고, 주거 방위자의 생명과 신체에 대한 중대한 위협이 된다. 따라서 법익의 심한 불균형을 초래하지 않는 범위 내에서, 주거 침입자가 중죄를 범하려고 시도하거나 치명적 폭력을 사용한다고 거주자가 합리적으로 믿었을 경우와 주거 침입자가 치명적 폭력을 사용한다고 위협하였고, 거주자가 침입자에 대항하여 치명적이지 않는 폭력을 사용함으로써 신체에 대한 실질적인 위협이 야기된다고 믿었을 경우, 주거방위를 위한 무기 등 치명적 폭력의 사용은 허용된다고 볼 것이다. 만약 그렇지 않다고 본다면 앞서 본 대구고법 73노575 판결에 나타난 상황에서 방위자는 주거 침입자가 가할 여러 폭력 수단을 미리 예상하고 그에 대비하여 그에 상응하는 여러 방어 수단을 치밀하게 강구해야만 된다는 매우 부당한 결론에 이르게 될 것이다. 나아가 이러한 주거방위의 요건을 충족하였는지 여부는 거주자의 관점에서 판단하여야 할 것이고, 거주자의 관점에서 정당방위의 상황이 있었는지에 대한 판단은 주거방위 전체적인 상황을 두고 이루어져야 할 것이다.[85]

(4) 주거방위법리의 적용 범위와 관련하여

주거방위법리의 적용범위와 관련하여 다음의 네 가지 문제를 검토한다. 첫째는 주거방위법리가 적용되는 '주거'의 범위 문제이고, 둘째는 주거방위법리의 적용 대상자의 문제이고, 셋째는 재진입과 자력에 의한 회수의 문제이고, 넷째는 기계장비의 허용 여부의 문제이다.

첫째, 주거방위법리가 적용되는 '주거'의 범위에 대하여 살펴본다. 주거방위법리의 사적 고찰 및 비교법적 고찰에서 보듯이 미국 초기의 판례에 의할 때 '거주하는 주택'으로 인정받기 위해서는 사람이 거주해야 하고 주로 사람에 의해 저녁에 잠을 자는 숙소로 이용되어야 한다.

85_ 필자의 이러한 견해는 영국의 '합리성' 판단에 있어서 '객관적 검토'와 유사하고, 주거방위법리에 대한 여러 태도 중 온건한 태도에 해당한다. 강화된 주거방위법리에서는 입증책임이 전환되고 있으므로 여기에 대해서는 추후 다른 견해도 제기될 수도 있다고 본다. 참고로 영미의 정당방위에 있어서 입증책임은 정당방위를 주장하는 피고인에게 있다. 즉 Commonwealth v. Palmer, 222 Pa. 299 사건에서 펜실베니아 주 대법원은, 피고인이 고의로 살인을 저지른 것이 증거에 의해 명백하다면 정당방위에 의해 살인을 했다는 주장에 대한 입증책임은 피고인에게 있다고 판시하였다. 그 입증 정도는 피고인이 정당방위에 의하지 않고 살인했다는 일응의 추정(prima facie)을 넘는 것이어야 한다고 보았다: University of Pennsylvania Law Review and American Law Register, "The Burden of Proof in Self-Defence", *University of Pennsylvania Law Review*, Vol. 57, No.5 (1909), pp.318-320.

그러나 오늘날 강화된 주거방위법리에 의하면 주거뿐만 아니라 영업 장소, 구조물, 차량, 임시로 거주하는 곳까지 확대되고 있다. 생각건대 현행 형법 제319조 제1항에서 주거침입죄의 대상으로 '주거, 관리하는 건조물, 선박이나 항공기 노는 섬유하는 방실'을 얼서하고 있으므로 주 거방위법리가 점용되는 주거 역시 원칙적으로 이에 따라야 할 것이나 경우에 따라서는 이보다 좀 더 넓게 이해할 필요가 있다. 주거 침입죄 에 있어서 '주거'란 사람이 기거하는 침식에 사용되는 주택 건조물, 기 타 장소를 말하고,[86] '관리하는 건조물'이란 주거를 제외한 사실상 지 배 · 운영하는 일체의 건물 및 그 위요지를 말하며, '점유하는 방실'이 란 건물 내에서 사실상 지배 · 관리하는 구획상 장소나 주거나 관리하 는 건조물 규모에 해당하지 않는 축조물을 말한다.[87] 따라서 사무실, 투숙중인 호텔이나 여관의 객실도 여기에 포함되지만 점유중인 차량 은 '주거'에 포함되지 않는다. 그러나 차량에 따라서는 숙식에 제공되 는 경우도 있으므로 이러한 차량의 경우는 '주거'에 해당한다고 볼 것 이다.

둘째, 주거방위법리의 적용 대상자에 대하여 살펴본다. "III. 주거 방위법리의 근거와 내용의 검토"에서 살펴보았듯이 법리의 적용 대상 자와 관련하여 '초대받은 자', '점유자', '동거인'이 검토되어 왔다. 형법 제21조 제1항에서 '자기 또는 타인의 법익에 대한 부당한 침해'라고 규 정하고 있으므로 초대받은 자나 점유자는 자기 또는 타인이 점유하는 주거에 대한 부당한 침해에 대하여 방위할 권리가 있음이 분명해 보인 다. '동거인'에 대하여는 견해가 나뉘고 있다. 복수의 주거권자의 경우 다수설은 각자 모두 동일한 주거권이 있으므로 남편 부재 시에 처와

---

[86]_ 김일수 · 서보학, 주) 83의 책, 244면; 임웅, 형법각론(제4정판), 법문사, 2012, 251면.

[87]_ 김일수 · 서보학, 위의 책, 244-245면; 임웅, 위의 책, 251-252면; 배종대, 형법 각론(제8전정판), 홍문사, 2013, 331-333면; 이재상, 앞의 책, 234-236면.

간통하기 위해 주거에 들어간 경우 주거침입죄가 성립되지 않는다고 본다.[88] 그러나 판례[89]와 소수설은 이 경우 주거침입죄가 성립된다고 본다. 생각건대 복수의 주거자가 있는 경우 한 사람의 승낙이 다른 거주자의 의사에 반하는 경우 그 주거의 출입은 주거의 평온을 해치는 결과가 된다고 본다. 따라서 동거인이라 하더라도 불법을 저지르겠다는 의사로 주거에 출입하는 경우 다른 동거인에 대해서는 주거침입이 되고, 이럴 경우 주거 방위자는 정당방위권을 행사할 수 있다고 보아야 할 것이다.

셋째, 재진입과 자력에 의한 회수의 문제를 검토한다. 주거방위법리에 의하면 불법으로 주거가 탈취되었다면 탈취 직후 재진입과 자력에 의한 회수를 위해 치명적이지 않은 폭력을 사용할 수 있다. 그러나 재진입이나 자력에 의한 회수는 정당방위에 있어서 '현재성'의 요건을 충족시키지 못한다. 나아가 자력구제는 금지되어 있으며 경우에 따라서는 점유 강취죄(형법 325조)에 해당할 수도 있다. 따라서 현행법하에서는 재진입이나 사명에 의한 회수는 허용되지 않는다고 보아야 할 것이다.

넷째, 자동기기의 허용 여부의 문제를 살펴본다. 여기에 대하여 미국과 독일에서도 입법 태도 내지 학설이 나뉘고 있음은 앞서 살펴본 바와 같다. 여기에서 대해 국내에서는 이를 검토한 글이 없지만 독일과 마찬가지로 정당방위의 요건을 갖추고 사전에 경고가 주어진다면 허용될 수 있다고 보는 견해와 자동기기의 경우 '상당성'의 요건을 충족시킬 수 없다는 견해로 나뉠 수 있다고 본다. 생각건대 자동기기에 의한 주거방위의 경우 사전에 경고가 주어져야 할 것이고, 주거방위의 요건을 모두 충족시켜야 하며, 나아가 자동기기의 위험성을 감안할 때

88_ 배종대, 위의 책, 335면.
89_ 대판 1984.6.26, 83도685.

'주거에 사람이 거주하고 있을 때'라는 요건이 추가되어야 할 것이다. 나아가 이런 경우에도 주거방위에 해당하는지 여부 및 '상당성'의 요건을 충족하였는지 여부는 개별 사안별로 다시금 검토해야 할 것이다

VI. 결 어

현재 판례가 정당방위의 요건을 매우 엄격하게 판단하고 있어 판례에 따를 경우 실제의 상황에서 방어자가 적절한 방위 수단을 강구하기가 매우 어렵다. 이에 따라 정당방위에 관한 형법 제21조는 사실상 사문화(死文化)되어 가고 있고, 형사 실무에 있어서도 정당방위를 주장하는 경우를 보기가 매우 어렵게 되었다. 그러나 이러한 판례의 태도는 오늘날 강화된 주거방위법리로 나아가는 시대적인 추세에 역행된다고 평가된다. 이에 이 책에서는 정당방위에 있어 핵심이 되는 주거방위법리에 대하여 검토하였다. 주거방위법리는 영국 보통법에서 유래하였지만 이러한 법리는 미국에 계수되었고, 미국에서는 최근 강력 주거방위법리로 나아가고 있다. 이러한 강력 주거방위법리에서는 거주자의 입장에 서서 치명적인 폭력의 사용도 쉽게 허용하고 있고, 보호되는 주거의 범위도 확대하고 있으며, 주거 탈환 직후의 재진입도 허용하고 있다. 이러한 강화된 주거방위법리는 현재 미국의 대부분의 주에서 채택하고 있고, 여러 나라의 입법에도 영향을 미치고 있으며, 최근 독일 판례도 사실상 주거방위법리를 수용하고 있다고 평가된다. 이러한 시대적 흐름은 주거방위법리를 바라보는 인식에 있어서 새로운 패러다임이 필요함을 시사하고 있다. 이에 필자는 이러한 주거방위법리의 수용 가능성을 검토해 보았다. 주거와 관련된 판례를 검토할 때 지금까지 판례가 지속해 온 정당방위에 있어 '상당성'의 태도가 너무 엄격하여 부당할 뿐만 아니라 방어자의 입장을 염두에 두지 않아 주거방어 상황의 긴박성을 감안할 때 이러한 판례에 따를 경우 공격수

단에 상응하는 방어수단을 강구한다는 것이 현실성도 없음을 보게 된다. 필자는 주거방위법리에 대한 여러 태도 중 온건한 주거방위법리의 수용 가능성에 대하여 살펴보았다. '주거'에 대한 헌법과 형법의 규정에 의할 때 주거침입은 주거에 대한 중대한 위협으로 간주될 수 있고, 경우에 따라서는 치명적인 폭력의 사용도 허용될 수 있다고 본다. 주거방위에 있어 '주거'는 원칙적으로 형법상 주거침입죄에 의해 보호되는 주거의 개념에 따르되 경우에 따라서는 이보다 더 넓게 이해될 필요가 있다. 주거침입의 적용 대상자에는 '점유자', '동거인'도 포함된다. 현행법상 자구행위는 금지되어 있으므로 주거 탈환 직후의 재진입과 자력에 의한 회수는 허용되지 않는다고 본다. 이상의 검토를 통해 필자는 현행법하에서도 강력 주거법리는 아니더라도 온건한 형태의 주거방위법리는 수용될 수 있음을 논증하였다. 이러한 '온건한 주거방위법리'에서 '강력 주거방위법리'로 나아가는 것은 해석의 한계를 벗어난 것으로 입법자의 결단이 필요하다고 본다.

강력주거방위에 대한 입법론(de lege ferenda)의 검토는 우리의 현실에 비추어 시기상조라고 본다. 다만 이러한 입법론도 장래에는 제기될 수 있다고 보며, 강력 주거방위법리의 도입에 앞서 검토되고 논의되어야 할 점에 대하여 부연하고자 한다. 강력 주거방위법리에 의하면 주거침입의 경우 거주자에게 후퇴의무가 없으며, 총기 사용 등 치명적인 폭력의 사용이 정당화될 수 있다. 주거침입이 발생할 경우 거주자의 방위 행위는 '성곽법리'에 따라 정당화될 수 있고, 입증 책임이 전환되며, 경우에 따라서는 살인 행위도 허용될 수 있다. 이와 같은 강력 주거법리가 적용되는 미국에서 발생한 일본인 학생 Yoshihiro Hattori 와 스코틀랜드인 Andrew de Vries의 사망사건의 경우 국제적으로 논란이 되기도 하였다.[90] 그러나 주거방위법리는 더욱 강화되고 있고, 이러한 강화된 주거방위법리는 여러 나라의 입법과 판례에 영향을 미

90_ http://en.wikipedia.org/wiki/Castle Doctrine (2013.9.20. 방문).

치고 있다. 이러한 강력 주거방위법리 도입을 검토함에 있어서는 그 정당화 근거와 도덕 감정과의 관계에 대해서도 검토할 필요가 있다. 정당방위의 근거와 관련하여 결과주의론자와 권리론자는 서로 다른 근거를 제시하여 왔다. 결과주의론자는 병이자가 공격자를 살인하는 것이 그 반대(vice versa)보다 낫다고 보는 반면 권리론자는 누구나 생명권을 갖고 있고 생명을 보호하기 위해 필요한 경우 이에 상응한 조치가 필요하다고 주장해 왔다.[91] 그러나 주거방위에 있어서는 법에서 허용하거나 요구하는 것이 충족하는지 여부만을 판단한다. 따라서 예컨대 행위자가 실수로 주거방위에 있어서 객관적 정당화 요건을 충족시키지 못했다고 잘못 판단하고 살인했더라도 객관적 상황에 비추어 볼 때 주거방위의 요건이 충족되면 그 행위는 법적으로 정당화될 수 있게 된다.[92] 그러나 이러한 법적인 정당화는 도덕적인 정당화와 차원을 달리한다. 도덕적 정당화는 행위자의 관점(agent-perspective)에서 방어 행위가 정당화해야 하기 때문이다. 이와 같이 오늘날 강력주거방위법리가 여러 나라에서 수용되고 확산되고 있지만 이러한 법리를 수용함에 있어서는 이와 같은 오랫동안 지속되어 온 법 문화의 차이와 도덕 감정과의 불일치 문제도 논의되어야 할 것이다.[93]

91_ Arlette Grabczynska · Kimberly Kessler Ferzan, "Justifying Killing in Self-Defense", *The Journal of Criminal Law and Criminology*, Vol. 99, No. 1(Win. 2009), p.238.

92_ Douglas N. Husak, "The Complete Guide to Self Defence", *Law and Philosophy*, Vol. 15, No. 4 (1996), p.403.

93_ 정당방위에 대한 일반인의 의식에 대한 실증적인 연구에 의하면, 집단주의 가치관이 강한 참가자들이 높은 수준으로 정당방위를 인정하고 있다. 개인주의 가치관이 강한 참가자들은 상당성의 존재 유무와 관계없이 정당방위를 인정하는 정도가 낮았다. 이러한 연구는 정당방위에 의해 보호되는 법익이 대부분 개인적 법익이라는 사실을 염두에 둘 때 한국에서는 정당방위를 인정하는 폭이 좁게 될 수 있다는 것을 시사하고 있다: 성유리·박광배, "일반인의 정당방위 판단: 개인/집단주의 가치관의 효과", 「한국심리학회지: 사회 및 정책」, Vol. 23, No. 3 (2012), 1-2면.

참고문헌

1. 국내문헌

[단행본]

김일수 · 서보학, 새로쓴 형법총론(제11판), 박영사, 2008.

_____, 새로쓴 형법각론(제7판), 박영사, 2009.

박상기, 형법총론 (제9판), 박영사, 2012.

배종대, 형법총론(제11판), 홍문사, 2013.

_____, 형법각론(제8전정판), 홍문사, 2013.

신동운, 형법총론(제3판), 법문사, 2012.

이영란, 형법학: 총론강의, 법문사, 2012.

이재상, 형법각론(제8판), 박영사, 2012.

임 웅, 형법각론(제4정판), 법문사, 2012.

정성근 · 박광민, 형법총론(전정판), Skkup, 2012.

정영일, 형법강의(총론), 학림, 2013.

[논문]

강우예, "피학대여성의 행위에 대한 가벌성 검토에 있어 피학대여성증후군
      의 가치에 관한 연구", 「피해과학연구」 제18권 제2호(2010.10).

김학태, "정당화 사유의 법철학적 분석에 관한 연구 - 정당방위와 긴급피난
      의 구조적 분석과 비교를 중심으로 - ", 「외법논집」 제35권 제1호
      (2011.2).

김현정 · 이수정, "학대남편을 살해한 피학대 여성의 판결에 관한 연구", 「한
      국심리학회지: 여성」, Vol. 12, No. 1(2007).

김호기, "미국의 정당방위 성립요건인 합리성의 해석론 - 합리적인 인간 기
      준과 합리적인 매 맞는 여성 기준의 의미 - ", 「경찰법연구」 제7권 제2
      호(2009).

배종대, "정당방위의 이론과 현실", 「고려법학」 제49권 (2007).

성낙현, "정당방위의 정당화 근거와 그 제한원리", 「동아법학」 제52호 (2011.8).

성유리·박광배, "일반인의 정당방위 판단· 개인/집단주의 가치관의 효과", 「한국심리학회지: 사회 및 정책」, Vol. 23, No. 3 (2012).

유인창, "정당방위에 있어서 방위의사의 필요성", 「디지털정책연구」 제10권 제7호 (2012.8).

이보영·이무선, "강간죄에 있어서의 정당방위", 「법과정책」, 제18장 제12호 (2012.8).

임석원, "형법상 정당방위와 자구행위의 경합", 「동북아문화연구」 제27집 (2011).

정용기, "정당방위의 「상당한 이유」에 대한 비교법적 고찰", 「산업경영논총」 제13집(2006).

_____, "정당방위의 정당화 근거 – 법철학적 배경과 본질을 중심으로 – ", 「산업경영논총」 제16집(2009).

정현미, "싸움과 정당방위", 「법학논총」 제5권 제1호(2000.12).

조규홍, "정당방위의 상당성의 의미 및 구체적 판단기준", 「법조」 Vol. 657 (2011.6).

최석윤, "정당방위의 근본사상에 관한 연구", 「형사정책연구」 제21권 제3호 통권 제83호(2010·가을).

최준혁, "위법한 공무집행에 대한 저항과 정당방위", 「울산대학교 사회과학논집」 제18권 2호(2010).

2. 해외문헌

[단행본]

Dix, George E., *Criminal Law*, 18th ed., Thomson/West, 2010.

Erb, Volker, *Münchener Kommentar Zum StGB*, 2. Aufl., 2011.

Herring, Jonathan, *Criminal Law: Text, Cases, and Materials*, 4th ed.,

Oxford, 2009.

Kühl, Kristian, *Lacker/Kühl StGB*, 27. Aufl., 2011.

LaFave, Wayne R, *Criminal Law*, 5th ed., West, 2000.

Padfield, Nicola, *Criminal Law*, 8th ed., Oxford, 2012.

Samaha, Joel, *Criminal Law*, 10th ed., Wadsworth, 2011.

Singer, Richard G., and La Fond, John Q., *Criminal Law*, 5th ed., Wolters Kluwer, 2010.

[논문]

Carpenter, Catherine L., "Of the Enemy Within, The Castle Doctrine, and Self-Defense", *Marguett Law Review*, Vol. 86 (Spr. 2003).

Dingwall, Gavin, "Intoxicated Mistakes about the Need for Self-Defense", *The Modern Law Review*, Vol. 70, No. 1 (Jan. 2007).

Eggert, Matthias, "Chantage — Ein Fall der Beschränkung des Notwehrrechts?", *NStZ* (2001).

Erb, Volker, "Die Rechtsprechung des BGH zur Notwehr seit 2004", *NStZ* (2012).

_____, "BGH v. 2. 11. 2011 - 2 StR 375/11. Putativnotwehr bei nächtlicher Durchsuchung unter heimlichem Eindringen", *JR*, Vol. 5 (Apr. 2012).

Esser, Robert, and Langbauer, Melanie, "Unter Rockern", *JA* (2013).

Fenlon, Steve, "Recent Developments: Criminal Law", *William Mitchell Law Review*, Vol. 26 (2000).

Giles, Marianne, "Self-Defense and Mistake: A Way Forward", *The Modern Law Review*, Vol. 53, No. 2 (Mar. 1990).

Grabczynska, Arlette, and Ferzan, Kimberly Kessler, "Justifying Killing in Self-Defense", *The Journal of Criminal Law and Criminology*, Vol. 99, No. 1 (Win. 2009).

Green, Stuart, "Castles and Carjackers: Proportionality and the Use of

Deadly Force in Defense of Dwellings and Vehicles", *University of Illinois Law Review*, Vol. 1 (1999).

Holliday, Wyatt, "The Answer to Criminal Aggression is Retaliation: Stand Your Ground Laws and the Liberlization of Self Defence", *The University of Toledo Law Review*, Vol. 43 (2012).

Horder, Jeremy, "Permissing Killing: The Self-Defense Justification for Homicide by Suzanne Uniake", *The Modern Law Review*, Vol. 58, No. 3 (May 1995).

Husak, N. Douglas, "The Complete Guide to Self Defence", *Law and Philosophy*, Vol. 15, No. 4 (1996).

Löwisch, Manfred, and Rieble, Volker, "Besitzwehr zur Durchsetzung eines Hausverbots", *NJW* (1994).

Murmann, Uwe, "Zur Risikotragungspflicht bei der Notwehr und zu den Grenzen personaler Verursachung – Anmerkung zu BGH, NStZ 1993, 386", *NStZ* (1994).

Pohlman Sarah A., "Shooting from the Hip: Missouri's new Approach to Defense of Habitation", *Saint Louis University School of Law*, Vol. 56 (2012).

Ross, Jonathan, "The Right of Self-Defense", *The Yale Law Journal*, Vol. 11, No. 3 (Jan. 1902).

Rutledge, Christian Robert, "Vigilant or Vigilante? Procedure and Rationale for Immunity in Defense of Habitation and Defense of Property Under the Official Code of Georgia Annotated §§16-3-23, -24, -24.1, and ‑ 24.2", *Mercer Law Review*, Vol. 59 (2008).

Sangero, Boaz, "A New Defence for Self-Defence", *Buffalo Criminal Law Review*, Vol. 9 (2006).

Segev, Re'em, "Fairness, Responsibility and Self-Defence", *Santa Clara Law Review*, Vol. 45 (2004-2005).

Suk, Jeannie, "The True Woman: Scenes from the Law of Self-Defence",

Harvard Journal of Law & Gender, Vol. 31 (Summer 2008).

The Virginia Law Register, "Self Defense - Duty to Retreat", *Virginia Law Review*, Vol. 7, No. 4 (Aug. 1921).

University of Pennsylvania Law Review and American Law Register, "The Burden of Proof in Self-Defence", *University of Pennsylvania Law Review*, Vol. 57, No.5 (1909).

Welke, Anderas, "Der „Haustyrannenmord" im deutschen Straftatsystem: Diskutiert unter Einbeziehung neuerer Tendenzen im Common Law", *ZRP* (2004).

White, Stephen, "Excessive Force in Self-Defense", *The Modern Law Review*, Vol. 34, No.1 (Jan. 1971).

Yale Law Journal Company, "Defence of Dwelling House - People v. Bernard, 84 N.W. 1092 (Mich)", *The Yale Law Journal*, Vol. 10, No. 6 (Apr. 1901).

3. 인터넷문헌

http://bolog.naver.com/papatree11 (2013.9.10. 방문).

http://en.wikipeadia.org/wiki/Castle Doctrine (2013.9.30. 방문).

http://en.wikipedia.org/wiki/Castle Doctrine (2013.9.20. 방문).

http://www.humanrights.ie/ The Criminal Law(Defence and the Dwelling) Bill 2010 (2013.9.30. 방문).

http://www.independent.ie/national-news/courts (2013.9.30. 방문).

http://www.irishstatutebookie/2011/en/act/pub/0035/index.html (2013.9.30. 방문).

제7장

형법 제10조 제2항에 대한 비판적 고찰

I. 문제의 제기

2010.6.25. 부산지방법원은 여중생을 납치하여 성폭행한 후 살해한 피고인 김○○에 대하여 사형을 선고하였다. 이에 피고인 김○○는 무죄라는 취지로 항소장을 제출하였고, 항소심을 맡은 부산고등법원은 국립 법무병원 치료감호소에 정신 감정을 의뢰하였다. 2차 검진 결과에 의하면 피고인 김○○는 측두엽 간질 및 망상장애를 앓고 있었다. 그러나 서울대학교 병원에서 실시한 3차 정신감정에서는 1차 정신감정에서 발견된 반사회적 인격장애만 확인되었다. 이에 재판부는 2010.10.15. 사형을 선고한 원심 판결을 파기하고, 피고인 김○○에 대하여 무기징역으로 감형하였다.[1] 이러한 판결은 인격장애를 병적인 것이 아니라 성격적 결함으로 보는 기존 대법원 판결[2]을 따른 것으로, 대법원은 충동조절장애와 같은 성격적 결함은 형의 감면사유에 해당하지 않지만 이와 같은 성격적 결함이더라도 그것이 매우 심각하여 원래의 의미의 정신병을 가진 사람과 동일하다고 평가할 수 있는 경우에는 그로 인한 범행을 심신장애로 인한 범행으로 보아야 한다고 판시하고 있다.[3] 그러나 대한신경정신학회에서는 최근 충동조절장애와 반사회적 인격장애를 포함한 인격장애를 정신장애로 보아 이를 별개의 정신장애 항목으로 분류하고 있다.[4] 이러한 법원의 판결은 충동조절장애, 반사회적 인격장애를 성격이상으로 판단한 과거의 감정 예와 판례를 따른 것으로, 책임능력 판단에 있어 패러다임의 변화가 있어야 함을 시사하고 있다. 나아가 재판부가 피고인 김○○에 대하여 이례적으로

1_ http://ko.wikipedia.org/w/index.php (2013.9.11. 방문).
2_ 대법원 1984.3.13. 선고 84도76 판결 [살인 · 살인미수].
3_ 대법원 2006.10.13. 선고 2006도5360 판결; 대법원 2002.5.24. 선고 2002도1541 판결.
4_ 대한신경정신의학회, 신경정신의학(제12판), 중앙문화사, 2013, 355-392면.

세 차례에 걸쳐 정신감정을 실시한 것에서 보듯 법원은 중대한 사안의 경우 책임능력 판단에 있어 주저하고 있음을 보여주고 있다. 형벌이란 누구에게(to whom) 어느 정도의(to what) 응보를 가할 것인가의 문제를 다루는 것이며, 보복이 아닌 성의에 따르는 것을 말한다. 따라서 비록 효율적이지 않더라도 형벌은 범죄에 대한 사회 공동체가 가진 규범 대응책인 것이다.[5] 이에 대하여 적절한 형벌이란 범죄에 대하여 희생을 당한 자들에 대한 정서적·심리적 욕구를 충족시켜 주는 것이라고 반박하는 견해가 있을 수 있다. 그러나 형사 사법의 체계에는 한계가 있고, 피고인 역시 소질과 환경에 의해 범죄로 나아갈 수 있는 측면이 형벌에 반영되어야 한다.[6] 나아가 우리 형법은 제10조에서 책임능력에 따른 형의 감면을 규정하고 있는데 심신상실과 심신미약의 구분을 질적인 것이 아닌 양적인 것으로 규율하고 있어[7] 구체적인 사건에서 법관으로 하여금 심신상실과 심신미약을 획정하는 데 어려움을 주고 있다. 이와 같이 의학과 심리학의 발전에 따라 이 책에서 다룰 심신미약의 개념과 구체적인 판단에 있어 새로운 검토를 요구하고 있다.

우리의 심신미약에 따른 책임능력 제한과 유사한 '한정책임(diminished responsibility)'이란 제도를 갖고 있는 영국에서는 최근 「검시관 및 사법법(Coroners and Justice Act, 2009)」에서 한정책임 사유를 '의학적으로 인정된 질병'으로 제한하고 그 사유를 세분하는 등 입법적

5_ Jessica Van Denend, "Crime: Self and Society: Psychoanalytical Perspectives on Taking Responsibility and Moving Forward", *Journal of Religion and Health*, Vol. 46, No. 1(Mar. 2007), p.64.

6_ *Ibid.*, at. 72. 정신이상 항변(insanity defense) 등 면책사유는 매우 오래된 역사를 갖고 있다. 아리스토텔레스의 니코마코스 윤리학(The Nicomachean Ethics: 아리스토텔레스의 기본윤리학책으로 아들 Nicomachus가 편수했다고 한다)에서 아리스토텔레스(aristotle)는 무지(ignorance)와 충동(compulsion)을 용서의 두 가지 조건으로 설명하였다: Sherry F. Colb, "Evil or Ill? Justifying the Insanity Defense by Lawrie Reznek", *Stanford Law Review*, Vol. 52, No. 1(Nov. 1999), p.235.

7_ 박광배, 법심리학, 학지사, 2010, 206-207면.

인 정비를 하고 있음을 볼 수 있다.[8] 이러한 입법례는 심신미약에 따른 책임능력 제한 제도도 의학, 심리학 등 관련 학문의 발전에 따라 정비되어야 함을 시사하고 있다. 위에서 보듯 심신미약과 관련하여 대법원은 종래 심리학적 이상으로 보는 인격이상의 경우 원칙적으로 심신미약의 사유로 보고 있지 않는데, 이와 관련하여 심신미약의 개념을 새로이 검토해 볼 필요가 있다. 나아가 심신미약의 판단과 관련하여 구체적 판단 기준, 판단 시점의 기준 등과 관련하여 논란이 되고 있으므로 여기에 대해서도 검토해 볼 필요가 있으며, 이러한 검토를 토대로 하여 심신미약과 관련된 입법안을 새로이 검토할 필요가 있다.

이에 이 책에서는 먼저 비교법적으로 우리와 유사한 제도를 갖고 있는 독일과 '한정능력'과 '한정책임'이라는 제도를 갖고 있는 미국과 영국의 제도를 비교·검토해 본다(II). 이러한 검토를 토대로 해서 심신미약의 개념과 관련된 문제들을 검토하고(III), 이어 심신미약의 판단과 이와 관련된 문제들을 분석해 본다(IV). 이어 심신미약에 대한 규정인 형법 제10조 제2항에 대한 형법개정특별위원회의 개정시안을 검토하고, 이를 토대로 하여 입법안을 제안하고(V), 이러한 검토를 정리하여 필자의 논지를 전개하기로 한다(VI).

II. 비교법적 고찰

형법 제10조 제2항의 해석론을 전개하면서 독일형법 제21조와 관련된 법리의 소개가 있긴 하였지만 여기에 대한 체계적인 분석은 찾아보기 어렵고, 특히 판례에 대한 자세한 검토는 없었다. 이에 이 책에서는 독일형법 제21조에 대한 해석론을 분석하고 최근까지의 판례를 검토한다. 영국과 미국에서는 이와 유사한 '한정능력', '한정책임' 법리가

8_ Jonathan Herring, *Criminal Law: Text, Cases, and Materials*, 4th ed., Oxford, 2010, p.253.

있는데, 지금까지 이를 체계적으로 검토한 글은 보이지 않는다. 이하에서는 이들 제도와 법리에 대한 검토를 통하여 시사점을 도출하고자한다.

1. 독 일

독일형법 제21조에서 제20조의 사유에 따라 행위 불법의 판단능력이 미약하거나 이러한 판단에 따른 행위능력이 미약한 경우 형을 감경할 수 있다고 규정하고 있다. 이에 따르면 첫째, 제20조에서 열거하고 있는 생물학적 · 심리학적 사유가 있어야 하고, 둘째, 이러한 상태가 행위자의 판단능력 혹은 행위능력을 현저히 침해하여야 한다. 이를 '한정책임능력(verminderte Schuldfähigkeit)'이라고 한다.[9] 이와 같이 '임의적 감경'이라는 점에서 '필요적 감경'인 한국형법 제10조와 태도를 달리하고 있다. 이러한 임의적 감경에 대하여 Jakobs는 책임사상(Schuldgedanke)이 아니라 보호사상(Schutzgedanke)의 표현이라고 비판한다. 즉 현저하게 행위능력과 판단능력이 침해되었음에도 임의적 감경으로 인해 종신형에 처해질 수도 있다는 것이다. 또한 이러한 특별예방을 지향하는 사고는 책임 원칙에 반하고 이에 따를 경우 지나친 형을 부과하게 된다는 것이다.[10]

제21조에 따르면 제20조에 열거하고 있는 네 가지 사유, 즉 생물학적 · 심리학적 사유인 병적인 정신장애, 심한 의식장애, 정신박약, 중한 정신이상이 있어야 한다는 점에서 한국형법과 태도를 달리하고 있다.[11] 그중 가장 논란이 되고 있는 약물중독, 음주로 인한 명정 등을

9_ Günter Stratenwerth, Lothar Kuhlen, *Strafrecht Allgemeiner Teil*, 6. Aufl., Vahlen, 2010, S. 169; Frank Schneider et al., *Begutachtung psychischer Störungen*, 2. Aufl., Springer, 2010, S. 145-146.

10_ Günther Jakobs, *Strafrecht Allgemeiner Teil*, 2. Aufl., Walten de Gruyter, 1991, S. 538.

11_ 즉 한정적이긴 하지만 책임미약의 사유를 분류하여 열거하고 있으며, 이에 따

살펴보고 형사 실무에서 특히 문제가 되는 '현저성', '이상성'의 개념에 대하여 살펴보기로 한다.

생물학적 사유에 따라 심리적 상태가 약화된 경우, 예컨대 약물중독이나 동맥경화(arterioskleotisch)로 인해 성격이상 상태가 된 경우에도 감경사유가 될 수 있다.[12] 그러나 이러한 약물중독이 독립된 감경사유가 되려면 장기간 약물을 복용하여 심하게 인격을 바꾸었거나 심한 이완현상(Entzugs-erscheinung)이 생겨야 한다.[13] 약물복용의 경우 제21조의 '현저성(Erheblichkeit)' 여부를 판단함에 있어 법원은 경험칙에 따라 객관적인 행위 상황을 고려하여야 한다고 판시하고 있다.[14]

라 판례에서 책임능력 미약사유로 인정하고 있는 사례를 열거해 보면 다음과 같다:
- 알코올로 인한 명정상태와 초기 인지 능력 결함의 상태가 함께 작용함: BGH StV 1989, S. 102
- 알코올과 테스토스테론(Testosterone, 남성 호르몬)이 상호작용함: BGH NStZ - RR 2006, S. 335
- 방화증(Pyromanische Neigung)과 알코올중독증이 함께 작용함: BGH NStZ-RR 2007, S. 356
- 경미한 지적 장애와 약물중독, 우울증: BGHR StGB §21
- 알코올중독: BGH NStZ
- 격정(Affekt): BGH NStZ-RR 1988, S. 268
- 신경쇠약: BGH StV 1989, S. 104
- 우울증과 만성 외상성 스트레스 장애: BGH NStZ-RR 2008, S. 161, 167
- 망상(Wahnvorstellungen): BGH NStZ 1991, S. 31
- 사회적 인격장애: BGH NStZ 1992, S. 380
- 반사회적 인격장애 : BGH NStZ - RR 1999, S. 359
- 노출증: OLG Zweibrücken StV 1986, S. 436
- 가벼운 정신분열증: BGH NStZ 8., 34, 91
- 정신박약(Schwachsinn): BGH NStZ Nr. 18
- 음주와 정신박약: NStZ - RR, 330
- 음주와 격정: BGHR §21, 5: Frank Schneider et al., a. a. O., S. 146; Adolf Schönke · Horst Schröder, *Strafgesetzbuch Kommentar*, 28. Aufl., C. H. Beck, 2010, §21 Rn. 9.

12_ Günter Stratenwerth · Lothar Kuhlen, a.a.O., S. 169.
13_ Frank Schneider et al., a.a.O., 2010, S. 147.

심리적 이상 상태의 경우에도 한정책임능력 사유로 인정된다. 예컨대 심한 불안증세, 무기력, 무관심, 좌절감, 망각증, 무감각, 사회에 대한 무책임감 등의 경우 정신병적 정도에 이르지 않더라도 감경사유가 된다.[15] 심리적인 예외 상황인 명정 혹은 격정의 경우에도 현저히 책임 능력이 침해된 상황에 해당할 수 있다.[16] 인격장애의 경우 판례가 많지 않지만 한정책임능력 사유가 된다고 본다.[17] 이에 따라 독일 연방대법원은 중증의 자아도취 인격장애와 격한 흥분이 수반된 경우, 경미한 인격장애가 수반된 경우 한정책임 능력을 인정한다.[18] 성격이상(사이코패스)의 경우 통찰능력과 행위 조절능력이 결여될 수 있다. 이러한 심리적인 상태는 전통적인 육체적 · 심리적 질병의 개념에 포함되지 않는다고 본다. 이러한 경우 범행 당시와 감정 시점 사이에 시간적 간격이 있으므로 이를 감안해야 한다는 방법론상의 문제점이 있다.[19] 독일 연방대법원은 마취제 의존증(Abhängigkeit von betäubungsmitteln) 단독으로는 현저히 억제능력(Hemmungsfähigkeit)을 약화시키는 것은

14_ BGH, 3 StR 536/85; Frank Pluiseh, "Neuere Tendenzen der BGH—Rechtsprechung bei der Beurteilung der erheblich verminderten Schuldfähigkeit gemäß §21 StGB nach Medikamenteneinnahme", *NZV* (1996), S. 100.

15_ BGH, Beschl, v. 3. 12. 1985-1 StR 568/85; BGH, Beschl, v. 12. 4. 1994-4 StR 129/94; Werner Theune, "Auswirkungen einer schweren anderen seelischen Abartigkeit auf die Schuldfähigkeit und die Zumessung von Strafe und Maßregel", *NStR-RR* (2002), S. 227.

16_ Werner Theune, "Die Beurteilung der Schuldfähigkeit in der Rechtsprechung des Bundesgerichtshofes— 2. Teil" *NStZ-RR* (2005), S. 335.

17_ Claus Roxin, *Strafrecht Allgermeiner Teil*, 4. Aufl., C. H. Beck, 2006. S. 903.

18_ Werner Theune, "Die Beurteilung der Schuldfähigkeit in der Rechtsprechung des Bundesgerichtshofes— 2. Teil", *NStZ-RR* (2003), S. 229.

19_ Uwe Schilling, "Begutachtung von strafrechtlicher Verantwortlichkeit und Schuldfähigkeit aus der Sicht eines Jugendpsychologen", *NStZ* (1997), S. 264.

아니라고 판시하고 있다.[20]

　독일형법 제21조의 적용 여부가 주로 문제되는 것은 음주로 인한 명정 상태(Rauschzustand)이다. 독일 연방대법원은 음주로 인한 명정 상태가 비난받을 만한 병법으로 야기된 때에는 동조의 적용이 없다고 본다.[21] 알코올 섭취로 인하여 행위 당시 심리적인 침해가 있었는지 여부의 판단은 그로 인하여 심리적인 장애가 발생하였는지 여부에 대한 법적인 판단의 문제로 본다. 즉 혈중 알코올 농도(BAK)는 심리학적 · 신경학적 증상의 하나일 뿐이고, 가능한 증상에 대한 하나의 척도일 뿐이라고 본다. 알코올 중독증과 같은 증상이 있는 경우 인정되기 쉽고, 이럴 경우 ICD-10 이나 DSM-Ⅲ와 같은 기준[22]에 따라 검토되어야 한다고 본다.[23] 입법자는 '현저한' 행위능력의 약화를 요구하고 있기 때문에 음주의 경우에도 현저성 여부를 판단하여야 한다. 현저한 능력 제한과 그렇지 않은 사소한 능력 제한을 구분하는 것은 법관에 의한 가치 판단 영역에 속한 것으로 본다. 독일 연방대법원은 의학적 · 심리학적으로 감정인이 의견을 표시하였더라도 법관은 규범적인 관점에 따라 '현저성' 여부를 판단하여야 한다고 판시하였다.[24] 이에 따라 독일 연방대법원은 혈중 알코올 농도 2%인 경우에도 반드시 한정책임이 인정되는 것이 아니므로 다시 평가를 하여 현저성 여부를 판단해야 한다고 판시하였다.[25] 독일 법원은 음주로 인해 한정책임에 해당하는지 여부를 판단함에 있어 사정의 전체를 고려한다. 이에 따라

20_ BGHSt 10, 353; Werner Theune, "Auswirkungen der Drogenabhängigkeit auf die Schuldfähigkeit und die Zumessung von Strafe und Maßregeln", *NStZ* (1997), S. 60.

21_ BGH 3 StR 435/02 NstZ 2003; Walter Gropp, *Strafrecht: Allgemeiner Teil*, 3. Aufl., Springer, 2005, S. 270.

22_ 미국 정신의학회의 진단 및 분류 체계를 말하는 것으로 이하에서 살펴본다.

23_ Hans-Ludwig Kröber, "Kriterien verminderter Schuldfähigkeit nach Alkoholkonsum", *NStZ* (1996), S, 576.

24_ NSTZ-RR 2004, 330; Claus Roxin, a.a.O., S. 904.

25_ BGH StrV, 1997. 348; Claus Roxin, a.a.O.

독일 연방대법원은 살인사건에 있어서 젊을 때부터 음주해 온 경우, 음주로 인한 폭력, 공격성이 입증되지 않았음에도 형을 감경하였다.[26] 이와 같이 독일 법원은 사정의 전체를 고려하여 음주로 인한 한정책임 능력 해딩 여부를 판단하고 있다. 이에 따라 최근 독일 연방내법원은 혈중 알코올 농도 2.9%인 경우 행위에 대한 조종능력이 현저히 침해 되었다고 판시하였다.[27]

한정책임능력 여부를 판단함에 있어 '현저성' 여부뿐만 아니라 '이 상성(Abartigkeit)' 여부의 판단도 논란이 되고 있다. 독일형법 제20조 및 제21조에서 '이상'이라는 개념을 사용하고 있지만 그 개념의 폭이 너무 넓어 구체적인 사건에서 이를 판단하기가 매우 어렵다는 점이 지 적되고 있다. 특히 '격정(Affekt)'의 경우 더욱 그러하다고 지적된다. 이 러한 판단에 있어 법관이 구체적인 사건마다 심리학적·규범적 판단 을 하도록 요구하고 있지만 그 한계 획정이 매우 어렵다는 것이다. 이 에 Schreiber는 결국 여기에 대한 판단은 책임 원칙의 관철이라는 측 면에서 이루어져야 한다고 주장한다.[28]

26_ BGHSt 419 05 (Urt. v. 15. 2. 2006); Werner Theune "Auswirkungen der Schuldfähigkeitsbeurteilung in der Rechtsprechung des Bundesgerichtshofes" *NStZ-RR* (2007), S. 260.

27_ BGHSt 204 04; BGHSt 521 99; Wolfgang Pfister, "Die Beurteilung der Schuldfähigkeit in der Rechtsprechung des Bundesgerichtshofs", *NStZ-RR* (2013), S. 162. 여기서 주의할 점은 통찰능력(Einsichtsfähigkeit)의 미약은 통찰의 결여로 범죄로 나아갔을 때에 비로소 형법상의 의미를 갖게 된다고 본다는 것이다. 즉 행위자가 구체적 사건에서 자신의 행위의 불법에 대한 통찰능력이 현저히 약화되었더라도 조종능력(Steuerungsfähigkeit)이 현저하게 미약한 상태가 아니라면 완전한 책임을 지게 된다: BGHSt 332 12 = NStZ-RR 2012, 366; Wolfgang Pfister, a.a.O., S. 161. 또한 한정된 책임능력자이지만 실제적으로 허용되지 않는 행위를 인식하였을 경우에는 비록 행위능력에 있어 제한을 받더라도 제21조는 적용되지 않는다: Hans-Heinrich Jescheck, *Lehrbuch des Strafrechts Allgemeiner Teil*, 3. Aufl., Duncker & Humblot, 1982. S. 359.

28_ Hans-Ludwig Schreiber, "Bedeutung und Auswirkungen der neu gefaßten Bestimmungen über die Schuldfähigkeit", *NStZ* (1981), S. 51.

이상에서 보듯 독일형법은 책임 원칙에 반한다는 일부 지적이 있음에도 '임의적 감경'을 유지하고 있어 '현저성' 여부의 확정이 논란의 중심이 되고 있음을 볼 수 있다. 그러한 가운데에서도 격정, 반사회적 인격장애, 노출증 등을 책임감경 사유로 삼고 있고, 또 이러한 책임감경 사유를 좀 더 객관적·구체적으로 확정해 나가기 위한 학계와 실무에서의 노력이 계속되고 있다는 사실은 우리에게도 시사하는 점이 크다고 본다.

2. 미 국

미국의 다수 주는 기소된 범죄에 대한 피고인의 정신상태를 입증하기 위한 정신이상(insanity)에 이르지 않는 정신질환에 대한 증거의 제출을 허용하고 있다. 이를 '한정능력(diminished capacity)'[29] 혹은 '부분책임(partial responsibility)'이라고 한다. 이 법리는 California 주 대법원의 두 개의 판결[30]에 따른 것으로 이를 'Wells-Gorshen규칙(Wells-Gorshen Rule)'이라고 한다.[31] 법원은 M' Naghten의 정신이상 기준[32]의 엄격성을 개선하고, 정신질환이 있는 살인범에게 중형이 선고되는

29_ 'diminished capacity'의 개념을 소개하면서 이를 '감경책임능력'이라고 번역한 예가 보인다: 성경숙, "형사책임능력의 판단기준에 관한 고찰-미국의 정신이상 항변을 중심으로", 「성균관법학」 제22권 제3호(2010.12), 그러나 이는 직역에 가깝고 영국의 '한정책임' 개념과 비교하여 이 책에서는 '한정능력'이라고 번역한다.

30_ People v. Wells, 33 Cal. 2d 330 (1949); People v. Gorshen, 51 Cal. 2d 716 (1959).

31_ George E. Dix, *Criminal Law*, Thomson·West, 2010, p.104.

32_ 1843년 영국에서 Daniel NcNaghten은 정신이상을 이유로 살인죄에 대하여 무죄를 선고받았다. 이 판결이 상원에서 논쟁이 되자 대법원장에게 질의하였고, 대법원장의 답변이 'McNaghten Rules'이라고 알려지게 되었다. McNaghten Rules은 '옳고 그름 기준(right-wrong test)'이라고 한다: Sydney Gendin, "Insanity and Criminal Responsibility", *American Philosophical Quarterly*, Vol. 10, No. 2(Apr. 1973), p.99.

것을 막고, 형사 책임에 대한 판단을 개별화하기 위하여 법리를 개발하였다. 그러나 이 항변은 짧은 역사에도 불구하고 몇 가지 혼란과 곤란한 문제를 야기하고 있다. 즉 여기에는 다른 개념에 기준을 둔 몇 가지 항변이 있고, 실제로는 항변이 아니라는 사실이다. 나아가 이 법리에 따르면 전문가 증언(expert testimony)이 허용되는데 이것이 형사책임을 정함에 있어 관련성이 있다고 볼 수 있는지 논란이 되고 있다.[33]

　　이러한 한정능력 법리에 대하여 초기 미국 연방대법원은 연방헌법상의 적법절차 조항에 의할 때 주가 광범위한 한정책임 규칙을 채택하는 권리는 허용할 수 없다고 판시하였다. 그러나 2006년 미국 연방대법원은 목격 증언(observation testimony), 즉 피고인의 사고와 행동에 관한 특징에 대해 증언하는 것은 적법절차를 위배하지 않는다고 판시함으로써[34] 이러한 방어증거를 제출할 권리가 있음을 확인하였다. Well-Gorshen 판결 이후 California에서는 주법을 개정하였다. 정신질환에 대한 증거의 경우 피고인의 정신상태에 대한 고의를 부정하는 증거로는 허용되지 않지만 실제에 있어 기소된 범죄의 고의를 구성하는 관련된 증거로 제출하는 것은 허용된다.[35] California 주 대법원은 이에 따라 '정신박약(mini-insanity)' 항변을 개발하였고, 이에 따라 형사책임을 평가함에 있어 개인적 특성을 고려하게 되었다. 더욱이 한번 이러한 심리학적 증거가 제출되면 관련 사건에서 이를 배제시키지 못하게 하고 있다.[36]

　　그러나 여전히 많은 주 법원은 이러한 법리를 채택하지 않고 있다. 즉 이러한 수단들이 정신이상 항변(insanity defense)에 대한 우회적인 방법으로 이용되어서는 안 된다는 것이다. 나아가 한정능력을 입증

33_ Richard G. Singer, John Q. La Fond, *Criminal Law*, 5th ed., Wolters Kluwer, 2010, pp.547-548.
34_ Clark v. Arizona, 548, U.S. 735 (2006); George E. Dix, *op. cit.*, at 105.
35_ People v. Saille, 54 Cal. 3d 1103 (1991); George E. Dix, *op. cit.*, at 105.
36_ Richard G. Singer, John Q. La Fond., *op. cit.*, at 549-550.

하기 위한 전문가 증언 역시 배심원이 이를 이해하거나 평가할 능력이 안 되므로 허용되어서는 안 된다고 보고 있다.[37] 이를 허용하는 주에서는 피고인의 정신상태와 관련된 증거이고, 기소된 범죄에 대한 고의와 관련되면 허용하고 있다. 주로 1급 살인죄(first degree murder)에서 예모(premeditation), 숙고(deliberation) 요건과 관련하여 허용한다. 주에 따라서는 중살인, 경살인, 혹은 그보다 가벼운 범죄의 고의와 관련하여 이를 허용하기도 한다. 이를 살펴보면, 다수의 주에서 1급 살인(first degree murder)과 2급 살인(second degree murder)으로 구분하고 형을 달리한다. 1급 살인의 경우 사형 등 중한 형을 부과한다. 1급 살인의 경우 예모나 숙고라는 요건을 요구한다. 예모나 숙고가 결여된 경우 2급 살인죄로 된다. 예모나 숙고의 성격으로 인하여 많은 주에서 한정책임 법리를 채택하고 있다. 즉 자발적 음주인 경우 예모나 숙고를 입증하는 것이 쉽지 않다. 또한 1급 살인의 경우 사형이 선고되는 경우가 많으므로 예모나 숙고가 더더욱 문제된다.[38] 대부분의 주에서 자발적 경살인(voluntary manslaughter)[39]의 경우 흥분상태(provocation)에서 살인을 저지른 경우라고 규정하고 있다. 대부분의 주에서 흥분상태에서 자발적인 살인을 한 것과 중살인(murder)을 구분한다. 자발적 경살인이 되기 위해서는 흥분상태와 살인 시점 사이에 냉정을 회복하지 않아야 한다. 따라서 이러한 고의 요건의 입증이 어려운 경우 한정책임 법리가 적용될 수 있다.[40] 기타 특별한 고의를 요하는 경우, 예컨대 절도(larceny), 강도(robbery), 주거 침입(burglary) 등에도 적용된다.[41]

37_ State v. Provost, 490 N.W. 2d 93 (Minn., 1992); George E. Dix, *op. cit.*, at 105-106.

38_ Wayne R. LaFave, *Criminal Law*, 5th ed., West, 2010, pp.476-478.

39_ 'manslaughter'를 과실치사로도 번역하기도 한다. 이러한 범죄 구성요건은 각 주마다 달리하고 있어 그 개념을 단정할 수 없지만 이 책에서는 '중살인'과 구분되는 '경살인'의 개념으로 이해한다.

40_ *Ibid.*, at 479.

41_ *Ibid.*, at 481.

이 법리에 대한 반대론자들은 이 법리가 실제 적용됨에 있어 실무상 어려움이 있다고 지적한다. 예컨대 배심원들이 심리 전문가 증언을 통해 예모나 숙고와 한정책임의 미묘한 차이를 이해하고 판단하기 어렵다는 것이다. 또한 주에 따라서 1급 살인과 2급 살인 사이의 요건이 뚜렷한 차이가 없는 경우도 있다는 것이다. 가장 중요한 논거는 심리 전문가들이 의뢰인의 입장을 대변하는 경향이 있다는 것이다. 이에 대하여 재판장의 소송 지휘를 통하여 해결하거나, 배심원이 없는 가운데 증거를 제출하도록 하는 방안이 있다고 지적한다. 또한 배심원들 사이에서 정신이상에 대한 의견이 갈릴 경우 타협책으로 한정책임을 인정할 가능성이 많다는 것이다. 따라서 이러한 타협이 잘못된 것이 아니고, 이러한 타협의 가능성은 어디에나 있는 것이고, 상황에 따라 양형과 관련하여 적절한 방법일 수 있다는 반론이 제기되고 있다.[42]

이상에서 보듯 한정능력을 인정하는 주에서는 특정 고의범죄에 한해 이를 인정하고 있다. 반면 모범형법(Model Penal Code)에서는 정신병과 관련된 증거의 경우, 공소 사실과 관련된 피고인의 심적 상태에 대한 것이면 이를 모두 허용하고 있고, 특정 고의범죄나 기타 범죄로 한정하지 않고 있다.[43]

한정능력 법리가 무죄를 선고받는 것과 유죄로 인해 중형을 선고받는 것과 같은 극단 사이에서 합리적인 타협이 된다는 사실을 좀 더 살펴볼 필요가 있다. 예컨대 36세의 피고인이 뇌 손상을 크게 입어 소량의 알코올 섭취가 있으면 폭력행위로 나아갈 위험이 크다는 사실이 드러났고, 배심원들은 정신이상에 기하여 무죄로 평결한 사건이 있었다. 이에 대해 언론이 대대적으로 보도하였고, 법률의 모호함이 지적되어 항소가 제기되었으며, 항소심 판사는 중대한 위험으로부터 시민을 보호하기 위해 적절한 정신이상 항변에 대한 제한이 필요하다고 판시하였다.[44] 그러나 정신이상이 있는 피고인은 비합리적이고 범행 당

42_ *Ibid.*, at 482-485.
43_ Model Penal Code §4. 02 (1); George E. Dix, *op. cit.*, at 105.

시 도덕적 책임의 전제 조건이 되는 능력이 결여되어 있으므로 그의 죄는 용서되어야 한다. 즉 정신이상 항변의 유지와 시민의 안전이라는 가치가 타협되어서는 안 된다는 점이다.[45] 나아가 미국에서 대부분의 형사사건은 유죄협상(plea bargaining)을 통하여 해결된다. 정신이상 항변은 1%가 채 되지 않으며, 그 성공률도 낮다.[46] 따라서 이러한 한정능력을 인정함으로서 정신이상 항변에 따른 극단적인 결과 사이에서 유연한 결과를 이끌 수 있다는 것이다.

이러한 미국의 한정능력은 우리나 독일과 같은 책임능력을 제한하는 제도가 아닌 '증거 규칙'으로 이해되고 있음을 유의해야 한다. 현재 한정능력 항변 제도는 많은 주에서 허용하고 있는데, 이들 주에서는 전문가 증언을 통해 피고인의 정신상태에 대한 의견을 개진하는 것을 허용하고 있다.[47]

3. 영 국

정신이상과 관련된 영국의 법리는 법리의 사적인 전개와 심리학적 패러다임의 변화에 따라 오늘에 이르고 있다. 이러한 정신 이상과 관련하여 형을 감면해 주는 것이 도덕관념에 맞고, 또 그러한 경우에는 억제 효과를 기대할 수 없다고 본다.[48] 이에 따라 영국에서는 정신

44_ Phil Fennell, "The Criminal Procedure (Insanity and Unfitness to Plead) Act 1991", *The Modern Law Review*, Vol. 55, No. 4 (Jul. 1992), p.1991.

45_ Stephen J. Morse, "Retaining a Modified Insanity Defense", *Annals of the American Academy of Political and Social Science*, Vol. 477 (Jan. 1985), p.137.

46_ Lawrence Zelic Freedman, "The Politics of Insanity: Law, Crime, and Human Responsibility" *Political Psychology*, Vol. 4, No. 1 (Mar. 1983), pp.176-177.

47_ Richard G. Singer, John Q. La Fond, *op. cit.*, at 550-551.

48_ Michael Moore, *Placing Blame: A General Theory of the Criminal Law*, Oxford, 2010, pp.595-597.

이상이 있는 피고인에 대한 한정책임(diminished responsibility)을 인정하고 있다. 한정책임은 중살인(murder)의 경우에만 적용되는 항변으로, 성공할 경우 경살인(manslaughter)으로 감경된다. 피고인의 정신기능에 있어 비정상성이 있고, 의학적 요건을 갖추고, 이를 통해 살인에 이르게 되었다는 것을 설명해야 한다. 행위의 성격, 합리적 판단, 자아통제를 함에 있어 '상당한 손상을 입어(substantially impaired)' 정신적으로 비정상임을 입증해야 한다. 한정책임은 살인죄의 경우에만 적용된다. 항변이 성공되면 피고인에 대한 중살인죄의 공소는 기각되고, 경살인죄로 판결받게 된다. 중살인죄의 경우 종신형(life sentence)만 선고할 수 있는 반면, 경살인죄의 경우 판사가 재량을 갖게 된다.[49] 한정책임은 살인법(Homicide Act 1957)에서 규정하고 있었는데 「2009년 검시관 및 사법법(Coroners and Justice Act 2009)」에 의해 개정되었다.[50]

49_ Jonathan Herring, *Criminal Law: Text, Cases, and Materials*, 4th ed., Oxford, 2010. p.235; George E. Dix, *op. cit.*, at 106.

50_ 위 법률의 원문과 번역문은 다음과 같다:

(1) A person("D") who kills or is a party of another is not to be convicted of murder if D was suffering form an abnormality of mental functioning which-

  (a) arose from a recognised medical condition,

  (b) substantially impaired D's ability to do one or more of the things mentioned in subsection(1A), and

  (c) provides an explanation for D's acts and omissions doing or being a party to the killing.

(1A) Those things are-

  (a) to understand the nature of D's conduct;

  (b) to form a rational judgment;

  (c) to exercise self-control

(1B) For the purposes of subsection (1)(c), an abnormality functioning provides an explanation for D's conduct if it causes, or is a significant contributory factor in causing, D to carry out that conduct.

(1) 사람을 살해한 자 또는 그에 가담한 자가 정신기능에 있어 아래의 각호의

피고인이 한정책임 항변을 제출하고자 할 경우 항변에 대한 입증책임 분배에 따라야 하고, 법원은 '개연성(probability)' 기준에 따라 판단한다. 검사는 살인죄의 구성요건을 입증해야 하고, 항변을 제기하고자 하는 피고인이 그 항변 사유를 입증해야 한다. 실무에 있어서 피고인이 유죄답변을 하면서 한정책임에 따라 경살인을 인정하면 검사는 종종 그러한 유죄답변을 받아들여 이를 반증하려고 노력하지 않는다. 그러나 그러한 Vinagre 사건 항소심에서 법원은 이런 경우에도 피고인에게 정신적으로 비정상임에 대한 분명한 증거가 있어야 한다고 보았다.[51]

구법에 의하면 마음의 이상만 입증하는 것이 필요했다. 즉 피고인의 마음이 정상인과 다르고 비정상으로 분류되면 충분했다.[52] 신법은

사유로 비정상일 경우 살인죄에 대한 유죄의 판결을 받지 않는다.

(a) 의학적으로 인정된 질병으로 인한 것이고,

(b) 아래 목(1A)에서 언급하고 있는 사항의 하나 혹은 그 이상에 대한 능력이 상당하게 손상되고,

(c) 살인을 하거나 그에 가담한 작위와 부작위에 대한 이유가 될 경우

(1A) 위 사항이란,

(a) 행위의 성질을 이해함,

(b) 합리적 판단을 함,

(c) 자아를 통제함.

(1B) 위 1항 c호의 이유가 되기 위해서는 행위를 함에 있어 정신기능의 비정상이 행위를 야기하거나 행위를 야기함에 있어 상당한 기여를 하여야 한다.

51_ (1979) 69 Cr App R 104 (CA); Jonathan Herring, *op. cit.*, at 254.

52_ 2005년 'R v Shickle [2005] EWCA Crim 1881' 사건에서 피고인은 지인을 살해한 혐의로 기소되었다. 1심에서 피고인은 심리적으로 인격 장애(personality disorder)가 있다고 주장하면서 피해자에 대한 살인에 대하여 전혀 기억하지 못한다고 주장하였다. 항소심에서 피고인은 그의 인격 장애와 관련하여 한정책임능력(diminished responsibility)을 주장하였다. 법원은 한정책임능력과 관련하여 재판에서 피고인의 정신이상에 대하여 합리적으로 설명하고 증거를 제출하는 것이 매우 어렵다면서 피고인의 항소를 인용하였다. 결국 법원은 '명백한 이상(manifest madness)'이라는 기준을 사용하여 정신이상 항변(insane defense)과 한정책임능력을 구분하여 왔다: Arlie Loughnan, "'Manifest Madness': Towards a New Understanding of Insanity Defence", *The Modern Law*

이보다 엄격하며, 이에 따르면 '의학적으로 인정되는 조건'을 갖추어야 한다. 이와 관련하여 법무부 장관은 2008년 이와 관련된 개혁안을 설명하면서, 용어를 혁신하여 진단 실무를 수용하고, 타당한 의학적 진단에 근거한 항변을 할 수 있도록 하고, 육체적·심리적·심리학적 요건을 수용하는 세분화된 체계를 마련하겠다고 밝혔다.[53]

피고인은 그가 한 일이 무엇이 옳고 그른지에 대한 판단에 있어 정신이상으로 인해 상당히 손상을 입었음을 보여주어야 한다. 한정책임 항변은 피고인이 정신이상으로 인해 자기 조절을 못하고 살인했을 때가 가장 적절하다. 예컨대 악마가 자신을 통제하여 살해 욕구를 발생시켰고, 악마가 하라는 대로 했다는 경우 등이다. '상당한 손상'은 완전한 손상을 의미하지 않는다. 따라서 자기 조절과 합리적 판단에 대한 어느 정도의 능력이 있지만, 상당한 손상으로 인해 그 능력이 매우 제한받고 있는 것을 말한다.[54]

이상에서 보듯 영국에서는 중살인죄의 경우에만 한정책임을 인정하고 있으며 '상당한 손상'이라는 개념에 의하여 유연한 해석을 하고 있다. 나아가 최근 이러한 한정책임 개념을 의학적 진단에 따라 구체화하기 위한 노력을 하고 있음을 보게 된다.

4. 비교 검토 및 시사점

독일의 경우 '임의적 감경'이라는 점에서 '필요적 감경'을 채택하고 있는 우리와 입법 태도를 달리하고 있다. 이러한 '임의적 감경'으로 인하여 특히 중대한 사건에서 책임 원칙에 따른 형의 감경이 어려워질 수 있다는 문제점이 지적되고 있다. 그러므로 책임능력이 '현저' 내지 '상당'하게 미약한 경우에는 '필요적'으로 감경하고, 기타의 경우에

Review, Vol. 70, No. 3(May 2007), p.461.

53_ *Ibid.*, at 255.

54_ *Ibid.*, at 256.

는 임의적 감경을 하여 유연한 태도를 취하는 것이 타당하다는 것을 시사하고 있다. 또한 제한적이긴 하지만 한정책임능력 사유를 열거하고 있어 이에 따라 학계와 실무에서 이를 좀 더 구체화하기 위한 연구와 노력을 계속하고 있다는 사실도 참고로 할 필요가 있다. 미국의 '한정능력' 법리의 검토를 통해 유연한 '한정능력' 법리가 왜 필요한지 알게 된다. 다만 미국의 경우 유죄협상을 통하여 대부분의 형사 사건이 타협으로 종결되며, 이를 통하여 실제에 있어 '한정능력' 항변의 역할이 수행된다는 사실도 아울러 고려할 필요가 있다. 영국의 경우 2009년 「검시관 및 사법법」에 의해 '한정책임'의 법리를 정비하고 있음을 보았고, 영국 역시 상당수의 사건이 '유죄협상' 과정을 통해 '한정책임' 역할을 수행하고 있음을 보게 된다. 영국에서의 최근의 개혁 시도는 심신미약의 판단에 있어 육체적·심리적·심리학적 요건을 체계화하여 이를 감정과 재판에 반영해야 함을 시사하고 있다. 이하에서는 이러한 검토와 이해를 토대로 하여 현행 제도에 대한 해석론과 입법론을 전개하고자 한다.

III. 심신장애의 개념 및 심신미약의 사유의 검토

형법 제10조 제2항에서 "심신장애로 인하여 전항의 능력이 미약한 자의 행위는 형을 감경한다"고 규정하고 있다. 심신미약으로 인한 책임능력의 제한을 인정하기 위해서는 '심신장애'의 개념의 파악이 전제되어야 하는데, 이와 관련하여 정신보건법의 개정이 있었고, 대한신경정신의학회의 '정신장애' 분류에 변화가 있었으므로 새로운 검토를 요하고 있다. 이를 토대로 하여 판례에 나타난 심신미약의 사유를 분석하고 검토하기로 한다.

1. 심신장애의 개념

심신장애의 개념과 관련하여 우리나라 학자들은 독일형법 제20조의 분류에 따라 병석인 성신이상(성신병), 심한 의식장애, 정신박약, 기타 중대한 정신이상을 심신장애의 내용으로 들고 있다.[55]

대법원은 심신장애의 판단을 위한 생물학적 요소로 정신병, 정신박약 또는 비정상적 정신 상태를 들고 있다.[56] 나아가 대법원은 충돌조절장애와 같은 성격적 결함은 심신장애에 해당하지 않지만 그것이 매우 심각하여 원래의 의미의 정신병과 동등하다고 평가될 수 있는 경우에는 심신장애로 볼 수 있다고 판단하고 있다.[57]

종래 정신보건법[법률 제5486호, 1997.12.31. 전부 개정] 제13조 제1호에서 "정신질환자"라 함은 정신병(기질성 정신병을 포함한다) · 인격장애 · 기타 비정신병적 정신장애를 가진 자를 말한다고 규정하고 있었으나, 동 규정은 2000년 개정되어 알코올 및 약물중독을 정신질환자에 포함시켜 "정신질환자"라 함은 정신병(기질성 정신병을 포함한다) · 인격장애 · 알코올 및 약물중독 기타 비정신병적 정신장애를 가진 자를 말한다고 규정하고 있다[법률 제6152호, 2000.1.12. 일부 개정].

정신의학에서는 정신 장애를 주로 증상에 따라 분류하며, 진단에 있어 임상병리 검사나 특수 검사보다는 병력 청취, 신체 검사, 정신 상태에 대한 검사 등 임상 기준에 더 의존한다. 적절한 진단을 내리기 위해서는 환자나 가족 · 친구 등 주위 사람들로부터의 많은 정보가 필요하다고 보고 있다.[58] 정신의학자들은 공식적으로 세계보건기구(World Health Organization: WHO) 국제 질병 분류를 채택하고 있고, 실제에

55_ 박정성 · 김효진, "현행법상 심신장애의 판단기준에 관한 논의", 「법과 정책」 제18집 제1호(2012.12), 132-133면.
56_ 대법원 1992.8.18. 선고 92도1425 판결.
57_ 대법원 2002.5.24. 선고 2002도1541 판결.
58_ 대한신경정신의학회, 앞의 책, 130-131면.

있어서는 주로 미국 정신의학회의 진단 및 분류를 사용하고 있다. 이를 살펴보면 세계보건기구에서 1948년 「국제 질병 분류(international classification of desease: ICD)」 제6판인 ICD-6에서 처음으로 정신장애를 별도의 항목으로 다루었고, 1992년까지 ICD-10이 발표되었다. 미국 정신의학회에서는 ICD-6에 대한 대안으로 1952년 「정신장애의 진단 및 통계 편람(diagnostic and statistical manual of mental disorder: DSM)」 제1판을 발행하였고, 2000년에 DSM-IV-TR이 출간되어 기존의 DSM에 나타난 오류를 교정하였다.[59]

DSM-IV-TR은 다축 체계로 이루어져 있으며 그중 축Ⅰ과 축Ⅱ에 모든 정신장애가 포함되어 있고, 17개의 주요 분류와 300개 이상의 특정 진단으로 구성되어 있는데, 17개의 주요 분류인 축Ⅰ 장애와 축Ⅱ 장애는 다음과 같다.[60]

DSM-IV-TR 축 Ⅰ

유아기, 소아기, 청소년기에 흔히 처음으로 진단되는 장애
(축2에 진단되는 정신지체 제외)
Disorders usually first diagnosed in infancy, childhood, or adolescence
(excluding mental retardation, which is diagnosed on Axis Ⅱ)

섬망, 치매, 그리고 기억상실장애 및 기타 인지장애
Delirium, dementia, and amnestic, and other cognitive disorders

---

일반 신체 질환에 의한 정신장애 Mental disorders due to a general medical condition

---

물질 관련 장애 Substance-related disorders

정신분열병과 기타 정신증적 장애 Schizophrenia and other psychotic disorders

---

59_ 위의 책, 132-133면.
60_ 위의 책, 135-166면.

기분장애 Mood disorders	
불안장애 Anxiety disorders	
신체형 장애 Somatoform disorders	
가장성 장애 Factitious disorders	
해리장애 Dissociative disorders	
성적 장애 및 성 주체성 장애 Sexual and gender identity disorders	
식사장애 Eating disorders	
수면장애 Sleep disorders	
달리 분류되지 않는 충동조절장애 Impulse-control disorders not elsewhere classified	
적응장애 Adjustment disorders	
임상적 관심의 초점이 되는 기타 상태 Other conditions that may be a focus of clinical attention	

DSM-IV-TR 축 II

인격장애와 정신지체, 습관적으로 사용하는 특정 방어기제

이러한 분류법에 따라 대한신경정신의학회에서 분류하고 있는 주요 정신장애에는 기분장애(우울증, 양극성 장애), 불안장애(공황장애, 범불안장애 등), 강박장애, 신체형 장애, 해리장애 및 적응장애, 성장애(성도착증, 성주체성 장애 등), 수면장애, 인격장애, 충동조절장애(간헐성 폭발장애, 병적 도박, 병적 방화, 발모광), 자살 및 난폭 행동, 정신분열병 및 기타 정신병, 알코올 및 물질중독, 신체질환이 동반되는 정신질환이 있다.[61] 따라서 개정된 정신보건법, 대한신경정신학회의 새로운 정신

61_ 위의 책, 163-524면.

장애 분류에 따라 인격장애, 충동조절장애 역시 정신장애에 포함된다
고 보아야 할 것이다.

2. 심신미약 사유의 검토

(1) 판례의 태도

충동조절장애(disorders of impulse control)의 경우 대법원이 이를
정신장애로 보지 않지만 정신병과 동일시할 수 있는지 여부에 따라 평
가하고 있음을 위에서 살펴보았다. 그 외 심신미약과 관련된 최근까지
의 판례를 분석하여 심신미약을 인정한 경우와 불인정한 경우, 심신
상실로 볼 여지가 있다고 한 경우와 심신 미약으로 볼 여지가 있다고
본 판례를 도표로 정리해 보면 다음과 같다.

심신미약 인정	심신미약 불인정
편집형 정신분열증(대법원 1994.5. 13. 선고 94도581 판결)	성주물장애증(대법원 2013.1.24. 선고 2012도12689 판결)
정신분열증(대법원 1992.8.18. 선고 92도1425 판결)	소아기호증(대법원 2007.2.8. 선고 2006도7900 판결)
정신지체(대전고법 2008.5.28. 선고 2008노123, 2008감노18)	음주로 인한 명정상태(대법원 1994. 2.8. 선고 93도2400 판결)
정신분열증 및 외상 후 스트레스장애 (광주고법 1991.12.20. 선고 91노899, 91감노80 형사부판결)	정신박약증세(대법원 1986.7.8. 선고 86도765 판결)
히스테리성 정신병(대구고법 1976.4. 22. 선고 76노113 형사부판결)	간질병(대법원 1983.10.11. 선고 83도1897 판결) - 범행 당시 간질병이 발작하지 않았

간질병(서울고법 1975.12.9. 선고 75노1171 제1형사부판결)	음
성신문열승(서울고법 1975.12.2. 선고 75노689 제1형사부판결)	피해망상 (서울고법 1991.5.23. 선고 91노415 판결) - 범행 경위, 수법, 범행 후의 정황에 비추어 정신감정을 믿을 수 없음
생리중의 병적 도박증(부산지법 1985.11.20. 선고 85고합570 제3형사부판결)	

심신상실로 볼 여지가 있음	심신미약으로 볼 여지가 있음
정신분열증(대법원 1999.1.26. 선고 98도3812 판결) - 1심에서 정신분열증을 심신미약으로 판단하였으나 심신상실 사유로 볼 여지가 있음	정신질환(대법원 1992.1.21. 선고 91도2713 판결) - 정신이상으로 입원한 적이 있는 등 심신미약으로 볼 여지가 있음

(2) 판례의 검토

위 판례 중 범행 당시 정신질환이 없었거나, 범행 경위, 수법, 범행 후의 정황 등에 의하여 볼 때 정신감정을 믿을 수 없어 규범적으로 심신미약을 인정하지 않은 예를 제외한 나머지, 즉 위에서 언급한 사유들을 정신질환으로 인정하지 않는 판례를 검토해 본다. 물론 정신질환으로 인정하더라도 심신미약에 해당하는지 여부는 법관의 규범적 판단 문제이므로 양자는 구분되어야 할 것이다.

대법원은 2012도12689 판결에서 '성주물장애증'은 심신장애로 볼 수 없고 그것이 심각하여 정신병과 동등하다고 평가할 수 있는 경우에만 심신장애로 인정할 여지가 있다고 보고 있다. 이러한 성주물장애는 성도착증(paraphilias)의 일종으로 성적 만족의 대상이나 표현의 장애를 특징으로 한다. 대한신경정신의학회에서는 이를 정신장애의 하나로 분류하고 있고,[62] DSM-IV-TR 다축 체계에서도 성적 장애(sexual disorders)를 정신장애로 분류하고 있다.[63] 그러므로 성주물장애증이 정신병이 아니라고 본 대법원 판결은 잘못이라고 본다.

대법원은 2006도7900판결에서 '소아기호증' 역시 성격적 결함이고 심신장애로 볼 수 없다고 판시하고 있다. 그러나 소아기호증 역시 위에서 보듯 성도착증이고, 성적 장애이므로 정신병에 해당한다고 할 것이다.

충동조절장애 역시 대법원은 성격이상이라면서 정신장애로 보지 않고 있다. 충동으로 인해 긴장이 고조되고 이를 해소하기 위해 행동으로 표출되는 것이 충동조절장애이다. DSM-IV에서는 '달리 분류되지 않는 충동조절장애(impulse control disorders not elsewhere classified)'에, '간헐성 폭발장애(intermittent explosive disorder), 병적 도벽(kleptomania)', '병적 방화(pyromania)', '병적 도박(pathological gambling)', '발모광(trichotillomania)', 그리고 '기타 충동조절장애(impulse-control disorders not otherwise specified)'를 포함시키고 있다.[64] 따라서 충동조절장애 역시 정신장애에 해당한다고 할 것이다.[65]

(3) 기타 심신미약 사유의 검토

게임중독에 대한 뇌신경과학적 연구 분석 결과에 의하면 게임중독의 경우 뇌가 항상 불안전한 각성 상태에 머물고 현실과 가상 세계의 구분이 모호해지면서 정체성 혼란이나 부적응 행동을 보인다. 게임중독의 경우 마약중독자와 유사한 '충동억제 장애의 유형'과 물질·비

62_ 대한신경정신의학회, 앞의 책, 284-286면.

63_ 위의 책, 135면.

64_ 대한신경의학회, 384면.

65_ 同旨, 이인영, "책임능력에 대한 판단과 정신감정절차", 「홍익법학」 제11권 제2호(2010), 167-169면.

물질 중독의 심리학적·신경학적 구조를 공유하고 있다. 또한 게임중독자에게 게임에 대한 단서를 제공했을 때 전두엽의 활성도 변화가 알코올중독 초기 상태와 유사함이 발견되었다[66] 게임중독의 경우 위와같이 약물 중독증과 같은 심리학적·신경학적 구조를 갖고 있다면 범행 당시 게임중독으로 인하여 심신미약에 이르렀는지 여부가 가려져야 할 것이다. 그러나 게임중독과 관련해 심신미약을 주장한 판례가보이지 않으며, 다만 게임중독이 범죄의 동기가 되었는지 여부가 쟁점이 된 사례가 보일 뿐이다.[67] 생각건대 게임중독이 정식으로 충동조절장애에 포함된 진단 기준에 포함되어 있지 않지만 최근 사회적으로 문제가 되고 있는 인터넷중독이나 쇼핑중독과 함께 DSM-IV의 '달리 분류되지 않은 충동조절장애(impulse control disorders not elsewhere classified)'에 해당한다고 볼 것이다.[68]

독일판례에서 살펴본 격정 행위(Affekttat)를 살펴본다. 격정 행위는 순수 심리학적 행위에서 파생된다. 대부분 평소에는 조용하고 평화로운 상태를 유지하다가 어느 순간 격정이 발생하여 전혀 통제가 되지 않는 상태에서 주로 폭력 행위를 야기한다. 이들 대부분이 격정 순간을 지나면 완전히 예전의 상태로 돌아오므로 전문가들에 의해 평가되기 전에는 증상을 파악하기 힘들다.[69] 이러한 심리적 공황이 발생하는 경우 독일에서는 책임무능력으로 인정하지 않지만 한정책임 사유로삼아 양형에서 고려하고 있음은 앞서 살펴본 바와 같다. 이러한 격정 행위도 심리분석 전문가의 감정을 통하여 행위 당시의 심리 상태를 변별해서 심신미약에 해당하는지 여부를 가려야 할 것이다.

66_ 손지영, "청소년 게임중독의 뇌신경과학적 진단과 형사책임능력—중독 범죄소년의 치료적 규제 제도 필요성을 중심으로", 「제도와 경제」 제6권 제2호(2012. 8), 240-242면.
67_ 서울고등법원 2011.12.23. 선고 2011노2660 판결.
68_ 대한신경정신의학회, 앞의 책, 135면, 392면.
69_ 신동일, 심신장애 판정의 문제점과 개선방안—각국의 제도 및 현황을 비교하여, 형사정책연구원, 2004, 84-85면.

다음으로 음주로 인한 명정과 알코올중독에 대하여 살펴본다. 대법원은 음주 명정 정도 등은 전문가로 하여금 감정을 하지 않고도 다른 증거에 의해 음주 명정 정도를 판단할 수 있다고 판시하고 있다.[70] 알코올중독이 습관인지 아니면 질병인지 해결되지 않고 있다. 그러나 알코올 중독은 손상된 통제 및 인지 질병(impaired control and cognition disease)으로 이해할 수 있다.[71] 알코올중독이 범죄의 주된 원인이면 처벌보다는 처우(treat)를 받도록 하거나 최소한도에서 처벌받도록 해야 한다. 음주행위가 지속되는 동안에는 계속 처우받도록 해야 한다. 의학적인 견지에 의하면 알코올에 대한 치료가 성공하면 석방을 해서 알코올에 의존하지 않고 무엇이라도 하도록 하는 것이 좋다고 본다. 형사정책적 관점에서 볼 때 알코올중독자가 처우를 받고 사회의 일원으로 복귀하도록 해야 한다. 즉 형이 아닌 재활을 명해야 한다. 그러나 재활시설이 이에 뒤따를 수 있는가의 문제가 있고, 무죄 방면되고 치료되면 형을 선고받지 않고 그대로 사회에 복귀하며, 현실적으로 알코올중독을 이유로 무죄를 선고하기에 어려움이 있다.[72] 따라서 이러한 알코올중독을 양형사유로 참작하여 유연한 판결을 하는 것이 좋다고 보며, 심신미약 사유로 보아 형을 감경하는 것이 타당하다고 본다.

마지막으로 마약중독에 대하여 살펴본다. 미국 연방대법원은 Robinson 사건[73]에서 마약중독(narcotic addiction)은 질병의 일종이고 따라서 이를 처벌하는 것은 잔인하고 비정상적인 형벌(cruel and unusual punishment)을 금하는 수정헌법 제8조에 위반된다고 판시하였다. 이 판결에 대하여 소수만이 이러한 논지를 지지하였으며, 다수는

70_ 대법원 1983.10.25. 선고 83도2431, 83감도422 판결.

71_ Julia Tolmie, "Alcoholism and Criminal Liability", *The Modern Law Review*, Vol. 64, No. 5(Sep. 2001), pp.707-709.

72_ *Ibid.*, at 708-709.

73_ Robinson v. California, 370 U.S. 660 (1962).

이를 매우 제한적으로 해석하여 심신에 있어 명백하게 갈구한다는 등의 요건이 충족되어야 하는 것으로 본다.[74] 생각건대 마약중독자의 경우 실제에 있어서는 오히려 상습범으로 형이 가중된다. 그러나 마약중독을 질병으로 이해한다면 형을 감경해야 할 것이고, 마약중독으로 인해 행위할 능력이 손상되어 행위를 야기하였다면 이를 심신미약의 사유로 삼아야 할 것이다.

IV. 심신미약의 판단

이하에서는 위에서 살펴본 심신미약의 사유를 구체적인 사건에서 어떠한 기준에 의하여 판단할 것인가의 문제와 심신미약의 판단에 있어 감정의 필요성의 문제, 그리고 심신미약에 대한 입증책임이 누구에게 있는지 살펴본다. 또한 심신미약의 판단에 있어 감정인의 의견과 법관의 판단 불일치 등 감정에 있어서의 문제점에 대하여 살펴보고, 심신미약의 주장이 있는 경우 법관과 배심원이 이를 어떻게 받아들이는지에 대한 실증적인 연구도 검토하기로 한다.

74_ Herbert Fingarette, "Addiction and Criminal Responsibility", *The Yale Law Journal*, Vol. 84, No. 3 (Jan. 1975), p.413. 여성의 월경 주기(menstrual cycles)가 심신미약의 사유가 될지 문제된다. Wallach와 Rubin은 1971년 여성은 월경의 단계에 따라 범죄적, 공격적이 되고, 규칙을 위반하는 경향이 커진다는 연구 결과를 발표했다. 이에 따라 정신이상 항변이 요건으로 하고 있는 책임능력(responsibility)이 결여되었다고 주장한다. Wallach와 Rubin의 연구 결과가 결론적으로 틀린 것은 아니지만 아직 미성숙 단계라고 본다. 몇몇 연구에 의하면 위 연구에 있어 방법론적 오류가 지적되었다: Julie Horney, "Menstrual Cycles and Criminal Responsibility", *Law and Human. Behavior*, Vol. 2, No. 1 (1978), p.25.

1. 정신감정의 필요성 여부와 심신미약의 판단 요소

대법원은 1980년대 초반까지는 심신장애에 해당하는지 여부는 반드시 전문적인 지식을 가진 자의 감정에 의해서만 결정할 수 있는 것이 아니고 범죄 전후의 사정이나 목격자의 증언 기타 자료를 참작해서 판단할 수 있고, 그것이 위법이 아니라고 판시하였다.[75] 그 후인 1983년에 선고된 판결에서도 대법원은 기록에 나타난 제반 자료를 종합하여 피고인의 범행 당시의 심신장애의 정도와 심신미약이라고 인정할 수 있는 이상 반드시 별도로 피고인에 대한 정신감정을 하여야 할 필요는 없다고 판시하였다.[76] 그런데 1984년 대법원은 피고인의 변호인이 항소이유에서 피고인의 심신장애를 주장하고 정신감정이 필요하다고 하였음에도 불구하고 원심법원이 이 점에 대하여 심리를 하지 않고 감정 신청을 배척한 조치는 위법하다고 판시하였다.[77] 1999년 대법원은 피고인에게 우울증 기타 정신병이 있고 특히 생리도벽이 발동하여 절도 범행을 저지른 의심이 드는 경우 전문가에게 피고인의 정신 상태를 감정시키는 방법으로 심신장애 여부를 판단하여야 한다고 판시하였으며,[78] 피고인의 항소이유에서 심신상실에 대한 주장을 하지 않았더라도 재감정을 하는 방법으로 피고인의 병력을 상세히 확인하여 그 주장을 밝혀 보고 재감정을 의뢰하는 등의 방법으로 피고인의 심신장애 정도에 관하여 좀 더 면밀하게 심리하여야 한다고 판시하였

75_ 대법원 1982.7.27. 선고 82도1014, 82감도192 판결; 대법원 1961.11.9. 선고 4294형상350 판결.

76_ 대법원 1983.7.12. 선고 83도1181 판결.

77_ 대법원 1984.3.13. 선고 84도37 판결. 위 판결에서 대법원은 피고인이 범행 당시 정신장애가 있었던 것으로 의심이 가는 사정이 있었음을 전제로 하고 있다.

78_ 대법원 1999.4.27. 선고 99도693, 99감도17 판결. 위 사건에서 대법원은 충동조절장애와 같은 성격적 결함은 심신장애에 해당하지 않지만, 그것이 매우 심각하여 원래의 의미의 정신병을 가진 사람과 동등하다고 평가할 수 있는 경우에는 심신장애로 보아야 한다고 판시하였다.

다.[79] 이러한 취지의 판결은 이후에도 계속 이어지고 있는데 2006년 대법원은 피고인의 병력, 가족 관계, 성장 환경 등을 종합할 때 피고인이 충동조절장애와 같은 성격적 결함으로 인하여 심신장애 상태에서 순간적으로 저지른 것일 가능성이 있음에도 정신감정을 하지 않은 것은 위법하다고 판시하였다.[80] 최근인 2011년 대법원은 정신지체 3급 장애인으로 정신박약과 주의력결핍 과잉행동장애(ADHD)가 있는 피고인에 대하여 감정을 실시하지 않은 채 심신장애 상태에 있지 아니하였다고 단정한 것은 위법하다고 판시하였다.[81] 이러한 판례를 종합하면, 대법원은 심신장애 여부가 의심스러운 경우 정신감정을 하는 것이 원칙임을 선언하고 있는 것이라고 하겠고, 이러한 판례의 태도는 타당하다고 본다. 그러나 전문가에 의한 감정이 필요하지 않는 경우, 예컨대 음주나 약물 복용에 의해 명정 상태에 있는 경우에는 감정이 필요하지 않으므로 이러한 경우까지 전문가에 의한 감정이 필요하다고 보는 것은 아니라고 하겠다.

다음으로 심신미약의 판단 요소에 대하여 살펴보면, 대법원은 심신장애의 인정 여부는 장애의 정도 및 내용, 범행의 동기 및 원인, 범행의 경위 및 수단과 태양, 범행 전후의 피고인의 행동, 범행 및 그 전후의 상황에 관한 기억의 유무 및 정도, 수사 및 공판 절차에서의 태도 등을 종합하여 법원이 독자적으로 판단한다고 보고 있다.[82] 다른 사건에서도 대법원은 심신장애의 인정 여부는 장애의 정도, 범행의 동기 및 원인, 범행의 경위 및 수단과 태양, 범행 전후의 피고인의 행동, 증거 인멸 공작의 유무, 범행 및 그 전후의 상황에 관한 기억의 유무 및 정도, 반성의 빛의 유무, 수사 및 공판정에서의 방어 및 변소의 방법과

79_ 대법원 1999.1.26. 선고 98도3812 판결. 위 사건에서 1심 법원은 정신감정을 하고 심신미약으로 형을 감경하였으나 2심 법원은 심신장애 여부에 대한 심리를 하지 않고 피고인의 항소를 기각하였다.
80_ 대법원 2006.10.13 선고 2006도5360 판결.
81_ 대법원 2011.6.24. 선고 2011도4398 판결.
82_ 대법원 2013.1.24. 선고 2012도12689 판결.

태도, 장애발병 전의 피고인의 성격과 그 범죄와의 관련성 유무 및 정도 등을 종합하여 법원이 독자적으로 판단한다고 하고 있으며,[83] 98도3812 판결(대법원 1999.1.26. 선고) 및 93도2400 판결(대법원 1994.2.8. 선고)도 같은 취지로 판단하고 있다. 그러나 앞서 살펴보았듯이 정신장애의 범위가 광범위하다는 사실과, 정신장애 분류 체계가 법관이 이해하기에도 매우 복잡하다는 사실을 고려한다면 정신과 전문의, 심리분석 전문가가 아닌 법관이 이 모든 것을 독자적으로 판단할 수 있다는 것은 잘못이라고 하겠다. 법관은 이러한 전문가의 평가를 토대로 하여 규범적으로 판단하여야 할 것이다. 그러므로 원칙적으로 감정을 하여야 할 것이고, 감정시에 감정인에게 수사기록 및 공판기록, 그 외 피고인의 과거 이력, 예컨대 학교 생활기록부, 병원의 관련 질병에 대한 의무기록 등을 교부하고, 이를 토대로 하여 피고인을 면담하여 범행 당시에 심신미약 상태에 있었는지 여부 및 범행 당시의 행위 통제능력이 있었는지 여부를 감정하도록 하여야 할 것이다. 이러한 객관적 감정을 토대로 하여 법관은 피고인의 공판에서의 태도 등 감정시에 반영되지 않았던 요소 등을 아울러 참고로 하여 범행 당시에 과연 심신미약이 있었는지 여부를 판단하여야 할 것이다. 나아가 심신상실과 심신미약의 한계 획정이 어렵다는 사실을 고려한다면 영국에서와 같이 '명백성'을 기준으로 이를 판단하는 것이 타당하다고 본다.

2. 심신미약의 입증책임

책임능력의 존재에 대한 입증 책임은 검사가 부담한다. 따라서 피고인이 책임 무능력을 주장하는 사실의 진술을 한 경우 그 부존재가 검사에 의해 입증되지 않으면 무죄 판결을 선고해야 한다. 이와 관련하여 미국에서는 1978년까지 27개 주와 연방법원의 경우 피고인이 비

83_ 대법원 2007.2.8. 선고 2006도7900 판결.

정상적임을 내세우는 증거를 제출하였다면 정부가 피고인이 정상적이라는 사실을 합리적 의심이 들지 않도록 증명할 것을 요구한다. 그러나 1985년 35개 주와 콜롬비아특별구에서 피고인이 증거의 우세성에 의해 정신이상임을 입증하도록 하였다.[84]

심신미약의 경우에도 피고인이 심신미약에 대한 주장을 하였을 경우 검사가 그 부존재에 대해 입증책임이 있는지 문제된다. 이와 관련하여 대법원은 "제1심에서 정신분열증을 이유로 심신미약 감정을 하였고, 소송 계속 중 피고인이 수감되어 있던 구치소장으로부터 위와 같은 내용의 통보서가 접수되었다면 법원은 '직권으로라도' 피고인의 심신장애 정도에 대해 심리하여야 한다"고 판시하였고,[85] 이는 심신미약의 경우에도 심신미약을 의심할 만한 사유가 드러난 경우 검사에게 그 부존재에 대한 입증책임이 있음을 밝힌 것이라고 할 수 있고, 이러한 판례는 타당하다고 본다.

3. 현행 정신감정의 문제점과 개선책

(1) 감정과 법관의 판단의 불일치의 문제

국립 감호정신병원에 정신감정이 의뢰된 사례 중 1990년에는 감정의 의견에서 심신미약 47%, 심신상실 37.9%, 책임능력 있음이 15.2%였고, 법원은 이에 대하여 심신미약 33.3%, 심신상실 31.9%, 정상 34.8%였다. 2000년에는 감정의 의견에서 심신미약 53.6%, 심신상실 24.9%, 책임능력이 있음이 21.6.%였으며, 법원은 이에 대하여 심신미약 19.80%, 심신상실 19.8%, 정상이 60.7%였다. 결국 감정의 의견과 재판부의 판단과의 차이가 커지고 있고, 특히 심신미약 판단에 있어 법원과 감정의 판단 간의 차이가 크다.[86] 이러한 판단 차이는 '범행

84_ 이인영, "뇌영상 증거의 과학적 증거로서의 기능과 관계", 「형사법연구」 제22권 제4호 통권 제45호(2010·겨울), 720-271면.

85_ 대법원 2013.1.24. 선고 2012도12689 판결.

시점'에 있어서 과연 심신미약의 상태에 있었는지 여부에 대한 수사 및 재판기록, 재판에서의 피고인의 태도 등이 판사에게 영향을 미쳤다고 보며, 그 차이를 줄이는 방법이 필요함을 시사하고 있으며 이에 대하여는 다음 항에서 살펴본다.

이렇게 전문가 감정의 절차와 법관 판단이 불일치하는 배경으로는 정신의학자 내지 심리학자의 시각과 법관의 시각이 다르고, 무죄 방면보다 제재적 응징을 하는 것이 법감정에 부합하다고 생각하며, 정신의학에서 구체화·계량화·정량화된 기준을 갖고 있지 못하고, 직업상의 관점에 차이가 있음이 지적되고 있다.[87]

(2) 감정제도의 개선책

특정 사안, 즉 중대한 범죄나 치료감호 등 행위자에게 불리한 처분의 부과가 전제되는 사건에서는 필수적으로 정신감정을 해야 한다는 견해가 있다.[88] 그러나 심신미약에 의한 감경이 독일과 같이 임의적 감경이 아닌 필요적 감경이므로 이러한 경우 반드시 감정을 거쳐야 한다고 본다.

한국의 실무에서 감정인의 감정서 작성은 일반적으로 서론, 가족력(특히 유전적 배경 여하), 본인의 과거 생활력, 현재 증상(신체적 의견과 정신의학적 의견), 고안과 설명 및 감정 주문 작성의 순서로 한다. 치료감호소에서 작성하는 정신감정서도 대체로, ① 피감정인의 인적 사항, ② 감정의 경위 및 방법 설명, ③ 범행 개요, ④ 감정 주문 사항, ⑤ 과거 범죄력, ⑥ 개인력, 가족력 및 현 병력, ⑦ 현재 상태 – 신체 상태, 정신 상태, 임상심리 검사, ⑧ 감정 결과 – 진단 및 설명, ⑨ 감정주문

86_ 이경숙 외, "형사정신감정의 변화—1990년과 2000년", 「대한법의학회지」 제26권 제2호(2002.10), 25-29면.

87_ 이인영, 앞의 논문, 185-184면.

88_ 이진국, "형사절차상 정신장애에 대한 감정", 「법학논총」 제28집 제4호(2011.12), 360-362.

에 대한 답변, ⑩ 의견 및 권고의 순서로 작성되고 있다.[89] 그러나 이러한 감정서 작성은 좀 더 객관화될 필요가 있다. 이와 관련하여 Rogers 형사책임평가 척도(the rogers criminal responsibility assessment scale: RCRAS)를 살펴본다. 이 척도는 임상 전문가가 피고인과의 면남과 심리 검사 등을 통하여 평가하며, ① 피고인 진술의 신뢰성, ② 기질성 결함의 여부, ③ 정신병리, ④ 인지적 통제능력, ⑤ 행위통제 능력을 측정한다. 경찰보고서, 변호인의 기록, 기타 성장과정에 대한 기록, 피고인의 자기보고서 등을 참고하여 평가한다. 수집된 정보에 대한 분석을 통해 범행 계획, 범죄성 인식, 자기 통제와 같은 요인들을 평가한다. 그러나 이 평가 척도에 따른 판단을 임상전문가의 속단에 의해 이루어졌다는 문제점이 지적되어 좀 더 체계화하고 판단 인지도를 높이는 방안이 제기되어야 한다는 견해가 생기게 되었다. 이에 따라 범행 당시의 정신상태(mental state at the time of offense: MSO)기법이 개발되었다. Mentol 등은 범행 당시의 범죄인의 심적 상태를 파악하기 위한 면담기록을 개발하였다. MSO기법에서 면담자는 피고인의 심리적, 신체적 자료뿐만 아니라 경찰의 수사기록, 검찰의 기소자료, 변호인의 자료 등을 검토한다. 광범위한 면담과 관련 자료를 종합하여 행동심리학적인 추론과 정신분석학적인 추론을 한다. 이 기법은 정신장애 항변에 부적절한 피고인을 잘 변별해 내는 것으로 알려져 있다.[90]

따라서 Rogers평가 척도나 MSO기법과 같이 감정인에게 경찰 및 검찰의 수사기록, 변호인이 제출한 서류, 재판기록, 학교생활기록, 의무기록 등 범행 '당시'에 책임능력이 미약하였는지를 객관적으로 평가할 수 있는 모든 자료가 감정인에게 교부되어야 할 것이다. 나아가 정신감정의 신뢰성을 담보하기 위해 관련 전문가(법학자, 정신의학자, 임상심리학자)의 합의된 결과에 대하여 정신감정의 표준화된 절차와 방

89_ 이진국, 위의 글, 362면.
90_ 박광배, 법심리학, 학지사, 2010, 192-196; 이수정, 최신 범죄심리학(제2판), 학지사, 2013, 185-188면.

법을 마련해야 할 것이다.[91]

4. 심신미약 판단에 있어 배심원들과 일반인들의 의식에 대한 검토

실증적 연구에 의하면 배심원들은 정신이상 항변을 판단함에 있어 전통적 도덕 논리를 매우 중요시하고 있다.[92] 이러한 배심원들의 정신이상 항변에 대한 도덕 논리에 대한 태도와 믿음이 평결에 양향을 미친다고 조사되고 있다.[93] 배심원들이 어떠한 기준에 의하여 정신이상 항변을 판단하는지를 실증적으로 연구한 조사에 의하면, 배심원들은 피고인이 범행 당시 실제 정신이상이 있었는지 여부, 피고인의 이력과 성격(정신이상에 대한 이력, 범행 당시를 기억할 수 있는지 여부, 피고인의 증언, 피해자와의 관계, 반성 여부), 피고인의 인지능력과 자발적 통제 여부를 평가 기준으로 삼고 있음이 드러났다.[94] 배심원들에게 정신이상 항변에 대한 법원의 판단 기준에 대하여 설명해 주지 않고 그들 나름대로 판단하라고 한 뒤 평가 기준을 조사하였다. 이러한 조사에 따르면 배심원 기준의 특징은 관련성, 복잡성, 유연성으로 나타났다.[95] 정신이상 항변(insanity defense)에 대한 배심원들의 태도를 조사한 실증적 연구에 의하면 배심원들은 제출된 자료에 의할 때 정신이상 특징

91_ 신관우 · 정우일 "충동조절장애의 책임능력 판단기준", 「한국범죄심리연구」 제6권 제3호 통권 제12호.(2010), 105-106면.

92_ Caton F. Roberts et al., "Implicit Theories of Criminal Responsibility", *Law and Human Behavior*, Vol. 11, No. 3(1987), p.207.

93_ Caton F. Robertst, Stephen L. Golding, "The Social Construction of Criminal Responsibility and Insanity", *Law and Human Behavior*, Vol. 15, No. 4(1991), p.373.

94_ James R. P. Ogloff. "A Comparison of Insanity Defense Standards on Juror Decision Making", *Law and Human Behavior*, Vol 15, No. 5 (1991), p.526.

95_ Norman J. Finkel, Sharon F. Handel, "How Jurors Construe Insanity", *Law and Human Behavior*, Vol. 13, No. 1 (1989), p.41.

이 분명하지 않아 그 평가를 변경할 수 있다고 생각하며, 정신이상 항변에 대한 판단을 임의적인(provisional) 것으로 본다. 나아가 형사 책임은 엄격하다고 보고, 정신이상 항변이 '정의가 아니고 위험하다(injustice and danger)'고 보고 있다.[96]

이러한 연구는 피고인이 법정에서 심신미약을 주장할 때 국민참여재판에서 배심원들에게 어떤 영향을 주고, 그들이 무슨 기준으로 평가하는지 보여준다. 나아가 국민참여재판이 아닌 일반재판에 있어서도 배심원과 판사의 잣대가 크게 다르지 않다고 볼 때 다음의 점을 시사한다. 즉 판사나 배심원은 심신미약에 대한 자신의 믿음과 태도에 따라 달리 평가할 수 있으며, 배심원들의 판단 기준은 대법원 판결에서 열거하고 있는 심신미약에 대한 판단 기준과 크게 다르지 않음을 보여주고 있다. 특히 사회적으로 영향이 큰 중대한 사건에 있어서 심신미약을 주장할 경우 판사들은 '규범적'이라는 척도에 의하여 피고인의 주장을 배척하는 사례가 많은데, 이것은 이러한 사유에 의한 책임 감면이 부정의하고 또 그러한 사유에 의한 감경이 사회에 대한 위험이 된다고 생각하기 때문이라고 분석된다. 이상에서 보듯 심신미약 주장은 매우 강력한 편견을 갖게 하므로 국민참여재판에서 판사는 배심원들에게 이 점에 대해 상세하게 설명할 필요가 있다.

일반인들의 정신이상 항변에 대한 의식을 조사한 자료에 의하면 일반인들은 이를 구멍(loophole)으로 생각하고 이를 통해 불법을 저지른 범죄인이 도망간다고 본다는 것이다. 이를 통해 일반인들이 정신이상 항변을 과대하게 평가하거나 이를 수용함에 있어 그 범위를 과소하게 제한한다는 것이 밝혀졌다. 정신이상 항변에 대한 일반인들의 의식은 매우 왜곡되었으며 정신이상 항변이 과도하게 성공한다는 인식은 방송보도의 영향이 큰 것으로 조사되고 있다.[97] 이것은 심신미약을 판

96_ Jennifer L. Skeem et al., "Venirepersons's Attitudes Toward the Insanity Defense: Developing, Defining, and Validating a Scale", *Law and Human Behavior*, Vol. 28, No. 6 (Dec. 2004), p.645.

단하는 판사나 국민참여재판의 배심원들이 심신미약의 주장에 대하여 부정적인 인식을 갖고 있음을 보여주며, 마찬가지로 위에서 언급한 시정 방안이 필요함을 시사하고 있다.

V. 입법안의 검토 및 제안

현행 형법 제10조 제2항에 대하여 법무부의 개정안이 있었으나 폐기되었고, 2008년 형법개정특별위원회의 시안이 마련되었다. 이하에서는 위 시안을 검토하고 이를 토대로 하여 입법안을 제안한다. 아울러 성폭력범죄에서의 책임능력을 배제하고 있는 규정을 검토한다.

1. 형법개정특별위원회 시안의 검토

현행 규정과 독일의 규정, 법무부의 개정안[98]과 2008년 형법개정특별위원회의 시안을 대조하여 정리하면 다음과 같다.

97_ Eric Silver et al., "Demythologizing Inaccurate Perceptions of the Insanity Defense", *Law and Human Behavior*, Vol. 18, No. 1(Feb. 1994), pp.63, 68-69.

98_ 1992년 7월 법무부의 '형법 개정 법률안'은 폐기되었다. 2011년, 1992년에 이어 두 번째로 형법총칙 전면 개정안(의안번호 11304호)이 발의되었다. 이를 심신미약과 관련하여 살펴보면, 1992년 법무부의 형법 개정 법률안을 다시 반영하고 있고, '심신미약' 대신 '정신장애'라는 용어를 사용하고 있다. 정신장애는 후술하는 바와 같이 '심리장애' 등과 구분될 필요가 있으므로 이 책에서는 2008년 형법개정특별위원회의 시안을 중심으로 살펴본다.

현 행 법	독 일	개정안 (의안번호 11304호)	형법개정특별위원 회 시안(2008년)
제10조【심신장애자】① 심신장애로 인하여 사물을 변별할 능력이 없거나 의사를 결정할 능력이 없는 자의 행위는 벌하지 아니한다. ② 심신장애로 인하여 전항의 능력이 미약한 자의 행위는 형을 감경한다. ③ 위험의 발생을 예견하고 자의로 심신장애를 야기한 자의 행위에는 전2항의 규정을 적용하지 아니한다.	제20조【정신장애로 인한 책임무능력】 범행 당시 병적인 정신장애, 심한 의식장애 또는 정신박약, 기타 중한 정신이상으로 인해 행위의 불법을 인식하거나 또는 그 인식에 따라 행위하는 능력이 결여된 자는 책임 없이 행위한 것이다. 제21조【한정책임능력】 행위의 불법을 인식하거나 또는 이러한 인식에 따라 행위하는 행위자의 능력이 범행 당시 제20조에 나타난 이유로 인해 현저히 미약한 경우에는 제49조 제1항에 의하여 형이 감경될 수 있다.	제22조【정신장애】① 정신장애로 행위의 불법을 판단할 능력이 없거나 그 판단에 따라 행위할 능력이 없는 자의 행위는 벌하지 아니한다. ② 정신장애로 제1항의 능력이 미약(微弱)한 자의 행위에 대해서는 형을 감경한다. ③ 스스로 정신장애의 상태를 일으켜 고의 또는 과실로 행위한 자의 행위에 대해서는 제1항 및 제2항을 적용하지 아니한다.	제21조【심신장애(心神障碍)】 ① 심신장애로 인하여 자신의 행위가 법에 어긋남을 판단할 능력이 없거나 그 판단에 따라 자신의 행위를 조정할 능력이 없는 자의 행위는 벌하지 아니한다. ② 심신장애로 인하여 제1항의 능력이 미약한 자의 행위는 형을 감경할 수 있다. 다만, 그 능력이 현저하게 미약한 때에는 형을 감경한다. ③ 심신장애 상태에서의 범행을 예견하거나 예견할 수 있었음에도 스스로 심신장애를 야기한 자의 행위에는 전2항의 규정을 적용하지 아한다.

위 개정 시안이 마련된 경위를 살펴보면 다음과 같다.[99] 첫째, 1992년 법무부 개정안에 '정신장애'라는 표현을 사용하였다. 그러나 형법개정특별위원회의 논의 과정에서 '정신장애'로 할 경우 '인격장애'의 경우나 음주, 마약의 복용으로 인한 일시적 장애 상태가 정신장애로 포괄되기 곤란하다는 의견이 있었다. 이에 '심신장애'라는 용어를 그대로 유지하기로 하였다. 둘째, 생물학적 요건을 독일, 오스트리아와 같이 보다 상세하게 규정하는 제안도 가능하지만 정신의학의 발전에 따라 유연하게 대처할 필요가 있어 개방적으로 규정하는 것이 바람직하므로 '심신장애'라는 현행 규정을 유지하기로 하였다. 셋째, '조정'이란 용어가 심신이원론 사고에 기인한 것이 아닌가 하는 질문이 있었지만, 이는 인간의 자유의지를 전제로 한 것이다. 다만 보다 적합한 용어를 찾기 위한 노력은 필요하다. 넷째, 한정책임능력의 경우 독일과 같이 임의적 감경, 한국, 일본, 스위스와 같은 필요적 감경, 오스트리아와 같이 양형사유로 규정한 경우로 나뉜다. 현행법에 따르면 한정책임능력자의 경우 2분의 1을 감경해야 하므로 책임에 비례하지 않고 과도하게 감경하는 것이라는 지적이 있었다. 이에 임의적 감경을 원칙으로 하되 '현저히 미약한 경우' 필요적으로 감경하자는 안이 성안되었다.

그러나 '심신장애'라는 표현을 두고 있는 현행 규정하에서 대법원은 원칙적으로 성격이상이나 충동조절장애를 '심신장애'의 사유로 보고 있지 않다는 문제점이 드러나고 있다. 또한 '격정'과 같은 심리적 상태도 여기에 포함시킬 필요가 있으며, 독일 판례의 검토에서 보듯 '심신장애'라는 용어는 좀 더 세분될 필요가 있다. 또한 시안에서 '조정 (Steuerung)'이라는 용어를 사용하고 있는데 이는 목적적 행위론의 영향을 받은 것으로 보인다. 따라서 굳이 '행위를 조정할'이라는 표현을 사용할 필요가 없어 보이고, '행위할'이라고 표현하는 것이 적절하다고

99_ 한상훈 · 천진호, "책임분야 개정방안", 「형사법연구」 제21조 제1호 통권 제38호(2009 · 봄), 93-96면.

본다. 시안에서는 '제1항의 능력이 미약한 자'와 '그 능력이 현저하게 미약한 때'로 구분하고 있다. 그러나 이러한 '사유'로 차등을 두는 것에는 의문이 있고, 영국의 입법례에서 보듯 그 능력의 손상으로 행위에 기여했는지 여부가 관건이므로 '행위를 할 능력이 손상됨으로 인해 행위를 야기한 때'와 '그 능력이 상당하게 손상된 때'로 차등을 두는 것이 타당하다고 본다. 특히 시안에서 독일의 예를 따라 '현저성' 여부로 차등을 두고 있지만 '현저성' 기준은 너무 엄격하다고 본다.

2. 입법안의 제안

이상의 검토를 토대로 하여 입법안을 제안하고자 한다. 이러한 입법안을 제안함에 있어 몇 가지 고려할 사항은 다음과 같다. 첫째, 정신장애는 신체장애가 수반되는 경우가 많으므로 '신체장애'가 명시되어야 하고, '정신장애'와 '심리장애'가 명확하게 구분되지 않으므로[100] '심리장애'도 따로 명시할 필요가 있다.[101] 둘째, 심신미약의 판단 시점이 '행위 당시'이므로 이를 명시할 필요가 있다.[102] 셋째, 위와 같은 장애

100_ 책임능력을 판단함에 있어 정신과 의사와 심리 전문가(법심리 전문가)가 경합될 수 있다. 그러나 책임능력에 대한 감정은 정신과 의사만이 허용되고 있다. 그러나 심리학의 발전에 따라 책임능력에 관한 심리학적인 평가가 도입될 필요가 있음이 지적되고 있다: H. J. Rauch, "Nochmals: Gutachterliche Kompetenz bei der Klärung der Schuldfähigkeit oder: Den Streit zwischen Psychiatrie und Psycholgie", NStZ (1984), S. 498. 이와 같이 실제에 있어 정신장애와 심리장애를 구분하기는 매우 어렵다.

101_ 정신장애, 심리장애, 신체장애는 모두 '심신장애'로 포괄될 수 있다. 그러나 정신장애, 심리장애의 구분이 명확하지 않으므로 '심리장애'를 구분해서 명시하지 않을 경우, '심리장애'를 심신장애에 포함시키지 않게 될 수도 있으므로 이를 세분하는 것이 타당하다고 본다.

102_ 물론 현행법의 해석상 심신미약의 판단 시점이 행위 당시인 것에 대해서는 해석론상 다툼이 없다. 그러나 판례를 살펴보면 심신미약에 대한 판단 시점이 행위 당시임을 전제로 하여 판단하지 않거나 감정 시 이 점을 분명히 하지 않은 채 감정을 명하기도 한다. 따라서 심신미약의 판단 시점이 '행위 당시'임을 명시

로 인해 불법을 판단할 능력이나 행위능력이 손상됨으로 '인해' '행위
를 야기'하였다는 것이 법안에 명시될 필요가 있다. 넷째, 필요적 감경
으로 인하여 법률의 적용에 있어 경직성이 드러나거나 중대 사안에 있
어 법관이 이를 적용함에 주저하는 경향이 있었다. 따라서 '유연한' 감
경이 가능하도록 차등을 두어 '필요적 감경'과 '임의적 감경'을 절충할
필요가 있다. 다섯째, 시안에서는 '현저' 여부를 기준으로 필요적·임
의적 감경을 구분하고 있다. 그러나 독일 판례의 검토에서 살펴보았듯
이 '현저성'은 너무 엄격한 기준으로 보여진다. 따라서 영국 입법상의
'상당' 개념을 도입하여 '상당' 여부를 기준으로 하여 차등을 두는 것이
유연한 입법 태도라고 본다.[103]

　　이상의 검토를 토대로 하여 다음과 같이 입법안을 마련하여 제안
한다.

입 법 안
제00조(책임능력에 따른 형의 감면)
① 정신장애, 심리장애, 신체장애로 인하여 행위 당시 불법을 판단할 능력이 없거나 그 판단에 따라 행위할 능력이 없는 자의 행위는 벌하지 않는다.
② 제1항의 장애로 인하여 행위 당시 불법을 판단할 능력이나 그 판단에 따라 행위할 능력이 손상됨으로 인해 행위를 야기한 자의 형은 감경할 수 있다. 다만, 위 능력이 상당하게 손상된 때에는 형을 감경한다.
③ 심신장애 상태에서의 범행을 예견하거나 예견할 수 있었음에도 스스로 심신장애를 야기한 자의 행위에는 제1항 및 제2항을 적용하지 아니한다.

할 필요가 있다.

103_ 독일형법은 '현저성'이라는 개념을 사용하고 있어 판례는 심신미약의 사유가
　　중복된다든지, 그 사유가 심하거나 중한 정신이상이 있는 경우에 심신미약을
　　인정하고 있어 유연한 판단을 어렵게 하고 있다. '상당'이라는 개념의 폭이 넓어
　　'명확성'의 관점에서 볼 때 만족스럽지 않게 보여질 수도 있지만 이 점이 오히려
　　유연한 판단을 가능하게 할 것이다.

3. 성폭력범죄에서의 책임능력 배제 규정의 검토

2010.3.31. 음주 또는 약물상태에서 성폭력범죄를 저지른 경우나 아동·청소년에 대해 「성폭력 범죄의 처벌 등에 관한 특례법」 제3조부터 제11조까지의 죄를 범한 때에는 형법상 감경 규정을 적용하지 아니할 수 있도록 하는 법안이 통과되었다. 이에 대하여 성폭력범죄에서 책임능력 규정을 배제하는 합리적인 논거를 찾기 어렵고, 단지 국민의 감정에 편승한 상징적 입법이며, 중형주의의 억제효가 거의 없고, 따라서 동 규정의 실효성은 없다는 비판이 제기되고 있다.[104] 생각건대 이와 같은 엄벌주의 사조에 입각한 중형주의 입법은 형벌의 순기능(범죄 억제, 무해화, 재활, 교육, 응징과 비난, 속죄, 보복 방지, 회복과 사회 통합)을 약화시키고, 형벌의 역기능(낙인 기능과 수감의 역기능)만 불러올 뿐이라고 평가된다. 따라서 이러한 규정은 마땅히 삭제되어야 할 것으로 본다.[105]

VI. 결 어

이상의 논지를 정리하기 전에 형법 제10조 제2항에 나타난 책임원칙에 대하여 살펴보기로 한다. 동조는 기본적으로 인간의 자유로운 의사 결정과 행위에 대한 자유를 전제로 하고 있다. 형법상 책임은 의사책임으로, 인간은 자유로운 의사에 따라 책임 있는 존재라는 것을 전

104_ 김정한, "성폭력범죄에서 책임능력", 「법학논총」 제23권 제1호(2010.8), 167면, 175-176면.

105_ 법원의 실무에서는 이러한 감경 배제 규정에도 불구하고 심신미약의 사유를 작량감경의 사유로 삼아 구체적 타당성을 모색하고 있다. 그러나 심신미약 사유와 작량감경 사유는 구분되어야 할 것이다. 제안된 입법안에서는 필요적 감경과 임의적 감경을 절충하고 있으므로 이를 통해 구체적 타당성을 도모할 수 있게 될 것이다.

제로 한다. 법관은 자신의 경험과 지식에 따라 행위 당시 행위자의 행위에 정신적·심리적 침해가 있었는지 여부를 판단해야 하는 것이다.[106] 우리는 운이 아닌 우리의 의지에 따라 선택하고 행위를 통제할 수 있으며 이는 운과는 도덕적으로 차원을 달리한다고 본다. 즉 소질과 환경에 의해 행위가 결정되는 것이 아니라 행위란 행위 상황에서 우리가 선택한 바에 따른 인과적 결과인 것이다. 따라서 이러한 선택과 판단능력에 차이가 있는 경우 책임에 영향을 준다고 보는 것이다.[107] 즉 정신질환이 있는 경우 자유의사가 있다고 보는 것은 부적절하고, 이러한 경우 대개 실수나 충동과 무지(cumpulsion and ignorance)가 수반되고, 합리성이 결여(irrationality)되어 있으므로 죄가 용서된다는 것이다.[108]

본장에서는 인간의 자유의사를 전제로 하여 책임능력이 미약한 경우 형을 감면하는 현행 형법 제10조 제2항에 대하여 살펴보았다. 이러한 고찰에 앞서 독일에서의 해석론의 전개 상황과 여기에 대한 판례를 분석하였고, 심신미약에 따른 책임능력 제한과 유사한 미국의 한정능력 제도를 살펴보고, 영국의 한정책임 제도를 검토하였다. 이러한

106_ Werner Theune, "Auswirkung des normal psychologischen(psychogenen) Affektes auf die Schuldfähigkeit sowie den Schuld- und Rechtsfolgenausspruch", *NStZ* (1999), S. 273.

107_ Larry Alexander et al., *Crime and Cupability: A Theory of Criminal Law*, Cambridge, 2011, pp.188-191.

108_ Michael Moore, *op. cit.*, at 597-598. 그러나 여기에 대하여 뇌과학의 발전에 따라 이러한 책임 원칙의 근본이 흔들릴 수는 없지만 그 의미만은 다르게 이해해야 하며, 책임이란 '타행위 가능성'이 아니라 행위를 행위자에게 귀속시킨다는 의미의 '귀책'으로 이해하자고 주장하는 견해가 있다: 김성돈, "뇌과학과 형사책임의 새로운 지평", 「형사법연구」 제22권 제4호(2010.8), 143-144면, 그러나 이렇게 되면 형법을 Jakobs와 같이 기능적으로 이해하게 될 위험이 있다. 오늘날 인지과학의 성과에 따라 사람의 제한적 합리성을 받아들이더라도 사회인지의 발달 차원에서 사람의 행위에 있어 자발성과 의도성을 그 전제 사실로 받아들여야 할 것이다: John H. Fravell et al., *Cognitive Development*, 4th ed., Prentice Hall, 2002/정명숙 역, 인지발달, 시그마플러스, 2007, 252면.

검토를 통하여 '유연한' 책임감경이 필요하다는 결론에 이르게 되었다. 이러한 이해를 토대로 하여 심신장애의 개념을 살펴보고 심신미약 사유를 검토하였다. 정신의학계에서의 정신장애 분류에 변화가 있었음에도 대법원은 여전히 종래의 입장을 고수하여 성격이상 등을 정신상애에 포함시키지 않고 있다. 그러나 성격이상, 충동조절장애, 반사회적 인격장애 모두 심신장애로 분류되어야 한다. 게임중독은 충동조절장애에 포함된다고 볼 것이고, 알코올중독과 마약중독도 질병으로 이해하여 심신미약의 사유로 삼아야 할 것이다. 격정 행위의 경우 심리적인 분석을 통해 행위 당시 흥분된 상태에 있었는지 여부를 판단하여 심신미약 여부를 가려야 할 것이다. 감정인의 판단과 법관의 판단은 근접되어야 하고, 이를 위한 판단 기준과 범행 당시에 대한 판단 기준을 포함하여 합리적인 방법에 의해 구체적인 진단과 평가 기준이 마련되어야 한다. 실증적인 연구에 의하면 심신미약 주장은 재판에서 강력한 편견을 야기한다. 따라서 국민참여재판에서 판사는 이러한 사실에 대하여 배심원들에게 자세히 설명하여야 한다. 특히 중대한 사건에서 판사 역시 이러한 선입견에 따라 심신미약의 주장을 배척할 위험이 있으므로 판사는 감정인의 판단을 존중하여 책임 원칙에 따른 판단을 하여야 할 것이다. 필자는 이상의 논의를 토대로 하여 개정 시안을 검토하고 입법안을 제안하였다. 현행 규정의 '심신장애'는 정신장애, 심리장애, 신체장애로 세분될 필요가 있고, '행위 당시에 행위능력의 손상으로 인해 행위를 야기'하였다는 것이 입법안에 명시되어야 한다. 또한 유연한 감경과 책임 원칙의 조화를 위해 필요적 감경과 임의적 감경을 절충하고, '상당' 여부를 기준으로 차등을 두는 것이 합리적이라고 본다.[109] 이러한 입법적인 정비도 있어야 하지만 영국의 최근의 입

109_ 필요적 감경과 임의적 감경의 구분은 '질'의 문제가 아닌 '양'의 문제이므로 '임의적 감경'을 도입한다고 하여 영미와 같은 입증책임의 분배 체계로 전환될 필요성은 없다고 본다. 다만 '필요적 감경'에 해당할 경우에는 심신상실에서와 같이 법원으로서는 '치료감호'와 같은 보안처분의 부과를 검토할 필요가 있을

법 동향에서 보듯 심신미약을 합리적으로 평가하기 위한 의학적인 진단에 근거한 세부적인 척도 마련이 시급하고, 이러한 정비를 토대로 하여 앞으로 의학과 심리학의 발전 추세에 상응하여 심신미약을 좀 더 객관적·구체적으로 확정해 가기 위한 학계와 실무계에서의 노력이 계속되어야 할 것이다.

것이다.

참고문헌

1. 국내문헌

[단행본]

대한신경정신의학회, 신경정신의학(제12판), 중앙문화사, 2013.

박광배, 법심리학, 학지사, 2010.

신동일, 심신장애 판정의 문제점과 개선방안 – 각국의 제도 및 현황을 비교하여, 형사정책연구원, 2004.

이수정, 최신 범죄심리학(제2판), 학지사, 2013.

[논문]

김정한, "성폭력범죄에서 책임능력", 「법학논총」 제23권 제1호(2010.8).

박정성·김효진, "현행법상 심신장애의 판단기준에 관한 논의", 「법과 정책」 제18집 제1호(2012.12).

성경숙, "형사책임능력의 판단기준에 관한 고찰 – 미국의 정신이상항변을 중심으로", 「성균관법학」 제22권 제3호(2010.12).

손지영, "청소년 게임중독의 뇌신경과학적 진단과 형사책임능력 – 중독 범죄 소년의 치료적 규제 제도 필요성을 중심으로", 「제도와 경제」 제6권 제2호(2012.8).

신관우·정우일, "충동조절장애의 책임능력 판단기준", 「한국범죄심리연구」 제6권 제3호 통권 제12호(2010).

이경숙 외, "형사정신감정의 변화 – 1990년과 2000년", 「대한법의학회지」 제26권 제2호(2002.10).

이인영, "뇌영상 증거의 과학적 증거로서의 기능과 관계", 「형사법연구」 제22권 제4호 통권 제45호(2010·겨울).

_____, "책임능력에 대한 판단과 정신감정절차", 「홍익법학」 제11권 제2호(2010).

이진국, "형사절차상 정신장애에 대한 감정", 「법학논총」 제28집 제4호(2011.12).

한상훈·천진호, "책임분야 개정방안", 「형사법연구」 제21조 제1호 통권 제38호(2009·봄).

2. 해외문헌

[단행본]

Alexander, Larry; Ferzan, Kimberly Kessler; and Morse, Stephen, *Crime and Cupability: A Theory of Criminal Law*, Cambridge, 2011.

Dix, George E., *Criminal Law*, Thomson·West, 2010.

Fravell, John H.; Miller, Patricia H.; Miller; and Scott A., *Cognitive Development*, 4th ed., Prentice Hall, 2002/정명숙 역, 인지발달, 시그마플러스, 2007.

Gropp, Walter, *Strafrecht: Allgemeiner Teil*, 3. Aufl., Springer, 2005.

Herring, Jonathan, *Criminal Law: Text, Cases, and Materials*, 4th ed., Oxford, 2010.

Jakobs, Günther, *Strafrecht Allgemeiner Teil*, 2. Aufl., Walten de Gruyter, 1991.

Jescheck, Hans Heinrich, *Lehrbuch des Strafrechts Allgemeiner Teil*, 3. Aufl., Duncker & Humblot, 1982.

LaFave, Wayne R., *Criminal Law*, 5th ed., West, 2010.

Moore, Michael, *Placing Blame: A General Theory of the Criminal Law*, Oxford, 2010.

Roxin, Claus, *Strafrecht Allgermeiner Teil*, 4. Aufl., C. H. Beck, 2006.

Schneider, Frank; Frister, Helmut; und Olzen Dirk, *Begutachtung psychischer Störungen*, 2. Aufl., Springer, 2010.

Schönke, Adolf, and Schröder, Horst, *Strafgesetzbuch Kommentar*, 28. Aufl., C. H. Beck, 2010.

Singer, Richard G., and La Fond, John Q., *Criminal Law*, 5th ed., Wolters Kluwer, 2010.

Stratenwerth, Günter, und Kuhlen, Lothar, *Strafrecht Allgemeiner Teil*, 6. Aufl., Vahlen, 2010.

[논문]

Colb, Sherry F., "Evil or Ill? Justifying the Insanity Defense by Lawrie Reznek", *Stanford Law Review*, Vol. 52, No. 1 (Nov. 1999).

Denend, Jessica Van, "Crime: Self and Society: Psychoanalytical Perspectives on Taking Responsibility and Moving Forward", *Journal of Religion and Health*, Vol. 46, No. 1 (Mar. 2007).

Fennell, Phil, "The Criminal Procedure (Insanity and Unfitness to Plead) Act 1991", *The Modern Law Review*, Vol. 55, No. 4 (Jul. 1992).

Fingarette, Herbert, "Addiction and Criminal Responsibility", *The Yale Law Journal*, Vol. 84, No. 3 (Jan. 1975).

Finkel, Norman J., Handel, Sharon F., "How Jurors Construe Insanity", *Law and Human Behavior*, Vol. 13, No. 1 (1989).

Freedman, Lawrence Zelic, "The Politics of Insanity: Law, Crime, and Human Responsibility" *Political Psychology*, Vol. 4, No. 1 (Mar. 1983).

Gendin, Sydney, "Insanity and Criminal Responsibility", *American Philosophical Quarterly*, Vol. 10, No. 2 (Apr. 1973).

Horney, Julie, "Menstrual Cycles and Criminal Responsibility", *Law and Human. Behavior*, Vol. 2, No. 1 (1978).

Kröber, Hans Ludwig, "Kriterien verminderter Schuldfähigkeit nach Alkoholkonsum", *NStZ* (1996).

Loughnan, Arlie, "'Manifest Madness': Towards a New Understanding of Insanity Defence", *The Modern Law Review*, Vol. 70, No. 3 (May 2007).

Morse, Stephen J., "Retaining a Modified Insanity Defense", *Annals of the American Academy of Political and Social Science*, Vol. 477 (Jan. 1985).

Ogloff, James R. P., "A Comparison of Insanity Defense Standards on Juror Decision Making", *Law and Human Behavior*, Vol 15, No. 5 (1991).

Pfister, Wolfgang, "Die Beurteilung der Schuldfähigkeit in der Rechtsprechung des Bundesgerichtshofs", *NStZ-RR* (2013).

Pluiseh, Frank, "Neuere Tendenzen der BGH-Rechtsprechung bei der Beurteilung der erheblich verminderten Schuldfähigkeit gemäß §21 StGB nach Medikamenteneinnahme" *NZV* (1996).

Rauch, H. J., "Nochmals: Gutachterliche Kompetenz bei der Klärung der Schuldfähigkeit oder: Den Streit zwischen Psychiatrie und Psycholgie", *NStZ* (1984).

Roberts, Canton F., and Golding, Stephen L., "The Social Construction of Criminal Responsibility and Insanity", *Law and Human Behavior*, Vol. 15, No. 4 (1991).

Roberts Canton F.; and Stephen, Golding L.; and Fincham, Frank D., "Implicit Theories of Criminal Responsibility", *Law and Human Behavior*, Vol. 11, No. 3 (1987).

Schilling, Uwe, "Begutachtung von strafrechtlicher Verantwortlichkeit und Schuldfähigkeit aus der Sicht eines Jugendpsychologen", *NStZ* (1997).

Schreiber, Hans Ludwig, "Bedeutung und Auswirkungen der neu gefaßten Bestimmungen über die Schuldfähigkeit", *NStZ* (1981).

Silver, Eric, Cirincione, Carmen, and Steadman, Henry J., "Demythologizing Inaccurate Perceptions of the Insanity Defense", *Law and Human Behavior*, Vol. 18, No. 1 (Feb. 1994).

Skeem, Jennifer L.; Louden, Jennifer Eno; and Evans, Jennee,

"Venirepersons's Attitudes Toward the Insanity Defense: Developing, Defining, and Validating a Scale", *Law and Human Behavior*, Vol. 28, No. 6 (Dec. 2004).

Theune, Werner, "Auswirkungen der Drogenabhängigkeit auf die Schuldfähigkeit und die Zumessung von Strafe und Maßregeln", *NStZ* (1997).

_____, "Auswirkung des normal psychologischen (psychogenen) Affektes auf die Schuldfähigkeit sowie den Schuld- und Rechtsfolgenausspruch", *NStZ* (1999).

_____, "Auswirkungen einer schweren anderen seelischen Abartigkeit auf die Schuldfähigkeit und die Zumessung von Strafe und Maßregel", *NStR-RR* (2002).

_____, "Die Beurteilung der Schuldfähigkeit in der Rechtsprechung des Bundesgerichtshofes — 2. Teil", *NStZ-RR* (2003).

_____, "Die Beurteilung der Schuldfähigkeit in der Rechtsprechung des Bundesgerichtshofes — 2. Teil", *NStZ-RR* (2005).

_____, "Auswirkungen der Schuldfähigkeitsbeurteilung in der Rechtsprechung des Bundesgerichtshofes", *NStZ-RR* (2007).

Tolmie, Julia, "Alcoholism and Criminal Liability", *The Modern Law Review*, Vol. 64, No. 5 (Sep. 2001).

3. 인터넷문헌

http://ko.wikipedia.org/w/index.php (2013.9.11. 방문).

제8장

공동정범의 구성요건과 본질적 기여의 판단

Ⅰ. 문제의 제기

  형법 제30조(공동정범)에서 "2인 이상이 공동하여 죄를 범한 때에
는 각자를 그 죄의 정범으로 처벌한다"고 규정하고 있다. 이와 관련하
여 대법원은 종래 공동의사 주체설 내지 간접정범 유사설을 염두에 두
고 실행 행위에 나아가지 않은 공모자도 일정한 주관적 요건만 갖추면
공동정범을 구성할 수 있다고 판시해 왔다. 그런데 2005년 이후부터
대법원은 이러한 공모공동정범에 기능적 행위지배 개념을 적용하기
시작했다.[1] 나아가 2007년 4월부터 대법원은 공동정범에서 범죄에 대
한 '본질적 기여'를 통한 기능적 행위지배의 존재를 요구하기 시작하였
다.[2] 그러나 판례는 한편으로는 공동정범의 본질이 '기능적 행위지배'
라는 입장을 취하면서도 공모의 내용과 기능적 행위지배에 대한 구체
적인 검토를 생략하고 공모의 사실확인만으로 공동정범의 성립을 인
정하여 왔다. 이에 따라 후행 가담자에게 전체 범죄에 대한 공동정범
의 성립을 인정하거나 합동범 또는 결과적 가중범의 공동정범을 인정
하고 전혀 별개의 범죄에 대한 공동정범의 성립까지 공모의 사실만을
근거로 삼고 있다.[3] 다른 한편으로 판례는 위와 같이 공모공동정범이
성립하기 위해서는 범행에의 본질적 기여가 있어야 한다고 판시하고
있다. 즉 단순한 공모자에 그치는 것이 아니라 전체 범죄에 대한 구체
적이고 종합적인 사실관계를 고려하여 범죄에 대한 본질적 기여를 통
한 기능적 행위지배가 존재하는 경우에 공모공동정범을 인정하고 있
는 것이다.[4] 판례가 인용해 온 공모공동정범은 일본 제국법원의 판사

1_ 대법원 2005.6.24. 선고 2005도825 판결.
2_ 대법원 2007.4.26. 선고 2007도235 판결; 대법원 2009.6.23. 선고 2009도994 판
    결.
3_ 정지훈, "공모공동정범이론을 둘러싼 논쟁들의 현주소", 「인하대학교 법학연구」
    제15집 제2호(2012.7), 206면.
4_ 최근까지 위와 같은 판례의 태도는 계속되고 있다: 대법원 1998.5.21. 선고 98

가 조직범죄에 대처하기 위한 형사정책적 고려에서 의사집합 이론에
터잡아 창안한 것이다. 그러나 현재 일본의 판례는 공동가공의 의사와
공동의 실행이라는 요소를 모두 고려하고 있으며, 최근에는 공동정범
의 구성요건을 보다 좁게 해석하려는 경향을 보이고 있다.[5] 독일 연방

도321 판결; 대법원 2004.6.24. 선고 2002도995 판결; 대법원 2006.12.22. 선고
2006도1623 판결; 대법원 2011.1.27. 선고 2010도1130 판결; 대법원 2013.6.
27. 선고 2013도3246 판결. 이러한 판례에 대하여, 대법원이 직접적인 실행의
분담을 요하는 공동정범과 그러한 분담을 요하지 않는 '공모공동정범'을 구별한
것이고, 전자는 주관적 요건으로 '공동 가공의 의사'와 객관적 요건으로 '기능적
행위지배를 통한 실행 사실'이 요구되고, 후자는 공모한 사실만으로 공동정범
이 인정되어 왔다고 주장하는 견해가 있다: 한정환, "공동정범, 공모공동정범의
성립요건", 「형사법연구」 제21권 제1호(2009.3), 279면. 그러나 독일 연방대법
원도 초기에는 주관설의 입장에 서 있다가 점차 행위자 의사와 실행의 공동을
모두 고려하는 '규범적 결합설(normative Kombinationstheorie)'로 변천하여
왔지만 여전히 주관설적인 잔재가 남아 있음이 지적되고 있다: Marcus Marlie,
"Voransetzungen der Mittäterschaft — Zur Fallbearbeitung in der Klausur",
JA (2006), S. 616. 따라서 대법원이 이러한 이분법적 사고에 따라 공동정범을
바라보는 것이 아니라, 종래의 공모공동정범 이론에서 벗어나서 '본질적 기여'
를 요건으로 삼는 변천 과정에서 주관설적인 잔재가 남아 있는 것이라고 이해
하여야 할 것이다.

5_ Soichiro Shimanda, "Die sogennate Mittäterschaft durch Verabredung- ein
effectives- Mittel zur Bekämpfung gegenorganisierte Kriminalität", 「청주법학」
제32권 제1호(2010.5), 32-33면. 공모공동정범은 1896.3.3. 일본 대심원의 판
결을 통하여 최초로 인정하였으며, 우리나라는 이러한 일본 판결에 따라 이를
인정하여 왔다: 이형국, "공모공동정범에 관한 소고", 「법학연구」 제4권
(1986), 420-422면. 대법원은 범죄조직의 수괴로서 그의 지휘를 받는 부하들을
정신적·물질적으로 지배하는 지배형 또는 교사형 공모공동정범의 처벌 필요
성을 제시하고 있다: 대법원 1998.5.21. 선고 98도321 전원합의체 판결; 원형
식, "공모공동정범", 「일감법학」 제16권(2009), 14면. 그러나 기능적 행위지배
이론에서 말하는 '지배'란 '행위'를 지배하는 것을 의미하는 것으로, 조직 수괴가
그 부하들을 '지배'하는 것을 말하지 않는다. 결국 행위지배론에서의 '지배'란
대등한 자들 사이에서 '분업적인 협업'이 이루어지는 경우를 상정한 것이므로
이러한 '형사정책적인 필요성'은 행위지배 이론에 의할 때 공동정범의 형상이나
본질에 맞지 않는 것이라고 할 수 있겠다. 독일에서는 이러한 경우를 조직지배
(Organizationsherrschaft)로 이해한다. 즉 Roxin이 발전시킨 조직지배 이론에

대법원 역시 공동 행위자의 행위 기여를 판단함에 있어 행위 결과에 대한 각자의 이해 정도, 행위 가담의 크기, 범행지배 또는 범행지배에 대한 종합적 상황을 고려하고 있다.[6] 대법원 역시 한편으로는 독일의 Hegler, Welzel, Maurach, Gallas, Roxin 등이 전개하여 왔고 우리나라의 통설이 지지해 온 '기능적 행위지배 이론'을 수용하면서 다른 한편으로는 '본질적 기여'라는 척도에 의해 공동정범과 종범을 구별해 오고 있지만 여전히 과거의 주관설적 잔재를 청산하지 못하고 있는 것이라고 볼 수 있다.

최근의 대법원 판결[7]에서도 공동정범이 성립하기 위해서는 주관적 요건인 '공동가공의 의사'와 객관적 요건인 '기능적 행위지배'가 필요하며, 공동정범과 종범의 구분은 '기능적 행위지배'와 범행에서 주도적 역할 내지 정범성, 즉 범행에 이르는 사태의 핵심적 경과를 조종하거나 저지·촉진하는 등으로 지배해 자신의 의사를 실행에 옮기는 정도에 이르렀는지 여부의 척도에 의하고 있다. 위 판결은 종래 학설이 비판해 온 '기능적 행위지배'가 있었는지 여부에 대하여 좀 더 구체적인 검토를 하고 있다는 점에 의의가 있다. 그러나 공동 가공의 의사 내지 공동의 의사의 '존재'가 과연 공동정범의 주관적 요건인지에 대하여는 의문이 있다. 즉 개별 범죄 구성요건 표지, 공동가공의 의사의 '존재' 내지 '공동의 범행 결의', 각 가담자의 인과적 기여, 각 가담자의 정범성의 충족 여부는 공동정범의 객관적 범죄 구성요건에 해당하고, 이와 같은 객관적 범죄 구성요건 표지에 대한 각 가담자의 고의 등이 공

따라 독일 연방대법원은 조직지배력을 가진 간접정범은 그 지배를 받는 도구로 하여금 그의 지시에 따라 그의 의사를 실현시킨 것으로 본다: Thomas Rotsch, "Neues Zur Organizationsherrschaft", *NStZ* (2005), S. 13. 이러한 조직 내 배후자의 경우 공동정범으로서의 행위지배를 인정할 만한 표지를 발견하기 어렵다는 견해로는, 이성대, "조직 내 배후자의 형사책임과 형법 제34조의 재음미", 「형사법연구」 제24권 제2호(2012·여름), 14면.

6_ BGHSt 37, 289.

7_ 대법원 2013.1.10. 선고 2012도12732 판결.

동정범에 있어 주관적 범죄 구성요건에 해당한다고 보여지기 때문이다.[8] 또한 판례에 의하면 '본질적 기여'라는 것이 '인과적 기여'인지 아니면 공동정범에 있어 '주도적 지위' 내지 '핵심적 역할'인지 여부도 불분명하다. 만약 전자의 의미 즉 '인과적 기여'라는 의미라면 이는 공동정범에서의 인과 관계의 문제와 결부되어 있고, 후자의 의미 즉 범행에 있어 '주도적 지위'라는 의미라면 이는 각 가담자의 '정범성'의 문제로 귀착되게 된다. 형법 총론에서 가장 복잡하고 난해한 분야가 공동정범의 법 형상이다. 종래 평행선을 달리던 학설과 판례가 행위지배이론에 의해 조우(遭遇)하고 있지만 행위지배에 대한 이해가 다름으로 인해 어려움을 가중시키고 있다. 특히 공동정범과 종범, 특히 방조범과의 구별 등의 한계 사례에 있어 '행위지배'에 대한 학설과 판례간, 학설 상호간에 있어 서로 다른 이해로 인해 그 한계 획정에 있어 어려움을 겪고 있다. 공동정범에 있어서도 범행에 대한 고의 내지 불법에 대한 인식이라는 주관적 범죄 구성요건과 객관적 범죄 구성요건은 구별되어야 하고, 공동정범에서도 인과 관계의 성립 여부에 대한 검토가 필요하다. 그런데 종래 판례가 공동정범의 성립 여부를 검토함에 있어 이러한 구분과 검토를 하지 않고 있어 한계 획정에 있어 이러한 어려움을 가중시키고 있다.

이에 이 책에서는 공동정범의 범죄 구성요건을 객관적 범죄 구성요건과 주관적 범죄 구성요건으로 나누어 검토한다(II). 이어 주관적 범죄 구성요건으로서 공동의 범행 결의 요건과 입증 문제를 검토하고, 공동의 범행 결의와 주관적 불법요소와의 관계에 대하여 살펴본다(III). 객관적 범죄 구성요건의 검토에 있어서는 '본질적 기여'의 검토를 '인과적 기여'의 검토와 각 가담자의 '정범성 충족'의 검토로 나누어 살펴본다. 공동정범은 2인 이상의 다수의 가담자에 의해 이루어지는데, 각 가담자의 '정범성' 충족 여부 내지 범행에서의 '주도적 지위' 여부의

8_ Gerhard Seher, "Vorsatz und Mittäterschaft—zu einem verschwiegenen Problem der strafrechtlichen Beteilungslehre", *JuS* (2009), S. 2.

판단은 범행에 있어 '영향력의 크기'와도 밀접하게 관련되어 있다고 본다. 이러한 다수자 사이의 영향력의 크기를 측정함에 있어 이와 관련된 사회과학의 성과를 수렴하여 새롭게 분석한다(Ⅳ). 이어 이러한 분석을 토대로 하여 공동정범에서의 본질적 기여를 새롭게 검토하고 필자의 논지를 전개하도록 하겠다(Ⅴ).

Ⅱ. 공동정범의 구성요건에 대한 새로운 검토

국내의 다수설은 공동정범이 성립하기 위해 주관적 요건으로 공동 가공의 의사가, 객관적 요건으로 실행 행위의 분담이 필요하다고 보고 있다. 그러나 후술하듯이 공동의 가공의 의사를 주관적 요건으로 보기는 어렵다. 이하에서는 공동정범의 주관적 범죄구성요건과 객관적 범죄구성요건을 새로이 분석해 본다. 이러한 분석에 따라 공동정범의 객관적 범죄구성요건과 주관적 범죄구성요건을 새롭게 분류한다.

1. 학설과 판례의 현황

공범정범이 성립하려면 주관적 요건으로 공동 가공의 의사 내지 공동의 의사가, 객관적 요건으로 실행 행위의 분담이 필요하다고 보는 것이 다수설의 입장이다.[9] 여기서 공동의 의사란 단순한 의사의 연락

---

[9] 공동정범의 주관적 성립요건으로 공동의 범행 결의가, 정범의 주관적 구성 요건 요소로 주관적 불법 요소가 있다는 견해로는, 김일수 · 서보학, "새로쓴 형법총론(제11판), 박영사, 2008, 593-598. 공동정범의 주관적 요건으로 공동의 범행 의지와 객관적 조건으로 공동의 범행 실행이 필요하다는 견해로는, 박상기, 형법총론(제9판), 박영사, 2012, 402면 이하; 배종대, 형법총론(제6판), 법문사, 2001, 577면 이하; 오영근, 형법총론(제2판), 박영사, 2011, 455면 이하; 이상돈, 형법강의, 법문사, 2013, 561면 이하; 이영란, 형법학: 총론강의(제3판), 형설출판사, 2011, 455면 이하; 정성근 · 박창민, 형법총론(전정판), SKKUP, 2012,

이나 상대방에 대한 인식을 의미하는 것이 아니라 공동 가담자들이 전체 범죄 계획에 있어 기능적인 역할을 분담하기 위한 의사의 결합을 말한다고 본다. 따라서 자신이 분담하는 역할에 대한 인식뿐만 아니라 자신이 다른 가담자와 공동으로 범행 계획을 실현하기 위하여 구성요건적 결과를 발생시킨다는 상호의존성에 대한 인식을 말하는 것으로 본다.[10] 객관적 요건으로의 실행 행위의 분담은 실행 행위의 전부 또는 일부를 분담하는 것을 말하는 것으로 구성요건 관련성 여부, 실행 행위의 시기에 대하여는 의견이 나뉘어지지만 실행 행위에 있어 '본질적 기여'를 필요로 한다는 것에는 의견이 일치되고 있다.[11] 판례 역시 공동정범의 주관적 성립요건으로 '공동가공의 의사'와 객관적 성립요건으로 '공동의사에 의한 기능적 행위지배를 통한 범죄 실행'이라는 요건이 필요하다고 보고 있다.[12] 특히 판례는 주관적 요소인 공동 가공의 의사 내지 공모와 관련하여 "공모는 법률상 어떤 전형을 요구하는 것이 아니고 2인 이상이 공모하여 범죄에 공동 가공하여 범죄를 실현하려는 의사의 결합만 있으면 되는 것"으로 보고, "비록 전체의 모의 과정이 없다고 하더라도 수인 사이에 순차적으로 또는 암묵적으로 상통하여 그 의사의 결합이 이루어지면 공모관계가 성립한다"고 하여[13] 공동 가공의 의사 내지 공모를 매우 폭넓게 인정하고 있다.

2. 공동정범의 주관적 구성요건

위에서 보듯 학설과 판례는 일치하여 공동정범의 주관적 성립요

550면 이하; 정영일, 형법강의(총론), 학림, 2013, 327면 이하.

10_ 이원경, "기능적 행위지배와 공모공동정범의 정범성", 「형사법연구」 제22권 제2호 통권 제43호(2010 · 여름), 65-66면; 한정환, 앞의 논문, 293-294면.

11_ 이원경, 위의 논문, 66-69면, 한정환, 위의 논문, 294-295면.

12_ 대법원 2013.6.27. 선고 2013도3246 판결; 대법원 2011.11.24. 선고 2011도9585 판결; 대법원 2011.1.27. 선고 2010도11030 판결 등.

13_ 대법원 2011.12.22. 선고 2011도9721 판결; 대법원 1997.9.12. 선고 97도1706 판결.

건으로 공동 가공의 의사 내지 공동의 의사가 필요하다고 본다. 그러나 이러한 논리에 의하더라도 공동정범에 가담하는 각 가담자의 주관적 불법 요소가 필요하다는 것에 대해서는 크게 다툼이 없는 것으로 보인다.[14] 그러나 공동정범의 성립요건으로 요구되는 '공동의 범행 결의'라는 요건과 각 가담자의 고의 내지 인식 등의 주관적 불법 요소 내지 주관적 요건과는 어떤 관계에 놓여 있는지에 대하여는 지금까지 논의가 없었다. 각 가담자의 주관적 불법 요소에는 공동정범의 객관적 범죄 구성요건 표지에 대한 가담자의 고의, 공동정범의 근거가 되는 사정에 대한 가담자의 인식, 개별 범죄 구성요소에서 특별히 요구하고 있는 고의 등이 있다.[15] 학설이 공동정범에서 주관적 성립요건으로 들고 있는 또 다른 주관적 성립요건에는 '공동의 범행 결의'가 있다. 그러나 각 가담자의 '공동의 범행 결의'에 대한 '고의 내지 인식'과 '공동의 범행 결의'는 구별되어야 한다. '공동의 범행 결의'가 있었는지 여부의 문제는 각 가담자의 주관적 불법 요소의 파악 문제가 아니고 공동정범의 객관적 범죄 구성요건의 파악에 해당하기 때문이다. 즉 '공동의 범행 결의'라는 것은 각 가담자가 특정의 범행을 공동으로 하기로 하였다는 합의인 것이다. 예컨대 A와 B의 두 명이 공동으로 절도를 하기로 결의하였다면 A와 B가 공동으로 절도라는 범행을 하기로 결의한 사실은 공동정범의 객관적 구성요건에 해당하고, 위 공동의 범행에 가담한 A나 B가 자신이 절도를 한다는 고의 내지 공동의 범행 결의의 존재에 대한 각 가담자의 인식은 공동정범의 주관적 구성요건에 해당하는 것이다. 이를 부연하자면, 범죄 구성요건 중 '행위'가 객관적 구성요건 요소에 해당한다는 것은 학설상 다툼이 없다. 기망 행위, 모욕 행위 등도 주관적 의사와 밀접한 관련을 맺고 있지만 행위 자체는 주관적 의사 내지 인식의 객관화이기 때문에 객관적 구성요건 요소에 속한다. 마찬가지로 공동의 범행 결의 역시 가담자의 주관적 의사와 밀접한 관련을

14_ 김일수·서보학, 앞의 책, 593면 이하; 박상기, 앞의 책, 420면 이하.

15_ Gerhard Seher, a.a.O., S. 2.

맺고 있지만 결의 자체는 주관적인 의사의 객관화이므로 객관적 구성
요건요소에 속한다고 할 것이다.[16] 판례가 공동정범의 시발점으로 삼
고 있는 것은 '공동 가공의 의사' 내지 '공동의 의사'이다. 대법원은 이
와 같은 논리에 의해 기담자의 주관적 요소에 대한 판단을 생략해 버
리고, 곧바로 '공동 가공의 의사'가 있었는지에 대한 판단에 들어가고
있다. 나아가 이러한 '공동가공의 의사'를 명시적인 것뿐만 아니라 '묵
시적으로 상통한 것'까지 인정함으로써 매우 폭넓게 공동정범을 인정
하고 있고, 이로 인하여 공동정범의 성립 여부를 판단함에 있어 재량
의 범위가 지나치게 넓어지게 되는 결과를 초래하고 있다. 판례가 이
와 같이 '공동 가공의 의사'와 각 가담자의 주관적 불법 요소 내지 공동
정범에 있어서 주관적 범죄 구성요건을 구분하지 않고 후자에 대한 판
단을 생략함으로써 공동정범의 인정 범위가 매우 넓게 되었고, 그에
반하여 교사범, 방조범 등 종범의 인정 범위는 매우 좁게 되어 실제에
있어서는 단일 정범 체계를 운영해 온 것이라고 평가되고 있다.[17] 각

16_ 독일에서도 공동의 범행 결의와 가담자의 주관적 불법 요소를 구분하여 논의
한 글이 많지 않다. 전자를 객관적 구성요건으로 이해하는 견해로는: Gerhard
Seher, a.a.O., S. 2-7; Walter Gropp, *Strafrecht Allgemeiner Teil*, 3. Aufl.,
Springer, 2005, S. 371. 이와 조금 다르게 공동정범의 객관적 구성요건으로서
불법 행위가 있고, 객관적·주관적 구성 요소로는 공동의 범행 결의와 공동의
범행 실행이 있고, 주관적 구성 요소로는 주관적 불법표지인 고의, 불법 의사가
있다는 견해로 Michael Köhler, *Strafrecht Allgemeiner Teil*, Springer, 1997,
S. 517-519.

17_ 실무상의 이러한 '단일 정범 체계식'의 운용은 조직범죄에 있어서 배후의 인물
척결이라는 형사정책적인 고려보다는 실무상 공동정범-교사범-방조범의 한계
획정이 용이하지 않고, 공동정범의 요건에 대한 판단을 간략화 내지 생략함으
로써 다수 가담자를 모두 '정범'으로 의율하되 '가담의 형태'를 양형에서 '탄력
성' 있게 반영하는 것이 실무상 용이하다는 '편리성' 때문이라고 보여지는 것이
다. 판례에 의해 이렇게 단일 정범 체계로 운영되어 온 사실을 지적하면서 정범
과 공법의 구별이 사물의 본성에서 도출되는 것이 아니므로 단일 정범 체계로
의 입법론적인 검토도 해 볼 필요가 있다는 견해로는 김종구, "영미법상 공범체
계와 공범종속성 원칙의 변천—우리 형법상 공범체계와 관련하여—", 「형사법
연구」 제21권 제2호(2009·여름), 263면. 그러나 입법론상 단일 정범 체계의

가담자의 주관적 불법 요소와 공동의 범행 결의의 관계를 살펴보면, 공동의 범행 결의는 공동정범의 토대를 이루고 있고 범행 기여에 따른 각 가담자간 상호적인 귀속의 근거가 됨을 볼 수 있다. 즉 공동의 범행 결의란 각 가담자가 대등한 당사자로서 역할을 분담하여 특정의 범행에 가담한다는 의사의 합치인 반면, 각 가담자의 주관적 범죄 구성요건은 공동정범의 객관적 범죄구성요건 표지에 대한 각 가담자의 고의와 공동정범에 근거가 되는 사정에 대한 가담자의 인식인 것이다.[18] 종래 공동정범과 종범의 구분은, 먼저 공동정범의 요건을 검토하고, 두 번째로는 객관적인 범죄 구성요건을 검토하며, 마지막으로 주관적인 범죄 구성요건을 검토하는 순으로 하여 왔다.[19] 여기서 공동정범의 요건 중 공동의 범행 결의와 각 가담자의 주관적 요소는 서로 관련되어 있지만 양자는 구분되므로 위와 같은 단계별 심사에 있어 구분되어 검토되어야 할 것이다.

3. 공동정범의 객관적 구성요건

위에서 '공동의범행 결의'는 각 가담자의 주관적 불법 요소와 구별되며, 공동정범에 있어 객관적 구성요건에 해당함을 살펴보았다. 다수설은 공동정범의 성립요건으로 '공동의 범행 결의' 외에 '공동의 범행 실행'이 필요하다고 보고 있다. 나아가 다수설과 판례는 공동정범이 성립하려면 공동의 범행 실행에 있어 '본질적인 기여'가 있어야 한다고

도입 여부의 검토는 별론으로 하고, 정범과 종범을 구별하고 있는 현행법하에서 이러한 실무상의 운용은 해석의 한계를 유월한 것일 뿐만 아니라 공범과 종범을 준별하고 있는 형법의 '정형성'을 무너뜨리게 되는 것이다. 이로 인하여 양형에 있어 법관에게 지나치게 광범위한 재량을 주게 되고, 수범자들에게 형벌의 '예측 가능성'을 어렵게 한다는 문제점이 있다.

18_ Gerhard Seher, a.a.O., S. 3; Thomas Rönnau, "Grundwissen-Strafrecht: Mittäterschaft in Abgrenzung zur Beihilfe", *JuS* (2007), S. 516.

19_ Thomas Rönnau, a.a.O,.

보고 있다.

공동정범의 규범 표지를 기능적 행위지배로 이해한 Roxin에 의하면 공동정범의 핵심은 '구성요건적 사건의 중심인물(Zenteralgestalt des handlungsmäßigen Geschehens)' 내지 '핵심시위(Schlüsselstellung)'이다.[20] 다른 한편으로 살펴볼 때 행위지배 이론의 방법론적인 출발점은 인과론적 범인 이론(kausale Täterlehren), 목적론적 범인 이론(teleologische Täterlehren), 존재론적 범인 이론(ontologische Täterlehren)을 종합한 것에 있다. 즉 정범과 종범의 구별은 v. Bar가 이해한 바와 같이 법적인 현상도 인과 경과로 보고 범죄에 가담한 자의 형법상 구분, 즉 정범과 공범의 구별은 결과 야기에 대한 인과적 기여를 기준으로 삼는 인과적 범인 이론에서 출발하였다.[21] 그 후 이러한 자연주의적 인과 사고가 극복되었고 문화현상이란 가치 자유로운 의지와 인간 정신의 목적 지향성에 따라 만들어진 작품이라고 이해하게 되었다. 이에 따라 Eberhard Schmidt는 법익에 대한 경미한 위험을 야기한 자는 종범으로, 그렇지 않은 자는 교사범이나 정범으로 보아야 한다고 주장하였다.[22] 그 후 Welzel은 Nicolai Hartmann의 존재론적인 연구를 받아들여 정범 개념이란 법률의 목적에 따라 구현해 내는 것이 아니라 법질서가 기초하고 있는 존재론적 구조나 사회적 의미 형상에 따라 결정되는 것으로 보았다.[23] Roxin은 정범과 공범의 구별을 함에 있어 이러한 의미적 · 가치적 · 구조적인 고찰 방법을 합일하여 '기능적 행위지배'란 다른 가담자의 협력 없이 불가능한지 여부를 개별 사안별로 확정하는 문제라고 이해하고, 정범성은 사실을 확정하는 것이 아닌 법관의 관찰에 의하여 획득되는 것으로 보았다.[24] 그런데 Roxin의 논지에 따르자

20_ Claus Roxin, *Täterschaft und Tatherrschaft*, 9. Aufl., De Gruyter Recht, 2006, S. 278-279.

21_ A.a.O., S. 4.

22_ A.a.O., S, 7-10.

23_ A.a.O., S. 14-16.

24_ A.a.O., S. 282-283.

면 위와 같은 기능적 행위지배에는 두 가지의 척도가 있음이 발견된다. 즉 사건의 중심인물 내지 핵심지위, 즉 범행에 있어 '주도적 지위' 내지 '인물'이라는 가치 개념과 인과적 범인 이론 내지 자연주의적 인과 사고를 극복한 규범적 인과 관계론이다. 다수설과 판례가 공동정범이 성립하기 위한 요건으로 제시하는 '본질적 기여'라는 것도 이와 같은 분석에 따라 고찰하자면 범행에의 가담자의 '정범성', 즉 범행에의 주도적 지위 내지 인물이라는 규범적 개념과 범행에의 기여, 즉 인과적 사고를 극복하여 규범적으로 이해한 인과 기여를 말하는 것이라고 할 수 있다. 이러한 이해에 따라 공동정범의 객관적 범죄구성요건을 살펴보면 다음과 같다. 공동정범이 성립하려면 첫째, 공동의 범행 결의가 있어야 하고, 둘째, 각 가담자의 정범성이 충족되어야 하며, 셋째, 각 가담자의 인과 기여가 있어야 한다. 나아가 각 개별 범죄 구성요건에서 요구하고 있는 범죄 구성요건 표지, 예컨대 신분범에 있어서의 공무원이라는 신분, 의무범에의 의무와 같은 범죄 구성요건 표지를 충족시켜야 한다.[25]

4. 소 결

이상의 분석을 토대로 하여 공동정범의 구성요건을 도표로 정리하면 다음과 같다.

객관적 범죄 구성요건
- 범죄 구성요건 표지의 충족(신분범에서의 신분, 의무범에서의 의무 등)
- 공동의 범행 결의

25_ 물론 신분범과 관련하여 다수설은 형법 제33조 본문은 진정 신분범의 연대성을, 단서는 부진정 신분범의 개별화를 규정하는 것이라고 이해하고 있으므로, 제33조 본문에 따라 진정 신분범에 가담한 비신분자에도 신분의 연대적 작용을 규정한 것이라고 이해하게 된다: 김일수 · 서보학, 앞의 책, 654-659면.

주관적 범죄 구성요건
- 각 가담자의 인과적 기여
- 각 가담자의 정범성 충족

주관적 범죄 구성요건
- 모든 객관적 범죄 구성요건 표지에 대한 각 가담자의 고의
- 공동정범의 근거가 되는 사정에 대한 각 가담자의 인식
- 특별히 범죄 구성요건적으로 요구되는 고의

이하에서는 이러한 분석을 토대로 하여 공동정범의 검토에 있어 핵심이 되는 '공동의 범행 결의'와 '인과적 기여', '정범성의 충족 여부'에 대하여 살펴보기로 하겠다.

III. 공동의 범행 결의의 분석

1. 논의의 현황

위에서 보듯이 국내 학설의 다수는 공동정범의 주관적 요건이 공동의 범행 결의라고 보고 있다. 이에 따라 공동의 범행 결의란 "범죄 가담자들이 같은 목표를 달성하기 위하여 대등한 지위에서 역할별로 행위를 분담하여 실행하는 것을 내용으로 하는 것"[26]이라고 하거나 "공동정범의 행위 주체가 구성요건 행위의 실현에 공동으로 기여하는 행위의 수행을 다른 사람과 합의하는 것"[27]이라고 설명하고 있다. 판례 역시 공동정범의 주관적 요건이 '공동 가공의 의사'라고 한 다음 공동가공의 의사란 "타인의 범행을 인식하면서도 이를 저지하지 아니하

26_ 한정환, 앞의 논문, 293-294면; 김일수 · 서보학, 앞의 책, 593면; 박상기, 앞의 책, 402-403면; 배종대, 앞의 책, 573면; 신동운, 앞의 책, 577면.

27_ 임광수, "공동정범의 행위주체와 형법 제33조의 본문", 「법학논총」 제26권 제4호(2009), 208면.

고 용인하는 것만으로는 부족하고 공동의 의사로 특정한 범죄 행위를 하기 위해 일체가 되어 서로 다른 사람의 행위를 이용하여 자신의 의사를 실행에 옮기는 것을 내용으로 하는 것"이라고 판시하고 있다.[28] 판례는 이러한 공동정범의 주관적 성립요건으로의 '공동 가공의 의사'를 '공모'와 같은 의미로 사용하면서 이러한 '공모'의 성립요건에 대하여 "2인 이상이 공동가공하는 공범관계에서 공모는 법률상 어떤 정형을 요구하는 것이 아니고 2인 이상이 공모하여 범죄에 공동가공하여 범죄를 실현하려는 의사의 결합만 있으면 되는 것으로서, 비록 전체의 모의 과정이 없더라도 수인 사이에 순차적으로 또는 암묵적으로 상통하여 의사의 결합이 이루어지면 성립한다"고 판시하고 있다.[29] 이러한 '공모'의 입증에 대하여 판례는 "공모 관계를 인정하기 위해서는 엄격한 증명이 요구되지만, 피고인이 범죄의 주관적 요소인 공모의 점을 부인하는 경우에는, 사물의 성질상 이와 관련성이 있는 간접사실 또는 정황사실을 증명하는 방법에 의하여 이를 입증할 수밖에 없고, 이때 무엇이 상당한 관련성이 있는 간접사실에 해당할 것인가는 정상적인 경험칙에 바탕을 두고 치밀한 관찰력이나 분석력에 의해 사실의 연결 상태를 합리적으로 판단하는 방법에 의해야 한다"고 판시하고 있다.[30] 국내 학설의 다수 역시 이러한 판례와 같이 공동의 범행 결의는 묵시적으로 가능하고 연쇄적·간접적 의사 연락에 의해서도 가능하다고 설명하고 있다.[31] 그러나 정작 공동의 범행 결의의 입증 문제에 대하여 검토한 글은 보이지 않는다. 위에서 '공동의 범행 결의'의 존재는 주

28_ 대법원 1997.1.24. 선고 96도2427 판결; 대법원 1996.1.16. 선고 95도2451 판결; 대법원 1988.9.13. 선고 88도1114 판결.

29_ 대법원 2011.12.22. 선고 2011도9721 판결; 대법원 1997.9.12. 선고 97도1706 판결.

30_ 대법원 2012.12.22. 선고 2011도9721 판결; 대법원 2008.9.11. 선고 2007도6706 판결; 대법원 2003.1.24. 선고 2002도6103 판결.

31_ 김일수·서보학, 앞의 책, 594-595면; 박상기, 앞의 책, 402-403면; 배종대, 앞의 책, 576-577면; 신동운, 앞의 책, 577면.

관적 구성요건이 아닌 객관적 구성요건이고 이는 각 가담자의 주관적 불법 요소와 구분되어야 함을 살펴보았는데, 이하에서는 이러한 구분에 따라 공동의 범행 결의의 의의와 그 요건과 한계, 입증 문제 및 주관적인 불법표지와의 관계에 대하여 살펴보기로 하겠다.

2. 공동의 범행 결의의 의의

공동정범이 성립하려면 공동의 범행 결의가 있어야 한다. 공동의 범행 결의란 범행 가담자들이 장래의 범죄 수행과 특정한 행위를 대등한 당사자로서 공동하여 불법적으로 수행하겠다는 것에 대하여 동의를 하는 것을 말한다. 즉 객관적 사정에 대한 의사가 일치되는 것과 범행 가담자들에 의해 불가결한 형태에 의해 범행을 대등하게 실행하는 것에 대해 동의하는 것을 의미한다.[32] 여기서 '불가결'이란 공동체적 범행을 의미하는 것으로, 각 가담자가 다른 가담자의 기여를 자신의 행위로 삼겠다는 것을 의미한다.[33] '특정한 행위'란 '범행(Straftat)'을 의미하므로 공동의 범행 결의란 엄격한(strenge) 구성요건에 해당한다.[34] 이상에서 보듯 공동의 결의 대상은 실행되는 일련의 범행을 알고 각 가담자가 대등한 당사자로서 참여하는 특정의 범행의 수행이다.[35] 이

32_ Gehard Seher, "Vorsatz und Mittäterschaft—zu einem verschwiegenen Problem der strafrechtlichen Beteilungslehre", *JuS* (2009), S. 305.

33_ Rudolf Renigier, "Täterschaft und Teilnahme—Unverändert aktuelle Streitpunkte", *JuS* (2010). S. 285.

34_ Gehard Seher, a.a.O.(Fn. 8), S. 305.

35_ Adolf Schönke · Horst Schröder, *Strafgesetzbuch Kommentar*, 28. Aufl., C. H. Beck, 2010, §25 Rn. 71. 공동정범은 다수가 범행에 참가한 것으로 대등한 위치에서 범행지배를 수행하는 것을 말한다. 따라서 당시 범행에의 우연한 협력으로는 공동정범이 되지 않는다. 공동정범과 종범의 구별은 합의(Konsens)에 있다고 본다: Kilfried Bottke, "Täterschaft und Teilnahme im deutschen Wirtschafts Kriminalrecht—de lege late und de lege ferenda", *JuS* (2002), S. 323.

러한 공동의 범행 결의에 의해 공동정범과 종범이 구별되고, 다수 가담자들의 가담 형태가 구분되고 있다.[36]

3. 성립요건과 입증

이상에서 공동의 범행 결의란 엄격한 구성요건이고 공동정범과 종범을 구별하는 기준이 되고 있음을 살펴보았다. 이하에서는 이러한 공동의 범행 결의의 성립요건에 대하여 살펴보기로 한다.

첫째, 공동의 범행 결의는 범행을 지향하는 '공동체적 수행(gemeinschaftliche Begehung)'에 대한 것이어야 한다. 따라서 가담자가 그때그때 범행을 실행하는 것은 공동정범의 요건을 충족시키지 못한다.[37] 즉 각 가담자는 구성요건에 해당하는 사건에 있어 고유한 지분을 갖고 범행을 지배해야 하며, 강요에 의해 범행에 나아갔다면 간접정범이나 방조범에 해당할 뿐이다. 즉 자신의 의사에 의해 범행에서 탈퇴할 수 있어야 한다. 그러나 상황에 따라서는 다수 가담자의 범행 결의가 상호적인 것인지 아니면 단지 방조하려고 한 것인지가 불분명할 때가 많다. 따라서 '공동체적 수행'이 되려면 그러한 불분명한 상황에서 각 가담자가 공동의 범행을 실행하겠다는 의지가 '분명하게' 드러나야 한다.[38] 따라서 각 가담자의 진술이나 서면이 아닌 드러난 행동에 의해 '공동체적 수행'인지 여부를 파악하기 위해서는 그러한 행동의 '사회적 의미'를 파악해야 한다.[39] 이와 같은 요건으로 인해 공동정범은 타인의 범행을 촉진한 것이 아니라 타인의 범행을 자신의 범행으로 삼으려고 한 것이고, 위계질서에 따라 범행을 하는 것이 아니라 동등

36_ Günter Stratenwerth, Lothar Kuhlen, *Strafrecht Allgemeiner Teil*, 6. Aufl., Franz Vahlen, 2011, S. 239.

37_ Walter Gropp, *Strafrecht Allgemeiner Teil*, 3. Aufl., Springer, 2005, S. 371.

38_ Günter Stratenwerth, Lothar Kuhlen, a.a.O., S. 240.

39_ A.a.O.

한 지위에서 범행에 가담하여 협력을 한다는 점에서 방조범과 구별된다.[40] 따라서 이와 같은 '공동체적인 수행'이라는 요건으로 인해 과실범의 경우 공동정범이 성립되지 않는다고 본다. 왜냐하면 각 가담자의 공동 결의란 의도하고 의식하여 협력하는 것과 관련되는데, 과실범의 경우 구성요건을 실현시키겠다는 의지가 결여되어 있기 때문이다.[41] 각 가담자 사이에 이러한 공동의 범행 결의가 없는 경우 간접정범이나 방조범이 될 수 있을 것이다.

둘째, 범행에 가담한다는 의사의 '합치'가 있어야 한다. 이러한 의사 합치에 의해 상호주관적인 범행 기여의 귀속이 정당화된다. 따라서 편면적 동의로는 부족하고, 모든 가담자가 협력해서 범행을 한다는 사실을 의도하고 의식하여야 한다.[42] 이러한 의사 합치에는 역할 분담의 내용이 확정되어 있어야 하고, 이를 통해 공동체적으로 수행하는 범행 결과에 대하여 불가결한 기여를 한다는 것이 드러나야 한다.[43] 이러한 공동의 범행 결의는 범행 가담자 사이의 대화를 통한 의사의 합치에 이르러야만이 성립된다고 본다.[44] 따라서 판례가 '묵시적'으로도 공동의 범행 결의가 성립될 수 있다고 보는 것은 잘못이라고 하겠다. 그러나 반드시 구두로 표현된 동의를 필요로 하는 것은 아니고 타인에 대한 서면에 의한 동의로도 가능하다고 본다.[45] 이와 같이 공동의 범행 결의는 다른 가담자가 협력한다는 사실을 인식하고, 그 가담자 역시 서로 '대화'에 의해 상황을 같이 인식하고 이를 통하여 범행을 의욕하고 실행하여야 한다.[46] 이러한 공동의 범행 결의에 대한 독일 연방대

40_ Walter Gropp, a.a.O., S. 371.

41_ A.a.O.; 정승환, "인식있는 과실과 과실의 공동정범", 「비교형사법연구」 제11권 제1호 (2009), 405-406면.

42_ Hans Heinrich Jescheck, *Lehrbuch des Strafrechts Allgemeiner Teil*, 3. Aufl., Ducker & Humbolt, 1982, S. 552.

43_ BGH 24, 286 [288]; Hans Heinrich Jescheck, a.a.O., S. 552.

44_ Gehard Seher, a.a.O.(Fn. 32), S. 306.

45_ A.a.O.

법원의 판례를 살펴보면,[47] 범행을 이미 계획하고 있는 자에게 전체 범행에 따라 참가하겠다는 의사를 밝히는 것도 공동의 범행 결의에 해당할 수 있다고 본다.[48] 그러나 범행 가담에 대하여 타 가담자의 승인을 기다리는 것은 전체 범행 계획에 동의하고 타 가담자가 승인한다는 것을 문서화하지 않은 이상 공동의 범행 결의에 해당하지 않는다고 본다.[49] 공동정범에의 범행의 탈퇴나 포기는 타 가담자가 그러한 사실을 인식할 수 있도록 현저하게 해야 한다.[50]

다음으로 공동의 범행 결의의 입증 문제에 대하여 살펴보기로 한다. 앞서 살펴보았듯이 판례는 '공동의 범행 결의'가 '엄격한' 구성요건에 속한다고 하면서도 그 범행 결의는 명시적인 것뿐만 아니라 묵시적인 것도 포함된다고 함으로써 이를 매우 폭넓게 인정하여 오고 있다. 나아가 그 범행 결의의 입증에 대해서도 뚜렷한 기준을 제시함이 없이 만연히 간접사실 등에 의해서도 이를 인정할 수 있다고 하고 있다. 공동의 범행 결의라는 요건의 정도는 단독정범과 방조범 사이라고 볼 때[51] 독일 연방대법원과 같이 이러한 요건은 명시적 의사표시뿐만 아니라 그러한 의사가 함축된 행동에 의해서도 파악할 수 있다고 볼 것이다.[52] 이렇게 함축된 행동에 의해서도 공동의 범행 결의가 입증될 수 있다고 볼 때 한계 사례에 있어서 그 존재 사실을 어떻게 파악해야 하느냐 하는 실천적인 문제가 뒤따르게 된다. 공동정범이 성립하려면 각 가담자는 구성요건에 해당하는 사건의 경과를 수중에 장악하고 있

46_ BGHSt 6 249; Adolf Schönke · Horst Schröder, a.a.O., §25 Rn. 71.

47_ Adolf Schönke · Horst Schröder, a.a.O.

48_ BGH 37 130.

49_ BGH 37 292.

50_ BGH 37 239; BGH 28 347.

51_ Günter Stratenwerth · Lothar Kuhlen, a.a.O., S. 239.

52_ BGHSt 37, 289; Günter Stratenwerth, Lothar Kuhlen, a.a.O., Hans Heinrich Jescheck, a.a.O., S. 552.

어야 하므로 공동의 범행 결의의 존재 유무를 파악하기 위해서는 먼저 그의 '역할'을 살펴 보아야 할 것이다. 나아가 각 가담자가 공동체적 결의에 의해 범행을 실행하는 것을 '의욕'하였는지 살펴보아야 하며, 단지 타인의 범행을 촉진하는 것이 아니라 전체 범행의 일부를 그 자신의 범행에 의해 보충한다는 의사가 분명하게 드러나야 그러한 요건이 충족된다고 보게 될 것이다.[53]

4. 주관적 불법 요소와의 관계

이러한 공동의 범행 결의의 존재 사실과 각 가담자의 주관적 범죄 표지와의 관계에 대하여 살펴보기로 한다. 각 가담자는 객관적 구성요건에 대하여 인식하고 있어야 하고, 공동의 범행 결의의 존재 사실에 대해 인식하여야 한다. 따라서 각 가담자는 타 가담자의 범행에 협력한다는 사실을 인식하고 있어야 한다. 그러므로 예견하지 못하였거나 동의한 것을 초과한 범행에 대하여는 고의는 조각되고 공동정범으로 책임을 지지 않게 된다.[54] 예컨대 강도를 하기로 하였음에도 타 가담자가 강도 범행 중에 살인을 하였을 경우 살인에 대하여 공동 결의하지 않은 자는 살인죄에 대한 책임을 지지 않게 될 것이다. 따라서 이러한 각 가담자의 주관적인 불법 표지 역시 엄격한 구성요건이라고 할 것이므로 이러한 요건은 충분하게 입증되어야 한다.[55] 공동의 범행 결의라는 객관적 범죄 구성요건은 각 가담자의 특정의 범행을 한다는 합의로 정의되고 있다. 이러한 합의 이전에 각 가담자는 특정의 범행을

53_ Günter Stratenwerth, Lothar Kuhlen, a.a.O., S. 239.

54_ Günther Jakobs, *Strafrecht Allgmeiner Teil*, 2. Aufl., Walter de Gruzter, 1991, S. 618.

55_ 최근 독일 학계에서도 이러한 각 가담자의 주관적인 불법 표지의 입증 문제에 대하여 수년간 논의가 있었고, 논의 결과 이러한 주관적 불법 표지 역시 충분하게 입증되어야 한다는 것으로 수렴되고 있다: Günter Stratenwerth, Lothar Kuhlen, a.a.O., S. 240.

한다는 고의가 있어야 한다. 따라서 각 가담자가 특정의 범행을 한다는 고의에 대한 검토를 먼저 한 후 '공동의 범행 결의'에 대한 검토가 이루어져야 한다.[56]

IV. 본질적 기여에 대한 척도로서의 정범성 표지와 인과적 기여

위(II. 3)에서 기능적 행위지배 이론이 인과적 범인 이론 내지 자연주의적 인과 사고를 극복한 규범적 인과 관계론과 범행에 있어 주도적 지위라는 가치 개념을 척도로 삼고 있음을 살펴보았다. 이러한 규범적 인과 관계론이 범행에 있어 주도적 지위라는 가치 개념에 의해 단독정범에 비하여 인과 관계를 완화한 것이라는 것에 대하여는 다툼이 없어 보인다. 그동안 방조범의 인과 관계 등의 문제에 대하여는 검토되어 왔으나 정작 공동정범에서의 인과 관계에 대하여 검토한 글은 찾아보기 어렵다. 이하에서는 공동정범의 성립요건으로서 '본질적 기여'에 대한 두 가지 척도 즉, '정범성 표지'와 '인과적 기여'에 대하여 살펴보기로 한다.

1. 정범성 표지

(1) 정범성 표지에 대한 논의의 현황

정범과 공범의 구분에 관하여 조건설에 의하면 결과 발생에 조건으로 기여한 자는 모두 정범으로 보게 되고, 원인설에 의하면 결과 발생에 기여한 조건 중 중요한 원인을 제공한 자를 정범으로 보게 된다.

56_ Gehard Seher, a.a.O.(Fn. 8.) S. 3. 이와 달리 먼저 공동정범의 요건을 검토하고, 두 번째로 객관적 범죄 구성요건을 검토하며, 세 번째로 주관적 범죄 구성요건을 검토하는 순으로 하자는 견해(Roxin, Samson)도 있다: Thomas Rönnau, a.a.O., S. 516.

제한적 정범 개념에 의하면 구성요건적 실행 행위를 한 자만을 정범으로 보게 되며, 현재 다수설인 행위지배론에 의하면 이러한 제한적 정범 개념에 입각하여 범행에 주도적인 지위를 갖는 자를 정범으로 이해한다.[57] 공동정범의 본질을 기능적 행위지배라고 이해한 Roxin에 의하면 행위지배의 핵심은 사건의 '중심인물' 내지 '핵심지위'인데, Roxin도 이러한 기능적 행위지배에 의하더라도 한계 영역에 이르러서는 과연 범행지배가 무엇인가에 대하여는 명확한 척도가 주어지지 않는다는 것을 인정하고 있다.[58] 이에 따라 좀 더 명확한 척도를 찾기 위해 '목적에 상응하는 역할 분담(zweckentsprechende Rollenverteilung)'이나 '유책한 협력(verantwortliche Mitmachen)'이라는 척도가 제시되어 왔다. Roxin은 이러한 '기능적 역할 분담'이라는 것이 상응하는 사실을 '확정'하는 문제가 아니라 법관의 관찰에 의해 획득되는 것이고, '기능적 행위지배'라는 원칙은 일반화될 수는 없고, 다른 가담자의 협력 없이 범행이 실현되는 것이 불가능한지 여부가 개별 사안별로 확정되어야 할 문제, 즉 '개방적 개념'으로 이해한다.[59] 이러한 행위지배 이론에 의하면, 구성요건에 해당하는 사건의 경과를 수중에 장악하는 것을 타인의 행동을 귀속시키는 근거로 삼는다. 즉 구성요건에 해당하는 사건의 경과를 지배하고 사건의 '중심인물'로서 행위 수행을 함에 있어 '중요한 기여'를 한 자를 공동정범으로 보게 되는 것이다.[60] 이러한 행위

57_ 장영민, "형법총칙상 공범 규정의 개정방향", 「이화여자대학교 법학논집」 제14권 제4호(2010.6), 160-161면. 이러한 정범과 공범의 구분에 관한 이론을 살펴볼 때 공동정범과 종범의 구별은 '범행에서의 주도적 지위'라는 규범적 표지와 '인과 관계'에 의해 구별됨을 다시금 보게 된다.

58_ Claus Roxin, a.a.O., S. 278-279.

59_ A.a.O., S. 282-283.

60_ Uwe Murmann, "Grundwissen Zur mittelbaren Täterschaft(§25 I 2. Alt. StGB)", *JA* (2008), S. 321. 이와 같이 행위지배 이론에 의하면 범죄에의 협력 중 '현저히 중요함'에 의하여 행위지배 여부를 판단하게 된다: Ralf Hohmann, Pia König, "Zur Begründung der strafrechtlichen Verantwortlichkeit in den Fällen der aktiven Suizidteilnahme", *NStZ*(1989), S. 306.

지배 이론에 의하면 사건의 경과에 대한 객관적인 기여의 의미에 따라 행위지배 여부를 판단하게 된다. 이에 따라 행위지배의 객관적인 정범성은 구성요건에 해당하는 사건의 경과를 수중에 장악하고 있느냐의 판단 문제가 되며, 개개의 구성요건을 실현함에 있어 '조종'할 수 있느냐의 여부인 '사실상의 가능성' 문제로 귀착된다. 이에 따라 정범이란 목적을 인식하고 인과 경과를 조종하여 구성요건에 해당하는 결과에 이르도록 하여 구성요건을 실현시키는 자라고 할 수 있다.[61] 행위지배 이론에 의하면 배후의 인물(Hintermann)도 사건을 수중에 장악하고 있어 그가 범행을 저지 내지 촉진할 지위에 있다면 행위지배성이 있다고 보게 된다.[62] 행위지배 이론에 의하면 공동정범이 되려면 각 가담자는 사건의 중심인물(Zentralgestalt)로서 자신의 의지에 따라 사건의 진행을 촉진 내지 저지할 수 있어야 한다. 이러한 '행위력'이 공동정범과 다른 종범을 구별시켜 준다고 본다.[63] 공동정범이 되기 위한 이러한 '행위력'의 정도는 자신이 범행을 수행하는 것과 같은 비중과 의미를 갖고 범행이 이루어지는 것으로 본다.[64] 이와 같이 기능적 행위지배 이론에 의할 때 공동정범의 정범성 표지는 '기능적 행위지배',[65] '사건의 중심인물', '핵심적인 지위', '행위력' 등으로 표현되고 있다. 그러나 Roxin에 의하더라도 이러한 개념은 '개방적'인 것이어서 구체적인 척도가 제시되지 않고 있고, 이에 따라 실제 한계 사례에 있어서 공동정범과 기타 종범, 특히 방조범과의 한계 획정이 매우 어렵다. 이를 두고

61_ Kurt Sippel, "Mittelbare Täterschaft bei deliktisch handelndem Werkzeug", *NJW* (1983), S. 2223.

62_ Hanns Ulrich Frhr, v. Spiegel, "Mittelbare Täterschaft bei deliktisch handelndem Werkzeug", *NJW* (1984), S. 111.

63_ Gehard Seher, a.a.O.(Fn. 32), S. 308.

64_ Thomas Rönnau, "Grundwissen-Strafrecht : Mittäterschaft in Abgrenznrg zur Beihilfe", *JuS* (2007), S. 516.

65_ 김종구, "정범의 형태와 그 구별에 관한 소고", 「연세법학연구」 제8권 제1호 (2001), 353면.

학자들은 본질적 기여를 통한 기능적 행위지배란 개념은 명확하지 않고[66] 내용이 없는 규범적 판단에 불과하고 현실적이고 정책적으로 수용 가능한 구체적 판단 기준이 성립되어야 한다거나,[67] 행위지배 개념은 비어 있는 형태이므로 유형화되어야 한다고[68] 비판하여 왔다.

(2) 정범성 표지의 구체적 척도에 대한 논의

행위지배설 내부에서도 '정범성 표지'에 대한 이해가 다르므로 이러한 정범성 표지의 구체화에 어려움을 가중시키고 있다. 독일에서의 논의 상황을 살펴보면, 기능적 행위지배를 좁게 이해하는 견해에 의하면 기능적 행위지배에 따른 '정범성 표지'를 충족시키려면 범죄 가담자의 본질적 범행지배가 있어야 하므로 범행 실행단계에 있어야 한다고 본다. 이에 대하여 기능적 행위지배를 좀 더 넓게 이해하여 예비단계에서도 필수적 범행 기여가 가능하다는 견해도 있다.[69] 판례는 규범적 결합설에 따라 공동정범에 있어 정범성 표지를 판단하기 위해서는 사건의 전체를 고찰해야 한다고 본다. 즉 범행 결과에 대한 이익의 정도, 범행 가담의 정도와 객관적 행위지배나 행위지배에 대한 의사라는 세부적인 척도를 제시하고 있다.[70] 그러나 이러한 판례에 대하여, 비록

66_ 김종구, 주 17)의 논문, 250면.

67_ 정지훈, 앞의 논문, 225면.

68_ 최호진, "행위지배 개념에 대한 비판적 분석", 「법학연구」 제16집 제9호 (2008.12), 283면.

69_ Marcus Marlie, a.a.O., S. 615; Rudolf Reniger, a.a.O., S. 282.

70_ Marcus Marlie, a.a.O., S. 616; Gehard Seher, a.a.O. (Fn 32). S, 309. 독일 연방대법원은 이와 같은 척도에 따라 구체적인 사건에서 정범 의사에 대한 주관적 징표는 행위 결과에 대한 자신의 이익으로 징표되지만 그 외에 행위 이전, 행위 당시, 행위 이후의 구성요건에 해당하는 계획의 실현에 대한 영향력, 사건 경과의 지배, 특히 자수적 범행과 범행지배의 장악, 행위 보수의 수령, 재산범죄에 있어서 영득물에 대한 지분 분배의 참여 등을 고려하고 있다: 최호진, "정범·공범 구별기준에 있어서 주관설에 대한 체계적 분석―독일 연방대법원 판결을 중심으로―", 「법학논총」 제33권 제2호(2009), 576-577면.

판례가 정범성 표지를 구체화하기 위한 세부적 척도를 제시하고 있지만 이러한 다양한 척도에 대한 비중을 규율할 기준이 없어 어려움이 있고, 판례에 의하면 각각의 범행 결과에 따라 다양한 비중을 드러내고 있으며, 이에 따라 행위지배가 없다고 볼 경우에도 범행 결과에 대한 이익에 따라 정범으로 인정하기도 하고 있어 범죄 가담자는 오로지 범행 결과에 따라 그 운명이 달려 있는 불안정한 지위에 놓여 있다는 비판이 제기되고 있다.[71] 이러한 독일의 상황은 국내와 크게 다르지 않다고 본다. 정범성 표지에 대하여 학설은 이를 엄격하게 이해하거나 이를 다소 완화하여 이해하는 견해로 나누어져 있다.[72] 대법원은 공동정범의 정범성의 표지의 구체적 척도를 "범행에 이르는 사태의 핵심적 경과를 조종하거나 저지·촉진하는 등으로 지배하는 자신의 의사를 실행에 옮기는 정도에 이르렀는지 여부"로 제시하고 있어[73] 기능적 행위지배 이론이 제시하는 척도와 거의 같다. 나아가 대법원은 이와 같은 척도에 따라 실행 행위에의 가담 여부, 공동의 범행 결의에의 가담 시점, 범행 결과에 대한 이익분배 등을 정범성을 인정하기 위한 판단 요소로 삼고 있다.

위와 같이 국내 학설의 다수인 기능적 행위지배 이론에 의할 때 정범성 표지가 구체적이지 않음이 비판되어 왔고, 이에 따라 공동정범의 정범성 표지에 대한 구체적 척도에 대하여 논의한 글이 다수 있으므로 여기에 대하여 살펴본다. 먼저 구성요건과의 관련성, 전체 범행 계획과의 관련성, 기여 행위의 범행 결과의 지배 또는 장악에 의해 판단하자는 견해가 있다.[74] 그러나 구성요건 관련성이나 전체 범행 계획과의 관련성이란 결국 인과 기여의 문제임을 알 수 있고, '범행 결과의

71_ Marcus Marlie, a.a.O., S. 616.
72_ 조기영, 앞의 논문, 83-94면.
73_ 대법원 2013.1.10. 선고 2012도12732 판결.
74_ 최호진, "공동의 가공사실과 본질적 기여 행위의 판단", 「형사법연구」 제21호 (2004.6), 226-227.

지배'라는 것도 역시 정범과 같은 범행의 주도자라는 규범적 표지와 크게 다르지 않다고 할 것이다. 다음으로 정범성 표지에 대한 국내외 논의를 소개하면서 구성요건에 해당하는 사건 진행의 장악, 사태의 핵심 현성의 지배 여부, 범죄의 실현에 나아갈 때 그 진행 여부를 좌우할 수 있는 지위에 있는지 여부를 척도로 제시하는 견해가 있다.[75] 그러나 이 또한 기능적 행위지배 이론에서 말하는 사건의 중심인물 내지 핵심적 지위와 크게 다르지 않다고 본다. 공동정범의 정범성 표지에 대하여 언급하면서 여기에 대한 구체적인 논증과 유형적 판단에 대한 논의가 미진하였음을 지적하고 독일의 이론을 우리법에 합치되는 이론으로 수정하여야 한다는 방향을 제시하는 견해도 보인다.[76] 이러한 견해 역시 다수가 지지하는 기능적 행위지배 이론에 의한 정범성 표지가 모호함을 지적하면서 구체적 사건에 있어 종범과의 한계 획정을 위한 척도 제시가 필요함을 피력한 것이라고 볼 수 있다.

위에서 보듯 공동정범의 정범성 표지로 '사건의 중심인물', '핵심 지위', '행위력' 등 여러 가지가 제시되고 있는데, 결국 기능적 행위지배 이론에 의한 정범성 표지는 '행위지배' 내지 '행위력'으로 귀결되고 있다. 공동정범은 2인 이상의 다수의 가담자가 범행에 참가할 때 성립되는 것이므로 이러한 행위지배 내지 행위력이라는 검토는 다수 가담자 사이에서의 '영향력' 문제의 검토와도 밀접하게 관련되어 있다고 할 것이다. 이하에서는 이러한 다수 가담자 사이의 '영향력'의 분석과 평가에 대한 심리학, 사회인지학에서의 연구를 검토하고 이러한 검토를

75_ 이창섭, "공모공동정범이론 유감(遺憾)", 「비교형사법연구」 Vol. 9 No. 2 (2007), 353면. 공동정범의 정범성 표지가 전체 범죄 계획에 있어서 범죄의 실현에 있어 분업적 역할 분담적으로 불가결하게 기여하였는지 여부, 즉 분업적·역할 분담적인 범죄의 주인공성을 척도로 제시하는 견해도 같은 취지로 보인다: 김종원, "공범규정에 대한 형법개정의 일고찰", 「형사정책연구」 제18권 제3호 통권 제71호(2007·가을), 229면.

76_ 천진호, "〈형사법연구 20년〉을 통해서 본 공범론의 변화와 발전", 「형사법연구」 제20권 제4호 통권 제37호(2008·겨울), 80면.

토대로 하여 '정범성 표지'의 평가 문제를 새롭게 분석하기로 하겠다.

(3) 다수 가담자 사이의 행위지배의 측정과 정범성 표지의 평가

기능적 행위지배 이론에서 말하는 '행위지배' 내지 '행위력'이란 결국 다수 가담자 사이의 '영향력의 크기'와 밀접하게 관련되어 있다고 볼 수 있다. 이하에서는 심리학 내지 사회심리학, 사회인지학에서 이러한 다수자 사이의 영향력의 평가와 측정에 대한 연구를 검토함으로써 다수 가담자가 참여하는 범죄 형태에 있어서 '정범성 표지'의 평가 요소를 분석하기로 한다.

먼저 심리학에서의 다수 내지 집단 구성원의 의사 결정에 대한 연구를 검토한다. 집단의 구성원이 의사 결정을 함에 있어 다수의 결정에 '동조'하는 경향이 있음이 분석되고 있다. 이러한 동조 행동은 명시적인 압력뿐만 아니라 은밀한 압력이 존재하는 조건하에서도 관찰되었다. 나아가 집단에서는 권위적 인물에 질문하거나 도전하기를 주저하는 현상이 나타나고 있으며, 다수 구성원 사이에서 전문성을 소유하였다고 지각되는 소수는 다수 구성원의 의견을 더 쉽게 변화시킨다고 조사되었다.[77] 이러한 연구는 다수 가담자 사이에서의 '영향력의 크기'를 측정하고 결과 발생에 본질적 기여를 했는지 여부를 판단하여 '정범성 표지'를 평가함에 있어 가담자의 경력(범죄의 전문성), 가담자 사이에 있어서의 연령, 범죄 경력 등에 따른 서열 내지 권위, 누가 범죄에 동조하도록 영향력을 행사하였는지 여부를 고려해야 함을 시사하고 있다.

다음으로 사회심리학에서 논의되고 있는 영향력 이론을 검토한다. Zajonc은 타인의 존재를 개인에게 추동 또는 동기를 추가시키며

77_ David Hardman, *Judgment and Decision Making: Psychological Perspectives*, British Psychological Society and Blackwell Pu., 2009/이영애·이나경 역, 판단과 결정의 심리학, 시그마프레스, 2012, 200-201면.

이 추동이 익숙한 행위의 출현 가능성을 증가시키므로 수행을 촉진 또는 저해시킬 수 있으며 이는 과제의 성격에 따라 달라진다고 본다. 즉 과제가 잘 학습되었거나 선천적인 경우에는 촉진 현상이 나타나지만 과제를 제대로 학습하지 않거나 고도의 지적인 수행을 요하는 경우 수행이 저해된다고 본다.[78] 여기서 '과제'를 '공동의 범행'에 대입한다면 같은 범행 수법에 대하여 여러 번 수행한 경력이 있는 가담자가 영향력이 크다는 것을 알 수 있다.

프랑스 의사인 Le Bon은 무리 속에 끼어 있거나 익명적인 상황에서는 개인적 책임 의식이 희박하면 통제감이 약해지며, 규범 질서에 따르는 행동 통제력이 약화되어 탈규범적인 행위가 나타나기 쉽다고 분석하였다.[79] 이러한 연구는 범행시 '복면'을 착용한다든가 익명적인 상황을 연출하는 것이 범죄라는 행동의 결과에 영향력을 끼친다는 것을 시사하고 있으므로 정범성을 판단함에 있어 이러한 '범행의 수법' 등에의 관여 여부를 참작할 필요가 있음을 시사하고 있다.

Diener Johnson과 Downing은 몰개성화 이론에 대한 대안으로 규범부상 이론을 제안하였다. 즉 무리가 제공하는 익명적 상태가 성원을 폭력적으로 만들기보다는 당시 상황에서 부각된 규범에 따라 개인의 행동이 파괴적일 수도 있고, 오히려 개인으로 있을 때보다 더 친사회적으로 나타날 수 있다고 분석한다. 예컨대 경찰과 대치하고 있는 시위대가 폭력성을 띠기 쉬운 것은 '자위의 필요성'이라는 규범이 부각되기 때문이라는 것이다.[80] 이러한 연구는 2명 이상의 다수의 범죄가 가담하는 범죄 형태에 있어서 그들 사이에서 작용하는 '규범'이 크게 영향력을 미친다는 것을 시사한다. 따라서 이러한 '규범'을 누가 제안하거나 생성하였고, 이를 관철시켰는지 살펴보아야 한다. 예컨대 '범죄 계획과 이익 배분에 관한 합의' 등 다수 범죄자 사이에서의 부각되는

78_ 한규석, 사회심리학의 이해(제3판), 학지사, 2012, 436-437면.
79_ 한규석, 위의 책, 442-443면.
80_ 한규석, 위의 책, 443-444면.

규범을 누가 주도하여 생성하고 관철시켰는지를 가려 정범성을 판단함에 있어 고려해야 한다는 것이다.

Latane는 사회적 영향력 이론을 제기하였다. 이에 의하면 표적이 되는 사람에 대한 영향원은 다양하게 나타난다. 이들 영향원이 가지고 있는 지위, 힘, 신뢰감에 따라 영향력의 강도가 결정되고, 영향원과의 사회심리적 거리감, 상황의 긴박성 같은 것이 영향력의 즉각성을 결정지으며, 이러한 영향원들에게서 나오는 영향력의 종합적인 힘이 표적에 작용하는 영향력의 크기를 결정짓는다.[81] 공동정범에서 말하는 '사건의 주도적 지위', '핵심역할'이라는 것은 이와 같이 표적에 작용하는 영향력의 크기가 크다는 것을 의미한다. 따라서 공동정범의 표지가 되는 '사건의 주도적 지위'라는 것은 가담자의 지위, 힘, 신뢰감, 가담자들 사이의 사회심리적 거리감, 상황의 긴박성 등을 종합하여 평가해야 함을 시사하고 있다.

마지막으로 사회인지학에서의 연구를 검토한다. 사회적 상호작용에서 목표의 설정, 가용한 전략 중에서의 선택의 문제, 그 결과에 대한 반응 등의 문제와 관련하여 사람들이 동원하는 지식과 계획 그리고 전략을 총칭하여 '사회적 지능(social intelligence)'이라고 한다.[82] 다수의 범죄자 사이에서 범죄 목표와 수단을 설정하는 행위에 대한 평가는 이와 같은 사회적 지능 이론을 통하여 평가해 볼 수 있다. 사람들은 자신이 포함되어 있는 상황을 정의하고 그 상황 속에서 목표를 달성할 수 있는 계획과 전략을 개발하는 방식으로 자신의 행동을 관리한다. 이러한 과정은 동기적 과정(motivational process)과 의지적 과정(volitional process)으로 나누어진다. 첫 번째 동기적 과정에서는 여러 가지 목표

81_ 한규석, 위의 책, 455면.

82_ Susan Fiske, Schelly Taylor, *Social Cognition; From Brains to Culture*, lst ed., McGraw-Hill, 2010/신현정 역, 두뇌로부터 문화에 이르는 사회인지, 박학사, 2010, 526면.

와 이에 수반되는 행위 과정 중에서 어느 하나를 선택하기 위한 유인과 기대를 고려한다. 둘째, 의지적 과정에서는 의도한 행위를 구현하기 위해 언제 어떤 행동을 할 것인가를 따져 보게 된다. 이러한 의지적 과정에서 초점 목표가 활성화되면 대안적 목표들의 접속 가능성을 억제시키는 과정으로 이끌게 된다.[83] 특정한 목표에 몰두하게 되고 특정한 수단이 그 목표를 달성하는 데 필수적이라는 사실을 알게 되면 그 목표와 연합된 감정이 수단으로 전이될 가능성이 크게 된다. 이에 따라 목표 관련 행위를 추구하는 데 더 많은 노력을 기울이게 된다.[84] 이러한 사실은 다수의 범죄 가담자가 범죄라는 목표를 설정하고 그 수단을 강구함에 있어 '범죄 가담의 정도'의 척도를 가리는 것이 그리 간단하지 않는다는 것을 보여준다. 즉 일단 범죄 목표가 설정되면 다른 대안을 무시하게 되고 그것이 범죄에 있어 큰 역할을 하고 다수 가담자들 사이에서 '유인'과 '기대'가 범죄를 이끌게 된다는 사실이다. 많은 경우 목표 지향적 자기 조절이 의식적인 선택과 결정을 수반한다고 본다. 그러나 사람의 행동은 환경 단서에 자동적 반응을 하며, 신속하고 노력이 들지 않으며 무의식적인 과정이라는 사실이 밝혀지고 있다. 여기에 전문성, 비언어적 행동, 자동적 평가 등이 큰 역할을 수행하게 된다.[85] 이러한 사실은 다수의 범죄 가담자 사이에서 언어로 드러난 '진술' 외에 다수 가담자의 범죄 경력, 그들의 비언어적 행동 등이 큰 영향을 끼친다는 사실을 시사하고 있다.

아울러 인지와 행동을 측정함에 있어 '다중 행위 기준(multiple-act criterion)'이 성공적임이 입증되고 있다. 즉 각각의 목적에 대해 얼마나 많은 돈이나 시간 또는 노력을 자원하여 투자하고 있는지 살펴본다는 것이다. 또한 성향을 반영하는 행동의 빈도를 측정해야 한다거나 인지를 보다 세부적으로 측정해야 한다는 견해도 제시되고 있다.[86] 이러한

83_ Susan Fiske, Schelly Taylor, 위의 책, 527-528면.
84_ Susan Fiske, Schelly Taylor, 위의 책, 529면.
85_ Susan Fiske, Schelly Taylor, 위의 책, 531-534면.

사실은 범죄라는 '행동'을 평가함에 있어서 단일의 기준에 평가하는 것보다는 여러 요소를 세분하여 평가하는 것이 타당함을 시사하고 있다. 즉 범죄라는 목표에 대한 '기능적 지배'라는 것은 개개 범죄 가담자가 범죄에 가담한 시간과 노력과 자원을 투입했는지, 또 그들 사이의 영향력은 어떠한지, 범죄라는 목표를 수립하는 데 있어 기여도 등을 평가 요소에 반영해야 함을 시사한다. '공동의 범행 결의'라는 요건에 대해 주관설, 객관설, 절충설이 나누어지지만 주관적, 객관적 요소를 모두 고려해야 할 뿐만 아니라 이러한 요소도 좀 더 세분화되어야 함을 시사하고 있다.

이상의 검토에 의할 때 공동정범에서의 '정범성 표지'를 판단함에 있어 몇 가지의 척도에 의해 도식적으로 이루어져서는 안 된다는 결론에 이르게 됨을 볼 수 있다. 지금까지 '정범성 표지'를 판단하기 위한 세부적 척도로 국내 학설과 판례가 제시하고 있는 척도를 열거하면 '구성요건과의 관련성', '범행 계획과의 관련성', '기여 행위의 범행 결과의 지배 내지 장악', '구성요건에 해당하는 사건 진행의 장악', '사태의 핵심 현상의 지배' 등이나 독일법원이 제시하고 있는 '범행 결과에 대한 이익의 정도', '범행 가담의 정도와 객관적 행위지배나 행위지배에 대한 의사' 등이 있다. 그러나 이러한 척도 역시 구체적이지 않고 추상적이며, 이러한 척도에 대한 '비중'을 규율할 기준이 없다는 문제점이 드러나고 있다. 나아가 이러한 세부적 척도가 다수 가담자 사이에서의 '영향력' 내지 '지배력'에 대한 면밀한 연구나 분석을 토대로 한 것이 아니어서 실제 다수 가담자 사이의 영향력 크기를 올바르게 반영할 수 없다는 문제점도 지적된다. 따라서 이와 같은 '정범성 표지' 아래에 세부적 척도를 정립하는 것에 힘쓸 것이 아니라 위에서 검토한 연구 성과와 분석을 토대로 '판단 요소'를 보다 세분화하여 구체적 사건

86_ Susan Fiske, Schelly Taylor, 위의 책, 540-541면.

에서 법관이 정범성 표지를 면밀하게 평가하도록 하는 것이 올바른 방법이라고 보여진다. 이상의 분석을 종합하여 '정범성 표지'를 판단함에 있어 고려할 사항과 평가 요소를 열거하면 다음과 같다.

첫째, 다수 가담자 사이에서의 영향력의 크기, 즉 '정범성' 여부를 측정함에 있어서 가담자의 경력 내지 전문성, 가담자 사이의 연령, 범죄 경력 등에 따른 서열 내지 권위, 지위, 힘, 신뢰감, 누가 범죄에 동조하도록 영향력을 행사하였는지의 여부, 범행의 수법 등에의 관여 여부, 가담자 사이의 사회심리적 거리감, 상황의 긴발성을 고려해야 한다.

둘째, 다수 가담자 사이에서 범행 계획과 이익 배분에 대한 합의 등 다수 가담자 사이에서 부각되는 '규범'을 누가 '주도'하고 '생성'하고 '관철'시켰는지를 살펴보아야 한다.

셋째, 다수 가담자 사이에서 언어로 드러나 의사 표현 외에 비언어적 행동, 가담자의 범죄 경력 등이 큰 영향력을 행사한다는 사실도 고려되어야 한다.

넷째, '정범성 표지'를 판단함에 있어 단일의 기준에 의하는 것보다는 위와 같은 여러 요소를 세분하여 평가하는 것이 타당하며, 범죄에 가담한 시간과 노력, 자원의 투입 정도 등도 평가 요소에 반영해야 한다.

2. 공동정범에서의 인과적 기여

(1) 공동정범과 인과 관계의 문제

발생된 결과를 행위자에게 귀속시키거나 행위자에게 책임을 묻기 위해서는 원인 행위와 발생된 결과 사이에 인과 관계가 있어야 한다(형법 제17조). 공동정범의 경우에도 각 가담자의 행위 기여와 발생된 결과 사이에 인과 관계가 필요하다. 이와 관련하여 방조범의 경우 인과 관계에 대하여 논의가 있어 왔지만[87] 공동정범에서 인과 관계의 본질을 어떻게 이해하고 각 가담자의 인과 기여를 어떻게 평가할 것인가에 대한 본격적인 논의는 없었다. 다만 공동정범에서의 이탈과 관련하여 부수적으로나마 인과 관계 문제가 다루어졌다. 즉 공동점범에서의 이탈과 관련하여 대법원은 실행의 착수 전의 경우 공동정범으로의 공모 자체가 없었다고 판단하거나 공모 관계에서 이탈하였으므로 공동정범으로서의 책임을 지지 않는다고 하여 이탈을 쉽게 인정하여 왔다.[88] 그러나 실행의 착수 이후의 이탈에서는 범죄가 미수에 그치지 않는 한 대부분의 경우 범죄가 실현되었다는 이유로 이탈을 인정하지 않고 공동정범으로서의 책임을 진다고 보고 있다.[89] 일본에서는 인과성이 차단되었는지 여부에 따라 이탈을 인정하고 있다. 즉 범행을 중지하고 기존의 범행에 미쳤던 가공행위의 영향력이 향후 다른 공범자들에게 미치는 것을 방지하는 경우에는 이탈을 인정하자고 주장한다. 즉 실행의 착후 이후 비록 결과가 발생하더라도 인과성 제거의 노력이 범죄 결과 발생의 방지 노력 등으로 나타날 수 있고, 다른 가담자들에게 새로운 범의가 생겼다고 볼 수 있는 사례의 경우에는 이탈을 인정하자는 것이다. 이 경우 기존의 공모 관계가 소멸하고 새로운 범의에 대한 범죄 결과가 발생된 것으로 볼 수 있기 때문이다.[90] 이러한 인과

87_ 방조 행위의 인과 관계에 대한 논의에서 독일의 소수설은 촉진설(Föder-ungstheorie)을, 다수설은 결과 야기설(Erfolgsverursachungstheorie)을 지지한다. 독일의 다수설에 의하면 공범은 타인의 범행에 가공하는 것이고, 정범의 범죄 실현에 인과적 기여를 하지 못한 경우는 여기에 해당할 수 없다고 보며 방조범의 인과 관계에 있어서 조건설을 지지한다: 이정원, "가벌적 방조행위의 한계에 관한 연구―소위 중립적 행위에 의한 방조를 중심으로―", 「저스티스」 통권 제118호(2010.8), 216-221면.

88_ 대법원 1996.1.26. 선고 94 도 2654 판결; 1972.4.20. 선고 71도2277판결.

89_ 대법원 1984.1.31. 선고 83도2941 판결; 대법원 2011.1.13. 선고 2010도9927 판결; 대법원 2011.12.22. 선고 2011도 12927판결.

90_ 原田保, "共犯と中止犯", 刑法判例百選 I (ジュリスト別冊 142号)(4版), 有斐閣, 1997. 196면: 香川達夫, 刑法講義(總論), 成文堂, 1995, 423면[백정민, "공동정범에서의 이탈에 관한 연구", 「형사법연구」 제24권 제1호(2012・봄), 93-94면에서 재인용].

관계 차단설은 '다수의 범행 가담'의 범죄 형태인 공동정범에 있어서도 비록 완화되긴 하였지만 공동정범의 판단에 있어서 인과 관계의 판단이 필요함을 시사하고 있다. 공동정범에의 이탈 여부는 결국 인과 관계의 '단절' 여부에 의해 결정되어야 한다고 본다. 즉 범행의 주재자로서의 지위 상실과 결과 발생에 밀접한 인과 관계 기여가 제거되었는지 여부를 기준으로 하여 판단해야 한다. 이상의 검토에서 보듯 공동정범에서도 각 가담자의 인과 기여가 필요하다. 그러나 단독정범과 달리 공동정범의 경우 인과 관계와 관련하여 그 판단이 그리 간단하지 않음을 볼 수 있다. 예컨대 단독정범에 의한 살인의 경우, 야기되고 있는 원인 행위의 인과 관계 여부만 판단하면 된다. 그러나 다수의 가담자에 의해 살인이라는 결과가 발생하였을 경우 각 가담자를 정범으로 처벌하는 공동정범의 경우 각 가담자의 행위 기여와 살인이라는 결과 사이의 인과 관계 문제는 그리 간단하지 않다. 독일에서도 택일적(alternativer), 추가적(additiver) 공동정범이나 집단 결정(Kollektiventscheidungen)의 경우 공동정범이 성립함에 있어 각 가담자의 인과적인 행위 기여가 필요한 것인가 여부가 중요한 문제로 제기되고 있다.[91] 이하에서는 공동정범에서 인과 관계의 본질에 대하여 검토하고 이를 토대로 한계 사례를 검토하기로 한다.

(2) 공동정범에서의 인과 관계와 본질적 기여

공동정범에서도 각 가담자의 인과적 기여가 있어야 한다. 이러한 인과성에 대한 요건은 모든 결과범에 있어서 기술되지 않은 구성요건 표지가 된다.[92] 정범과 공범의 구별에 대한 학설사를 살펴보면 Birkmeyer가 인과 관계론을 기초로 원인과 조건을 구별하여 범죄의 결과에 대하여 원인을 부여한 자가 정범이고 조건을 부여한 자를 공범으로 이해하였다.[93] 이러한 인과론적 사고방법에 대신하여 20세기에

91_ Marcus Marlie, a.a.O., S. 614.
92_ Gehard Seher, a.a.O.(Fn. 32), S. 307.

들어서 구성요건론에 의해 정범과 공범을 구별하기 시작하였다. 즉 Beling은 구성요건적 행위인가 아닌가 여부에 의해 정범과 공범을 구별하였고, M. E. Meyer는 공범을 형벌 확장 사유로 이해하는 제한적 정범 개념을 주장하였다.[94] 그 후 목적적 행위론이 등장하자 목적적 행위지배 유무에 의하여 정범과 공범을 구별하기 시작하였으며 이것이 독일에서의 통설이 되었다. Roxin의 기능적 행위지배설에 의하면 행위를 '지배'한다는 것은 구성요건 실현을 자신의 의사에 따라 중단시키거나 진행시킬 수 있음을 의미하는 것으로, 종범은 그러한 행위지배가 없는 사건의 부수적 인물을 말한다고 본다.[95] 이는 구성요건 실현에 관한 '밀접성'을 표현한 것으로 정범성을 좌우하는 행위지배의 존부 판단은 구체적 사건의 모든 행위 상황을 고려하여 법관이 평가적으로 확정할 문제라고 본다. 이와 같이 '행위지배' 유무를 구성요건 실현에 관한 '밀접성'으로 이해한다면 '정범성' 여부도 결국 구성요건 실현에 관한 밀접성 여부, 즉 인과 관계의 상당성의 문제로 이해할 수 있다. 공동정범과 종범의 구별 역시 이러한 인과 관계에 의해 구별할 수 있다고 본다. 즉 공동정범으로서의 '본질적 기여' 여부는 범행 가담의 '상당성'과 '객관적 기대 가능성'의 기준으로 판단하며,[96] 피고인이 범행의

93_ Claus Roxin, a.a.O., S. 10-11; Birkmeyer, "Teilnahme am Verbrechen", *VDA* 2 Bd., (1908) S. 19ff손지영, "형법 제30조「공동」의 의미와 공동정범의 본질",「법학논총」제24집(2010.7) 54면에서 재인용].

94_ Claus Roxin, a.a.O., S. 4; Mezger, *Leipziger Kommentar*, 1. Bd., 8. Aufl., 1957, S. 242(손지영, 위의 논문, 54면에서 재인용).

95_ Claus Roxin, a.a.O., S. 282 ff.

96_ 형법 제17조의 해석과 관련하여 국내의 학설은 객관적 귀속 이론과 상당인과 관계 이론으로 나뉘어져 있다. 그러나 필자는 동조의 '어떤 행위라도 … 그 결과로 인하여'는 사실인과 관계를 말하며 이러한 사실인과 관계는 '피고인의 행위가 없었더라면 결과가 발생하였을 것인가'의 조건 관계로 이해한다. '어떤 행위라도 죄의 요소되는 위험발생에 연결되지 아니한 때에는'은 규범적인 인과 관계, 즉 동조가 밝힌 바와 같이 위험 발생에 연결되는지 여부의 기준에 대한 판단으로 이해하며, 이러한 '위험 발생에의 연결'이란, 원인 행위의 결과 발생에 대한 상당성과 객관적 기대 가능성을 기준으로 판단하여야 한다고 본다.

주관자로서 그 가담이 개입 행위에 있어서 '실질성'이 있는지 여부에 의해 판단할 수 있다고 본다. 행위지배설에 의하더라도 객관적 상황을 살펴보고 구성요건 실현에의 '밀접성'을 고려하여 공동정범과 종범을 구별한다. 그러나 '행위지배' 유무를 구성요건 실현에 관한 '밀접성'으로 이해한다면 이는 결국 인과 관계에 있어 개입행위의 '실질성'을 가늠하는 것이 된다. 즉 '행위지배', '분업적 역할 분담'이라는 척도를 제시하지만 종국적으로는 개입 행위의 '실질성'에 의해 판단한다는 점에서 인과 관계론으로 회귀하는 것이라고 볼 수 있다.

다수는 공동정범이 성립하기 위해서는 각 가담자는 본질적 기여행위를 하여야 한다고 본다. 즉 공동 행위가 각자의 기여분이 전체 범행의 완성을 위해 필요불가결한 본질적인 것이어야 한다.[97] 다수는 본질적 기여를 '중요성' 또는 '필수불가결성'으로 이해한다. 각 공동 가담자는 필수불가결한 기여 행위를 분업적·기능적으로 분담하여 수행하고, 범행의 중요 부분을 공동으로 결정해야 한다.[98] 그러나 역할 분담이 반드시 분업적으로 이루어진다고 볼 수 없다. 분업 내지 기능이라는 표현은 다수 가담자의 역할의 성격이 '조합성'을 띤다는 것을 강조한 것이므로 서로 협력하여 긴밀하게 역할을 '분담'한다고 함이 타당하다. 또한 본질적 기여가 인정되려면 역할 분담을 통하여 전체 범행을 공동으로 지배하였다고 평가될 수 있어야 한다고 보지만 '범행을 지배'한다는 표현은 일상 언어의 범주에서 많이 벗어난다. 서로 역할을 분담하여 범죄라는 결과를 발생시킴에 있어 '밀접한 기여'를 하였다고 평가할 수 있어야 공동정범이 성립된다고 표현하는 것이 수범자들의 이해에도 도움이 될 것이다. 다수는 이러한 본질적 기여를 판단함에 있어 구성요건과 관련하여 구성요건에 해당하는 실행 행위의 전부 또는 일부를 실행하였는지 전체 범행 계획과 관련성을 가지는지, 기여 행위

97_ 최호진, "기능적 행위지배와 공모공동정범", 「법학논고」 제32집(2010.2), 643면.

98_ 최호진, 위의 논문, 646-647면.

가 전체 범행을 실현함에 있어 그 경과를 지배 또는 장악할 수 있는지를 '본질적 기여'의 척도로 삼는다.[99] 이를 환언하자면 범행의 주도적 역할과 인과 관계에 있어서 결과 발생에 밀접한 기여를 표현한 것이라고 할 수 있다. 즉 범행의 경과를 수중에 넣고 장악한다는 것은 인과 관계에 있어서 결과 발생의 '밀접성'을 표현한 것이다. 위에서 보듯 공범의 경우에도 인과 관계는 사실적 · 규범적 확인을 통하여 행위자의 결과 책임의 범위를 확정하고 한정하는 데 중요한 판단 절차로 기능한다. 즉 공범의 행위 반가치는 정범의 구성요건적 행위 수행 과정에 관여 또는 기여하는 공범행위로 평가하는 것이고, 공범의 결과 반가치는 정범의 구성요건적 행위에 관여하여 정범의 구성요건적 결과 실현에 영향을 준 인과적 기여를 의미한다.[100] 공동정범의 경우도 공동정범의 행위 반가치는 구성요건에 해당하는 범행에 관여 또는 기여하는 것을 평가하는 것이고, 공동정범의 결과 반가치는 구성요건에 해당하는 결과 실현에 영향을 준 인과적 기여를 평가하는 것이다. 이에 따라 최근 이러한 '본질적 기여'를 인과 관계와 연결시켜 이해하는 견해가 있다. 즉 공동의 범죄 계획 하에 결과 발생에 있어서 본질적이고 중요한 역할을 담당함으로써 그 결과 실행 행위를 직접 공동으로 함으로써 범죄 결과를 발생시켰다고 볼 수 있어 '인과적 영향력'이 있는 경우에 기능적 행위지배가 있다고 보자는 것이다.[101] 이러한 견해는 결국 '범행에 주도적 역할'이라는 규범적 표지에 의해 결과 발생에 밀접한 기여를 하였는지 여부를 판단하자는 것으로 이해할 수 있다.

본질적 기여라는 것은 결과적으로 결과 발생에 밀접한 기여를 한 것인지 여부에 대한 판단이므로 인과 관계 판단 형태를 취할 수밖에

99_ 최호진, 위의 논문, 647면.

100_ 김봉수, "방조에서의 「결과」개념과 인과관계 판단", 「형사법연구」 제20권 제2호, 통권 제35호(2008 · 여름), 24-34면.

101_ 이원경, "공모공동정범에 관한 연구", 「법학논집」 제14권 제1호(2009), 136면.

없나. 앞서 살펴보았듯이 공동정범의 논의가 원래 능가설과 인과적 행위론에서 논의된 자연적 평가에 대한 반성에 의해 가치 내지 규범적 평가가 도입된 것이고, 이어 존재론적인 접근 방법론이 보태어져 기능적 행위 지배론이 탄생한 것이라고 본다면, 결국 이는 인과관계론과 무관하다고 볼 수 없다. 결국 '본질적 기여'라는 것도 인과 관계에서의 '밀접성'을 말하는 것이고, 그 판단 구조를 들여다 보면 인과 관계에서의 '밀접성' 판단과 크게 다르지 않음을 알 수 있다. 즉 '정범과 유사한 결과 발생에 대한 밀접한 기여'로 이해할 수 있다. 여기서 '정범과 유사한'이라는 것이 가치 판단 즉 '사건의 중심적 인물' 내지 '범행에의 주도적 역할'이라는 규범적 개념이고, 정범과 유사한 결과 발생에 대한 밀접한 기여가 결과 반가치 판단이 된다고 할 수 있다. 이상의 검토를 통하여 공동정범의 행위 반가치는 '정범성'이라는 규범적 표지에 의하여 획득되고, 공동정범의 결과 반가치는 '인과적 기여'에 의하여 평가될 수 있다는 결론에 이르게 되었다.

(3) 한계 사례의 검토

이상의 검토를 통하여 공동정범의 결과 반가치는 인과적 기여 여부에 의해 평가될 수 있음을 논증하였다. 이하에서는 이러한 검토를 토대로 하여 공동정범에서의 인과 관계와 관련하여 검토되어 온 한계 사례인 추가적·택일적 공동정범의 문제와 최근 독일에서 논의되고 있는 집단 결정의 문제에 대하여 살펴보기로 한다.[102]

102_ 공동정범에서의 인과 관계와 관련된 문제는 아니지만 공동정범의 한계와 관련하여 이외에도 승계공동정범, 부작위범과 공동정범 등이 논의되어 왔다: 김봉수, "승계적 공범에 관한 연구", 「법학논총」 제31집 제3호(2011-2012), 362면 이하; 이용식, "부작위 상호간에 있어서 정범과 공범의 구별 및 공동정범의 성립 가능성", 「서울대학교 법학」 제52권 제1호(2011.3), 198면; 전지연, "부작위에 의한 정범과 공범―대법원 1997.3.14. 선고 96도1639 판결―", 「저스티스」 통권 제76호(2003.12), 307면 이하. 그러나 이러한 논의는 이 책의 범주를 벗어난 것으로, 여기에 대하여는 따로 검토하지 않기로 한다.

먼저 추가적 공동정범(additive Mittäterschaft)의 문제를 살펴본다. 추가적 공동정범이란 예컨대 대상인물이 나타나자 동시에 저격하여 살해할 경우 어느 암살범의 총에 맞았는지 알 수 없는 때를 말한다. 여기에 대하여 다수는 기능적 행위지배 이론에 따라 전체 범행 계획에 비추어 볼 때 범죄의 완성은 각자에게 달려 있고 모두가 본질적인 기능을 수행한 자라고 평가하고 있다.[103] 형법 제17조에서의 '위험 발생에의 연결'이란 원인 행위의 결과 발생에 대한 상당성과 객관적 기대 가능성으로 이해할 수 있다. 이에 따라 피고인의 행위가 상당한 경과를 거쳐 결과를 야기하였는지 여부와 객관적 기대 가능성 여부에 의해 이를 검토해 보면, 다수의 암살범들이 모의하여 대상인물을 동시에 저격한 경우 가담자들의 행위와 그들의 예상 경로에 따라 결과가 야기된 것이고, 또 객관적 기대 가능성도 인정할 수 있다고 본다. 따라서 이러한 가담자들의 행위는 '살해'라는 결과 발생에 밀접한 기여를 하였고, 가담자들은 위 사건에서 주도적 역할을 담당하였다고 볼 수 있다. 따라서 가담자들의 행위와 살해라는 결과 발생 사이의 밀접한 인과 관계는 인정되며, 행위 반가치와 결과 반가치를 모두 고려할 때 공동정범이 성립된다고 본다.

다음으로 택일적 공동정범(alternativer Mittäterschaft)의 문제를 검토한다. 택일적 공동정범이란 각자 역할을 분담하지만 결과 발생에는 인과적이지 않은 형태를 말한다. A, B, C가 정치인 P를 죽이려고 하였으나 P가 어느 출구로 집을 나서는지 알지 못하였고 그래서 세 명은 각 출구에 숨었고, P가 집에 나서자 그 앞에 기다리던 A가 P를 쏘았다.[104] 여기에 대하여 독일에서는 공동정범을 부정하는 견해와 이를 인정하는 견해로 나뉜다. 등가설에 의하면 개개의 기여를 제거할 경우 구체적 결과가 도출될 수 있는지 살펴본다. 이에 의하면 A가 쏘았으므

103_ 최호진, "공동의 가공사실과 본질적 기여행위의 판단", 「형사법연구」 제31호 (2004.6), 215면.
104_ Marcus Marlie, a.a.O., S. 614.

로 설령 B와 C가 약속을 어기고 집으로 갔더라도 B와 C의 인과 기여를 고려하지 않게 된다. 기능적 행위지배 이론에 의할 때에는 P의 죽음에 대한 기여란 B와 C의 범행 약속과 잠복이 되므로 이에 의할 때 공동정범을 인정할 수도 있게 된다.[105] 즉 기능적 행위지배 이론에 의하면 A, B, C는 범행을 위한 일종의 조합체로서 역할을 분담하여 결과 발생의 위험성을 가중시켰고, 결국 이로 인해 사망이라는 위험을 야기시키는 것이어서 공동정범이 성립한다고도 볼 수가 있게 되는 것이다.

위에서 검토한 바를 토대로 하여 먼저 공동정범의 행위 반가치인 '정범성'에 의해 사안을 검토하기로 한다. 위 사례에서 A, B, C는 같이 범행 계획을 수립하고 그들이 역할을 분담하여 그러한 범행 계획, 즉 다수 가담자 사이에서 생성된 범행 계획이라는 규범을 주도하고 관철시킨 것으로 평가된다. 또한 A, B, C 모두 범죄에 가담한 시간과 노력, 자원의 투입 정도는 대등한 것으로 평가된다. 다음으로 '인과적 기여' 문제를 검토한다. B와 C의 인과적 기여는 '범행 약속'과 '잠복'이고, 살인죄에 있어서 예비 단계에 그쳤다.[106] 결국 B와 C는 살인죄에 있어서 실행 행위에 착수한 것이 아니다. B와 C의 행위는 인과 관계에 의해서 볼 때 결과 발생에 있어서 '밀접한 기여'를 한 것으로 볼 수 없다. 따라

105_ Marcus Marlie, a.a.O., S. 614.

106_ 예비 단계에서의 관여 행위가 공동정범을 구성할 수 있는지에 대하여 부정설과 제한적 긍정설로 나누어지고 있고, 부정설이 통설이다. 제한적 긍정설은 범행 기여가 큰 범죄 단체 내지 폭력 조직의 수괴를 교사로 처벌하게 되고, 통설은 형식적 객관설로 회귀하는 것이고 공동정범의 본질 즉 관여자 전체에 의한 행위지배에 반하며 범행 기여의 시점이 아니라 기여의 영향력이 중요하다고 주장한다. 부정설은 범죄 행위의 불법 내용에 상응하게 처벌해야 하며 공동정범은 각자가 구성요건의 실행을 실현 내지 저지하는 것을 전제로 한다고 주장한다: 조기영, "예비단계에서의 관여행위와 공동정범", 「형사법연구」 제25권 제4호 통권 제57호(2013 · 겨울), 83-84면. 그러나 예비 단계에서 관여 행위를 '인과적 기여'의 차원에서 검토해 보면 예비 단계에서의 참여만으로는 발생된 결과에 밀접한 기여를 한 것으로 보기 어렵다. 즉 추가적 공동정범과 달리 실행에 착수하지 않았으므로 인과 기여에 있어서 상당성이 없다고 보는 것이다.

서 사안에서 A는 살인죄로, B와 C는 살인미수죄로 의율되어야 할 것이다.

마지막으로 집단 결정(Kollektiventscheidungen)에 대하여 살펴본다. 예컨대 한 회사의 5명으로 구성된 이사회에서 다수결로 위험한 물건을 생산할지 여부에 대하여 의결하였다. A, B, C, D가 동의하였고 E는 반대하였으며 O가 그 제품을 구매하여 상해를 입었다.[107] 이러한 경우에 있어 2007년 독일의 Brunschweig 지방법원은 회사의 이사가 위와 같은 결의에 참여한 경우 공동정범에 있어서 불가결한 참여라는 범죄 구성요건을 실현함에 있어 둘 또는 그 이상의 참여가 불가결한 경우를 말하는 것으로, 불가결한 범행 참가인지 여부는 일반적인 형량과 개별 구성요건의 해석에 따라 결정된다고 하면서 이사 Peter Hartz는 범행에의 불가결한 참여를 하였으므로 배임죄가 성립된다고 판시하였다.[108] 집단 결정에 대한 또 다른 사건을 살펴본다. 건강에 해로운 제품을 생산하지 말 것을 계속 통보받았음에도 회사의 이사회는 4대 1의 다수결로 제품을 생산하기로 결의하였다. 그 결과 제품을 사용한 이용자에게 유해한 질병이 유발되었다. 독일 연방대법원은 행위 결과에 대하여 개개의 행위 기여로 인한 인과 관계라도 있어야 한다고 보면, 각 이사회의 구성원은 유해한 제품의 생산에 대한 결의에 있어 반대 의사를 표시해야 했다고 하면서 개개인의 기여에 대한 인과 관계를 제거하면 공범의 전체 행위가 결과를 야기하였고, 비록 인과 관계가 입증되지 않더라도 이사회 구성원은 단체 책임을 지게 된다고 판시하였다.[109] 이와 같은 집단 결정에서 각 가담자의 인과 관계를 단독정범과 같이 엄격하게 적용하면 인과 관계가 성립되지 않는다는 결과에 이

107_ Marcus Marlie, a.a.O., S. 615.

108_ Jan Schlösser, "Zur Strafbarkeit des Betriebsrates nach § 119 BetrVG - ein FAll straffreier notwendiger Teilnahme?", *NStZ* (2007), S. 562-565.

109_ BGHSt 37, 106=NJW 1990, 2560; Gehard Seher, "Grundfälle zur Mittäterschaft", *JuS* (2009), S. 307.

를 수 있다. 그러나 위에서 살펴본 바와 같이 공동정범이 성립하려면 정범성이라는 행위 반가치와 인과 기여라는 결과 반가치를 함께 고려하여야 한다. 위 사안에서 A, B, C, D는 유해한 제품을 생산하기로 결의하였고, 각 가담자 사이에서의 '규범'이라고 할 '이사회 결의'를 생성시키고 또 관철시켰다. 이러한 결의에 의해 상해라는 결과를 야기시켰으므로 이러한 행위 반가치와 결과 반가치를 모두 고려한다면 A, B, C, D는 상해죄의 공동정범으로의 책임을 진다고 할 것이다.

V. 결 어

Roxin은 다수 가담자의 범죄 형태인 공동정범이 '기능적'이라고 표현하고 있지만 앞서 살펴보았듯이 다수 가담자들이 공동의 범행을 계획하고 역할을 분담한다는 점에서 볼 때 '기능적(funktionell)'이라기보다 '지능적(intellektuelle)'이라고 할 수 있다.[110] 원래 '기능(function)'이라는 개념은 생물철학(Philosophy of Biology)에서 유래하였고, 내적 활동과 조직체의 하부 시스템의 외부 활동을 의미한다. 사회과학에서는 이러한 개념을 포함하여 여러 의미로 사용하고 있다. 즉 어떤 제도를 집행함에 따른 작용 등을 말하는데,[111] 그렇다면 어떤 범행으로 인한 '작용'을 의미하는 '기능'이란 용어는 '행위지배'라는 말에 전치(前置)시킬 수는 없고 오히려 그 의미를 살린다면 '지능적' 행위지배라고 해야 함이 정확한 표현이라고 할 것이다. 나아가 '행위지배'라는 용어도

110_ 공동정범은 동등한 지위에서 공동의 범행에 가담하겠다는 상호간의 동의가 있어야 하고, 그 의사표시는 타 가담자에게 전달되어야 한다. 공동정범은 '지능적 합의(intellektueller Mitbestimmung)'를 요소로 삼고 있으며, 각 가담자의 지능적인 특성과 관계가 중요하다고 본다: Michael Köhler, *Strafrecht Allgemeiner Teil*, Springer, 1997, S. 518.

111_ Martin Mahner, Mario Bunge, "Function and Functionslism: A Synthetic Perspective", *Philosophy of Science*, Vol. 68, No. 1 (Mar. 2001), pp.76-77.

형법이 행위 규범인 동시에 재판 규범이라는 것을 감안한다면 앞서 지적하였듯이 형법의 수범자인 일반 국민들의 일상 언어와 동떨어진 것이라는 느낌을 지울 수 없다. 기능적 행위지배 이론에 의하면 공동정범의 본질이 분업적 역할 분담에 의한 기능적 행위지배에 있다고 본다. 그러나 '분업적' 역할 분담이라는 것은 공동정범의 행위 태양에 반한다. 다수 가담자가 공동의 범행을 계획하고 이에 따라 역할을 분담하여 공동으로 범행을 실현한다는 점에서 분업적 역할 분담이라기보다 '지능적'인 역할 분담이라고 보여지기 때문이다. 행위지배설에서는 또한 '행위지배'라는 상위 개념을 설정하고 그 개념 아래에 '분업적 역할 분담'이라는 척도를 제시하고 있다. 그러나 행위를 '지배'하는 것과 '분업적 역할 분담'은 그 가치 개념이 서열화 될 수 없는 이질적인 것이다. 즉 행위를 '지배'한다는 것은 범행을 '주도'한다는 의미이고, '분업적' 역할 '분담'이라는 것은 상호 역할을 분담하여 '협조' 내지 '협력'한다는 의미이므로 행위를 '지배'한다는 상위 개념 아래에 '분업적 역할 분담'이라는 하위 개념 내지 척도를 둘 수는 없다고 보며, 이는 서로 상치되는 개념인 것이다. 그러나 다른 한편으로 볼 때 기능적 행위지배 이론이 종래의 주관설과 객관설을 절충하고 있고, 이는 결국 공동정범에서 행위 반가치와 결과 반가치를 모두 고려한다는 것으로 이해할 수 있다. 이러한 점에서 기존의 논의에서 진일보하였다고 평가된다. 공동정범의 본질을 이해함에 있어 이러한 기능적 행위지배 이론을 그대로 수용하기보다는 우리형법 체계에 맞는 이론으로 승화시킬 필요가 있고, 나아가 사회과학에서의 연구 성과를 수렴하여 공동정범에 대한 판단 요소를 보다 구체적이고 면밀하게 가다듬는 작업이 필요하다고 할 것이다.

대법원 판결에서는 공동정범이 성립하기 위해서는 주관적 요건인 공동가공의 의사와 객관적 요건인 기능적 행위 지배가 필요하다고 판시하고 있으며, 학설의 다수 역시 이와 같은 입장을 취하고 있다. 그러나 공동의 범행 결의는 가담자의 주관적 의사와 밀접한 관계를 맺고 있지만 결의 자체는 주관적인 의사의 객관화이므로 객관적 구성요건 요소에 속한다고 본다. 이에 이 책에서는 우선 공동정범의 요건을 객관적 구성요건과 주관적 구성요건으로 나누어 새롭게 분석해 보았다. 이에 의할 때 범죄 구성요건의 표지의 충족, 공동의 범행 결의, 각 가담자의 인과적 기여, 각 가담자의 정범성 충족은 객관적 구성요건으로, 객관적 구성요건 표지 내지 공동정범의 근거가 되는 사정에 대한 각 가담자의 고의와 인식 등은 주관적 구성요건으로 분류된다. 공동의 범행 결의는 엄격한 구성요건이고 그 결의는 '공동체적인 수행'에 대한 것이어야 할 뿐 아니라 원칙적으로 가담자 사이의 대화를 통한 합치에 이르러야 한다. 다만 그 결의의 입증은 명시적인 의사뿐만 아니라 그러한 의사가 함축된 행동에 의해서도 인정될 수 있다. 이러한 공동의 범행 결의뿐만 아니라 각 가담자의 주관적인 불법 표지 역시 엄격한 구성요건으로 충분히 입증되어야 할 것이다. 공동정범이 성립하려면 각 가담자는 범행에 있어 본질적 기여를 하여야 한다. 이 책에서는 공동정범의 성립요건으로서의 본질적 기여에 대한 척도를 정범성 표지와 인과적 기여로 나누어 살펴보았다. 공동정범에서의 정범성 표지는 결국 행위지배 내지 행위력으로 귀착되는데, 이러한 행위력을 심리학 내지 사회심리학, 사회인지학에서 논의되는 영향력의 평가와 측정에 대한 연구를 검토하여 새롭게 분석해 보고 이러한 분석을 통하여 정범성 표지를 판단함에 있어 고려해야 할 사항과 평가 요소를 도출해 보았다. 공동정범이 성립하기 위해서는 인과 관계가 성립해야 하는데 이러한 인과 기여는 공동정범에서 결과 반가치로 볼 수 있고, 위에서 살펴본 '정범성 표지'는 공동정범에서 행위 반가치로 볼 수 있다. 이러한 분석을 토대로 하여 한계 사례인 추가적·택일적 공동정범을 새롭게 분석하고, 이와 관련하여 최근 독일에서 논의되고 있는 집단 결정과 관계된 인과 관계 문제를 검토하였다. 이를 다시 요약하자면, 공동정범의 본질은 다수 범행 가담자 사이의 '지능적'이고 '공동체적' 역할 분담에 있다. 공동정범의 객관적 범죄 구성요건으로는 범죄 구성요건 표지의 충족, 공동의 범행 결의, 인과적 기여, 각 가담자의 정범성 충족이 있고, 주관적 범죄 구성요건으로는 객관적 구성요건에 대한 가담자의 고의, 공동정범의 근거가 되는 사정에 대한 가담자의 인식 등이 있다. 공동정범의 성립 여부에 대한 척도인 본질적 기여를 판단함에 있어 행위 반가치와 결과 반가치를 모두 고려하여야 한다. 공동정범에 있어 행위 반가치는 정범성 표지로 획득되며, 결과 반가치의 판단은 인과적 기여에 대한 판단에 의한다. 공동의 범행 결의는 공동정범에 있어 주관적 요건이 아니라 객관적 구성요건으로서 범행을 지향하는 공동체적 수행에 대한 것이어야 하고, 가담자의 의사의 합치가 있어야 하며, 원칙적으로 대화에 의해야 한다. 정범성 표지는 몇 가지 척도에 의해 도식적으로 판단해서는 안 되며, 다수 가담자 사이의 영향력을 충분하게 고려하여야 한다. 공동정범에 있어서 인과 관계란 결과 발생에 밀접한 기여를 한 것인지에 대한 판단으로서, 본질적 기여에 대한 판단이란 이러한 행위 반가치와 결과 반가치를 함께 고려하여야 한다는 것을 의미한다.

　　최근 판례가 공동정범에서의 '본질적 기여'에 대한 실질적인 판단을 하고 있고 나아가 종범, 특히 방조범과의 구별에 대한 판단 요소를 좀 더 구체화하고 있다는 것은 매우 긍정적이라고 평가된다. 그러나 판례의 전체를 살펴보면 종래의 주관설적 잔재를 완전히 청산하였다고 보기는 어렵다. 여전히 실제에 있어 단일 정범 체계로의 운용에 대한 실무상의 편의에 대한 유혹을 떨쳐버리지 못하고 있는 것으로 분석되고 있다.[112] 그러나 이러한 운용은 형법의 정형성을 무너뜨리게 되고 법관에게 지나친 재량을 부여하게 되어 일반 국민들에게 '예측 가

112_ 이러한 '단일 정범(Einheitstäterschaft)'은 확장 정범 개념과 종범 종속성의 개념을 모든 가담자의 유책성의 개념으로 대체한다는 것을 이론적 근거로 삼고 있다: Diethelm Kienapfel, "Zur Einheitstäterschaft im Ordnungswidrigkeitsrecht", *NJW* (1983), S. 2236. 이와 같이 종래 판례상의 '단일 정범'식의 운용은 이와 같은 확장 정범 개념과 모든 가담자를 유책하다고 보는 양상을 보여주는 것이다.

능성'을 기대할 수 없다는 문제점이 있다. 구체적 사안에 직면하는 법관으로서는 공동정범이 매우 어려운 법 형상일른지도 모른다. 그러나 이럴수록 법관으로서는 더더욱 면밀한 검토와 분석이 요구되는 것이다.[113]

113_ 이러한 공동정범의 법 형상의 난해함을 지적하면서 대안을 제안하는 견해가 있다. 이에 따르면 첫째, 공동정범을 좀 더 근거짓기 쉬운 범죄 참가 형태로 대체하자고 한다. 공동정범은 상호적인 간접정범을 의미하고 각 가담자는 그 자신을 위하여 행위할 뿐만 아니라 자신이 범죄 동료를 위해 그 자신 의사 대리인과 같이 수행하는 것이고, 이러한 공동정범적 범행은 대리적인 행위 수행으로 이해할 수 있다고 주장한다. 이에 따라 공동정범을 상호적인 교사범으로도 이해할 수 있으므로 이러한 형태로 대체하자는 것이다. 둘째, 공범과 정범의 문제를 궁극적으로 그때마다 범죄 구성요건 해당성의 문제로 검토하자고 제의한다. 즉 개개의 범죄 구성요건에서 정범과 공범의 구별 기준을 분명하게 해 두자는 것이다. 셋째, 어떤 행동이 규범에 위반되는지 여부를 밝히는 것을 객관적 귀속의 문제로 이해할 수 있으므로 이러한 명제를 공동정범에 확장하자는 것이다. 조직적·규범적 공동성은 객관적 행위 결정으로 볼 수 있고, 이는 다수가 가담함으로써 허용되지 않는 위험을 창출한 것으로 볼 수 있다는 것이다: Gehard Seher, a.a.O. (Fn. 8), S. 5.

참고문헌

1. 국내문헌

[단행본]

김일수 · 서보학, "새로쓴 형법총론(제11판), 박영사, 2008.

박상기, 형법총론(제9판), 박영사, 2012.

배종대, 형법총론(제6판), 법문사, 2001.

_____, 형법총론(제11판), 홍문사, 2013.

오영근, 형법총론(제2판), 박영사, 2011.

이상돈, 형법강의, 법문사, 2013.

이영란, 형법학: 총론강의(제3판), 형설출판사, 2011.

정성근 · 박창민, 형법총론(전정판), SKKUP, 2012.

정영일, 형법강의(총론), 학림, 2013.

한규석, 사회심리학의 이해(제3판), 학지사, 2012.

[논문]

김봉수, "방조에서의「결과」개념과 인과관계 판단",「형사법연구」제20권
제2호, 통권 제35호(2008 · 여름).

_____, "승계적 공범에 관한 연구",「법학논총」제31집 제3호(2011-2012).

김종구, "정범의 형태와 그 구별에 관한 소고",「연세법학연구」제8권 제1호
(2001).

_____, "영미법상 공범체계와 공범종속성 원칙의 변천 – 우리 형법상 공범
체계와 관련하여 – ",「형사법연구」제21권 제2호(2009 · 여름).

김종원, "공범규정에 대한 형법개정의 일고찰",「형사정책연구」제18권 제3
호 통권 제71호(2007 · 가을).

백정민, "공동정범에서의 이탈에 관한 연구",「형사법연구」제24권 제1호
(2012 · 봄).

손지영, "형법 제30조「공동」의 의미와 공동정범의 본질",「법학논총」제24
집(2010.7).

원형식, "공모공동정범",「일감법학」제16권(2009).

이성대, "조직 내 배후자의 형사책임과 형법 제34조의 재음미",「형사법연구」
제24권 제2호(2012 · 여름).

이원경, "공모공동정범에 관한 연구",「법학논집」제14권 제1호 (2009).

_____, "기능적 행위지배와 공모공동정범의 정범성",「형사법연구」제22권
제2호 통권 제43호 (2010 · 여름).

이용식, "부작위 상호간에 있어서 정범과 공범의 구별 및 공동정범의 성립
가능성",「서울대학교 법학」제52권 제1호 (2011.3).

이정원, "가벌적 방조행위의 한계에 관한 연구 - 소위 중립적 행위에 의한 방
조를 중심으로 -",「저스티스」통권 제118호 (2010.8).

이창섭, "공모공동정범이론 유감(遺憾)",「비교형사법연구」Vol. 9 No. 2
(2007).

이형국, "공모공동정범에 관한 소고",「법학연구」제4권(1986).

임광수, "공동정범의 행위주체와 형법 제33조의 본문",「법학논총」제26권
제4호 (2009).

장영민, "형법총칙상 공범 규정의 개정방향",「이화여자대학교 법학논집」제
14권 제4호(2010.6).

전지연, "부작위에 의한 정범과 공범 - 대법원 1997.3.14. 선고 96도1639 판
결 -",「저스티스」통권 제76호(2003.12).

정승환, "인식있는 과실과 과실의 공동정범",「비교형사법연구」제11권 제1
호(2009).

정지훈, "공모공동정범이론을 둘러싼 논쟁들의 현주소",「인하대학교 법학
연구」제15집 제2호(2012.7).

조기영, "예비단계에서의 관여행위와 공동정범",「형사법연구」제25권 제4
호 통권 제57호(2013 · 겨울).

천진호, "〈형사법연구 20년〉을 통해서 본 공범론의 변화와 발전",「형사법연
구」제20권 제4호 통권 제37호(2008 · 겨울).

최호진, "공동의 가공사실과 본질적 기여 행위의 판단", 「형사법연구」 제21
  호(2004.6).

_____, "행위지배 개념에 대한 비판적 분석", 「법학연구」 제16집 제9호
  (2008.12).

_____, "정범·공범 구별기준에 있어서 주관설에 대한 체계적 분석 − 독일
  연방대법원 판결을 중심으로 − ", 「법학논총」 제33권 제2호(2009).

_____, "기능적 행위지배와 공모공동정범", 「법학논고」 제32집(2010.2).

한정환, "공동정범, 공모공동정범의 성립요건", 「형사법연구」 제21권 제1호
  (2009.3), 279면.

2. 해외문헌

[단행본]

Fiske, Susan, and Taylor, Schelly, *Social Cognition; From Brains to
  Culture*, lst ed., McGraw-Hill, 2010/신현정 역, 두뇌로부터 문화에 이
  르는 사회인지, 박학사, 2010.

Gropp, Walter, *Strafrecht Allgemeiner Teil*, 3. Aufl., Springer, 2005.

Hardman, David, *Judgment and Decision Making: Psychological
  Perspectives*, British Psychological Society and Blackwell Pu., 2009/
  이영애·이나영 역, 판단과 결정의 심리학, 시그마프레스, 2012.

Jakobs, Günther, *Strafrecht Allgmeiner Teil*, 2. Aufl., Walter de Gruzter,
  1991.

Jescheck, Hans Heinrich, *Lehrbuch des Strafrechts Allgemeiner Teil*, 3.
  Aufl., Ducker & Humbolt, 1982.

Köhler, Michael, *Strafrecht Allgemeiner Teil*, Springer, 1997.

Roxin, Claus, *Täterschaft und Tatherrschaft*, 9. Aufl., De Gruyter Recht,
  2006.

Schönke, Adolf, und Schröder, Horst, *Strafgesetzbuch Kommerntar*, 28.
  Aufl., C. H. Beck, 2010.

Stratenwerth, Günter, und Kuhlen, Lothar, *Strafrecht Allgemeiner Teil*, 6. Aufl., Franz Vahlen, 2011.

[논문]

Bottke, Kilfried, "Täterschaft und Teilnahme im deutschen Wirtschafts Kriminalrecht-de lege late und de lege ferenda", *JuS* (2002).

Frhr, Hanns Ulrich, und Spiegel, v., "Mittelbare Täterschaft bei deliktisch handelndem Werkzeug", *NJW* (1984).

Hohmann, Ralf, und König, Pia, "Zur Begründung der strafrechtlichen Verantwortlichkeit in den Fällen der aktiven Suizidteilnahme", *NStZ* (1989).

Kienapfel, Diethelm, "Zur Einheitstäterschaft im Ordungswidrigkeitsrecht", *NJW* (1983).

Mahner, Martin, and Bunge, Mario, "Function and Functionslism: A Synthetic Perspective", *Philosophy of Science*, Vol. 68, No. 1 (Mar. 2001).

Marlie Marcus, "Voransetzungen der Mittäterschaft – Zur Fallbearbeitung in der Klausur", *JA* (2006).

Murmann, Uwe, "Grundwissen Zur mittelbaren Täterschaft(§25 I 2. Alt. StGB)", *JA* (2008).

Renigier, Rudolf, "Täterschaft und Teilnahme – Unverändert aktuelle Streitpunkte", *JuS* (2010).

Rönnau, Thomas, "Grundwissen-Strafrecht: Mittäterschaft in Abgrenzung zur Beihilfe", *JuS* (2007).

Rotsch, Thomas, "Neues Zur Organizationsherrschaft", *NStZ* (2005).

Schlösser, Jan, "Zur Strafbarkeit des Betriebsrates nach § 119 BetrVG – ein FAll straffreier notwendiger Teilnahme?", *NStZ* (2007).

Seher, Gerhard, "Vorsatz und Mittäterschaft – zu einem verschwiegenen Problem der strafrechtlichen Beteilungslehre", *JuS* (2009).

_____, "Grundfälle zur Mittäterschaft", *JuS* (2009).

Sippel, Kurt, "Mittelbare Täterschaft bei deliktisch handelndem Werkzeug", *NJW* (1983).

Shimanda, Soichiro, "Die sogennate Mittäterschaft durch Verabredung – ein effectives- Mittel zur Bekämpfung gefen organisierte Kriminalität", 「청주법학」 제32권 제1호 (2010.5).

권영법

고려대학교 법과대학 졸업
사법연수원 제21기 수료
고려대학교 대학원 수료(법학석사)
고려대학교 대학원 수료(법학박사)
고려대학교 강사
현 변호사

[저서 및 논문]

『형사소송과 과학적 증거』
『형사증거법 원론』
형법해석의 한계 ─ 허용된 해석과 금지된
　유추의 상관관계 ─

형사재심에 관한 비판적인 고찰
테러범죄에 대한 형사법적인 대응 방안의
　검토 외 다수

현대형법이론 [총론]

2014년 7월 25일 초판 인쇄
2014년 8월 5일 초판 발행

저　자　권 영 법
발행인　이 방 원
발행처　세창출판사
　　　　서울 서대문구 경기대로 88 냉천빌딩 4층
　　　　전화 723-8660　팩스 720-4579
　　　　e - mail: sc1992@empal.com
　　　　http://www.sechangpub.co.kr
　　　　신고번호 제300-1990-63호

정가 35,000원

ISBN 978-89-8411-478-4　93360

이 도서의 국립중앙도서관 출판예정도서목록(CIP)은 서지정보유통지원시스템 홈페이지
(http://seoji.nl.go.kr)와 국가자료공동목록시스템(http://www.nl.go.kr/kolisnet)에서 이
용하실 수 있습니다.(CIP제어번호: CIP2014021612)